“十三五”普通高等教育规划教材

基础统计学

主 编 何 剑 方 敏
副主编 朱 辉 许丽萍 孙志红

中国财经出版传媒集团
中国财政经济出版社

图书在版编目（CIP）数据

基础统计学 / 何剑，方敏主编 . —北京：中国财政经济出版社，2019.7
“十三五”普通高等教育规划教材
ISBN 978－7－5095－8279－4

Ⅰ.①基… Ⅱ.①何… ②方… Ⅲ.①统计学－高等学校－教材 Ⅳ.①C8

中国版本图书馆 CIP 数据核字（2018）第 112303 号

责任编辑：田明晖　　　　责任校对：黄亚青
封面设计：陈宇琰

中国财政经济出版社 出版
URL：http：//www. cfeph. cn
E－mail：cfeph @ cfeph. cn

社址：北京市海淀区阜成路甲 28 号　邮政编码：100142
营销中心电话：010－88191537
北京时捷印刷有限公司印刷　各地新华书店经销
787×1092 毫米　16 开　19.5 印张　477 000 字
2019 年 8 月第 1 版　2019 年 8 月北京第 1 次印刷
定价：49.00 元
ISBN 978－7－5095－8279－4

前　言

无论是进行宏观的管理调控，还是微观的经营决策，都需要准确地把握对象的数量信息和变化规律，统计就是认识客观世界数量规律的有力工具。当今信息时代，随着大数据发展和云计算兴起，统计会发挥越来越大的作用，人们对统计的需求越来越多，要求越来越高。统计学课程一直被教育部列为经济管理类高校本科教育的核心基础课程。

总体来看，国内统计学教材大多倾向于以数理统计为重点内容，从大统计的角度整合计量经济、多元统计的相关知识。这种编写不适合非统计学专业学生，尤其是西部高校非统计学专业、或者二、三本院校对统计学教学的应用性和基础性的需要。本教材结合经济管理类专业学生的知识需求和多年教学经验积累，突出适用性、实用性和基础性，紧密结合案例分析和Excel软件操作，以最基础和经典的统计知识和方法为主，强化学生的实践应用技能培养。

基于以上认识，本教材以统计数据的产生、整理和分析为主线，从“差异分析”和“关系分析”两个角度，介绍描述统计和推断统计的理论和方法。教材充分体现统计思想，注重统计学知识体系的逻辑性和完整性，兼顾实践操作性，配有实操案例，贴近实际，配有典型的例题与思考题，案例分析以上机操作实践为主，并增加常用统计方法、统计专题分析等内容，让学习内容通俗易懂，让学习过程生动有趣，培养读者“学统计、懂统计、用统计”的统计分析能力。

本教材具有如下特点：

一是编排新颖，层次清晰，案例独具特色。全书分为“统计与数据”“数据特征和差异分析”和“数据探索和关系分析”三大部分。将11章的内容按统计学知识要点分为24讲，每讲从问题提出入手，包括概念辨析、推理分析、方法应用、认识拓展等模块，由浅及深递进，知识点环环相扣。案例则是根据教学中的积累，从编写团队的实证论文、指导的课外作品和课程论文中优选出的若干案例进行任务驱动式的分析演示，使本教材独具特色。

二是紧扣教学目标，易学易用，细化应用实践。内容体系编排上，紧紧围绕统计学主要基本理论知识，以Excel软件应用与课程理论知识整合为驱动，提高学生应用技能为目的，使理论学习与实践分析紧密结合起来。应用实验模块

（网络版）有针对性地按统计学方法应用特点进行编排，安排了统计数据的收集、统计数据的整理与显示、数据特征与描述、抽样估计、假设检验、方差分析、列联分析、相关与回归、时间序列分析等实践操作。每一个实验都包括实验目的、实验环境、预备知识，实验内容和实验过程五个部分，从分析思路、操作步骤和分析结论方面进行阐述。

三是注重基础，简洁适用，优化知识架构。统计学是一门基础课程，其课程内容比较丰富，但从内容特点和适用对象来说，还有很大的探索空间。基于近年来统计学专业的专业需求和非统计学专业的知识需求，依据基础性、重要性和适用性，全书共设置 11 章内容。每章和每讲内容力求简洁，以统计学思想作为导入，增强趣味性，优化统计学知识架构，通过导读、辨析、拓展、讨论、延伸阅读等环节，引导学生自主学习。教材把理论学习、实践应用和思考练习有机结合起来，形成学统计、懂统计、用统计的有效模式。

本教材由石河子大学统计学专业的多位教师协作完成。他们分别是何剑教授（第 4 章　数据特征的描述），方敏副教授（第 1 章　导论；第 11 章　统计指数分析），许丽萍讲师（第 2 章　统计数据及其搜集；第 3 章　统计数据的整理与显示），朱辉讲师（第 5 章　抽样估计；第 6 章　假设检验），方敏副教授、孙志红教授（第 9 章　相关与一元线性回归分析），范庆祝讲师（第 10 章　时间序列分析及预测），张银银讲师（第 8 章　方差分析），方敏副教授、张娜副教授（第 7 章　列联分析）。全书由何剑教授策划、总纂和统稿，方敏副教授设计框架结构、初审修改。

本教材既可以作为本科生和研究生学习统计学的基础教程，也可作为经济统计、金融等领域从事统计分析工作人员的参考书。

由于我们水平有限，错误和不当之处在所难免，诚恳地欢迎同行专家和读者批评指正，并提出宝贵的意见。

编者
2019 年 7 月

目　录

第三部分 数据探索和关系分析

第一部分

统计与数据

第1章　导　　论

开篇导读

你能正确解读统计数据吗？

每天，我们一睁眼，无论是拿起手机发朋友圈、打游戏；或者浏览网页看新闻、寻商品；或者出门做运动、旅游……但凡目光所及，行动所至，处处皆有统计数据，诸如：

- 今年的工资还未涨，怎样能让自己的生活水平尽可能提高些？
- 听说股市行情很快会上涨，那么只要现在买入股票，就可以增加收益了。
- 虽然没能就读名牌大学，但多考几个证，毕业时总能找到理想的就业单位吧！
- 优酷网站是如何知道我喜欢的电影类型的？
- 甜食真的能让人感到幸福吗？
- 平时多背唐诗、宋词可以预防老年痴呆，是真的吗？
- 每天给乳牛听音乐能增产，为什么？
- 上课坐在前排的学生比坐在后排的学生更容易获得老师的关注。

面对以上类似的数据，如何辨别它们的来源是否可靠？如何将杂乱无章的数据进行科学的整理、分析，得到有意义的结果，将获得的正确解读分享出去，并充分利用？解决这些问题，需要具备一些统计知识，统计学是帮助我们认识、理解周围世界的有力工具。

认识世界必须学习统计学吗？为什么？如何学习统计学？统计学的内涵包括哪些内容？统计学的过去、现在、将来是怎样的？统计学的研究对象是什么？统计学的研究方法有哪些？统计学的基础概念有哪些？这些是本章将要阐明的内容。

学习目标

一、明确为什么学习统计学，以及如何学习统计学。

二、理解统计的概念和内涵，能够熟练掌握统计学相关的基本概念，能够运用统计学相关基本概念解读现实问题。

三、了解统计学发展简史，统计学的研究对象及研究方法。

第 1 讲　统计学基本认识

问题提出

为提高统计学课程的学习效率，我们认为首先应明确学习统计学的目的，为此，本讲提出如下问题：

1. 为什么学习统计学？

2. 怎样学习统计学？

3. 什么是统计学？

明确统计学有什么用，统计学能给你什么帮助，学习统计学时才可能动力十足。一不小心，再激发了学习统计学的兴趣，甚至爱上了统计学。果真如此，学习统计学便成了一件快乐的事情。我们希望你带着快乐的心情，从第一个问题开始，踏上学习统计学的旅程。

基本认识

一、为什么学习统计学

最初因处理国家显著事项而得名的统计学，现在已影响到农业、工业、商业、生物、化工、通信、金融、教育、电子、医药、体育、军事等行业，以及经济学、管理学、会计学、医学、生物学、教育学、气象学、地质学、工程学等众多学科领域，在人类几乎所有的活动领域中扮演着越来越重要的角色。国内外知名学者为此做出了如下论断：

人们不喜欢浪费时间做不必要的工作，而统计学的目标之一，就是准确地告诉我们省时省力的最高限度。

——［美］戈尼克·史密斯，《漫画统计学入门》作者

统计学基本上是寄生的，靠研究其他领域内的工作而生存。这不是对统计学的轻视，这是因为对很多寄主来说，如果没有寄生虫就会死。对有的动物来说，如果没有寄生虫就不能消化它们的食物，因此，人类奋斗的很多领域，如果没有统计学，虽然不会死亡，但会变得很弱。

——［美］伦纳德·吉米·萨维奇，统计学家

关于掌握统计学知识的重要性，我认为怎么强调都不过分，因为统计学是我们在大数据时代读懂、听懂和看懂一切事实的基础。

——［美］哈尔·瓦里安，谷歌公司首席经济学家

语言学、心理学和统计学是 21 世纪中国最有发展前途的三大学科。

——顾海良，原武汉大学校长

学者不能离开统计而研究；政治家不能离开统计而施政；企业家不能离开统计而执业。

——马寅初，中国人口学家

统计博大精深，可比哲学；严谨慎密，可比数学；浩繁复杂，可比史学；惊心动魄，可比文学；赏心悦目，可比美学。

统计使人豁达，统计无处不在。

——邱东，中国统计学教授

对于生存在大数据时代的我们来说，统计学已经是必不可少的技能。计算机应用的普及，各种统计软件的推广使用，收集、处理、分析统计数据已经不再是令人恐惧的繁重工作，而各行各业分析数据却成为决策的必然前提。同时，对于很多人来说，统计学也是认识世界最强的武器。不管人们希望也好，不希望也罢，几乎任何领域相关学者都必须学习使用统计学的时代已经来临了，不管在什么领域，统计学是能够得出最好、最快答案的正确方法。

统计思维，对我们来说毫无疑问已经成为与阅读同样重要的能力。一个没有阅读能力的人在现代社会寸步难行，而没有统计思维的人，同样难以在现代社会生存。只要拥有统计思维，即便在自己的人生中遭遇超出自身经验和直觉的问题，也能够轻松化解。

统计学如此有用，还不赶快来学？

图 1－1 统计有什么用

图 1－2 统计可以做的事情

——图片来源：选自拉里·戈尼克、沃尔科·特史密斯著，《漫画统计学》。

二、如何学习统计学

统计学的内容本来并不深奥，只是貌似复杂的数学工具把它变得像阳春白雪，再加上许多教科书或教学方式强调数学推导，使它显得高不可攀。本教材要还原统计学其应用的本来面目，使它变成人人都能够基本理解和掌握的有用工具。

那么，怎样才能学好统计学呢？我们有如下建议：

1. 建立学习自信

统计学很难学？的确，统计学的一部分内容确实充满挑战。但是，无数的学生已经掌握了这门课程，你一定也可以。

2. 理解统计思想

统计学从理论上讲是一种方法，从应用上讲是一种技术。因此学习统计学切忌死记硬背，而是应理解其基本概念、原理和方法。统计思维注重观察思考和调查研究，注重从事物的发展和对比上看问题。因此，学习统计学，就要求你首先得慢慢阅读教材，对书中出现的问题，想一想，强迫自己的大脑想得越深，学会、记住的概率就越大。理解的内容越多，需要记忆的内容越少，还应寻找应用实例使得所学的内容更现实。在其他课上，你可能有机会读到杂志上发表的文章，讨论研究的结论，并且对你学习领域的科学研究方法重要性进行一般的讨论。这些都是机会，可以考查所学的统计学如何帮助你更好地理解课堂讨论的主题和应用统计学的领域，通过经常应用来掌握统计学不同的方法和技术。

3. 掌握统计术语

任何一门学科都有自己的语言，即专业学术语言，简称术语。统计学也不例外，统计术语，就是统计学的语言。统计术语是由统计学的基本概念组成的，统计学的基本原理、方法就是建立在统计学基本概念基础之上的。因此，学习统计学首先要理解并掌握统计术语，否则在学习统计学的旅程上将寸步难行。

4. 熟悉统计符号

统计学中出现的各种符号，也是属于统计学特定的语言形式，熟悉并掌握这些符号，便于与同学、老师交流，从而提高学习效率。同时，掌握统计符号也是专业素养的一种体现。这就要求你在做练习或学习小组讨论，或其他应用场合，不断地使用，以达到熟能生巧。

5. 记住统计公式

本教材共设 11 章，从第 3 章开始出现计算公式，延续至最后一章。粗略看，统计学中的计算公式不少，且前一章的公式、原理，往往是下一章公式的基础，如果你理解并掌握了本课程的核心思想——平均思想（均值），而该章后面章节的很多计算公式都是平均数计算公式的变形或拓展应用，那么记住统计学中的公式，就成为一件轻松而简单的事情了。

6. 使用统计工具

计算机的应用普及，解决了统计数据处理、分析的瓶颈。各种统计软件的推广应用，也使统计学的学习变得更加惬意。Excel，SPSS 等，都会成为你的好帮手。

7. 勤于练习

掌握统计学的唯一办法就是练习，练习，再练习。统计学的运用是一门技术，精于此道的唯一办法就是大量练习。本教材的练习题是以每一章的内容为基础的。这些练习题可以帮助你熟悉每一章讲授的概念、原理和方法，同时可以建立自信心，如果可以解答章后的练习题，那么你已经很好地掌握了这一章的内容。

对待统计学就像对待其他新的课程那样。课前预习，熟读教材，课堂认真听讲，跟上教学进度，独立完成章后练习，课后阅读“延伸阅读”中的参考书，组建学习小组，互相帮助，多提问题，努力实践，那么你就会学得很好。

概念辨析

要了解什么是统计学，首先要了解什么是统计。

“统计”一词由来已久，其英文表示为 Statistics，最早出自拉丁语 Status（状态），是指各种现象的状态和状况。汉语中“统计”原为合计或汇总计算的意思，是指对大量事物进行汇总计数。随着社会经济的发展，“统计”的含义也不断地拓展延伸。现代“统计”一词有三种含义，即统计活动、统计数据和统计学。

一、统计的含义

（一）统计活动

统计活动也称为统计实践、统计工作，是指人们为了说明所研究对象的某种数量特征和数量规律性，对该对象的数据进行收集、整理并做出相应的推断、分析的活动过程。具体指从事统计业务的机关、单位利用科学的统计方法，按照预先设计的要求，搜集、整理、分析和提供有关客观现象的数据资料、研究数据的内在特征，并预测事物的发展趋势等一系列工作过程的总称。如国家统计局、企事业单位统计部门、调查咨询公司、统计事务所、高校或其他研究性机构等的统计活动。统计活动伴随着人类活动而开始，“结绳记数”就是最早的统计活动。统计活动的延续与发展使得其范围越来越大、经验积累得越来越多，客观上为统计学的产生和发展奠定了基础。

统计活动一般包括统计设计、统计调查、统计整理、统计分析和统计资料的开发利用等几个阶段。这将在以后的章节逐步介绍。

（二）统计数据

统计数据也称统计资料，是通过统计活动取得，能够说明现象总体某种特征的各项数字资料以及与之相联系的文字、图表等资料的总称，是统计实践活动的成果。

统计数据是统计工作各阶段的成果，既包括直接从各调查单位搜集来的，用以反映个体特征的原始数据，如全国人口普查数据；也包括经过加工整理、分析研究而形成的，在一定程度上能反映总体特征的综合统计数据，如综合统计报表、统计汇编、统计年鉴、统计公报及统计分析报告。准确可靠的统计资料是宏观经济决策和微观经济管理中分析、研究社会经济现象不可缺少的重要依据。

（三）统计学

统计学是在统计活动的经验积累到一定程度时自然产生的，关于它的定义有很多，在 1869 年的第七次国际统计会议上，在讨论关于统计学的定义时，据说竟有 180 余种之多。《不列颠百科全书》对统计学的定义为：“统计学是关于收集和分析数据的科学和艺术”。这里提到的“艺术”并不是说统计学属于音乐、美术一类的艺术范畴，而是指统计方法的应用具有技巧性、技术性，它展现数据时往往让我们享受到美感和实用。也许你会感叹埃及的金字塔，可你知道人口统计学中也有一个“金字塔”吗？它同样美丽，如图 1 - 3 所示。

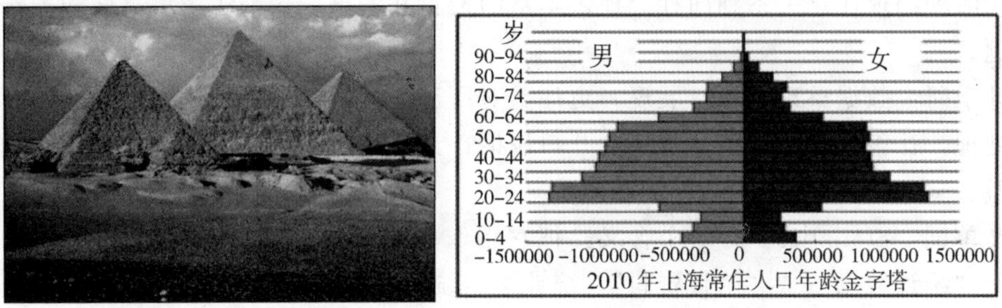

图 1 - 3　埃及金字塔与“人口金字塔”

《兰登书屋大学字典》（The Random House College Dictionary）对统计学的定义是：“对用数字表示的事实或数据进行收集、分类、分析以及解释的科学”。

国内统计学教材对统计学的定义差异不大，如：

吴喜之教授在编著的《统计学：从数据到结论》中对统计学的定义是：“用以收集数据，分析数据和由数据得出结论的一组概念、原则和方法。”

袁卫、庞浩、贾俊平、杨灿等教授主编的《统计学》（第四版）中对统计学的定义是：“统计学是一门收集、整理、显示和分析数据的科学，其目的是探索数据内在的数量规律性。”

贾俊平教授在编著的《统计学》（第 7 版）中对统计学的定义是：“统计学是收集、处理、分析、解释数据并从数据中得出结论的科学。”

简单地说，统计学是关于数据的科学，是一门能使你成为熟练的数据生产者和高效率的数据使用者的科学，是收集、整理、描述、推断分析统计数据的方法和技术，为我们的决策提供“量”方面的依据。为此，本教材采用贾俊平教授对统计学的定义。

二、统计的三种含义之间的关系

统计三种含义之间存在着密切的联系，如图 1－4 所示。

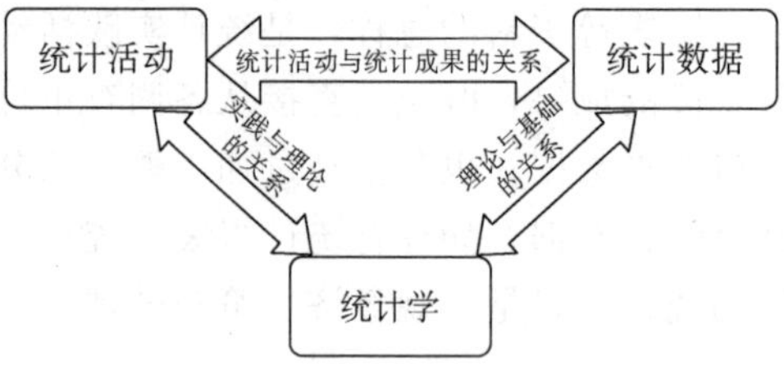

图 1－4　统计三种含义之间的关系

统计学与统计活动的关系是理论与实践的关系。一方面，统计活动是形成统计学的基础。统计理论是统计活动经验的总结，只有当统计活动实践发展到一定阶段，才能形成独立的统计科学。统计实践的发展，又不断地丰富并推进着统计科学理论的发展。另一方面，统计活动的发展又需要正确的统计理论作指导，统计科学研究对于推动统计实践活动的深化和发展具有重要的指导意义，统计工作的现代化与统计科学的进步是分不开的。

统计活动与统计数据的关系是统计活动与统计成果的关系。一方面，统计数据的需求支配着统计活动的设计。另一方面，统计活动的质量高低又直接影响着统计数据的数量和质量。统计活动的现代化关系到向社会提供丰富的资料和信息．提高决策可靠性和工作效率的重要问题。

统计学研究数据整理与信息展现，更注重对所获得资料的分析。用各种各样的方式对数据进行处理，让貌似静止的数据资料能开口说话，让它为我们的决策提供依据，给我们带来经济效益。

英文单词“Statistics”有两个含义：把它用作单数时，表示“统计学”；把它用作复数时，表示“统计数据”或“统计资料”，统计学与统计数据之间密不可分的关系在这里也可略见一斑。

统计活动、统计数据和统计学，三者相互联系，相互作用，不可分割。

认识拓展

一、统计学的产生和发展

随着统计实践活动的产生和发展，人们对统计实践经验进行不断总结和概括，进而形成了指导统计活动的统计科学。简要回顾前人对统计学的贡献，有利于我们把握学科的发展脉络；勾画统计学现在的学科架构，有利于我们了解本课程所处的学术地位。

从统计学的发展过程看，它可以大致划分为三个时期，不同时期各学派之间的相互争论，相互渗透，使统计理论最后发展成为统一的现代统计学。

（一）古典统计学时期

古典统计学时期是指 17 世纪中叶到 18 世纪末，这是统计学的萌芽时期，当时主要有国势学派（记述学派）和政治算术学派。

1. 国势学派

国势学派又称记述学派，17 世纪中叶产生于德国，是最早的统计学流派之一。其创始人是德国赫姆斯特（Helmstadt）大学教授海尔曼·康令（H. Conring），主要继承人是德国哥廷根（Gottingen）大学教授哥特弗里德·阿亨华尔（G. Achenwall）。他们在大学中开设了新课程——国势学，介绍如何记录国家发展的重要事件。后人把从事这方面研究的德国学者称为国势学派或记述学派。当时记载关于国家组织、人口、军队、领土、居民职业以及资源财产等显著事项，主要用的是文字叙述的形式，基本上没有量的描述与分析。

国势学派对统计学的最大贡献就是它提出了一个世界公认的名词“统计学（Statistics)”。另外该学派在研究各国的重要事件时，采用了系统对比的方法来反映各国实力的强弱，统计学分析方法中的“对比”的思想实源于此。有人评价该学派是“有统计之名，无统计之实”的学派。

2. 政治算术学派

该学派产生于 17 世纪中叶的英国，主要代表人物是威廉·配第（W. Petty），其代表作《政治算术》一书，是经济学和统计学史上的重要著作。该书的出版标志着统计学的产生，并将其所代表的学派命名为政治算术学派。

威廉·配第在《政治算术》一书中用“数字、重量、尺度”等定量的分析工具，对英国和当时的法国、荷兰等主要发达国家的经济实力进行了比较分析，论证了英国称雄世界的条件和地位。他主张一切论述都用数字、重量、尺度来进行，只重视经验上的论证，反对受主观因素左右的思辨的议论。他还提出了用图形形式概括数字资料的理论和方法。这种理论和方法对后来统计学的形成与发展有深远的影响。马克思称他为“政治经济学之父，在某种程度上说是统计学的创始人”。

该学派的另一代表人物是约翰·格朗特（J. Graunt），其论著《关于死亡率的自然观察和政治观察》首次提出通过大量观察，可以发现新生婴儿性别比例具有稳定性和不同死因的比例等人口规律；第一次编制了初具规模的“生命表”，对死亡率和人口寿命作了分析。

政治算术学派以数量分析为特征，采用对比法综合研究社会经济问题，具有开创性意义。有人评价该学派“有统计之实，无统计之名”。

（二）近代统计学时期

18 世纪末到 19 世纪末，是近代统计学时期。该时期建立和完善了统计学的理论体系，并逐步形成了以随机现象的推断统计为主要内容的数理统计学和传统的政治经济现象描述为主要内容的社会统计学两大学派。

1. 数理统计学派

该学派产生于 19 世纪中叶，创始人是比利时的天文学家、物理学家、人类学家、数学家和统计学家阿道夫·凯特勒（A. Quetelet），他在统计学发展中的最大贡献是把概率论引入了统计学，从而使统计学产生了质的飞跃。他是当时统计学界的中心人物，其代表作有《论人类》《概率论书简》和《社会物理学》等。凯特勒的研究成果在自然科学、经济学、生物学等领域中得到不断的应用，逐渐形成一门独立的学科。他最先用大数定律论证了社会现象纷繁复杂变化不定的偶然性中存在着规律性，并且提出了误差理论，用来解决统计上的准确性问题。此外，他还提出了误差理论和“平均人”的概念，宣称统计的任务就是关于“平均人”的比较研究。他被称为数理统计学的奠基人，“近代统计学之父”。

2. 社会统计学派

19 世纪末，正当英美数理统计学派开始发展的时候，在欧洲又兴起了社会统计学派。该学派的创始人是德国弗莱堡大学教授克尼斯（K. G. A. Knies），他在《作为独立科学的统计学》中，提出了把“国势论”作为“国势学”的科学命名，把“统计学”作为“政治算术”的科学命名，从而结束了对统计学研究对象长达 200 年之久的争论。

该学派的主要代表人物有恩格尔（C. L. E. Engel，1821—1896）以及梅尔（G. V. Mayr）等人。他们认为统计学是一门社会科学，是研究社会现象变动原因和规律性的实质性科学，以此同数理统计学派的通用方法论相对立。他们认为统计学研究的是社会总体而不是个别的社会现象；而且由于社会现象的复杂性和整体性，必须对总体进行大量观察和分析，研究其内在联系，才能揭示社会现象规律性。美国经济学家库兹涅茨（Kuznets）和英国经济学家斯通（Stone）等人研究的国民收入和国内生产总值的核算方法等，都是对这一学派的伟大贡献。

（三）现代统计学时期

19 世纪末至今，是现代统计学时期。这一时期是各项科学技术迅猛发展的时期，统计学也不例外。数理统计学由于同自然科学、工程技术科学紧密结合，被广泛应用而获得迅速发展，进入了鼎盛时期。首先，它在随机抽样的基础上建立了推断统计的理论和方法。例如，英国统计学家卡尔·皮尔逊（K. Pearson）的卡方分布理论，统计学家戈塞特（N. S. Gosset）的小样本 t 分布理论，之后，统计学家费希尔（R. A. Fisher）对小样本理论作了进一步研究，给出了 F 分布理论和实验设计方法，标志着现代统计学的开端。后经波兰统计学家尼曼（J. Neyman）和英国统计学家艾根·皮尔逊（E. S. Pearson）进一步发展，建立了统计假设理论。后来，美国统计学家瓦尔德（Wald）又将统计学中的估计和假设理论加以归纳，创立了“决策理论”；美国的威尔克斯（Wilkes），英国的威沙特（Wishart）等统计学家对样本分布理论又加以充实和发展；美国的科克伦（Cochran）等又提出了实验设计的理论和方法，进一步拓宽了统计学的范围。

20 世纪 50 年代以来，统计理论、方法和应用进入了一个全面发展的新阶段。一方面，统计学受计算机科学、信息论、混沌理论、人工智能等现代科学技术的影响，新的研究方法层出不穷，如多元统计分析、现代时间序列分析、贝叶斯统计、非参数统计、线性统计模型、探索性数据分析、数据挖掘等。进入新世纪后，海量数据的存储，互联网与云计算等科技的发展，大数据时代已经到来，这对统计学科的发展既是机遇，也带来挑战。另一方面，统计方法的应用领域不断扩展，几乎所有的科学研究都离不开统计方法。因为不论是自然科学、工程技术、农学、医学、军事科学，还是社会科学都离不开数据，要对数据进行研究和分析就必然要用到统计方法。现在连法律、历史、语言、新闻等领域都越来越重视对统计数据的分析，国外的人文与社会学科普遍开设了统计学的课程，因而可以说统计方法与数学、哲学一样已成为所有学科的基础。

二、统计学的内容

统计学的内容十分丰富，研究与应用的领域非常广泛，产生了各种不同的分类，从统计方法的构成来分，统计学可以分为描述统计学和推断统计学。从统计分析方法的研究和应用来分，统计学可以分为理论统计学和应用统计学。

（一）描述统计学和推断统计学

1. 描述统计学

描述统计学是系统研究反映客观现象数量特征和数量规律性的理论和方法。它通过直观的图形、汇总的表格对所收集的数据进行加工处理和显示，进而采用概括性的数字对数据的特征、规律进行描述，为进一步的统计推断提供依据。描述统计学内容包括统计数据的收集方法、数据的加工处理方法、数据的显示方法、数据分布特征的概括与分析方法等。

2. 推断统计学

推断统计学是研究如何根据样本数据去推断总体数量特征的方法，它是在随机原理和概率论基础上，根据样本数据的描述，对统计总体的未知数量特征做出表述的推断。

很显然，描述统计学是基础，推断统计学是其深入和发展，但描述统计与推断统计并不是相互割裂的，而是描述中有推断，推断中有描述，或者说任何描述都是推断，任何推断也都是描述。因此，描述统计与推断统计相辅相成，相互交叉联系，在统计学中占有同等重要的地位。两者的相互关系如图1-5所示。

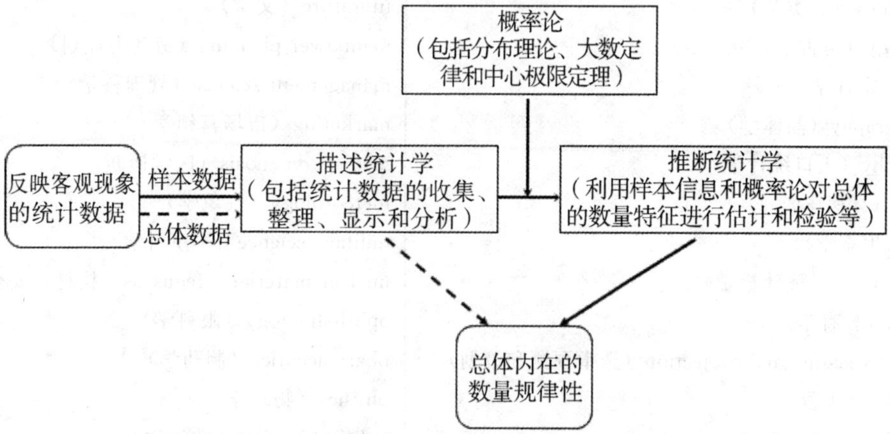

图1-5　描述统计学与推断统计学的关系

需要提醒各位的是，在当今大数据时代，我们很容易获得接近总体的海量数据。从数据中探索到相互联系的数量特征，才能基本把握事物间的内在数量规律，如此说来，只需要描述统计就够了。例如，过去要计算CPI，由于衣食住行的商品成千上万种，只能抽样选择代表性商品和服务记录其价格。而今相当数量的商品价格都可以从网络上获取。美国麻省理工学院（MIT）的两位教授就利用网络价格数据编制了CPI，结果与抽样调查的差别很小。这提示我们，针对海量数据进行收集、整理、分析和显示的数据科学家和分析师越来越重要，掌握更强的计算机技能和数据分析能力，是未来统计人员必备的技能。

（二）理论统计学和应用统计学

1. 理论统计学

理论统计学是研究统计一般理论和方法的科学。它把研究对象一般化、抽象化，从纯理论的角度，对统计方法加以推导论证，归纳出统计研究方法的一般规律。理论统计学提供的统计方法，不论是在自然领域，还是在社会经济领域都是适用的。

2. 应用统计学

应用统计学是研究特定领域的统计理论和方法的科学。它从所研究的领域或专门问题出发，依据研究对象的性质采用适当的指标体系和统计方法，以解决所需研究的问题。统计理论和方法与实质性学科的结合，就形成了应用统计学，如教育统计学、人口统计学、生物统计学、金融统计学、地质统计学等。

三、统计的应用领域

随着统计学的发展，统计方法被广泛地应用到众多领域，表 1－1 列出了统计的一些应用领域，可以让我们通过简单的浏览，充分认识到统计学的应用之广泛。

表 1－1　统计的应用领域

actuarial work（精算）	hydrology（水文学）
agriculture（农业）	industry（工业）
animal science（动物学）	linguistics（语言学）
anthropology（人类学）	literature（文学）
archaeology（考古学）	manpower planning（劳动力计划）
auditing（审计学）	management science（管理科学）
crystallography（晶体学）	marketing（市场营销学）
demography（人口统计学）	medical diagnosis（医学诊断）
dentistry（牙医学）	meteorology（气象学）
ecology（生态学）	military science（军事科学）
econometrics（经济计量学）	nuclear material safeguards（核材料安全管理）
education（教育学）	ophthalmology（眼科学）
election forecasting and projection（选举预测和策划）	pharmaceutics（制药学）
engineering（工程）	physics（物理学）
epidemiology（流行病学）	political science（政治学）
finance（金融）	psychology（心理学）
fisheries research（水产渔业研究）	psychophysics（心理物理学）
gambling（赌博）	quality control（质量控制）
genetics（遗传学）	religious studies（宗教研究）
geography（地理学）	sociology（社会学）
geology（地质学）	survey sampling（调查抽样）
historical research（历史研究）	taxonomy（分类学）
human genetics（人类遗传学）	weather modification（气象改善）

本讲小结

一、本讲重点

1. 统计一词包含三个含义：统计活动、统计数据和统计学。统计活动是指人们对现象的数据进行收集、整理并做出相应的推断、分析的活动过程。统计数据是统计实践活动的成果。统计学则是关于如何搜集、整理和分析统计数据的科学。统计活动、统计数据和统计学，三者相互联系，相互作用，不可分割。

2. 统计学的产生与发展大致经历了三个时期：古典统计学时期、近代统计学时期和现代统计学时期。在古典统计学时期有德国的国势学派与英国的政治算术学派之分，在近代统计学时期有德国的社会统计学派与比利时的数理统计学派之争，在现代统计学时期则以推断统计发展为主要特征。

3. 统计学的内容从统计方法的构成来分，统计学可以分为描述统计学和推断统计学。从统计分析方法的研究和应用来分，统计学可以分为理论统计学和应用统计学。

4. 统计已应用到几乎所有领域。

二、难点释疑

从统计学的作用来理解和掌握本讲的难点。第一，统计学几乎已经应用到所有领域，数据分析功能强大。第二，大数据时代，统计学成为每个公民的必备技能。

第2讲 统计学基本概念

问题提出

学习统计学，必须掌握统计术语。统计术语由统计学基本概念组成，统计学基本概念是统计学原理、方法的基础。因此，理解并掌握本讲所介绍统计学基本概念，才能进一步学习以后章节的内容。为此，本讲提出的问题是：

统计分析方法在实质性学科中应用的基础是什么？

统计学是一门方法论学科，为实质性学科提供基本方法。以下所阐述的统计学基本概念，就是统计分析方法在实质性学科中应用的基础。

概念辨析

一、统计总体与总体单位

（一）统计总体与总体单位的概念

1. 统计总体

统计总体（Population）简称总体，是指根据一定目的确定的所要研究事物或现象的全体。它是由客观存在的，具有某种共同特征的许多个别事物（通常是人、物体、交易或事件）构成的整体。例如，我们要网购物品（可以是服装、学习用品、电子产品、食品），假设要网购一件男衬衣，登录网站，网页上所呈现的所有卖家提供的所有男衬衣的集合，就是统计总体。再如，想了解石河子大学大二本科生英语四级的过级情况，那么，石河子大学各院系所有的大二本科生构成的集合就是统计总体。

总体范围的确定有时比较容易，例如，要检验一批服装的染色度，这一批服装构成的集合就是总体，总体的范围清楚。但有些场合总体范围的确定则比较困难。例如，对于新推出的一种糕点，要想知道消费者是否喜欢，首先必须弄清楚哪些人是消费对象，也就是要确定构成该糕点的消费者这一总体。但事实上，我们很难确定哪些消费者消费该糕点，总体的范围确定十分复杂。当总体的范围难以确定时，可根据研究的目的来定义总体。

2. 总体单位

总体单位（Population unit）简称单位，是指构成统计总体的每一个元素，也称为个体。例如，上例中的每一件男衬衣，每一位石河子大学大二本科生就是总体单位。

随着研究目的的不同，总体单位可以是人、物，也可以是企业、机构、地域，甚至可以是状况、长度或时间等。有的总体单位是以自然计量单位来表示，它们都是不能加以细分的整数单位，如人口以人为单位，车床以台为单位，飞机以架为单位等；而有的总体单位则是以物理计量单位来表示，单位可大可小，可以加以细分，如时间、长度、面积、容积等。

（二）统计总体的特征

统计总体具有客观性、大量性、同质性、差异性、相对性等特征。

1. 客观性

统计总体是由现实存在的许多个别单位组成的。统计总体研究的是客观存在的自然、社会、经济现象，不是抽象的数字。这是本课程总体概念区别于概率论与数理统计课程中总体概念的最根本特征。例如，同样是研究石河子大学大二本科生英语四级的过级情况，在统计学中，总体是石河子大学所有大二本科生，而在概率论与数理统计中，总体则是石河子大学所有大二本科生英语四级的成绩。统计学对统计总体定义强调数据所依附的载体（必须是客观存在的），而概率论与数理统计里对总体的定义则强调数据本身。

2. 大量性

大量性是指构成总体的个体数要足够的多，总体应由大量的个体所构成，大量性是对统计总体的基本要求。统计研究是对事物变化发展的规律性进行分析，规律性寓于大量现象之中，只有对大量总体单位进行观察和分析研究，事物发展的规律性才能得以显现。对一个统计总体而言，要包含多少个体才算是大量呢？这得从两方面来看：从总体内部分析，取决于个体所体现出来的差异，差异大，则需要的个体就多；从总体外部分析，取决于我们对所研究问题精确度的要求，精度高，则需要的个体就多。

3. 同质性

同质性是指总体中的每一个个体必须具有某个相同的性质，即至少有一个具有某一共同标志值的标志，使它们可以结合起来才能构成总体，否则由个体得到的综合信息也会失去意义，甚至掩盖被研究现象的真相。同质性是构成统计总体的前提条件。如上例中石河子大学所有大二本科生构成总体，是因为每一位石河子大学大二本科生，都具有相同的学籍、年级，每位石河子大学大二学生的学习英语的时间、四级考试成绩都是有意义的，反映的是石河子大学大二本科生英语四级的过级情况，如果我们将其他年级或其他高校的学生学习英语四级的时间、考试成绩混入其中，那么，构成的总体就不再具有同质性，也不能再反映石河子大学大二本科生英语四级的过级情况了。

4. 变异性

变异性就是指总体中各个个体之间必须存在差异，除去同质的一面，统计总体的单位在其他方面都是有差异的。如果没有差异，所要研究的内容都完全一样，那就不需要统计、不需要综合分析了，所以从这个意义上说，个体的变异性也是构成总体的必要条件，也是统计研究的重点。例如，研究石河子大学大二本科生英语四级的过级情况，由于各位学生的性别不同、学习能力、学习方法、学习时间不同，英语四级的考试成绩也不同，我们才去研究学生的共同点和差异，如果每位学生英语四级的成绩都一样，显然，我们没有必要去研究石河子大学大二本科生英语四级的过级情况。

5. 相对性

相对性是指统计总体和个体不是一成不变的，两者随着研究目的和任务不同而变化。在一次特定范围、特定目的的统计研究中，统计总体与个体是不容混淆的，两者的含义是确切的，是包含与被包含的关系。但是随着统计研究任务、目的变化，统计总体和个体的范围可以相互转化。对于同一个客观事物在某项研究中属于总体范围，但在另一研究中可能就成为统计个体。例如，研究石河子大学本科生英语四级的过级情况，石河子大学是总体范围，石河子大学每位本科生是总体单位；当要研究全国高校本科生英语四级的过级情况时，石河子大学就变成了总体单位，而总体是全国所有高校。

（三）统计总体的种类

1. 总体按照其个体数量是否有限可以分为有限总体和无限总体两类

有限总体是指由有限多个个体所组成的总体，即总体容量是有限的，例如，石河子大学各院系所有的大二本科生构成的总体、某市所有居民构成的总体等。有限总体所包含的个体数称为总体容量，通常用大写英文字母 N 表示，一般来说，N 总是一个很大的数。大部分社会经济现象都属于有限总体，要收集这类现象的统计资料既可用全面调查形式，也可用抽样调查形式。无限总体是指由无穷多个个体所组成的总体，即总体容量是无限的，例如，宇宙中的星球总体、大气中的悬浮颗粒总体等。对无限总体不能进行全面调查，只能用抽样调查形式收集其统计资料。

2. 总体按照其个体能否计数可以分为可计数总体和不可计数总体两类

可计数总体是指能对其所包括的个体进行计数且计数结果能加总的总体，例如，人口总体，每个个人是可计数的，而计数的结果即人数是可相加的；工业企业总体、某批产品总体等也都如此。可计数总体的特征是，它所包含的个体具有相同的计量单位，可以计算总体单位总数。不可计数总体是指对其所包括的个体不可计数或计数结果不能加总的总体，例如，零售商品总体，虽然每件商品都具有商品的共性，但由于各自的使用价值、形态和计量单位不同，因此在商品的件数上是不能直接相加的。然而，零售商品总体的物价水平和销售数量的总变动情况却是统计研究的内容之一。不可计数总体的特征是，它所包含的个体通常不具有相同的计量单位，不能计算总体单位总数。

3. 总体按照其个体是否人为划定可以分为自然总体和人为总体两类

自然总体是由自然确定的个体所组成的，即个体是明确的、易定的，例如，人口总体中的个人、企业总体中的企业、家庭总体中的家庭等都是自然个体。人为总体是由人为确定的个体所组成的，其个体往往不明显或难以确定，例如，在考察某种小麦的出粉率时，总体是全部该种小麦，但个体显然不能是每一粒小麦，那么应该以一千克小麦还是以一百千克小麦或一吨小麦作为一个个体，并没有明确的规定。再如，要研究林区的木材储藏量，也不能以每一棵树作为个体，但应该以多大面积的区域作为一个个体也没有明确的规定。对于个体不明显的现象，要根据研究对象的具体情况和研究目的不同恰当地加以确定。

在实践中，还经常需要对被研究的总体进行分组或分类研究，尤其是要对总体中的某特定组或特定类进行分析研究。这时，总体中的一个组或类，就被称为一个研究域或一个子总体。例如，在研究消费者的购买力时，对某特定类型的消费者群（例如，老年消费者群、儿童消费者群、学生消费者群、妇女消费者群等）进行特别的研究，就是对消费者总体中的一个子总体进行研究，这在市场营销学中称为市场细分研究。子总体具有和原总体同样的性质。

二、标志与标志表现

（一）标志与标志表现的含义

1. 标志

研究总体，必须从认识个体特征出发。用以说明总体单位属性或特征的名称，在统计学上就称为标志。例如，所有男衬衫总体中的每一件男衬衫，其品牌、颜色、尺码、价格、袖长、材质、适用场合都是标志。再如作为总体单位的每位学生，其姓名、性别、年龄、身高、电话号码、年级、某门课程的成绩等就是标志。

2. 标志表现

对应于某个标志，各个个体的具体表现，即标志在各个总体单位上的具体结果，称为标志表现，也叫标志值。例如，雅戈尔、白色、XL、369 元、长袖、纯棉、商务；白冰、女、21 岁、165cm、13109931222、大二、统计学期末成绩 86 分等分别是上述标志的标志表现。对于任何一个标志，总体中的个体数有多少，其标志表现就有多少。

就一个标志而言，其具体表现可能多种多样，不能将标志与标志表现混为一谈。标志是标志表现的载体，标志表现是标志的具体内容。没有标志，标志表现亦不复存在。如果说标志是统计调查的项目，那么标志表现是统计调查的结果，没有标志表现的标志，只是空白调查表上的项目名称而已。标志与标志表现的关系如图 1-6 所示。

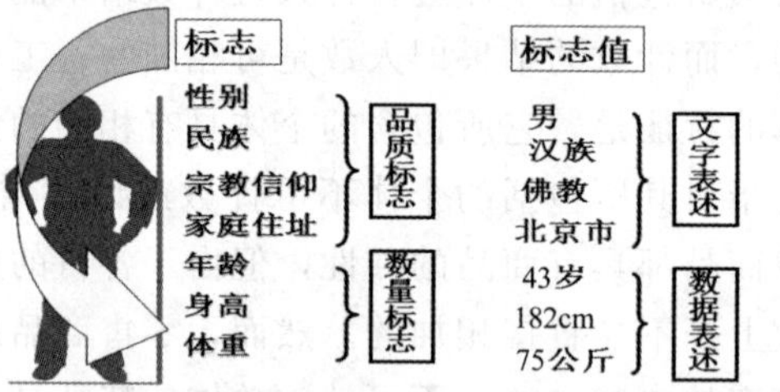

图 1-6　标志与标志表现的关系

总体是由单位构成的，而单位又是标志的承担者，统计研究是从登记标志状况开始的，并通过对标志的综合反映出总体的数量特征，所以标志是统计研究的基础。

（二）标志的分类

1. 标志按照其结果的表示方式不同可以分为品质标志和数量标志两种

品质标志表明个体的属性方面的特征，其结果一般用文字表述，即只能表现为定性数据。例如，前述的学生姓名、性别、电话号码、年级等，都属于品质标志。数量标志表明个体的数量特征，其结果以数值表示，即表现为定量数据。例如，前述的学生年龄、身高、某门课程的成绩等，都属于数量标志。

2. 标志按照其在每个个体上的表现结果是否相同可以分为不变标志和可变标志两种

不变标志是指某一标志对所有个体而言，具体表现都是相同的，如上例中学生的年级，服装种类。很显然，不变标志是相关个体集合成总体的基础，总体的同质性也正体现在要求总体中所有个体至少具有一个不变标志。可变标志则是指某一标志在各个个体之间的具体表现不尽相同，如上例的“品牌”“价格”“姓名”“年龄”等。总体的差异性也正体现在总体中所有个体有多个可变标志。

3. 某些品质标志将总体划分为具有某一特征属性的个体的集合和不具有某一特征属性的个体的集合

如在全部产品中，分为合格品与不合格品；在全部人口中，分为男性和女性。这种用“是”“否”或“有”“无”两种标志表现来表示的标志，称为是非标志，也叫交替标志或01标志。

三、统计指标和指标体系

(一) 统计指标

1. 统计指标的概念

统计指标（Indicator）简称指标，是反映统计总体数量特征的概念和具体数值。例如，“2015 年中国大学生在校人数达到 3 700 万人”，就是一个完整的统计指标，它包括指标名称（大学生在校人数）、指标数值（3 700）、指标计算方法（计数汇总）、空间范围（中国）、时间界限（2015 年）和计量单位（万人）等构成因素。指标名称反映所研究现象的实际内容，是对现象本质特征的一种概括，是对总体数量特征质的规定性。指标数值是所研究现象实际内容的数量表现，是对总体本质特征量的规定性，是对个体特征综合和计算的结果。由于所研究现象的范围是可变的，其发展过程是动态的，因此每个统计指标数值都必须有明确的空间界限和时间界限。同时，为了使同一指标在不同空间和时间上的数值具有可比性，必须确定统一的指标计算方法。并且，为了使指标数值意义明确，还必须有明确的计量单位。

统计指标值是由各个个体的标志值汇总综合而成。任何一个统计指标都是经过了从个别到一般、从具体到抽象的过程，由此可以看出，统计指标具有数量性、综合性和具体性三个特点。

在统计设计阶段或统计工作任务下达阶段，统计指标只有名称，不含数值，因为其指标数值尚待统计。但设计统计指标或下达统计工作任务，最终都是为了取得相应的指标数值。

2. 统计指标与标志的关系

统计指标和标志是既有区别又有联系，两者的区别在于：①指标和标志说明的对象不同，指标是说明总体特征的，而标志则是说明总体单位特征的。②指标和标志的表现形式不同，所有指标都必须用数值表示，而标志有一般用文字来表现的品质标志和用数值表示的数量标志两种。两者的联系表现为：①大多数指标的数值都是从总体单位的数量标志值汇总得到的。②指标和标志也不是一成不变的，当总体和总体单位随研究目的发生变化时，指标和标志也必然随之发生相应的变化。

3. 统计指标的分类

统计指标按照其反映总体内容的不同可分为数量指标和质量指标。

数量指标是指反映总体某一方面绝对数量特征的指标，表明客观事物所达到的总规模、总水平和工作总量的统计指标，一般用绝对数表示，又称为总量指标或统计绝对数。数量指标是最基本的指标，它是计算其他指标的基础。数量指标包括总体标志总量和总体单位总量，如国内生产总值、石河子大学大二学生人数。

质量指标是指反映总体内在对比关系或总体间对比关系的指标，表明现象所达到的相对水平、平均水平、工作质量或相互依存关系。一般用相对数和平均数表示，如产品合格率、人均国民收入、GDP 增长速度、人口密度等。

（二）统计指标体系

一个统计指标只能反映总体的一个方面或一个方面的某一特征，要全面、深入地反映客观现象各方面的数量特征，需要将一系列有联系的统计指标有机地结合起来进行分析研究，就要设置统计指标体系。

统计指标体系是指若干个相互联系的统计指标组成的整体，它从相互依存和相互制约的多个方面来反映所研究现象的数量特征。例如，为了全面指导各级教育行政部门和学校科学开展教育事业发展监测与评价工作，教育部从综合教育程度、国民接受学校教育状况、学校办学条件、教育经费、科学研究 5 个方面选取了 102 项指标，制定并颁布了《中国教育监测与评价统计指标体系（2015）》。

通过指标体系可以深刻认识事物的全貌和发展过程；利用统计指标体系，可以查明产生各种结果的主要因素，了解指标之间的相互联系，还可以根据已知指标来计算和推测未知指标。

统计指标体系大体上可分为两大类，即基本统计指标体系和专题统计指标体系。

基本统计指标体系是反映国民经济和社会发展及其各个组成部分的基本情况的指标体系。例如，我国经济社会发展指标体系、人口统计的指标体系、居民收入和消费的指标体系等。

专题统计指标体系是对某一个经济问题或社会问题制定的统计指标体系。例如，城市竞争力统计指标体系、人民物质文化生活水平统计指标体系等。

四、变异和变量

（一）变异

可变标志的标志表现之间的差别，统计上把这种现象或过程称为变异。个体标志表现呈现不相同的状况，具体表现在各个单位的差异，包括数量的变异和品质的变异。例如，性别表现为男、女的差异，这是品质（属性）变异；学生的年龄表现为 18 岁、20 岁、22 岁等数量方面的差异，这是数量变异。反映一个总体内部单位之间差异状况的指标，称为变异指标。如全距、分位差、平均差、标准差、变异系数等。变异指标的内涵及计算方法将在第 4 章介绍。

（二）变量

没有差异就没有统计研究的必要，所以统计所研究的标志和指标通常都是可变的或有差异的，即可变的标志及指标，习惯上统称为变量。换言之，变量既可以是在不同总体单位之间具体表现不尽相同的标志，也可以是在不同时间或空间上数值不尽相等的指标。变量的具体取值称为变量值，即各种统计数据，是对客观现象进行观测与统计分析的结果。

变量按照其表现形式不同可分为定性变量和定量变量，也称为品质变量和数值型变量。可变的品质标志就是定性变量，可变的数量标志及指标就是定量变量。

数值型变量按照其变量值取值是否连续可分为离散型变量和连续型变量。

离散型变量是其变量值可以一一列举，且两个相邻整数变量值之间不可能存在其他数值的变量。例如，在校学生人数、某品牌手机的销售量、上市公司总数。正如格里菲思（Griffith）在《深入浅出统计学》中所述："你可以把离散型变量想象成一块块垫脚石，你可以从一个数值跳到另一个数值，同时每个数值之间都有明确的间隔"。如图1－7所示。

"但并非所有数据都是离散的，有时候，数据涵盖的是一个范围，这个范围内的任何一个数值都有可能成为事件的结果。假如，有人让你精确地测量几段丝线的长度，并且已知这些丝线的长度在10英寸到11英寸之间，你的测量结果可能是10英寸、10.1英寸、10.01英寸，等等，因为丝线是这个范围内的任意值，这样的变量叫连续型变量"。连续型变量是指其变量值不能一一列举，在任意两个相邻数值之间都可以再取无限多的数值。例如，学生的身高、体重、股票的价格等。连续数据通常通过测量得到，而不是通过计数得到。测量结果在很大程度上取决于测量精度的要求或测量工具的限制。"连续型变量就像一条平滑的、连续不断的道路，你可以沿着这条道路一直走下去。"如图1－8所示。

图1－7 离散型变量图示

图1－8 连续型变量图示

——图片来源：选自格里菲思著，《深入浅出统计学》第326页－327页。

推理分析

一、统计学基本概念平台

统计学研究客观存在的事物，研究问题来自于实质性学科。统计学针对所要研究的事物或现象，依据研究目的及研究问题所属的实质性学科的理论基础，构建统计总体，搜集总体中个体的标志数据，整理、汇总形成说明总体特征的指标，然后针对由可变标志及指标形成的变量数据，采用合适的统计方法，进行统计分析，对总体全面、系统的分析结果以指标体系的形式呈现，由此说明事物或现象的数量特征或发展规律。可见，统计学的基本概念，搭建起了统计研究的基本平台，如图1－9所示。

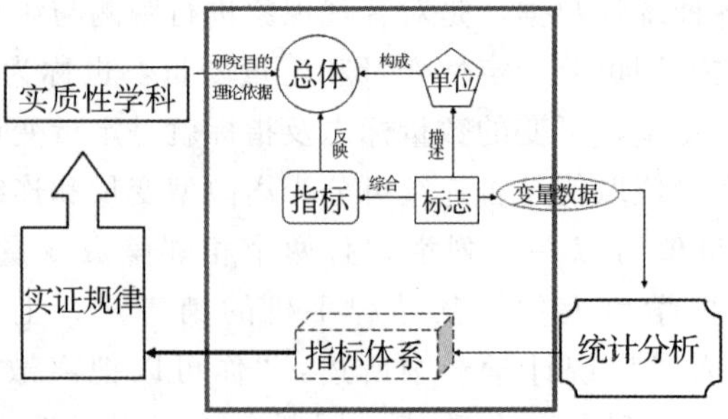

图 1-9　统计学基本概念平台示意图

二、统计资料再认识

统计总体是由大量的总体单位构成的。对统计总体数据的收集，是从各个总体单位开始的，具体来说，是对各个个体的各种特征或属性的标志值进行观察、记录，由此形成的类似矩阵的变量数据集，这就是统计资料。统计资料的获取与总体、个体的逻辑关系如图 1-10 所示。统计分析就是对统计资料进行的分析。

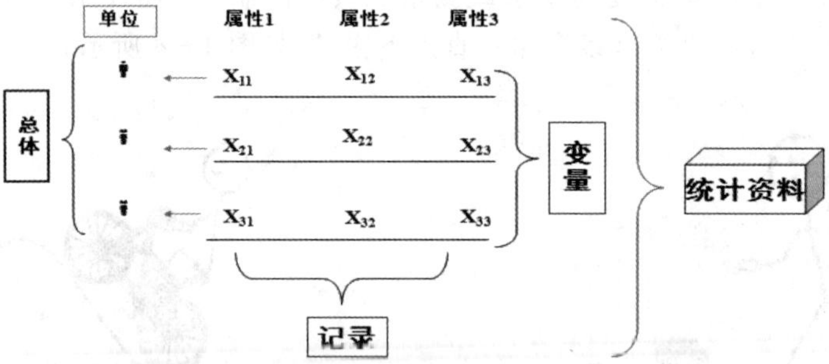

图 1-10　从个体获取总体的统计资料示意图

认识拓展

一、统计学的研究对象及其特点

统计学的研究对象是客观事物总体的数量特征和数量关系，通过这些数量方面来反映现象变动的规律性。统计学研究对象具有以下特点。

（一）数量性

数量性是统计学研究的基本特点。统计学研究的是现象的数量方面，通过对数量特征和数量关系的研究来揭示现象的本质和发展规律。客观事物是质与量的辩证统一体，统计学的研究过程也是定性研究与定量研究相结合的过程。一方面定量研究必须建立在定性研究的基础上，只有对客观现象的性质、特点和运动过程有一定的认识，才可能进行定量分析。另一方面，事物的数量变化会引起质量的变化。认识事物的数量表现，是深入把握事物本质的前提。只有做好定量分析，才能达到定性认识的目的。

（二）总体性

统计研究现象的数量方面，是从总体的角度来认识现象的数量特征的。要形成对总体数量特征的认识，必然以个体事物量的认识为起点。但统计研究的目的不是计量个体的特征表现，而是对个体的特征表现进行统计整理和统计分析后，得到总体的综合数量特征。因而，统计具有总体性特点。

（三）具体性

具体性即客观性。统计对象是具体的，是客观存在的事物或现象。统计学研究的是具体事物的数量方面，即研究现象在一定时间、地点、条件下的数量表现，而不研究抽象的数量，故它具有具体性的特点。这是统计学和数学的一个重要区别。数学也是以数量作为其研究对象的，它所研究的数量是脱离了具体对象的抽象的数量。而统计学在研究现象的数量时，则必须紧密联系被研究现象的具体内容，联系其质的特征。

二、统计研究的程序

统计研究的程序即统计数据研究过程。统计研究是面对客观现象数量表现，依据统计研究的目的，针对数据来源的特点，设计出统计调查、数据整理和数据分析的工作方案，按照设计方案，去相应的数据源收集数据，然后对收集到的数据进行统计整理，使之得以条理化、综合化，在此基础上，采用描述或推断统计方法进行统计分析，最终获得能反映总体数量特征或规律的结论。统计研究的程序如图 1－11 所示。

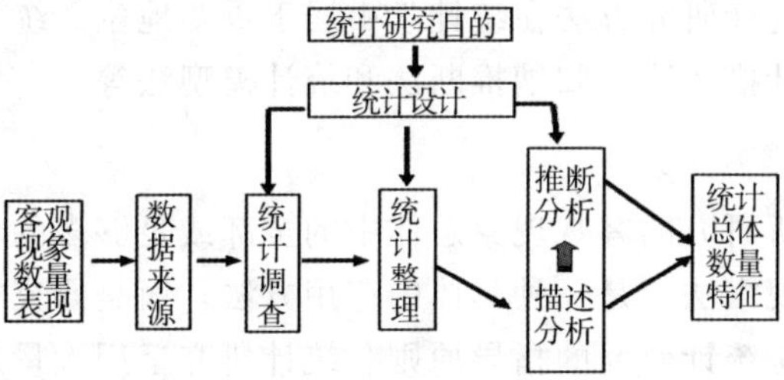

图 1－11 统计研究程序框图

（一）统计设计

统计设计就是制定统计研究方案的环节，是关于以后各环节的总体安排。统计设计是根据统计研究目的和统计研究对象的特点，在有关学科理论指导下，对统计工作各个方面做出的通盘考虑和合理安排。如明确所要搜集数据的种类，确定相应的统计指标及其体系并给出统一的定义和标准，确定统计数据搜集、整理、推断和分析的基本方法，规定研究工作的进度安排、经费的运用以及数据的质量要求，拟定研究工作的组织实施方式等。统计设计的结果表现为各种设计方案。统计设计对于统计数据研究质量至关重要，要求设计者不仅掌握系统的统计学理论和方法，而且具有所研究领域的有关知识和理论素养。

（二）统计调查

统计调查就是按照一定的目的，依据统计调查方案的要求，采用各种统计调查组织形式和调查方法，有计划、有组织地搜集各种各类原始数据的工作过程。从统计工作的全过程看，统计调查是收集统计数据并获得感性认识的阶段。数据搜集是否准确、及时、完整，直接影响到统计分析的质量。

（三）统计整理

统计整理就是对调查来的大量统计数据进行加工整理、汇总、绘制图表，使之条理化、综合化，反映总体数量特征的工作过程。统计整理也包括对已有数据的再加工和深加工。统计整理是对调查资料去伪存真、去粗取精、科学分类、浓缩简化的过程，以便对总体做出概括性的说明。统计整理处于统计工作的中间环节，起着承上启下的作用。

（四）统计分析与解释

统计数据分析是根据统计研究的目的，综合运用各种统计方法对数据进行各种统计分析，得出某些有用的定量结论的工作过程。数据分析实质上就是对数据的深加工整理，是整个统计研究的核心，也是统计研究的最终目的。在这个环节，既要用到描述统计方法，又要用到推断统计方法。数据解释则是对整理和分析的数据或有关数量结果进行说明，即说明为什么会得出这些数据，这些数据的含义分别是什么，从中能得出哪些具有规律性的结论，需要进一步探讨哪些问题等。数据解释是对数据分析的深化。数据分析与解释是将事物由感性认识上升到理性认识，是统计发挥作用的决定性阶段。

三、统计学研究方法

统计学是一门方法论科学，依据研究对象的特点，形成了一系列专门的研究方法，构成了一个统计方法体系。统计研究方法在统计学中居于重要地位。统计学最基本的研究方法主要有：大量观察法、统计描述法、归纳推断法和统计模型法等。

（一）大量观察法

大量观察法是指对所研究的客观现象总体中的全部或足够多的单位进行观测以达到正确认识总体的方法。大量观察法不是一种具体的应用方法，而是研究客观现象总体数量特征的重要思想方法和原则，是统计研究的指导原则。统计研究运用大量观察法是由事物或现象的大量性和复杂性所决定的。如果只选择个别或者少数个体进行观测，各单位的数量特征表现会存在很大的差异，难以由此获得关于客观现象总体数量特征的正确结论。如果我们综合大量的个体，则偶然性的数量差异就会相互抵消，从而清晰地呈现出现象的数量特征。因此，统计研究必须从总体出发，收集大量调查单位的材料，才能从中认识现象的规律性。至于选择多少个体，则取决于统计研究对象的特点、统计要求以及客观条件等多方面因素。

（二）统计描述法

统计描述法是指通过对所收集的数据进行加工整理，计算出综合性的统计指标，用表格、图形和统计指标数值来描述所研究现象总体数量特征和数量关系的方法。统计描述法是统计研究的基础，它为统计推断、统计咨询和统计决策提供必要的统计数据资料。统计描述法的具体方法主要有统计分组法和综合指标法。

统计分组法是根据一定的研究目的和现象的总体特征，将总体中的个体按一定的标志，把客观现象划分为不同性质或类型的组别，以研究总体内部差异的一种常用统计方法。例如，将人口按性别分组、职工按工种分组、学生按成绩分组等。

综合指标法是指运用各种统计指标反映和研究客观总体的一般数量特征和数量关系的方法。通过对各种综合指标的计算，可以反映出现象在具体时间、地点、条件下的总体规模、相对水平、平均水平和差异程度，概括地描述总体的综合数量特征及其变动趋势。综合指标法可以运用各种统计综合指标对社会经济现象的数量方面进行综合、概括地分析。

综合指标法和统计分组法之间存在着密切的关系。统计分组如果没有相应的统计指标来反映现象的规模水平，就不能揭示现象总体的数量特征；而综合指标如果不进行科学的统计分组，就无法划分事物变化的数量界限，就会掩盖现象的矛盾，成为笼统的指标。所以，在研究社会经济现象的数量关系时，必须科学地进行分组，合理地设置统计指标，指标体系和分组体系应该相适应。一般应把统计分组和综合指标结合起来进行应用。

（三）归纳推断法

归纳推断法是指以一定的置信水平，根据样本数据资料来判断总体数量特征的归纳推理方法。这是从个别到一般，由具体事实到抽象概括的推理方法。归纳推断法可用于总体数量特征的估计，也可用于对总体的某些假设进行检验，在统计研究中有广泛的用途，是现代统计学的基本方法之一。

（四）统计模型法

统计模型法是根据一定的经济理论和假定条件，用数学方程去模拟现实经济现象相互关系的一种研究方法。利用这种方法可以对现象和过程中存在的数量关系进行比较完整和近似的描述，从而简化了客观存在的复杂的其他关系，以便利用模型对现象状态和变化过程进行数量上的评价、预测和控制。

统计模型法是贯穿统计认识全过程的基本方法，也是统计分析的最普遍、最严密的方法。电子计算机的飞速发展，为其应用开辟了广阔的领域。

需要注意的是：我们学习各种不同的统计方法，是为了在各种不同的领域合理应用。如果我们只学习统计方法而不思考与客观现象的理论联系，那么，这些方法的作用就会很小。因此，我们要使用统计方法在抽象的经济学、社会学、自然科学理论与复杂的经济、社会、自然现实情况之间架起联系的桥梁。

本讲小结

一、本讲重点

1. 总体是由客观存在的、所有具有某种共同性质的事物所组成的集合体，具有客观性、大量性、同质性、差异性和相对性等特征。构成总体的每个个别事物称为个体。总体有有限总体与无限总体。总体与个体的关系不是一成不变的。

2. 标志是说明个体特征的名称。标志有品质标志与数量标志、可变标志与不变标志之分。标志表现为标志在个体的具体结果。

3. 统计指标是反映现象总体数量特征的概念及其数值，有指标名称、计算方法、空间限制、时间限制、指标数值和计量单位六个要素。指标与标志既有区别，又有联系。统计指标有数量指标与质量指标之分。统计指标体系是由反映同一总体多个方面数量特征的、一系列相互联系的统计指标所形成的体系。统计指标体系包括基本统计指标体系和专题统计指标体系。

4. 变异是可变标志的具体表现之间的差别。变量就是可变的标志和指标。变量有定性变量与定量变量、离散型变量与连续型变量之分。

二、难点释疑

1. 统计学的研究对象是现象的数量特征和数量关系，即统计数据。统计学的研究对象具有数量性、总体性和具体性的特点。

2. 统计研究程序包括统计设计、统计调查、统计整理、统计分析与数据解释等环节。

3. 统计研究方法主要有大量观察法、统计描述法、归纳推断法和统计模型法。

本章小结

如图 1－12 所示，为什么学习统计学和如何学习统计学是初学者应该首先明确的认识。统计的三个含义及其相互关系，是步入统计学之门的基本专业素养。总体、单位、标志、标志表现、指标、指标体系、变异、变量等统计学基本概念，构建了统计学的基本概念平台。统计学的过去与现在、统计学的内容、统计学的研究对象及其特点、统计研究的程序、统计学研究方法、统计的应用领域则是本章的认识拓展。

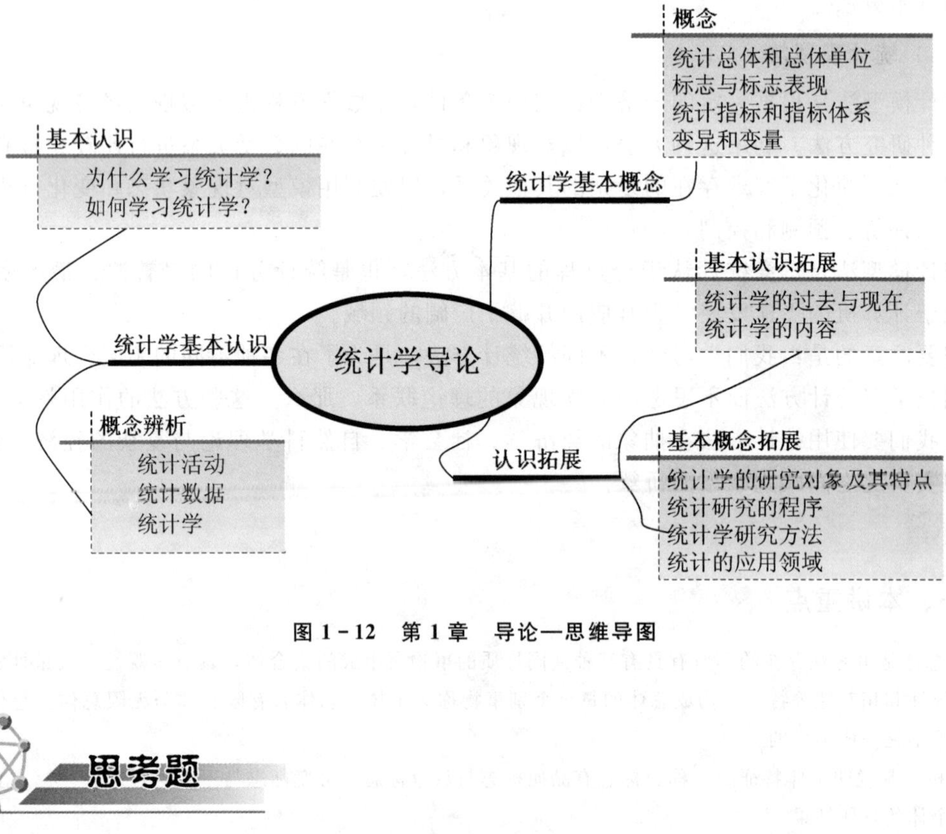

图 1－12 第 1 章 导论—思维导图

思考题

1. 什么是统计？
2. 如何正确理解描述统计与推断统计的关系？
3. 如何理解总体的大量性、同质性和差异性？
4. 总体、个体之间的关系如何？试举例说明。
5. 如何理解标志、指标、变量三者的含义？试举例说明。
6. 变量可分为哪几类？
7. 举例说明离散型变量和连续型变量。
8. 品质标志、数量标志、质量指标、数量指标四者关系如何？试举例说明。
9. 什么是统计指标体系？有哪些表现形式？试举例说明。

10. 统计研究的基本过程如何？常用的统计方法有哪些？

案例讨论

【案例1－1】

购买一台合心意的笔记本电脑

在如今电商飞速发展的时代，各位读者对网上购物一定不陌生。现在需要从网上购买一台笔记本电脑，你是否能从下面图示网站上所列出的信息中，给出合理的建议呢？

思考与讨论问题：

(1) 本案例要求中的统计总体和总体单位分别是什么？

(2) 购买者需要了解哪些信息？这些信息具体可用哪些标志、指标来反映？

(3) 购买者所需了解信息中哪些是数量标志、哪些是品质标志？

(4) 上述变量中，哪些是定性变量？哪些是定量变量？在定量变量中又有哪些是离散型变量、哪些是连续型变量？

(5) 上述指标与标志之间存在什么样的区别与联系？

【案例1－2】

中国教育现状

《2018年国民经济和社会发展统计公报》如期发布了，我们来看看中国的教育现状。

全年研究生教育招生85.8万人，在学研究生273.1万人，毕业生60.4万人。普通本专科招生791.0万人，在校生2 831.0万人，毕业生753.3万人。中等职业教育招生557.0万人，在校生1 555.2万人，毕业生487.3万人。普通高中招生792.7万人，在校生2 375.4万人，毕业生779.2万人。初中招生1 602.6万人，在校生4 652.6万人，毕业生1 367.8万人。普通小学招生1 867.3万人，在校生10 339.3万人，毕业生1 616.5万人。特殊教育招生12.4万人，在校生66.6万人，毕业生8.1万人。学前教育在园幼儿4 656.4万人。九年义务教育巩固率为94.2%，高中阶段毛入学率为88.8%。

——资料来源：《2018年国民经济和社会发展统计公报》。

思考与讨论问题：

(1) 该公告中运用了大量统计指标来说明2018年中国国民经济和社会发展的主要特征。请从上面摘选的“教育”行业的公告，举例来说明每个统计指标包括了哪些构成因素？

(2) 该部分资料中有哪些统计指标是数量指标？有哪些统计指标是质量指标？

(3) 怎样理解统计指标具有数量性和综合性两个特点（结合该报告中的指标来说明）？

(4) 上述资料采用了哪些统计研究方法？

延伸阅读

1. [美] 尼尔·J·萨尔金德，史玲玲译. 爱上统计学. 重庆大学出版社，2011年1月第1版，P4-12（第1章　统计学还是虐待学？由你决定）。

2. [日] 西内启著，朱悦玮译. 看穿一切数字的统计学. 中信出版社，2013年10月第1版，P1-25（第1章　为什么统计学是最牛的学问?）。

第1章　练习题

第2章　统计数据及其搜集

开篇导读

数据来源很重要！

一天，有人在微信群里发消息：

【掌门】(247586545) 12：25：11

关于启动重污染天气Ⅲ级应急响应的通告

根据新疆维吾尔自治区环境保护厅《关于启动重污染天气应急响应的紧急通知》（新环发〔2017〕11号）的要求，结合石河子市气象预报信息和空气质量指数，经石河子市重污染天气应急指挥部研究，决定于2017年1月20日零时至1月23日零时启动重污染天气Ⅲ级应急响应，具体事项通告如下：

一、企业限产、限排。

二、免费乘坐公交车。公众尽量乘坐公共交通工具出行，减少机动车上路行驶，重污染天气应急响应期间，市民在市区内可免费乘坐张贴免费标识的公交车。

三、机动车辆限行。

四、儿童、老年人和呼吸道、心脑血管疾病患者等易感人群应减少户外运动，如需外出，应增加防护措施。

五、加大督查和巡查。

石河子市重污染天气应急指挥部

2017年1月19日

有人提出疑问：

【大侠】(54919213) 12：40：21　“免费乘坐公交车”，是真的吗？

【少侠】(79023538) 12：46：16　真的，政府部门发通知了呢！

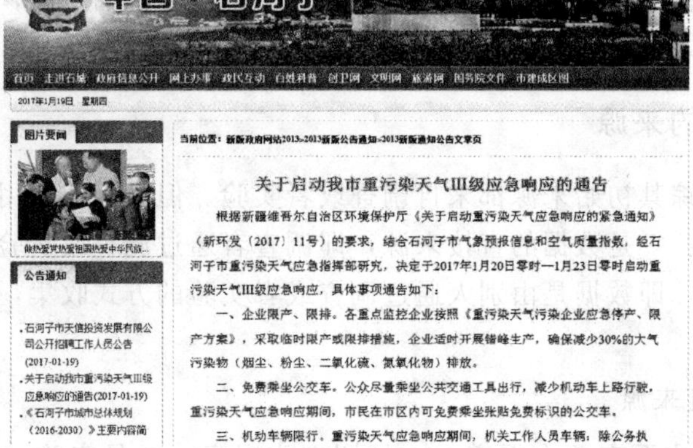

官方消息一出，再无人质疑。

数据的来源不仅可以决定数据的真伪，也能影响人们的决策。统计数据的类型也同样重要，只有找到正确的统计数据，弄清数据的种类，才有必要进一步采用合适的方式和方法收集数据。如何有效地搜集数据，保证数据的质量，制定一份合理周密的调查方案就显得尤为重要。本章将为你介绍以上内容。

学习目标

一、理解并熟记统计数据的定义、数据的分类，能够熟练区分数据的来源以及数据的类型。

二、理解统计数据的搜集方式及方法，掌握统计调查方案所包含的内容，能够设计统计调查方案，进行数据的搜集。

第3讲　统计数据及其来源

问题提出

每天打开手机刷微信或微博时，铺天盖地的数据向我们涌来，比如明星八卦、心灵鸡汤、好友动态、打折商品等；当然，当你打开电脑时，也会看到国家统计局定期发布的各种经济数据、海关发布的进出口贸易数据等。每当你面对这些海量数据时，你是否考虑过“这些信息是从哪里来的呢？它们是否可信呢?”因此，本讲提出的问题是：

统计数据从何而来？

统计数据的来源非常重要，如果数据从何而来都不知道，那么搜集数据就是无稽之谈。数据的来源影响数据的类型，还决定着数据的质量，影响决策的成败。

概念辨析

一、统计数据

统计数据是统计工作活动过程中所取得的反映国民经济和社会现象的数字资料以及与之相联系的其他资料的总称。例如，数值、图片、音频和浏览网页的各种记录等。统计数据通常以标志、标志值或指标的形式表现，是定性和定量统计分析的基础，离开了统计数据，统计方法就失去了用武之地。

二、统计数据的来源

所有统计数据追踪其初始来源都来自调查或者实验。但是，从使用者的角度看，统计数据主要来自两个渠道：一是数据的直接来源，即调查者通过调查或实验活动直接获得的一手数据。二是间接来源，即数据是由别人通过调查或者实验的方式收集，使用者通过各种途径找到它们并加以利用。

（一）数据的直接来源

数据的直接来源主要有两个渠道，一是调查或观察，二是实验。调查是获取社会经济一手数据的重要手段。例如，经济学家通过调查搜集经济现象的数据来分析经济形势、经济现象之间的相互联系和影响；社会学家通过观察搜集有关人的数据以了解人类行为；

管理者通过调查搜集生产、经营活动的有关数据分析生产过程的协调性和效率。实验是获取自然科学数据的主要手段。例如，对在一起饲养的一群小白鼠，分别注入不同剂量的同一种药物，以检验不同剂量的药物对生命体的影响。

通过直接来源获取的数据都是一手数据。一手数据具有信息可以及时反馈、数据质量较好、可以回答二手数据不能回答的问题等优点，但也存在调研时间较长和成本耗费较大、对调研人员要求较高等缺点。

（二）数据的间接来源

如果与研究内容有关的原信息已经存在，我们只是对这些原信息重新加工、整理，使之成为我们进行统计分析可以使用的数据，则把它们称为间接来源的数据。从搜集的范围来看，这些数据可以取自系统外部，也可以取自系统内部。数据取自系统外部的主要渠道有：统计部门和各级政府公布的有关资料，例如定期发布的统计公报，定期出版的各类统计年鉴；各类经济信息中心、信息咨询机构、专业调查机构、各行业协会和联合会提供的市场信息和行业发展的数据情报；各类专业期刊、报纸、图书所提供的文献资料；博览会、展销会、交易会及专业性、学术性研讨会上交流的有关资料；从互联网或图书馆查阅到的相关资料等。如果就经济活动而言，取自系统内部的资料主要包括业务资料，例如与业务经营活动有关的各种单据、记录；经营活动过程中的各种统计报表；各种财务、会计核算和分析资料等。

通过间接来源获取的二手数据具有以下几个特点：第一，相对于一手数据，二手数据不需要大量的调研人员进行实地调查或组织专门的实验，所以，其成本较低；第二，可以及时采集数据；第三，通常情况下，获取二手数据相对容易，既可以获取历史数据，也可以克服地域、语言等困难获取即时数据。对于一个特定的研究问题而言，二手数据也存在适用性差、质量参差不齐、内容不够充实等缺点。

在使用二手数据时需要考虑以下几个问题：第一，引用数据时一定要注明数据来源，以尊重数据调查者的劳动成果，说明数据使用者的法律责任；第二，评估数据的适用性和可用价值；第三，注意数据的含义、计算口径和计算方法是否符合研究要求；第四，对不完整的历史数据，根据需要设法进行适当的补充；第五，综合考虑数据的可获得性和成本。

三、统计数据的种类

统计数据是对客观现象测度的结果，根据测度视角或测度方法的不同可将数据划分为不同种类。统计数据按照使用测量尺度的不同，可分为定类数据、定序数据、定距数据和定比数据。按照被描述对象与时间、空间的关系，可分为截面数据、时间序列数据和面板数据。按照数据搜集方法的不同，可分为观测数据和实验数据。

（一）定类数据、定序数据、定距数据和定比数据

定类数据也称为分类数据，通常是标志表现只能归于某一类别的非数字型数据，它是对事物进行分类的结果，数据表现为类别，通常用文字表现。例如，人口按照性别分为男性、女性两类；企业按照行业属性分为医药企业、家电企业、纺织企业等，这些均属于定类数据。为便于统计处理，对于定类数据可以用数字代码来表示各个类别。例如，用 1 表示“男性”，0 表示“女性”；用 1 表示“医药企业”，2 表示“家电企业”，3 表示“纺织企业”等。

定类数据的数学性质可用平行号“＝”表示。

定序数据也称为顺序数据，是标志值只能归于某一有序类别的非数字型数据。定序数据是品质数据，不仅具有分类的特性，同时也体现有序性。比如将产品分为一等品、二等品、三等品、次品等；考试成绩可以分为优、良、中、及格、不及格等；一个人的受教育程度可以分为小学、初中、高中、大学及以上；一个人对某一事情的态度可以分为非常同意、同意、保持中立、不同意、非常不同意等。同样，对定序数据也可以用数字代码来表示。例如，1—非常同意，2—同意，3—保持中立，4—不同意，5—非常不同意。定序数据的数学性质，可用“＞”“＜”符号。

定距数据是由定距尺度计量形成，表现为数值，可以进行加、减运算，其数学性质可用“＋”“－”符号表示。定距尺度，也可以称为间隔尺度，相较定类尺度和定序尺度而言，它对事物能进行准确测度。定距尺度不仅能对事物分类，比较各类事物的优劣，还能计算事物之间差异的大小，所以其数据表现为“数值”。例如，温度、海拔高度、公元纪年等都是定距数据。

定比数据是由定比尺度计量形成，表现为数值，可以进行加、减、乘、除运算，其数学性质可用“×”“÷”符号表示。定比尺度，也可以称为比例尺度，它与定距尺度的区别在于是否有绝对零点。在定距尺度中，“0”表示一种状态，而定比尺度中，“0”表示真正的“一无所有”。例如，温度是典型的定距数据，因为在摄氏温度中，0 ℃表示水是否结冰的临界温度；但对于销售人员来说，“0”表示没有成交量，所以销量属于定比数据。在实际生活中，“0”在大多数情况下均表示事物不存在，如长度、高度、利润、薪酬、产值等，所以在实际统计中，大多数使用定比尺度。见表 2-1。

表 2-1　主要测量尺度及数据类型

测量尺度	数据类型	基本特性	普通实例
定类	定类数据	只能归于某一类别	体育运动、性别等
定序	定序数据	可以归于某一类别，并排序	成绩等级、满意程度等
定距	定距数据	可以分类、排序，并进行加、减运算	温度、海拔高度等
定比	定比数据	可以分类、排序，并进行加、减、乘、除运算	长度、重量等

由于定类、定序数据均表明事物的属性，定距、定比数据则主要表明事物的数量特征。因此，从描述事物的特征来看，可将定类、定序数据统称为品质数据，而将定距、定比数据统称为数值型数据。如图 2-1 所示。

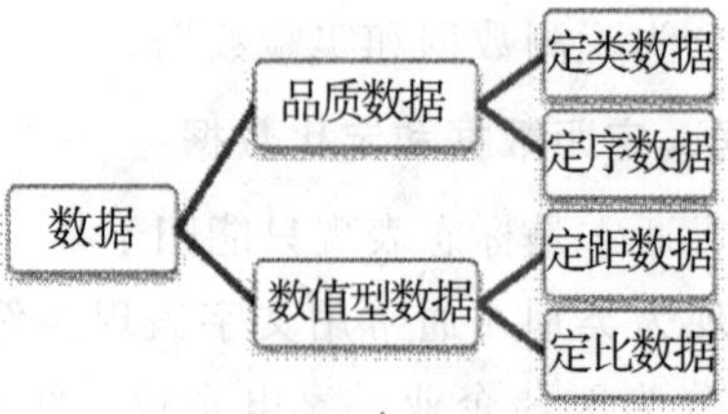

图 2-1　数据按照计量尺度与特征分类

（二）截面数据、时间序列数据和面板数据

截面数据是在相同或相近的时间点上收集的数据，这类数据通常是在不同的空间上获得，用于描述现象在某一时期或时刻的变化情况。例如，2015 年我国西部地区金融业增加值就是截面数据，见表 2-2。

表 2-2　　2015 年我国西部地区金融业增加值统计表　　单位：亿元

地区	金融业增加值	地区	金融业增加值
内蒙古自治区	829.20	西藏自治区	68.05
广西壮族自治区	1 018.01	陕西省	1 082.37
重庆市	1 410.18	甘肃省	443.12
四川省	2 202.23	青海省	220.87
贵州省	607.11	宁夏回族自治区	256.38
云南省	981.85	新疆维吾尔自治区	563.80

资料来源：http：//www.stats.gov.cn/

时间序列数据是在不同的时间上收集的某一指标数据，用于描述现象随时间变化的情况。例如，2000—2015 年我国国内生产总值就是时间序列数据，见表 2-3。

表 2-3　　2000—2015 年我国国内生产总值统计表　　单位：亿元

年　份	国内生产总值	年　份	国内生产总值
2000	100 280.1	2008	319 515.5
2001	110 863.1	2009	349 081.4
2002	121 717.4	2010	413 030.3
2003	137 422.0	2011	489 300.6
2004	161 840.2	2012	540 367.4
2005	187 318.9	2013	595 244.4
2006	219 438.5	2014	643 974.0
2007	270 232.3	2015	689 052.1

资料来源：http：//www.stats.gov.cn/

面板数据也叫平行数据，是指在时间序列上取多个截面，在这些截面上同时选取样本观测值所构成的样本数据。面板数据也是截面和时间序列的组合数据。如图 2-2 所示。

指标：地区生产总值　时间：最近5年

地区	2015年	2014年	2013年	2012年	2011年
山西省	12766.49	12761.49	12665.25	12112.83	11237.55
吉林省	14063.13	13803.14	13046.40	11939.24	10568.83
黑龙江省	15083.67	15039.38	14454.91	13691.58	12582.00
安徽省	22005.63	20848.75	19229.34	17212.05	15300.65
江西省	16723.78	15714.63	14410.19	12948.88	11702.82
河南省	37002.16	34938.24	32191.30	29599.31	26931.03
湖北省	29550.19	27379.22	24791.83	22250.45	19632.26
湖南省	28902.21	27037.32	24621.67	22154.23	19669.56

图 2-2　2011—2015 年我国中部地区生产总值

资料来源：http：//www.stats.gov.cn/

(三) 观测数据和实验数据

观测数据是通过调查或观测而收集到的数据，它是在没有对事物进行人为控制的条件下获得的数据，有关社会经济现象的统计数据几乎都是观测数据。

实验数据指在实验中控制实验对象而收集到的数据。自然科学领域的大多数数据都属于实验数据。例如，生物实验数据、新产品性能实验数据、药物疗效实验数据等。

推理分析

一、测量尺度的分类

数据的测量尺度有 4 种：①定类尺度，按照事物的某种属性对其进行平行分类，数据表现为不同的类别；②定序尺度，对事物类别顺序的测度，数据表现为有序的类别；③定距尺度，对事物类别或次序之间间距的测度，没有绝对的零点，数据表现为数值；④定比尺度，对事物类别或次序之间间距的测度，有绝对的零点，数据表现为数值。按照数据测量尺度的不同，可以将数据分为定类数据、定序数据、定距数据和定比数据。

二、测量尺度的作用

测量尺度有以下三点作用：第一，测量尺度决定数据的显示方法。定类尺度和定序尺度形成的定类数据和定序数据，我们通常利用条形图、饼图等图形展示数据特征；定距、定比尺度形成的数据则可以用直方图、茎叶图等图形显示。第二，测量尺度决定数据的分析方法。例如，定类尺度形成的定类数据，我们通常计算各组的频数或频率，计算众数和异众比率，构建列联表并进行卡方检验等；对于定序数据，可以计算中位数和四分位差，计算等级相关系数等；对数值型数据可以用更多的统计方法进行分析，如计算各种统计量、进行参数估计和检验等。第三，测量尺度决定计算机的处理方法。不同测量尺度形成的数据在统计软件中会采取不同的处理方法。例如，在 SPSS 软件里，如果是定距数据，则数据测量尺度就要选择定距测量尺度，其他数据处理方法如图 2－3 所示。

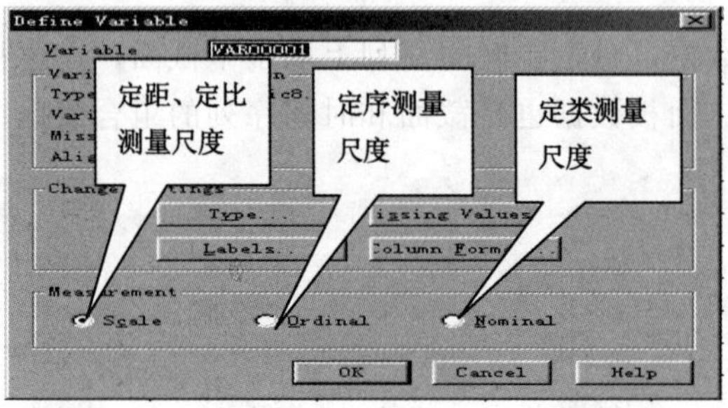

图 2－3　SPSS 软件对不同数据的处理方法

三、定类、定序、定距和定比数据的特征

按测量尺度划分形成的数据具有层次性，由高到低依次为定比数据、定距数据、定序数据和定类数据，高层次数据可以包含低层次数据的全部特征，反之则不然。定比数据包含定类、定序和定距数据的全部特征；定类数据不具有定序、定距和定比数据的特征。从数学特征看，定类数据的变量值之间是平行关系，用平行号表示；定序数据的变量值之间还可以用

大于号或者小于号表示；定距数据的变量值之间还可以用加号或者减号表示；定比数据的变量值之间还可以用乘号或者除号表示。各种分析结果见表 2－4。

表 2－4　　定类、定序、定距和定比数据的数学特征

数学特征＼数据类型	定类数据	定序数据	定距数据	定比数据
定类（＝）	√	√	√	√
定序（＞，＜）		√	√	√
定距（－，＋）			√	√
定比（×，÷）				√

在统计分析中，一般要求测量的层次越高越好，因为高层次的测量尺度包含更多的数学特性，所运用的统计分析方法越多，分析也越方便，所以，应尽可能使用高层次的测量尺度。

认识拓展

一、估计数据的其他分类

按照统计数据的表现形式，可以将其分为绝对数、相对数和平均数。

绝对数是用以反映现象或事物绝对数量特征的数据，它以最直观、最基本的形式体现现象或事物的外在数量特征，有明确的计量单位。例如，地区生产总值 500 亿元、利润 1.5 亿元、某专业某班级共有 40 名同学等，这些都是具有明确计量单位的绝对数。绝对数是表现数量标志或数量指标的形式。

相对数是用以反映现象或事物相对数量特征的数据，它通过两个相关统计数据的对比来体现现象内部或现象之间的联系，其结果主要以没有明确计量单位的无名数和有明确计量单位的有名数构成。具体地，相对数又包括结构相对数、比例相对数、比较相对数、动态相对数、强度相对数和计划完成程度相对数。相对数是表现相对指标的形式。

平均数是用以反映现象或事物平均数量特征的数据，体现现象某一方面的一般数量水平。例如，某班学生某门课的平均成绩为 75 分，某年某地区城镇居民平均月消费支出为 2 000元等。平均数按计算方式不同可以分为数值平均数（算术平均数、调和平均数和几何平均数）和位置平均数（众数、中位数和四分位数）；按时间状态的不同可以分为静态平均数和动态平均数。平均数是表现平均指标的形式。

二、大数据的概念和特征

（一）大数据的定义

百度百科中对“大数据”是这样定义的：大数据是指无法在一定时间范围内用常规软件工具进行捕捉、管理和处理的数据集合，是需要新处理模式才能具有更强的决策力、洞察发现力和流程优化能力的海量、高增长率和多样化的信息资产。

（二）大数据的特征

大数据具有以下 4 个特征：

1. 数据体量巨大（Volume）

数据的存储单位是 bit，Byte，kB，MB 等。数据规模的不断增大，导致数据的传输方式、存储方式都发生了巨大变化。常见的数据规模单位见表2-5。截至 2012 年，人类生产的所有印刷材料的数据量是200 PB（1 PB=1 024 TB），而历史上全人类说过的所有话的数据量大约是5 EB（1 EB=1 024 PB）。当前，典型个人计算机硬盘的容量为 TB 量级，而一些大企业的数据量已经接近 EB 量级。

表 2-5　　数据规模单位表

位	bit	1 或 0	计算机二进制存储信息的逻辑单元
字节	Byte	8 位	存储信息的基本物理单位，英文字母 1 字节
千字节	kB	1 024 字节	一页纸文字 5 kB
兆字节	MB	1 024 千字节	一首 MP3 流行歌曲大约 4 MB
吉字节	GB	1 024 兆字节	一部电影大约 1 GB
太字节	TB	1 024 吉字节	美国国会图书馆印刷版图书 15 TB
拍字节	PB	1 024 太字节	美国邮政局一年信件 5 PB，谷歌每小时 1 PB
艾字节	EB	1 024 拍字节	2013 年中国互联网行业数据 1.9 EB
皆字节	ZB	1 024 艾字节	截至 2010 年，人类信息量约为 1.2 ZB
佑字节	YB	1 024 皆字节	
诺字节	NB	1 024 佑字节	
刀字节	DB	1 024 诺字节	

资料来源：王建军、宋香荣编著《现代应用统计学大数据分析基础》，第 22 页。

2. 数据类型繁多（Variety）

类型的多样性让数据被分为结构化数据和非结构化数据。相较于以往便于存储的以文本为主的结构化数据，非结构化数据越来越多，包括网络日志、音频、视频、图片、地理位置信息等，这些多类型的数据对处理能力提出了更高要求。

3. 价值密度低（Value）

价值密度的高低与数据总量的大小成反比。以视频为例，一部 1 小时的视频，在连续不间断的监控中，有用的数据可能仅有一二秒。如何通过强大的机器算法更迅速地完成数据的价值“提纯”成为目前大数据背景下亟待解决的难题。

4. 处理速度快（Velocity）

这是大数据区分于传统数据挖掘最显著的特征。根据 IDC“数字宇宙”的报告，预计到2020 年，全球数据使用量将达到35.2 ZB。在如此海量数据面前，处理数据的效率就是企业的生命。

本讲小结

一、本讲重点

1. 数据的来源，统计数据的获取渠道应重点掌握，统计数据的来源包括直接来源和间接来源，对应的数据分别是一手数据和二手数据。它们获取方式不同，使用起来各有利弊。

2. 统计数据的种类，按测量尺度划分为定类、定序、定距、定比数据。按被描述对象与时间、空间的关系分为截面数据、时间序列数据和面板数据。按统计数据搜集方法的不同，可以分为观测数据和实验数据。

二、难点释疑

如何准确区分定类、定序、定距、定比四种类型的数据是本讲的难点。从其数学特征的角度易于区分四种类型的数据。

第 4 讲　统计数据搜集方式及方法

问题提出

知道统计数据的来源，但是如何获取呢？适当的搜集数据的方式及方法有助于提高统计数据的质量，要想获得研究所需的数据还应当制定一个周密的计划。本讲提出的问题是：

1. 如何取得统计数据？

2. 如何设计统计调查方案？

3. 如何保证统计数据质量？

概念辨析

一、统计数据搜集的含义

统计数据搜集，就是按照统计研究预定的目的和任务，运用各种科学有效的方式和方法，有计划、有组织地搜集反映客观现实的统计资料的活动过程。统计数据搜集是整个统计活动的基础阶段，通常也称为统计调查阶段。统计数据搜集的基本要求是：准确性、及时性和完整性。

二、统计数据搜集方式

统计数据的搜集方式根据不同的调查对象和调查目的，可以将统计调查区分为不同的类别。

（一）按调查对象范围的不同，分为全面调查和非全面调查

全面调查就是对调查对象中的每一个单位都进行调查的一种调查方式，全面统计报表和普查都是全面调查。

非全面调查，就是对调查对象中的部分单位进行调查的一种调查方式。典型调查、抽样调查、重点调查都是非全面调查。例如，为了解某地居民的消费水平，并不需要对该地区所有居民进行调查，只需要搜集部分居民各收入层次的资料进行调查。

（二）按调查时间的连续性不同，分为经常性调查和一次性调查

经常性调查是指随着调查对象的变化，随时将变化的情况进行连续不断的登记。例如，产品产量、商品销售额、主要原材料的消耗等，这些指标数值变化较大，必须进行经常性登

记才能满足需要。

一次性调查是指间隔一段较长的时间（如 1 年以上或数年以上）对事物的变化进行的不连续调查。一次性调查大多是对时点现象进行调查，因此可以定期进行，也可以不定期进行。

（三）按其组织形式的不同，分为统计报表制度和专门调查

1. 统计报表制度

统计报表制度是指按一定的表式和要求，自上而下统一布置，自下而上逐级提供和报送统计资料的一种统计调查方式。它多以定期统计报表形式出现，大多属于经常性调查。

统计报表是国家和地方政府部门获取统计数据的主要来源。统计报表按照调查范围的不同分为全面报表和非全面报表。全面报表要求调查对象的每一个单位都填报；非全面报表要求调查对象中的一部分单位填报。全面报表按照报表内容和实施范围的不同分为国家统计报表、部门统计报表和地方统计报表。按照报送周期的长短分为日报、旬报、月报、季报、半年报、年报。按照报送单位的不同分为基层统计报表和综合统计报表。

统计报表资料的来源包括基层单位的原始记录和统计台账。原始记录是基层单位通过一定的表式，用数字或文字对生产经营的过程和结果所做的最初记录，是未经过任何加工整理的初级资料。例如，工人每天把生产的产品数量、质量和工时利用情况进行登记形成的工作票。统计台账是根据定期统计报表和企业经营管理的需要，以一定的表格形式，按时间顺序分类登记和定期汇总统计资料的一种账册。它是从原始记录到统计报表的中间环节。如工业企业统计台账有产品产量台账、半成品台账、设备利用台账等。

2. 专门调查

专门调查是为了研究某些情况或某种问题而专门组织的统计调查，这种调查既可以是一次性调查，也可以是经常性调查。专门调查包括普查、重点调查、典型调查和抽样调查。

（1）普查。普查是为某一特定目的而专门组织的一次性全面调查方式，如人口普查、工业普查、农业普查等。世界各国一般都定期进行各种普查。普查适用于特定目的、特定对象，旨在搜集有关国情国力的基本统计数据，为国家制定有关政策或措施提供依据。它主要用于搜集处于某一时点状态上的社会经济现象的总量，如一个国家或地区的总人口数、土地总面积、全部生产设备等。普查也可以反映一定时期的现象总量，如出生人口总数、死亡人口总数等。

普查作为一种特殊的调查组织方式有以下几个特点：第一，普查通常具有一次性或周期性。普查涉及面广，调查单位多，要耗费大量的人力、物力和财力，所以间隔时间较长，例如，我国规定每 10 年进行 1 次人口普查。我国人口普查从 1953 年到 2018 年共进行过 6 次。今后，我国的普查将规范化、制度化，每逢末尾为“0”的年份进行人口普查，末尾为“3”的年份进行第三产业普查，末尾为“6”的年份进行农业普查。第二，普查一般需要规定统一的标准调查时点，以避免调查数据的重复或遗漏，保证普查结果的准确性。我国第六次全国人口普查的标准时点为 2010 年 11 月 1 日零时，第三次全国农业普查的标准时点为 2016 年 12 月 31 日 24 时。标准时点一般定在调查对象比较集中、相对稳定的时间。第三，普查的数据一般比较准确，规范化程度也高，因此可作为抽样调查和其他调查的依据。第四，普查的使用范围较窄，只能调查一些最基本或特定的现象。

普查的基本组织方式有两种：一是组织专门的普查机构，配备一定数量的普查人员，对调查单位进行直接登记，我国人口普查就采用这种形式；二是利用调查单位的原始资料和核算资料，结合清库盘点，由调查单位自行填报表格，例如我国物资库存普查就采用这种形式。普查具有以下三个基本原则：第一，规定统一的调查标准时点和调查期限；第二，统一调查项目；第三，统一调查方法和步骤。

(2) 重点调查。重点调查是一种专门组织的非全面调查，它是在全部单位中选择一部分重点单位进行调查。所谓重点单位是全部单位中的一小部分，但它们的某一个主要标志总量在总体的标志总量中却占较大比重。调查这部分单位的情况，就可以反映出研究现象的基本情况和基本趋势。例如，为了解我国工业企业发展的基本情况，我们对一些国有特大型企业进行调查，如鞍钢、首钢、上海宝钢、大庆油田、胜利油田等，它们的数量不多，但在国民经济发展中，无论是资产总量还是利税，都占全国所有工业企业相关指标的 60%以上。对这些为数不多的重点单位进行的调查就属于重点调查。重点调查能够在大大节省人力、物力和财力的情况下，迅速反映调查总体的基本情况。重点调查的方法可以根据调查任务的需要灵活选择，既可以组织专门机构对重点单位的某些数量标志进行一次性调查，也可以对重点单位布置统计报表进行经常性调查，以便于系统地观察和研究。

(3) 典型调查。典型调查是根据统计调查的目的和要求，在对研究对象作全面分析的基础上，有意识地选取若干个有代表性的单位，进行深入细致调查研究的一种非全面调查。

典型调查具有以下三个特点：第一，典型调查的实质是深入细致的调查，可用来研究某些比较复杂的专门问题。第二，典型调查的单位少，因而指标可以多一些，也可节省人力、物力和财力。第三，典型调查是一种比较灵活的调查方式，典型单位的选择和确定是在对调查对象进行初步分析的基础上，根据研究任务有意识的选取。

(4) 抽样调查。抽样调查是按随机原则在调查对象中抽取一部分单位进行观察，用以推算总体数量特征的一种调查方式。抽样调查是专门组织的非全面调查，由于全面调查的范围广，工作量大，要耗费大量的人力、物力和财力，而且有时也不需要或不可能进行全面调查，但又要了解客观现象的总体情况，就可以采用抽样调查的方式。抽样调查的相关内容将在第 5 章做详细介绍。

三、统计数据搜集方法

根据不同的调查对象和调查目的，可以将统计数据的搜集方法分为现场观察法、报告法、询问调查法和实验采集法。

(一) 现场观察法

现场观察法是指观察者深入现场或进入一定的情境，运用感觉器官或借助科学仪器，直接或间接地观察调查对象，以获得调查资料的方法。采用此方法，常常在对被观察者不施加影响的情况下获得信息资料。例如利用安置在超市中的录像设备观察顾客的人流量；在十字路口通过计数的方法估算车流量等。

(二) 报告法

报告法是由报告单位根据一定的原始记录和台账，依据统计报表的格式和要求，按照隶属关系，逐级向有关部门提供统计资料的一种调查方法。

报告法具有统一的调查项目、统一的要求以及统一的上报程序；其资料来源于原始记录；可以进行大量的调查等特点。如果系统健全，管理完善，利用报告法可以获取比较精确的数据资料。

（三）询问调查法

询问调查法是调查者与被调查者直接或间接接触以获得数据的一种方法。具体包括以下6种方式：

1. 访问调查

访问调查又称派员调查，是调查者与被调查者通过面对面地交谈从而得到所需统计资料的调查方法，其调查的方式有标准式访问和非标准式访问两种。标准式访问又称结构式访问，是按照调查人员事先设计好的、有固定格式的标准化问卷或表格，有顺序的依次提问，并由受访者作出回答。非标准式访问又称非结构式访问，是由调查人员给被调查者一个题目或提纲，由调查人员和受访者自由交谈，以获得所需资料。

2. 邮寄调查

邮寄调查是通过邮寄或媒体宣传等方式将调查表或调查问卷送至被调查者手中，由被调查者填写，然后将调查表寄回或投放到指定收集点的一种调查方法。它是一种标准化调查，其特点是调查人员和被调查者没有直接的语言交流，信息的传递完全依赖于调查表或调查问卷。邮寄调查的方式有宣传媒介传送、专门场所分发和邮寄三种。

3. 电话调查

电话调查是调查人员利用电话同受访者进行语言交流，从而获得信息的一种方式。它具有时效快、费用低的特点。电话调查所提问题要明确，问题数量不宜过多。

4. 计算机辅助调查

计算机辅助调查也称为计算机辅助电话调查，是指在电话调查时，调查的问卷、答案都由计算机显示，整个调查过程，包括拨号、调查记录、数据处理等都借助计算机来完成。计算机不仅可以完成调查数据的处理，而且整个调查过程，包括问卷的设计和显示、样本设计、数据处理等也都可以由计算机来控制和完成。

5. 座谈会

座谈会也称为集体访谈法，是将一组被调查者集中在调查现场，让他们对调查的主题发表意见，从而获取调查资料的方法。这种方法适用于搜集与研究课题有密切关系的少数人员的倾向和意见。参加座谈会的人员不宜太多，通常为6～10人，并且是所调查问题的专家或有经验的人员。座谈会取得的意见较为广泛和深入，一般情况下不会遭到拒访。

6. 个别深度访问

个别深度访问是一次只有一名受访者参加的特殊的定性研究。它要求不断深入到受访者的思想当中，努力发掘其行为的真实动机。它是一种无结构的个人访问，常用于动机研究。

（四）实验采集法

实验采集法是从影响调查问题的许多因素中选出一到两个因素，将它们置于给定的实验条件下进行小规模的实验，然后对实验结果做出分析的调查方法。实验采集法是获取自然科学数据最常用的一种方法，具有客观性、可控性和精确性等特点，但由于实验中受控制的因素不可能包括所有影响因素，因此也存在实验结果不易比较、调查误差较大等缺点。

在搜集数据时，要根据调查所需信息的性质、调查对象的特点、对数据质量的要求以及预算费用和时间等多方面因素综合选择合适的搜集方式和方法。需要说明的是，各种方法并不是相互排斥的，相反，在许多方面恰恰是相互补充的，因此，在一项调研活动中将各种方法结合起来使用也许是不错的选择。例如，对被选中的调查单位首先采用邮寄问卷，对没有返回问卷的受访者，再进行电话追访或面访。

推理分析

统计调查方案设计

在搜集统计数据之前，需要制定一个周密、完整的调查计划，以指导整个调查工作，一个完整的统计调查方案应包括以下内容：

一、确定调查目的

在调查方案中首先应明确本次调查的目的，它要回答的是为什么调查，要解决什么样的问题。任何一项调查都需要达到某个目的，搜集数据是为了描述某类群体的行为特征，或者解释某件事情的原因，也可能仅仅是初步的探讨，以便为后续的研究奠定基础。只有明确调查目的，才能确定向谁调查、调查什么、到哪里调查以及采用什么方式方法进行调查，同时做到有的放矢、节约人力、缩短调查时间、提高调查资料的实效性。调查目的应尽可能规定得具体明确、中心突出、简明扼要，用最简单的语言说明为什么开展本次调查，意义何在。

二、确定调查对象和调查单位

调查对象和调查单位要解决的是向谁调查，由谁来提供调查资料的问题。

调查对象是指需要调查的现象总体。例如，我国人口普查的调查对象是具有中华人民共和国国籍并在中华人民共和国境内常住的人构成的集合。全国工业普查的调查对象是全部工业企业构成的总体。需要注意的是，调查对象要有明确、严格的定义，明确所要调查的经济社会现象总体的界限，避免因界限不清而产生调查资料的重复或遗漏，以保证调查资料的准确性和可信性。

调查单位是指所要调查的具体单位，是调查项目的承担者。调查单位可以是总体单位，也可以是样本单位。当进行全面调查时，调查单位就是总体单位。例如，我国人口普查的调查单位就是具有中华人民共和国国籍并在中华人民共和国境内常住的每一位国民；在进行工业普查时，调查单位是每一个工业企业。当采用抽样调查时，调查单位就是样本单位。例如，为了解某大学在校生的体能基本情况，从该校所有在校生中随机抽取 50 名学生进行体能测试，这 50 名学生构成的样本中的每 1 名学生就是调查单位。确定了调查单位，才能明确有关调查内容和资料由谁提供，这对于保证资料的准确性和完整性至关重要。

在确定了调查单位的同时还应该明确报告单位。报告单位也称填报单位，是指负责向上报告调查内容或提交调查资料的单位，一般是在行政上、经济上具有独立性的单位。调查单位和报告单位有时一致，有时不一致。例如，在对全国工业企业进行普查时，调查单位和报告单位都是每一个工业企业，两者一致；如果是对工业企业设备进行普查，调查单位是每一台设备，而报告单位则是每一个工业企业，这时调查单位与报告单位就不一致。

三、确定调查项目

调查项目是调查的具体内容，它要回答的是调查什么问题。调查项目可以是调查单位的数量特征，也可以是调查单位的某种属性或品质特征。设计具体调查项目是落实调查任务的关键环节，调查项目制定的成功与否，关系到整个调查项目的成效。

调查项目的设计或取舍，一般应从理论依据和数据分析两方面进行。理论依据是根据调查目录详细列出相关因素，形成假设，并从逻辑上分析判断哪些因素应保留在调查项目中，哪些应该舍弃，从而最终确定适当的调查项目。

数据分析也是确定调查项目的有效途径，它根据需要的分析资料来决定所需的调查项目，调查项目就是为了获得这些资料而设定。我们可以构想一个调查项目能得到哪些统计数据，这些数据对这次调查主题有什么作用，保留有用的调查项目，舍弃没用的调查项目。

在设计调查项目时还应注意以下几个问题：第一，所选的调查项目必须能够取得确切的资料，对于不必要或虽需要但不可能取得资料的问题不应列入调查项目；第二，每一个调查项目应该有确切的含义和统一的解释，避免调查人员或被调查者按照各自的理解回答，使调查结果无法汇总；第三，各调查项目之间应尽可能做到相互联系，以便有关项目进行核对，提高调查资料的质量。

四、设计调查表或调查问卷

为了便于登记和汇总，调查项目都要通过调查表或调查问卷以规范的形式表现出来。调查表是将调查项目按照一定的逻辑顺序用框格形式表现的一种表格。调查表有单一表和一览表两种形式。单一表是指每个调查单位填写一份调查表，它可以容纳较多的项目。一览表是在一张表格上填写许多调查单位的调查表，它主要适用于调查项目不多的情况。两种调查表各有利弊，可视具体情况采用。单一表可以容纳较多的调查项目，便于详细了解调查单位的情况和数据汇总，但在每张表格上必须注明调查地点、时间等；一览表可以容纳许多调查单位，每个单位的共同项目只需登记一次，可以节省人力和时间；一览表还可以将调查表中各单位的数据相互核对，以保证数据填报的准确性，但每个调查单位不能登记很多的标志。

设计调查表时，还应附填报说明，以提示填报人员正确理解调查项目并按照规定填写。填报说明应该具有统一标准，以保证统计调查中采用的指标含义、计算方法、分类目录和统计编码等具有统一的标准。另外，填报说明应力求通俗易懂、简明扼要。

调查问卷是由一系列围绕调查目的展开的以问题的形式系统地记载调查内容的一种书面文件。设计一份合理的调查问卷是获取高质量数据的关键。

调查问卷一般由标题、说明、主体部分和背景部分组成。问卷标题应简明扼要的表达研究主题，增强被调查者的兴趣。说明一般放在问卷的开头，篇幅不易过长，主要包括问候语和注释，说明调查目的、主要内容、调查的组织单位、调查结果的使用者、保密措施以及填写说明等。主体部分是研究主题的具体化，也是调查问卷的核心部分，一般由一系列围绕研究主题的问题和答案组成，相当于调查表的内容和作用。背景部分主要包含被调查者的一些基本信息，通常放在问卷的第一部分或者最后。

在设计调查问卷时应注意以下几个问题：第一，调查问卷的问题需要紧密围绕调查主题，不要有遗漏，也不要出现一些无关紧要的问题；第二，问卷的结构要合理，问题顺序的安排要有逻辑性，遵循先易后难；第三，问卷的问题和答案要具体、准确并且通俗易懂，符合被调查者的理解能力和认知能力，避免主观性和诱导性的问题；第四，控制问卷的长度，回答问卷的时间不宜过长；第五，设计好的调查问卷最好做预调查，发现问题及时修改。

调查问卷和调查表都是获得直接数据的常见方法，选择哪一种方法主要取决于研究目的、研究经费、研究计划等。

五、确定调查时间

统计调查时间包括两种含义，即调查时间和调查期限。调查时间是指调查资料所属的时间。如果调查的是时期现象，调查时间就是资料所属的起止时间。例如要了解我国 2017 年 1—2 月天然气产量，调查时间是从 2017 年 1 月 1 日起至 2 月 28 日止。如果调查的是时点现象，调查时间就是规定的统一标准时点。例如我国第六次全国人口普查的调查时点是 2010 年 11 月 1 日零时。调查期限是指进行调查工作的期限，包括收集资料和报送资料整个工作所需要的时间。例如，2017 年元旦是第三次全国农业普查现场登记工作全面展开的第一天，第三次全国农业普查正式进入为期 3 个月的现场登记阶段。3 个月就是全国农业普查现场登记的调查期限。

六、确定调查的组织实施计划

调查的组织实施计划包括：确定调查地点，确定调查组织机构，选择调查方法，确定参加调查的单位和调查人员，调查文件的准备，经费来源和开支计划等。如果是大规模的统计调查，方案设计好后，还应该进行试调查，并制定调查质量控制措施，验证该计划的可行性，发现问题，立即修改、补充，保证调查工作保质保量地完成。

认识拓展

一、近年流行的调查方式及方法

（一）网络调查

网络调查又称在线调查，是指通过互联网及其调查系统把传统的调查、分析方法在线化、智能化。

利用互联网进行调查有两种方式：一种是利用互联网直接进行问卷调查收集一手资料，例如通过问卷星等平台在网上直接发放问卷进行调查，这种方式称为网络直接调查；另一种方式是利用互联网的媒体功能，从互联网收集二手资料，这种方式一般称为网络间接调查。由于传统报纸、杂志、政府机构、企业等单位均通过网络发布各种信息，因此，网络信息蕴藏量极其丰富，关键是如何发现和挖掘有价值的信息。

网络调查可以充分利用互联网作为信息沟通渠道，使得网络调查具有传统调查方法所不具备的一些独特特点和优势。例如，网络调查的最大好处是具有交互性，被调查者可以及时针对问卷提出自己的看法和建议，可减少因问卷设计不合理导致的偏差；突破时空性也是网络调查的一大特点，网络调查可以 24 小时全天调查，这与受区域和时间制约的传统调查方式有很大不同。虽然网络调查具有效率高、费用低等优点，但也存在受访对象难以限制、针对性不强等缺点。

（二）卫星遥感法

卫星遥感法是利用卫星遥感技术搜集数据的一种方法。卫星遥感技术是一门综合性的科学技术，它集中了空间、电子、光学、计算机通信和地理学等学科的成就，是3S（RS，GIS，GPS）技术的主要组成成分。从字面上可以简单地将遥感解释为“遥远的感知”；广义地讲，各种非接触的、远距离的探测和信息获取技术就是遥感；狭义地讲，遥感主要指从远距离、高空，以至外层空间的平台上，利用可见光、红外线、微波等探测仪器，通过摄影或扫描、信息感应、传输和处理的方式，从而识别地面物质的性质和运动状态的现代化技术系统。

卫星遥感的应用领域十分广泛，可以提供各种信息。在社会领域方面主要对土地、城市化、灾害和环境实时监测；同时也对农作物、森林等可再生资源进行监测和评估。此外，卫星遥感技术将高空间分辨率图像数据与地理信息系统紧密结合，在城市规划、地籍管理、建筑工程的设计、选址等方面也有着广阔的应用前景。

二、统计数据的质量

（一）什么是统计数据的质量

统计数据的质量，可以理解为“数据的一组品质标志满足用户需求的能力的综合”。在这个定义中，质量的主体是数据，质量的客体是用户，质量控制的本质就是主体满足客体的能力的综合。如果统计数据质量的概念是片面或残缺的，那么一切统计数据质量的控制方法或改革思路都可能与提升统计数据质量“南辕北辙”，这也是强调科学界定统计数据质量基本内涵的原因所在。

（二）统计数据质量评价标准

人们对统计数据质量提出了越来越高的要求。对一般统计数据而言，可将其质量评价标准概括为六个方面：第一，精度，即满足最低的抽样误差或随机误差；第二，准确性，即达到最小的非抽样误差或偏差；第三，关联性，即满足用户决策、管理和研究的需要；第四，及时性，即在最短的时间里取得并公布数据；第五，一致性，即保持时间序列的可比性；第六，最低成本，即在满足以上标准的前提下，以最经济的方式取得数据。

对于社会经济和管理统计而言，统计数据质量可用效度和信度两个标准来衡量。统计数据的效度是指反映客观事物统计指标是否有效。统计数据区别于数字的表现之一就是统计数据是由数据名称和数值两部分组成。数据名称通常称为标志或指标，数值即变量值。如果统计数据的效度不高，即设计的统计指标和指标体系不能满足需要，即使搜集的统计数据再准确，也不能认为数据质量好。影响效度的问题主要发生在统计设计阶段。统计数据的信度是指统计数据的可信程度，即数据的可靠性。统计数据的信度出现在统计数据的搜集、整理、推断、预测和公布的全过程。

前面所提及的关联性、及时性、一致性反映的是效度问题，精度和准确性反映的是信度问题。效度和信度是评价数据质量不可分割的两个方面：信度低的统计数据是有误差的虚假信息，可信程度低，即使效度高也无济于事，信度高但效度低的信息，虽然真实，但价值不大，难以达到研究的目的，有时甚至导致错误的结论。因此，在进行统计研究时，应当尽可能同时提高效度和信度。当然，除了效度和信度外，也需要考虑节约费用和降低成本。

本讲小结

一、本讲重点

1. 掌握统计数据的几种搜集方式和方法，熟练区分普查、抽样调查、典型调查、重点调查等调查方式。

2. 识记调查方案的主要内容，掌握每部分内容的要点。

二、难点释疑

调查方案的主要内容，包括调查目的、调查对象和调查单位；调查项目；调查表或调查问卷；调查时间和调查的组织实施计划等。

本章小结

如图 2 - 4 所示，本章有 4 个重点：统计数据的来源和种类，统计数据的搜集方式和方法，调查方案包含的内容。统计数据的来源包括直接来源和间接来源，对应的数据分别是一手数据和二手数据。统计数据有 3 种分类，按测量尺度的不同，可划分为定类、定序、定距、定比数据；按时间或空间状态的不同分为时间序列数据、截面数据和面板数据；按照统计数据的搜集方法可以分为观测数据和实验数据。统计数据的搜集方式按调查对象范围的不同，分为全面调查和非全面调查；按调查时间的连续性不同，分为经常性调查和一次性调查；按组织形式的不同，分为统计报表和专门调查。其中，专门调查又包括普查、重点调查、典型调查和抽样调查。统计数据的搜集方法包括现场观察法、报告法、询问调查法、实验采集法。一个完整的调查方案应包括 6 个方面的内容，确定调查目的，确定调查对象与调查单位，确定调查项目，设计调查表或调查问卷，确定调查时间和确定调查的组织实施计划。

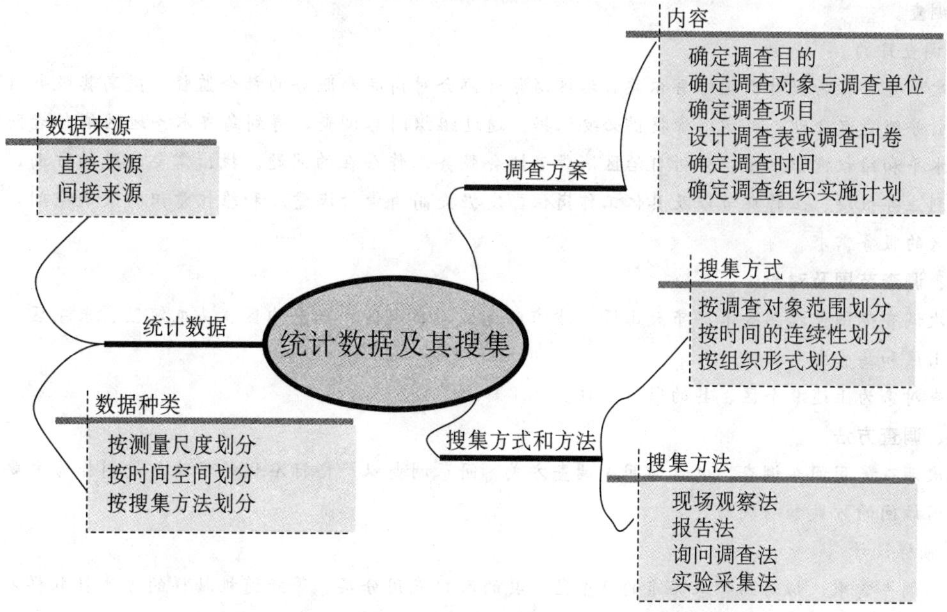

图 2 - 4　第 2 章　统计数据及其搜集—思维导图

思考题

1. 简述统计数据的来源。
2. 统计数据的类型是如何划分的？
3. 重点调查、典型调查、抽样调查有哪些相同点和不同点？
4. 统计数据搜集的方法有哪些？
5. 完整的统计调查方案包括哪些内容？

案例讨论

【案例 2－1】

乌鲁木齐地区网络购物消费调查方案

调查小组成员：杨馨宇　蔡军天　艾凤娇　曹姗姗

指导老师：朱辉

一、调查背景、目的

1. 调查背景

现在网络购物非常火，相继出现的问题也就越来越多。而目前还未有针对网络消费这一特殊交易环境的专门法律，面对复杂的网络环境如何保障网络购物消费者的权利，如何提高消费者的安全意识和维权意识是个难题。基于此背景，新疆维吾尔自治区消费者协会为全面掌握我市居民的网络消费情况，及时了解消费的需求，查找服务监管工作中存在的问题，持续改进和优化服务监管工作，开展了本次消费者网络购物消费调查。

2. 调查目的

本次调查旨在为提升新疆维吾尔族自治区消费者协会对商品和服务的社会监督、提高其服务监管工作水平、引导消费者合理、科学消费提供必要依据。通过组织问卷调查，得到乌鲁木齐地区消费者网络购物满意度水平和维权意识水平，分析自治区消费者协会服务工作存在的问题。找出需要改进的方面，具体问题细化到业务板块、工作环节以及具体工作岗位，发掘提高消费者满意度和维权意识的改进空间，不断满足消费者的服务需求。

二、调查范围及对象

本次调查范围包括乌鲁木齐市天山区、沙依巴克区、新市区、水磨沟区、头屯河区、米东区、达坂城区、东山区和乌鲁木齐县。

调查对象为上述 9 个区、县的所有人口。

三、调查方法

本次调查采用问卷调查、电话访问等调查方式。问卷调查以严格标准化的实施与控制作为主要调查方式，电话访问的方式加以辅助。

1. 抽样设计

根据调查需求，拟对乌鲁木齐市的 9 个区、县的人口采用分层、等距随机抽样的方法抽取样本。对新疆自治区网购消费服务调查的样本量进行如下抽样：

$$n=\frac{Z^2PQ}{d^2}\Big/\left[1+\frac{1}{N}\left(\frac{Z^2PQ}{d^2}-1\right)\right]$$

其中，n 代表有效样本量；N 代表总体规模；P 代表被调查消费者网购的概率；Q 代表 $1-P$；Z 代表某个置信度的取值，如置信度为 95%时，取值为 1.96；d 表示误差界限。

根据 2015 年乌鲁木齐市统计年鉴可知，地区人口总数 N 约为 355 万，初步确定调查样本概率为 85%，调查总精度为 95%，误差范围为 2%时，得到所需总有效样本量 n 为 1 225 份。其中，面访、电访比例为 8∶2；电访回收有效问卷为 88%，面访回收有效问卷为 85%。采用此比例计算各种调查方法的调查总份数为 1 431 份。详见表 2－6。理论问卷数量通过抽样方法计算得到，实际抽样数量等于电访问卷数量与面访问卷数量之和。

表 2－6　样本量的确定　单位：份

面访调查样本量	电访调查样本量	合计
1 153	278	1 431
面访有效样本量	电访有效样本量	合计
980	245	1 225

2. 各地区样本量的确定

根据调查需求，对乌鲁木齐市 8 个区和 1 个县（天山区、沙依巴克区、新市区、水磨沟区、头屯河区、达坂城区东、东山区、米东区和乌鲁木齐县）进行了分层抽样。详见表 2－7。

表 2－7　问卷样本量分布表

区域名称	人口数（万人）	人口所占比重（%）	样本量（个）
天山区	80	22.5	322
沙依巴克区	73	20.6	294
新市区	63.5	17.9	256
水磨沟区	29	8.2	117
头屯河区	19.5	5.4	79
达坂城区	6	1.7	24
东山区	16.5	4.6	66
米东区	54	15.3	218
乌鲁木齐县	13.5	3.8	55
合计	355	—	1 431

资料来源：2015 年乌鲁木齐市统计年鉴

四、调查内容

1. 消费者基本信息

基本信息包括消费者的性别、年龄、文化程度、职业、月工资水平，有无网购经历等。

2. 调查内容

问卷具体内容分为三部分：第一部分为网络购物消费者行为及偏好调查部分，主要包括网购消费金额、购买偏好以及网购的原因；第二部分为网络购物消费者安全意识及维权情况调查部分，主要由网络购物支付方式、是否经常更换网上支付密码、网购中遇到的问题、维权原因及维权难度等问题构成；最后一部分是网络购物消费者满意度调查部分，该部分由网购核心服务、网购附加服务、顾客关系管理三个方面共 17 个问题构成，采用李克特量表量化的方法，采用 5 级量化，例如“非常满意、满意、基本满意、不满意、非常不满意”来测量，让被访问者在相应位置打“√”。

五、调查时间进度安排

调查实施时间为 2016 年 3 月 1 日，预计结束时间是 2016 年 4 月 30 日。具体工作时间安排见表2-8：

表 2-8　工作时间安排表

工作要项	时间（天）						
1. 前期准备阶段							
1.1 项目启动	1						
1.2 项目执行方案设计	3						
1.3 案头资料研究		2					
2. 调查评估指标体系确认阶段							
2.1 问卷模型与指标体系初稿设计		4					
2.2 问卷模型构架群组讨论会			1				
2.3 问卷模型与指标体系二稿设计				2			
2.4 问卷模型构建小样本问卷调查				1			
2.5 问卷模型与指标体系修改定稿				2			
3. 调查评估工作实施							
3.1 问卷调查					22		
4. 调查分析研究阶段							
4.1 数据分析						13	
4.2 研究结果报告							11

六、调查的组织实施计划

本次调查分析工作分为 5 个阶段，具体如下：

1. 项目启动阶段

2016 年 3 月 1 日，调查小组接受新疆赛文市场调查咨询有限公司的委托，为新疆维吾尔族自治区消费者协会开展此次乌鲁木齐地区网络购物消费调查，并在当天与赛文咨询公司签署了委托书。

2. 调查准备阶段

首先，根据调查目的设计详尽的调查方案；其次，综合考虑赛文咨询公司与自治区消费者协会的意见和建议，设计调查问卷。问卷分为标题、请求、消费者基本信息、调查内容 4 部分。由于新疆语言文化的特殊性，制作汉语版和维语版的调查问卷。最后，调查小组实施预调查，最终确定修正后的调查问卷及样本容量。预调查共发放 30 份问卷，根据被调查者反馈的意见修改调查问卷，并确定最终的样本量。

3. 宣传发动阶段

2016 年 3 月 15 日，新疆工商、质监、旅游、物价等部门在昊元上品联合举行“3·15”国际消费者权益日纪念大会。各路媒体纷纷报道。为我们的调查实施阶段做了很好的宣传。当天调查小组在商场的各个楼层设立调查点，30 位志愿者对商场内的消费者进行问卷调查。调查实施工作在当天正式启动。

4. 调查实施阶段

由于此次调查的样本量较大，自治区消费者协会以及赛文咨询公司提供了大量的人员支持。所有的调查人员都进行统一的调查培训，包括如何发放问卷、如何与被调查者沟通、如何处理紧急情况等内容。为了降低被调查者的抗拒感，我们为每一位被调查者准备了小礼品。问卷调查工作共进行了 22 天。

5. 数据录入与检查阶段

对于收回的 1 406 份问卷，我们首先进行了有效性的初次筛选，剔除 77 份无效问卷后，对剩余的1 329 份有效问卷进行细致的编码录入工作。数据录入完成后检查是否有错，是否有异常值，如果有，判断是否需要修改。要保证录入的数据如实反映调查的具体情况。

七、成本预算

调查过程中必然发生的费用有：会务费、调查礼品费、交通费、住宿费、调查劳务费、问卷印刷费等。各项费用及费用总额略。

资料来源：石河子大学参加第六届全国大学生市场调查与分析大赛获得全国一等奖的作品

思考与讨论问题：

(1) 该方案中的调查目的、调查对象和调查内容之间有什么联系？

(2) 该项调查方案是否完整？

(3) 调查内容里除了网络购物消费者行为及偏好、网络购物消费者安全意识及维权和网络购物消费者满意度等内容外，为什么还要包含性别、年龄和受教育程度等消费者基本信息？

(4) 指出调查内容中的数据类型。

(5) 尝试根据该方案中的调查内容设计出相应的调查问卷。

延伸阅读

1. 萨尔金德（Salkind，N. J.）著，史玲玲译. 爱上统计学［M］，重庆大学出版社，2008 年 1 月第 1 版，P220 - 225（第 19 章　10 个更好的统计网址；第 20 章　收集数据的 10 个原则）。

2. 戴维 · S · 穆尔（David S. Moore）著，郑惟厚译. 统计学的世界［M］，中信出版社，2003 年 9 月第 5 版，P1 - 171（第一部分　产生数据）。

第 2 章　练习题

第二部分

数据特征和差异分析

第 3 章　统计数据的整理与显示

开篇导读

第一印象很重要!

无论是去参加应聘面试，去商务谈判，还是去接洽客户，去拜见对方父母谈婚论嫁，当事人总会把自己收拾得干干净净，漂漂亮亮，以期给对方留下良好的第一印象，从而达到目的。

统计整理也一样，当我们面对一大堆使人眼花缭乱的数据时，没人能够记住那些海量数据中的所有数值，但通过统计整理，就可以对数据形成一些印象，正如我们通过一张人体素描画像（当然不是那种写意派或抽象派作品）就能基本看出这个人的长相，尽管由于画师水平的差异，画像与真人可能有些偏差。

统计数据的整理就像给人画像一样，使数据能反映出其关键特征。例如，数据是定性还是定量；有多少变量；数据区域的大致范围是什么；数据呈现什么样的形态特征等。本章就是教会你给数据画像的本领，即讲解如何对数据进行处理，如何编制分布数列；如何编制统计表，如何利用统计数据绘制合适的统计图。

学习目标

一、理解统计整理的概念、意义和主要内容。

二、掌握统计分组的概念、原则、方法和作用，了解统计分组的类型。

三、理解统计分布的概念和种类。

四、掌握品质数列和变量数列的编制方法，理解组距式数列中涉及的几组概念（组数与组距、组限与组中值）。

五、理解统计表和统计图的概念、作用以及绘制规则，能够熟练运用 Excel 编绘统计表和统计图。

第 5 讲　统计数据的整理

问题提出

面对杂乱无章的衣柜，你会如何收拾？是将上装和下装分开整理，还是按套装进行归类？不同的归类方法将产生不同的结果。对于数据来说，不同的分组标志会产生不同的分组结果，并形成不同类型的分布数列。本讲提出的问题是：

1. 如何整理统计数据？

2. 如何进行统计分组？

3. 如何编制分布数列？

概念辨析

一、统计整理的定义及内容

统计整理是指根据研究目的对统计调查所搜集到的原始资料进行科学的分组和汇总形成综合统计资料的工作过程。统计整理介于统计调查和统计分析之间，在统计工作中起承上启下的作用，既是统计调查阶段的继续，又是统计分析的基础和前提，是人们对社会经济现象从感性认识上升到理性认识的过渡阶段，是进一步进行统计分析的必要前提。可见，统计整理决不是一个单纯的技术问题，而是统计工作中一个极其重要的理论问题。

统计整理的全过程包括对统计资料的审核、分组、汇总、编制统计图和统计表四个环节，需要按照一定的步骤进行：首先，对搜集到的资料进行全面审核，以确保统计资料符合统计研究目的和要求，资料准确无误；其次，根据统计研究的目的和统计分析的需要，选择整理的标志，并进行划类分组。统计分组既是统计整理的重要内容也是统计分析的基础，只有正确的分组才能整理出有科学价值的综合指标，并借助这些指标来揭示现象的本质与规律；然后，在分组的基础上，将各项资料进行汇总，得出反映各组和总体数量特征的指标；再次，对统计资料进行显示。即通过编制统计表和绘制统计图，将整理出的资料简捷明了、系统有序地显示出来；最后，对统计数据分门别类地进行系统积累。

二、统计分组的定义、种类、作用和原则

（一）定义

统计分组是指根据统计研究任务的要求和研究现象总体的内在特征，把现象总体按某一标志划分为若干部分或组别的一种统计方法。例如，将某一班级的全体同学按照性别划分为男、女两个组；对某市 100 家大型零售商店按零售额、职工人数进行分组等。

（二）种类

1. 按分组标志的性质，可分为品质分组和数量分组

品质分组是指总体按品质标志进行分组，主要反映被研究现象的属性和特征。例如，高校教师按性别、职称分组，企业按经济类型分组等。按品质标志分组的关键是界定各组的性质差异。数量分组是指总体按数量标志进行分组，主要反映总体内部的数量差异。例如，学生按年龄分组，工人按月工资分组等。数量分组的难点是合理划分各组界限和组数，对于组距式分组还要考虑合适的组距。

2. 按分组标志的多少，可分为简单分组和复合分组

简单分组是指总体只按一个标志分组，只反映总体某一方面的分布状况和内在结构。例如人口只按性别分组，或只按户口性质分组就属于简单分组。若总体按若干个标志分别进行简单分组，就构成了平行分组体系。

复合分组是指总体按两个或两个以上的标志进行重叠分组，即先按第一个标志进行分

组，然后在第一次分组的基础上按第二个标志进行分组，各小组再按第三个标志分成更小的组，依此类推，直到完成所有标志的分组。例如，对高校教师先按性别划分为男性和女性两组，在此基础上再按职称划分，此时就构成了树形复合分组体系。

复合分组有利于我们从不同角度了解总体内部的差异和关系，可以更深入、更全面地研究问题。但在应用时也要注意以下两点：第一，复合分组的标志不宜过多。随着分组标志的增加，分组数会成倍增加，被分配到各组的单位数会很分散，这样不利于认识总体。第二，只有在总体单位数很大的情况下，采取复合分组才有意义。

（三）作用

统计分组在统计研究中的作用可概括为三个方面：

1. 划分社会现象的不同类型

社会经济现象千差万别，要了解各种社会经济现象的性质、特点及其相互关系，必须根据某种标志把它们划分为性质不同的类型，以便揭示不同社会经济现象之间质的差异。将社会经济现象区分为性质不同的若干类型，这是统计分组的根本作用。统计分组也是使认识深化的必要前提。例如，国民经济按产业分组；农业分成农、林、牧、渔业各组；社会商品零售额按商品用途分组；企业按所有制分组等。这些分组也叫类型分组。

2. 揭示社会现象的内部结构

从数量上反映总体内部的结构是统计研究的重要任务。总体的内部结构可以体现为部分与整体的关系以及各部分之间存在的差别和相互联系，反映事物从量变到质变的过程，帮助人们掌握事物的特征，认识事物的性质。

3. 分析社会现象之间的依存关系

社会经济现象之间广泛地存在着相互依存的关系，例如农作物的耕作深度与收成率、合理密植与农产品产量、家庭的工资收入与生活费支出、工人技术级别与产品质量、工人劳动生产率与产品成本、市场商品价格与其需求量等等，都在一定程度上存在相互依存的关系。所有这些依存关系都可以通过统计分组分析出影响因素与结果变量之间的变动规律。

（四）原则

统计分组的原则包括两方面内容：第一，穷尽性原则，是指总体中的每一个单位都应有组可归，或者说各分组的空间足以容纳总体所有的单位，不能遗漏。第二，互斥性原则，是指在特定的分组标志下，总体中的任何一个单位只能归属于某一组，而不能同时归属于几个组。

三、统计分布的定义及种类

统计分布是统计资料按某一标志进行分组后，列出各组的总体单位数，形成一个反映总体单位在各组间分配情况的统计数列，所以也称为分配数列或分布数列。统计分布由两个构成要素组成：一是总体按某个标志所分的组，二是分布在各组的单位数（简称次数或频数）或各组单位数在总体单位数中所占的比重（简称频率）。根据分组标志的不同，分布数列分为品质数列和数量数列。

方法应用

一、品质数列的编制

品质数列是按品质标志分组而形成的分布数列，由各组名称和各组次数或频率构成。在编制品质数列时，首先，需要根据研究目的找到合适的分组标志，如果分组标志选择得当，就可以准确地反映总体的分布特征；其次，在对总体进行分组的基础上，将总体各单位划分到不同的组；然后，分别计算各组的次数或频率，最终形成品质数列。

对于定类数列而言，品质标志表现之间是平行关系，因此品质数列的组名称可以随意排列。表 3-1 是一个按定类变量分组的分类数列。而顺序标志值之间具有大小或顺序，因此顺序数列的组名称必须按由大到小或由小到大的顺序依次排列，不能随意排列。表 3-2是一个按定序变量分组的顺序数列。

表 3-1　某高校 300 位同学性别构成情况

按性别分组	人数（人）	频率（%）
男	180	60.00
女	120	40.00
合计	300	100.00

表 3-2　某高校某学院所有教师的职称

按职称分组	人数（人）
助教	10
讲师	150
副教授	80
教授	30
合计	270

二、数量数列的编制

数量数列是指总体按一个或几个数量标志进行分组，并在数量标志变异的范围内，划定各组的数量界限，根据每个个体的标志值或变量值把他们归入不同的组。根据分组方法的不同，数量数列可分为单项式数列和组距式数列，组距式数列根据组距是否相等又分为等距数列和不等距数列。

（一）单项式数列的编制

单项式数列就是以一个变量值表示一个组的数量数列。单项式数列一般适合变量值变动范围不大的离散型变量。编制单项式数列时，先找出其所有的变量值，然后分别列出各变量值所包含的频数或频率，最终形成单项式数列。对于某些取整数的连续型变量，如果变量值的种类不多，也可以编制单项式数列。例如，统计某班学生的年龄分布情况，一个班级学生的年龄变化范围一般不大，此时可以编制单项式数列。

［例 3－1］ 某生产小组 30 个工人看管机床台数的数据如下：2；4；5；4；4；3；4；4；5；2；3；4；6；1；3；4；5；4；6；1；3；4；5；4；3；4；5；5；4；2；根据上述资料编制单项式数列。

解：首先，将所有的变量值从小到大排列，即 1、2、3、4、5、6，然后统计各变量值出现的次数或频率，最终汇总形成单项式数列。见表 3－3。

表 3－3 某生产小组看管机床台数

机床台数（台）	人数（人）	比重（%）
1	2	6.67
2	3	10.00
3	5	16.66
4	12	40.00
5	6	20.00
6	2	6.67
合计	30	100.00

（二）组距式数列的编制

1. 编制步骤

编制组距式数列应按照以下步骤进行：首先，将原始资料按大小顺序排列，确定最小值、最大值及全距。其次，确定组数和组距，组数的多少与组距的大小可利用公式计算；当变量值分布比较均匀时，可选用等距分组；若变量值分布不均匀，应采用异距分组。然后，确定组限，在确定各组组限时需要注意：对于离散变量，相邻组组限可以间断，也可以重叠；对于连续变量，相邻组组限必须重叠；首末两组可使用开口组。最后，计算各组次数或频率，形成组距式数列。

2. 相关概念

组距式数列是以一个变量区间表示一个组的变量数列。组距式数列适合连续型变量和变量值变动范围较大的离散型变量。编制组距式数列时，先将所有变量值由小到大排序，根据数据本身的特点划分为若干组，确定各组的最大值和最小值，然后列出各组所包含的频数或频率。编制组距式数列需要先了解以下几组概念：

（1）组数与组距。由于分组的目的是为了观察数据分布的特征，因此组数的多少应适中。如果组数太少，数据的分布会过于集中；而组数太多，数据的分布又会过于分散，这都不便于观察数据分布的特征和规律。组数的确定应以能够显示数据的分布特征和规律为主。

在组距式数列中，各组变量区间的最小值称为下限，最大值称为上限。编制组距式分组数列时，组距可根据全部数据的最大值、最小值以及所分的组数来确定，即组距＝（最大值－最小值）÷组数。在组距式数列中，如果各组的组距相同，称为等距数列；如果各组的组距不同，则称为异距数列。如果变量分布比较均匀，可采用等距数列。例如对学生成绩进行分组属于等距数列。当变量分布不均匀或者变量具有某种特殊规律时，应采用异距数列反映总体分布特征。例如，联合国世界卫生组织提出的新的年龄划分标准就是一个异距数列，其规定 44 岁以下为青年人，45～59 岁为中年人，60～74 岁为年轻的老年人，75～89 岁为老年人，90 岁以上为长寿老年人。

组数的多少、组距的大小，从原则上讲，应力求符合现象的实际情况，以反映总体分布的特征。对于组数和组距先确定哪个，应该根据数据的特征及经验综合考虑。这里，介绍一种确定组数和组距的经验公式，如果总体大致呈正态分布，可以按美国学者斯特杰斯（H. A. Sturges）提出的经验公式确定组数和组距，公式如下：

$$m=1+3.322\lg N \quad \text{（公式 3.1）}$$

$$d=\frac{R}{m} \quad \text{（公式 3.2）}$$

$$R=X_{\max}-X_{\min} \quad \text{（公式 3.3）}$$

其中，m 为组数，N 为总体单位数，d 为组距，R 为全距，即最大变量值 $X_{\max}$ 与最小变量值 $X_{\min}$ 的差值。上述公式仅供参考，不能完全的生搬硬套。实际分组时还应依据研究资料的性质来确定组数和组距。

（2）组限与组中值。在组距式分组中，组距两边的数据称为组限。例如，70～80 分这组成绩，70 分是下限，80 分为上限，它们统称为这一组的组限。在确定组限时应该注意以下几点：第一，最小组的下限应低于总体的最小变量值，最大组的上限应高于总体的最大变量值。第二，连续型变量的各组组限必须重叠，而离散型变量各组的组限既可以间断，也可以重叠。连续型变量相邻两个数值之间存在许多数据，为了避免分组时出现遗漏某些个体的现象，各组组限必须重叠，即上一组的上限就是下一组的下限。需要注意的是，当某个标志值恰好等于相邻两个组的上限或下限时，我们采用“上限不在内”原则，即把该标志值归并到下限组。例如，职工按月工资分组为 3 000 元以下、3 000～4 000 元、4 000～5 000 元、5 000元以上，此时 3 000 元应该归入 3 000～4 000 元这组。离散型变量可以一一列举其变量值，不会出现遗漏问题，因此，相邻两组的上限和下限既可以重叠也可以间断。第三，有时最小组只有上限而没有下限，最大组只有下限而没有上限，这样的组称为开口组。开口组的组限一般按相邻组的组距确定，并计算相应的下限或上限。

组中值代表各组变量值的一般水平，是各组上限与下限的简单算术平均数。组距数列各组组中值的计算公式为（上限＋下限）/2。例如，月工资 3 000～4 000 元这组的组中值为 3 500元。开口组一般以相邻组的组距作为本组的组距，因此，其组中值的计算公式近似为：组中值＝下限＋相邻组的组距/2 或组中值＝上限－相邻组的组距/2。用组中值来代表各组数据的一般水平，有一个假设条件：即各组数据在本组内呈均匀分布。例如，月工资 3 000 元以下的组中值为 2 500，即3 000-（1 000/2）；5 000 元以上的组中值为 5 500，即 5 000＋（1 000/2）。

［例 3－2］　某班 56 名同学概率论的考试成绩如下，试编制组距式数列来反映该班学生考试成绩的分布特征。

67；90；52；88；78；91；65；63；66；89；85；77；85；62；76；79；81；42；76；82；84；60；70；85；69；71；76；78；73；86；65；67；75；94；66；83；78；87；70；61；89；75；76；80；72；78；66；88；65；69；64；97；79；76；80；75

解： 编制步骤如下：

第 1 步：原始资料按数据大小进行排序，确定变量值的变动范围、最大值、最小值，显示其基本趋势。通过整理发现，最高成绩为 97 分，最低成绩为 42 分，成绩的变动幅度在

42～97 分之间，全距为 97－42＝55（分）。另外，也可以看出大多数同学的成绩集中在 70～80分之间，不及格和优秀的学生人数不多。

第 2 步：确定组数。概率论成绩属于连续型变量，且变动幅度较大，可编制组距式数列。根据成绩的分布特征和规律，一般将成绩划分为不及格、及格、中、良好、优秀，所以分成 5 组比较合适。

第 3 步：确定组距。可以根据全距和组数来确定，组距与组数成反比，即组距＝全距/组数。本例中组距＝（97－42）/5＝11。为便于计算，组距一般取 5 或 10 的倍数，因此将组距定为 10。

第 4 步：确定组限及表示方法。成绩属于连续型变量，可采用组限重叠的形式。由于第一组为不及格，只给出了上限而没有下限，因此，第一组可采用开口组的表示方法。

第 5 步：汇总各组次数，形成数量数列。根据确定的组数、组距和组限，分别汇总各组成绩出现的频数或频率，形成数量数列。表 3－4 的第一列至第三列就是例 3－2 整理所得的数量数列。

表 3－4　　某班学生概率论成绩表

成绩（分）	学生人数（人）	比重（%）	向上累计		向下累计	
			人数（人）	频率（%）	人数（人）	频率（%）
60 以下	2	3.57	2	3.57	56	100.00
60～70	15	26.79	17	30.36	54	96.43
70～80	20	35.71	37	66.07	39	69.64
80～90	15	26.79	52	92.86	19	33.93
90 以上	4	7.14	56	100.00	4	7.14
合计	56	100.00	—	—	—	—

三、频率分布

（一）频率分布的性质

按顺序列出各组的组别及相应的频率，就构成了频率分布。频率分布有两个基本性质：第一，各组的频率介于 0 到 1 之间；第二，各组频率之和等于 1。

（二）累计频数和累计频率

为进一步分析数据在某一界限以下或以上的分布情况，可以在分组基础上计算累计频数和累计频率。在统计分布的基础上，将各组频数依次累加，形成累计频数分布。各组累计频数与总频数相比，就形成累计频率分布。累计的方法有向上累计和向下累计两种。向上累计是由变量值小的组向变量值大的组累加各组的频数或频率，各组的向上累计频数（频率）表示小于各组上限的累计频数（累计频率）共有多少；向下累计是将各组的频数由变量值大的组向变量值小的组依次累加，各组的向下累计频数（频率）表示大于等于各组下限的累计频数（累计频率）共有多少。例如，以表 3－4 为例，第四列和第五列是向上累计频数（向上累计频率），第一组说明成绩在 60 分以下的同学共有 2 人，占总人数的 3.57%；第二组说明成绩在 70 分以下的同学共有 17 人，占总人数的 30.36%；其他组以此类推；第六列和第七列是向下累计频数（向下累计频率），第五组说明成绩在 90 分以上的同学共有 4 人，占总人数的 7.14%；第四组说明成绩在 80 分及以上的同学共有 19 人，占总人数的 33.93%；其他组以此类推。

认识拓展

一、数据的预处理

（一）数据的审核

对调查资料进行审核是统计整理的第一步，包括以下内容：

1. 审核资料的完整性和及时性

审核资料的完整性，就是查看调查单位或填报单位是否齐全；规定的项目是否都有答案，应报资料的份数是否符合规定。审核资料的及时性，是看填报单位是否按时报送有关资料。对不报、漏报或迟报的现象都要及时查清。

2. 审核资料的正确性

审核资料的正确性是检查填报资料是否准确可靠。常用的审核方法有两种：

（1）逻辑检查。首先，从理论上或常识上检查资料是否有悖常理、有无不切实际或不符合逻辑的地方。例如，一张调查表中，年龄是 9 岁，职业是教师，其中必有一个错误。例如，若在某劳动密集型行业的报表中，企业规模为大型，而职工人数填写 100 人，其中也必有一错。其次，检查各项目之间有无相互矛盾的地方。例如，企业的净产值大于同期总产值就是明显的逻辑错误。

（2）计算检查。即检查各项指标的计算口径、计量单位是否符合规定，并通过各种计算方法来检查指标间的数字是否相互衔接。

3. 历史资料的审核

在利用历史资料（或其他间接资料）时，应审核资料的可靠程度、指标含义、所属时间与空间范围、计算方法和分组条件与规定的要求是否一致。一般可以从调查资料的历史背景、调查者搜集资料的目的以及资料来源等判断资料的可靠程度，也可以从指标间的相互关系以及指标的变动趋势来检查正确性。对不能满足要求、缺漏或有疑问的资料，依据科学方法进行推算、弥补和订正。

（二）资料审核后的订正

通过上述审核，如发现有缺报、缺份和缺项等情况，应及时催报、补报；如有不正确的地方，应分不同情况作如下处理：第一，对于可以肯定的一般错误，应及时代为更正，并通知原报告单位；第二，对于可疑之数或无法代为更正的错误，应要求原单位复查更正；第三，如果发现的差错在其他单位也可能发生，应将错误情况通报所有单位，以免发生类似错误；第四，对于严重的错误，应发还重新填报，并查明发生错误的原因，若属于违法行为，应依法严肃处理。

二、不恰当的统计分组

不恰当的统计分组是指违背分组原则产生的分组，即违背穷尽性和互斥性原则。

(一) 违背穷尽性原则

穷尽性原则，是指总体中的每一个单位都应有组可归，或者说各分组的空间足以容纳总体所有单位。如果分组不合理，就会使某些单位无组可归，从而违背穷尽性原则。例如，从业人员的文化程度如果按小学毕业、中学毕业（含中专）和大学毕业进行分组，那么，文盲或识字不多、大学以上的从业人员无法归到相应的组。这种文化程度的分组就违背了穷尽性原则。如果将分组适当调整为文盲及识字不多、小学程度、中学程度（包含初中、中专、高中、大专）、大学及以上，这样全部从业人员不同层次的文化程度都可以归到相应的组中，此时的分组符合穷尽性原则。

(二) 违背互斥性原则

互斥性原则，是指在特定的分组标志下，总体中的任何一个单位只能归属于某一组，而不能同时或可能归属于几个组。如果任何一个单位可以同时归属于多个组，这种分组就违背了互斥性原则。例如，某商场将服装分为男装、女装和童装三类，此时的分组就违背了互斥性原则。由于童装也可以分为男装和女装，则一件男童装（女童装）既可以归入童装也可以归入男装（女装），这种分组就违背了互斥性原则。如果将服装先分成成人装和儿童装，然后每类再分为男装和女装，这样的分组就不会违背互斥性原则。

三、分布数列的常见形态

频数分布是统计描述和统计分析的重要工具。社会经济现象的频数分布主要有三种类型，即钟型分布、U 型分布和 J 型分布。

(一) 钟型分布

钟型分布（Bell - shaped distribution）的特征是“两头小、中间大”，即靠近中间的变量值频数多，靠近两头的变量值频数少，其分布曲线宛如一口古钟，如图 3 - 1 所示。

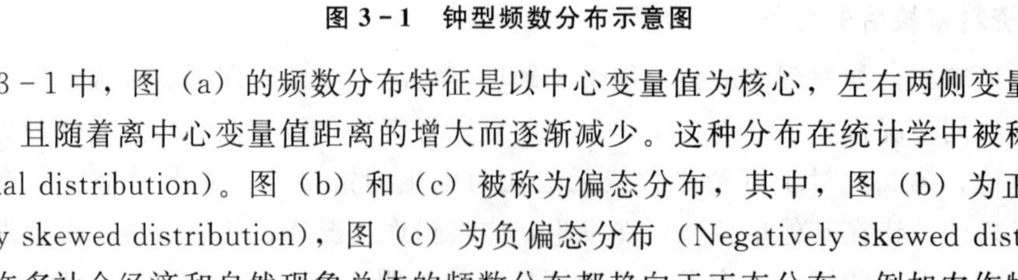

图 3 - 1　钟型频数分布示意图

在图 3 - 1 中，图（a）的频数分布特征是以中心变量值为核心，左右两侧变量值的频数对称分布，且随着离中心变量值距离的增大而逐渐减少。这种分布在统计学中被称为正态分布（Normal distribution）。图（b）和（c）被称为偏态分布，其中，图（b）为正偏态分布（Positively skewed distribution），图（c）为负偏态分布（Negatively skewed distribution）。实际上，许多社会经济和自然现象总体的频数分布都趋向于正态分布，例如农作物的单位面积产量、零件的误差、人的身高、纤维强度等都近似服从正态分布。

(二) U 型分布

U 型分布（U - shaped distribution）的形状跟钟型分布相反，靠近中间的变量值频数少，靠近两端的变量值频数多，形成“两头大、中间小”的 U 字型，如图 3 - 2 所示。例如，人口死亡率就是这种分布；人口总体中，幼儿和老年人死亡率较高，而中青年死亡率较低。

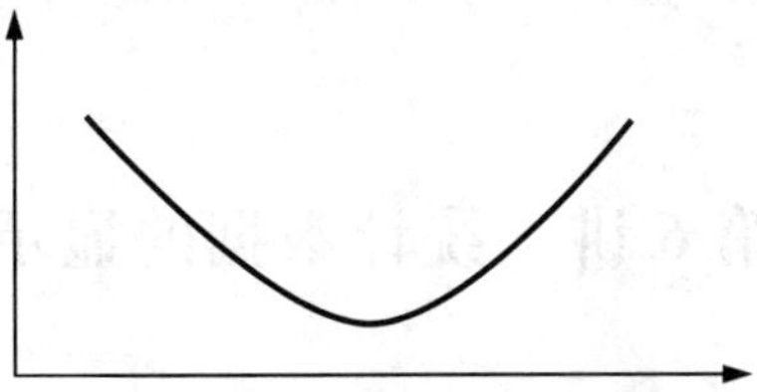

图 3 - 2　U 型频数分布示意图

（三）J 型分布

J 型分布（J - shaped distribution）有两种类型，一种是正 J 型分布，即频数随着变量值的增大而增多，如图 3 - 3（a）所示；另一种是反 J 型分布，如图 3 - 3（b）所示。例如，经济学中供给曲线随着价格的提高，供给量以更快的速度增加，呈现出正 J 型；而需求曲线则表现为随着价格的提高，需求量以较快的速度减少，呈现为反 J 型。

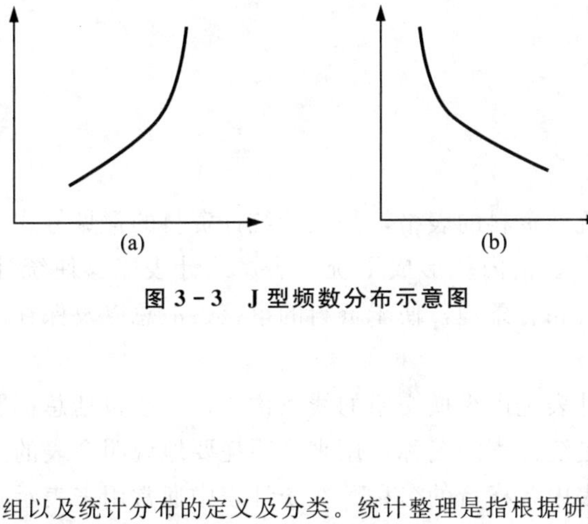

图 3 - 3　J 型频数分布示意图

本讲小结

一、本讲重点

1. 统计整理、统计分组以及统计分布的定义及分类。统计整理是指根据研究目的对统计调查所搜集的原始资料进行科学的分组和汇总形成综合统计资料的工作过程。统计整理主要包括数据审核、统计分组和统计汇总。统计分组是指根据统计研究任务的要求和研究现象总体的内在特点，把现象总体按某一标志划分为若干部分或组别的一种统计方法。统计分组按性质的不同分为品质分组和数量分组，按标志的多少分为简单分组和复合分组。统计分布是统计资料按某一标志进行分组后，列出各组的总体单位数，形成一个反映总体单位在各组间分配情况的统计数列。分布数列分为品质数列和数量数列。

2. 统计分组的原则。统计分组要遵循互斥性与穷尽性的原则，要正确选择分组标志，最大限度地体现组与组之间性质的差异。

3. 分布数列的编制。分布数列分为品质数列和数量数列。品质数列的编制要区分分类数列与顺序数列；数量数列又分为单项式数列和组距式数列，在编制组距式数列时需要处理好组数、组距与组限等问题。

二、难点释疑

通过以下几点理解和掌握本讲的难点：第一，如何确定组距。一般组距的大小与组数的多少成反比；组数要能区分各组的性质差异、反映总体资料的分布特征。第二，如何确定组限。一般而言，要求最小组的下限应低于最小变量值，最大组的上限应高于最大变量值，连续型变量的上下限必须重叠，离散型变量的上下限可以重叠，也可以间断。第三，如何统计各组单位数的多少。对于组距式分组而言，采用“上限不在内”原则，即各组包含下限变量值的个体而不包含上限变量值的个体。另外，如何根据数据编制合适的分布数列也是一个难点，需要读者不断应用，加深对知识点的理解和掌握。

第6讲　统计数据的显示

问题提出

当你和朋友出去聚会时，如何给他人展现自己最完美的一面呢？你会穿着得体的服装，还是会面带迷人自信的微笑去赴约呢？不同的方式会给人带来不同的感受，对于数据来说也是一样，不同的显示方式会给人带来不一样的信息。搜集数据后，通过统计分组将数据整理成分布数列，我们该用什么方式展示数据的整理结果，又该如何反映总体的数量特征或规律呢？因此，本讲提出的问题是：

如何直观展示数据的基本特征？

概念辨析

一、统计表

（一）概念

统计表是用来表现统计资料的表格，是展示统计资料的常见方式。经过汇总整理的统计数据按一定的顺序排列在表格内就形成了统计表。统计表能够使统计资料更系统化、标准化，更紧凑、简明、醒目和有条理，便于资料的审核、汇总以及保存。因此，统计表是统计分析的重要工具。

从表的形式看，统计表是由纵横交错的线条构成，一般包括总标题、横行标题、纵栏标题和数字资料。总标题是统计表的名称，用来简明扼要地说明全表的主要内容，一般位于表的正中间；横行标题是表中各横行的名称，在统计表中通常用来表示各组的名称，代表统计表所要说明的对象；一般位于表的左方；纵栏标题是表中各纵栏的名称，在统计表中通常用来表示统计指标的名称，一般位于表的上方；数字资料列在各横行标题和各纵栏标题的交叉处，即统计表的右下方，是统计表的核心部分。具体形式见表3-5。

表3-5　　2015年我国三次产业增加值及增长情况统计表

产业	增加值（亿元）	占国内生产总值的比重（%）	比2014年增长（%）
第一产业	17 247	14.78	2.5
第二产业	61 778	52.94	12.5
第三产业	37 669	32.28	6.7
合计	116 694	100.00	—

数据来源：www.stats.gov.cn，中华人民共和国2016年国民经济和社会发展统计公报。

从内容上看，统计表由两部分组成：主词和宾词。主词是统计表所要说明的总体、个体或者组的名称，一般列于表的左方，即横行位置。宾词是用以说明总体及其组成部分数量特征的各种统计指标，一般列于表的右方，即纵栏标题和指标数值的位置。

此外，统计表还需要补充资料来源、注释、填表单位、填表人和填表日期等内容。

（二）种类

统计表按主词是否分组以及分组的不同程度可分为简单表、简单分组表和复合分组表。主词未经过任何分组的统计表称为简单表；主词只按一个标志进行分组的统计表称为简单分组表；主词按两个或两个以上标志进行重叠分组的统计表称为复合分组表。统计表按照宾词进行分类，可分为宾词简单排列、宾词分组平行排列和宾词分组层叠排列三种。宾词简单排列是指宾词不进行任何分组，只按一定顺序排列。宾词分组平行排列是指宾词栏中各分组标志平行排列，不重叠。宾词分组层叠排列是指各个统计指标按两个或两个以上的标志进行层叠分组。

二、统计图

（一）概念

统计图是利用统计资料绘制成几何图形来说明社会经济现象的一种形式。统计图可以从数量方面反映研究现象的规模、水平、结构、发展趋势和比例关系，是展示数据的有效工具。统计图具有直观、形象、通俗易懂等特点。统计图的种类很多，例如显示品质数据的条形图、饼图和环形图，显示数值型数据的直方图、散点图、雷达图等。此外，对于未分组的数据可以使用茎叶图、箱线图等。

（二）绘制原则

绘制统计图应遵循以下原则：

（1）统计图要反映客观实际情况。统计图应以清晰地显示数据、合理地表达内容为目的。避免一切不必要地装饰，图形体现的视觉效果应与数据特征相一致。

（2）统计图要主题突出，通俗易懂。每个图形都应该有一个确切的、简明扼要的标题，必要时可对图中的内容附加注释和说明。

（3）要根据不同的统计资料和不同的目的绘制合适的统计图，尽量做到内容与形式的协调，在反映客观数据的前提下，尽量做到美观、清晰，使人一目了然。

方法应用

一、统计表的编制

（一）简单表

对总体没有进行任何分组，按总体单位的名称或时间排列的统计表称为简单表。它的特点是反映的内容仅按顺序或逻辑排列。一般调查获取的原始数据采取这种显示方式。简单表可以按总体单位的名称简单排列，也可以按时间先后顺序简单排列。表 3－6 是按时间先后顺序排列的简单表。

表 3－6　2010－2015 年我国城镇居民、农村居民人均消费支出统计表　单位：元

年　份	城镇居民人均消费支出	农村居民人均消费支出
2010	13 471.45	4 381.80

续表

年　份	城镇居民人均消费支出	农村居民人均消费支出
2011	15 160.89	5 221.10
2012	16 674.32	5 908.02
2013	18 487.50	7 485.20
2014	19 968.10	8 382.60
2015	21 392.40	9 222.60

资料来源：《中国统计年鉴 2016》、《中国统计年鉴 2013》

（二）列联表

列联表又称交叉表，是由两个或两个以上的变量进行交叉分类的频数分布表。交互分类的目的是对两变量分组，然后比较各组的分布状况，以寻找变量间的关系。表 3－7 是某高校 300 位同学性别与使用手机品牌交叉形成的列联表，从表中可以看出，不管是男生还是女生，大部分同学都在使用华为和苹果手机，占总人数的 56.67%。总体来看，使用这两个品牌的男生人数明显多于女生。

表 3－7　某高校 300 位同学性别与使用手机品牌的列联表　单位：人

品牌 性别	华为	小米	VIVO	OPPO	苹果	合计
男	60	40	15	20	45	180
女	30	10	15	30	35	120
合计	90	50	30	50	80	300

（三）注意事项

设计统计表时需注意以下问题：

1. 统计表的标题要简明扼要，能准确反映所要表达的内容，包括统计数据所属的时间和地点。

2. 合理安排统计表的结构，表中横行纵栏在排列时需要注意它们之间的逻辑关系和排列顺序。各栏各行需要合计数时，一般将合计数列在最后一栏或最后一列。

3. 清楚表明计量单位。当表中只有一种计量单位时，可在表的右上方注明。如果有几个不同的计量单位，横行的计量单位可以专设“计量单位”一栏，也可与纵栏各指标标注在一起。

4. 如果表的栏数较多，通常需要加编号。主词栏和计量单位栏可用甲、乙、丙等文字表示，宾词栏可用（1）、（2）、（3）等数字编号。

5. 表中数字应填写整齐，同栏数字的单位、小数位数要一致。数字为零时要写上，无数字或不用填写应该用“—”表示。

6. 统计表的表式为开口式，即表的左右两端不封口，上下边线画粗线或双线。

7. 必要时统计表应该加标注或注释，以便考查。通常说明或注释写在表的下端，作为表外附加。

二、统计图的编制

（一）条形图及直方图

条形图是用宽度相同的条形的高度或长短来表示数据多少的图形。条形图可以横置或纵置，纵置时也称为柱形图。此外，条形图有简单条形图、复式条形图等形式。

例如，图 3-4（a）绘制出表 3-1 中学生性别的条形图，图 3-4（b）根据表 3-7 的数据绘制学生性别与使用手机品牌的复式条形图。

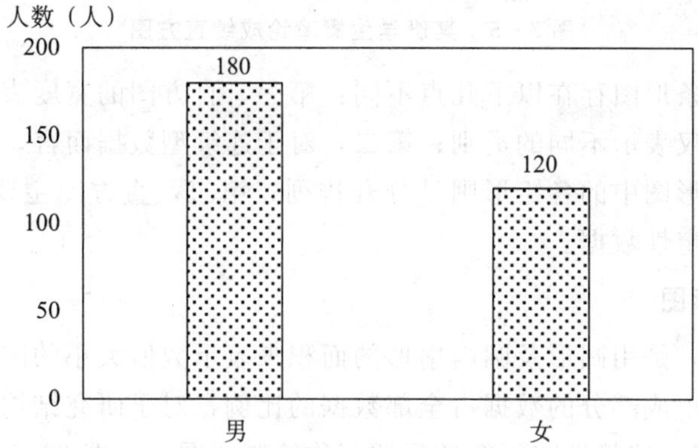

图 3-4（a）　某校 300 位学生性别分布条形图

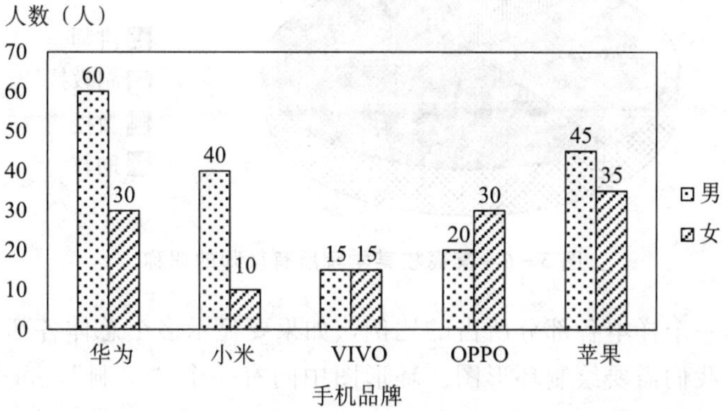

图3-4（b）　某校 300 位学生性别与使用手机品牌的复式条形图

直方图是用长方形的宽度和高度来表示频数分布的图形。在直角坐标中，横轴表示数据的分组，纵轴表示频数或频率，以各组组距为宽度、频数或频率为高度的长方块矩形构成了直方图。

［例 3-3］　利用表 3-4 某班 56 名同学概率论的考试成绩绘制直方图，如图 3-5 所示。

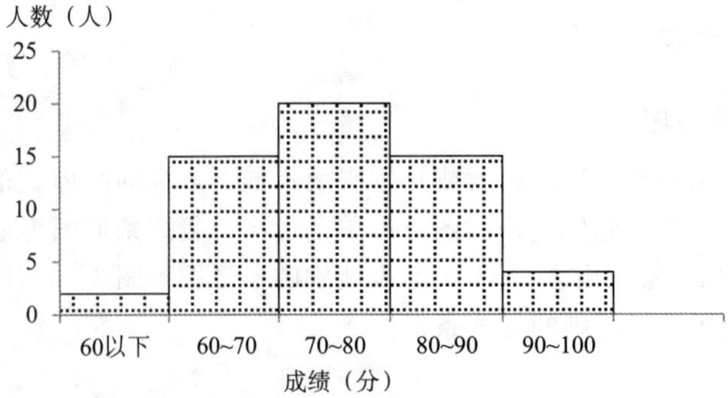

图 3-5　某班学生概率论成绩直方图

注意：直方图与条形图存在以下几点不同：第一，直方图的宽度表示每组的组距，条形图的宽度没有意义，仅表示不同的类别；第二，对于连续型数据而言，所绘制的直方图各矩形是连续排列，而条形图中的各矩形则是分开排列；第三，直方图主要用于展示定量数据，而条形图多用于展示定性数据。

（二）饼图及环形图

饼图又称圆形图，是用圆形及圆内扇形的面积来表示数值大小的图形，它主要用于表示一个样本或总体中各组成部分的数据占全部数据的比例，对于研究结构性问题十分有用。例如，根据表 3-2 中某高校某学院所有教师的职称绘制饼图，如图 3-6 所示。

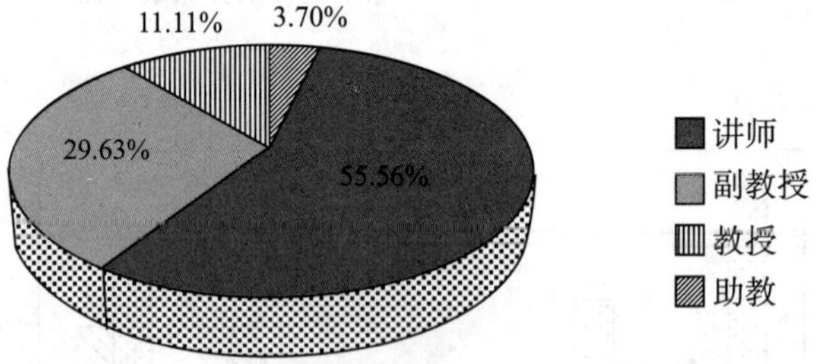

图 3-6　某高校某学院所有教师的职称

饼图只能显示一个样本各部分所占的比例，如果要显示多个总体各部分在总体中所占的比例该怎么办呢？我们需要绘制环形图。环形图中间有一个“空洞”，每个总体用一个环来表示，总体中的每一部分数据用环中的一段表示。环形图适合显示多个总体各部分的构成，有利于比较不同总体的结构差异。

［例 3-4］　表 3-8 是 2015 年我国城镇居民、农村居民人均可支配收入的数据。绘制环形图比较城镇和农村居民人均可支配收入的构成。

表 3-8　2015 年我国城镇居民、农村居民人均可支配收入统计表

按收入来源分	城镇居民（元）	频率（%）	农村居民（元）	频率（%）
工资性收入	19 337.10	61.99	4 600.30	40.28
经营净收入	3 476.10	11.14	4 503.60	39.43
财产净收入	3 041.90	9.75	251.50	2.20

续表

按收入来源分	城镇居民（元）	频率（%）	农村居民（元）	频率（%）
转移净收入	5 339.70	17.12	2 066.30	18.09
合计	31 194.80	100.00	11 421.70	100.00

数据来源：《中国统计年鉴 2016》

解：根据表 3－8 的数据绘制环形图，如图 3－7 所示。图中内环为我国城镇居民人均可支配收入的构成，外环为农村居民。

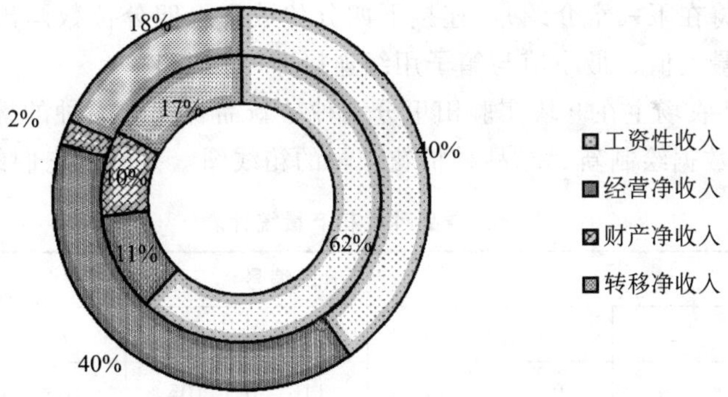

图 3－7　2015 年我国城镇居民、农村居民人均可支配收入环形图

（三）茎叶图

直方图可以显示数据的总体分布特征，但看不到各组数据的具体差异；而茎叶图可以在看到数据分布特征的基础上保留原始数据。茎叶图主要用于展示未分组的数据，当数据量较少时，茎叶图可以更清楚的观察数据的分布特征。茎叶图由“茎”和“叶”两部分组成。绘制茎叶图的关键是设计好树茎。绘制茎叶图的步骤如下：首先把数值分成两部分，通常以该组数据的高位数值作为树茎，低位数的数值作为树叶，一般以该数值的最后一个数字作为树叶，叶子的长短代表了数据的分布情况。例如，137 分成“13”和“7”，69 分为“6”和“9”；“13”与“6”表示的是树茎，剩余的数字表示的是树叶。图 3－8 是根据例 3－2 的数据绘制的茎叶图。

树茎	树　叶	数据个数（个）
4	2	1
5	2	1
6	012345556667799	15
7	00123555666667888899	20
8	001234555678899	15
9	0147	4

图 3－8　56 名同学概率论考试成绩茎叶图

图 3-8 中的第一列是每组数据的“茎”，第二列是“叶”，第三列是各组所包含的数据个数。以第四行为例，该行表示所有数值的十位数都是 6，个位数最小值为 0（即成绩为 60），最大值为 9（即成绩为 69），概率论成绩介于 60～69 分的同学共有 15 人。其余各组的解释以此类推。

（四）箱线图

箱线图是由一组数据中的最大值、最小值、中位数、上四分位数和下四分位数绘制而成。它主要用于反映原始数据分布的特征，也可用于多组数据分布特征的比较。绘制箱线图时先找出一组数据的最大值、最小值、中位数以及上四分位数和下四分位数（中位数及上、下四分位数的计算将在下一章介绍），连接下四分位数和上四分位数画出箱子，中位数在箱子的中间，最后将最大值、最小值与箱子用线连接即可。

[例 3-5] 某农场主在 9 块实验田里分别种植新品种和老品种的棉花，所得数据如表 3-9 所示。请根据数据绘制新、老品种棉花产量的箱线图，并分析它们的特征。

表 3-9 新、老品种棉花产量统计表 单位：公斤

品种	地块编号								
	1	2	3	4	5	6	7	8	9
新品种	118	107	92	116	110	105	106	112	124
老品种	110	89	97	107	112	120	98	103	101

解： 根据表 3-9 的数据可绘制箱线图，如图 3-9 所示。

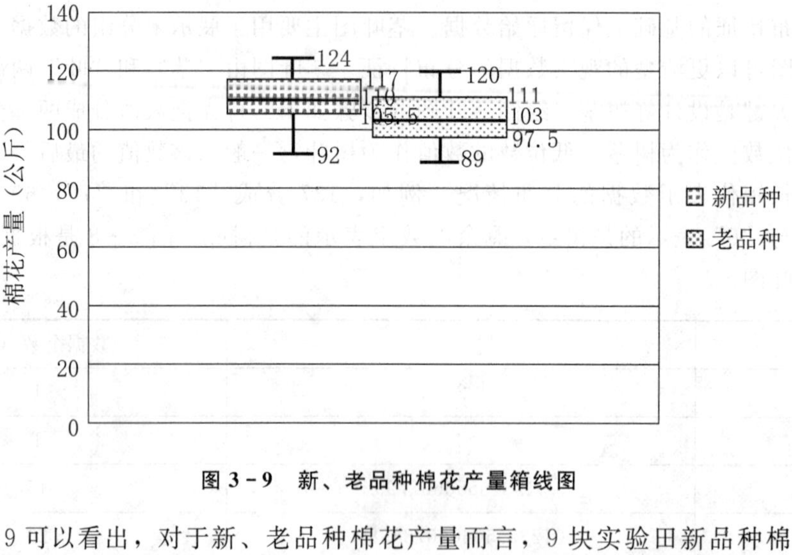

图 3-9 新、老品种棉花产量箱线图

由图 3-9 可以看出，对于新、老品种棉花产量而言，9 块实验田新品种棉花的平均产量较高，新品种中位数的位置明显高于老品种；从棉花产量的离散程度来看，老品种的棉花产量比较集中，其箱子较短，而新品种的棉花产量比较分散；从分布形态看，老品种棉花产量的分布大体上接近对称分布，因为中位数接近箱子的中间位置。

（五）散点图

散点图是用二维坐标展示两个变量关系的一种图形。它用横坐标代表变量 x，纵坐标代

表 y，每组(x_i, y_i)用一个点表示，n 组数据在坐标系中形成的 n 个点称为散点，由坐标及散点形成的二维数据图称为散点图。

[例 3-6]　表 3-10 是 2005—2015 年我国最终消费和国内生产总值（按支出法计算）的数据。绘制散点图并观察它们之间的关系。

表 3-10　　**2005—2015 年我国最终消费与国内生产总值**　　单位：亿元

年份	最终消费	国内生产总值	年份	最终消费	国内生产总值
2005	101 447.8	189 190.4	2011	241 022.1	486 037.8
2006	114 728.6	221 206.5	2012	271 112.8	540 988.9
2007	136 229.4	271 699.3	2013	300 337.8	596 962.9
2008	157 466.3	319 935.8	2014	328 312.6	647 181.7
2009	172 728.3	349 883.3	2015	362 266.5	699 109.4
2010	198 998.1	410 708.3			

数据来源：《中国统计年鉴 2016》

解：根据表 3-10 绘制最终消费与国内生产总值的散点图，如图 3-10 所示。由图可知，我国最终消费与国内生产总值存在较强的相关关系，随着最终消费的增加，国内生产总值也呈递增趋势。

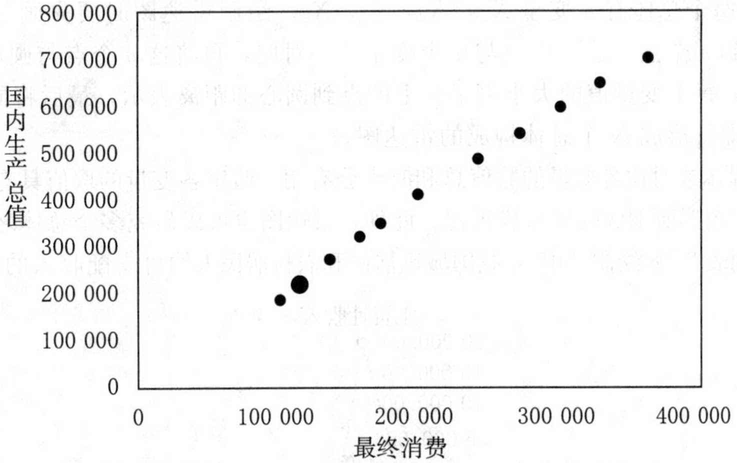

图 3-10　2005—2015 年我国最终消费与国内生产总值的散点图

（六）时间序列趋势图

如果原始数据是时间序列数据，可以绘制时间序列趋势图反映现象随时间变化的特征。时间序列趋势图是在直角坐标上用折线表现数据变化的图形，主要用于显示时间序列数据。绘制时间序列趋势图时，时间一般在横轴，观测值在纵轴，一般应绘制成横轴略大于纵轴的长方形，因为图形过扁或过高不仅不美观，也不便于读者对数据变化的理解。一般情况下，纵轴数据下端应从“0”开始。

[例 3-7]　利用表 3-6 的资料绘制 2010—2015 年我国城镇居民、农村居民人均消费

支出的时间序列趋势图。

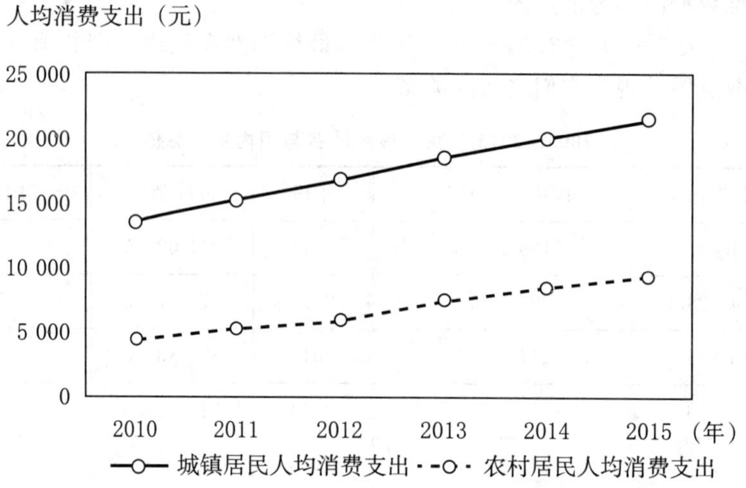

图 3-11　2010—2015 年我国城镇居民、农村居民人均消费支出

从图 3-11 可以看出，城乡居民人均消费支出呈逐年递增的趋势，城镇居民人均支出高于农村，2012 年以后这种差距缓慢增大。

（七）雷达图

雷达图也称为蜘蛛图，主要用于显示多个变量特征的多维图。设有 N 个总体 Y_1，Y_2，…，Y_N，每个总体有 n 变量 X_1，X_2，…，X_n。绘制雷达图时要先画一个圆，然后将圆 n 等分，得到 n 个点，这 n 个点与 n 个变量一一对应，再将这 n 个点与圆心连线，得到 n 个辐射状半径，每个变量值的大小由半径上的点到圆心的距离表示，最后将同一总体的 n 个变量值连线，即可形成 N 个总体构成的雷达图。

雷达图在显示或对比各变量的数值总和时十分有用。假定各变量的取值具有相同的正负号，则总的绝对值与图形所围成的区域成正比。此外，雷达图也可以研究多个总体之间的相似程度。图 3-12 是利用表 3-8 绘制 2015 年我国城镇居民和农村居民人均可支配收入的雷达图。

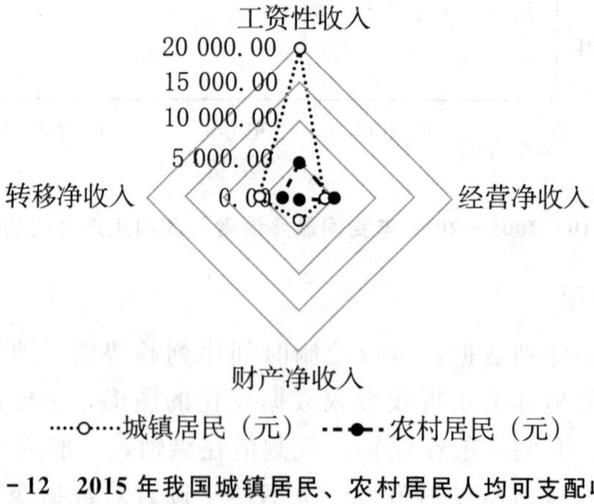

图 3-12　2015 年我国城镇居民、农村居民人均可支配收入

由雷达图可知，无论是城镇居民还是农村居民，工资性收入都最大，财产净收入都最小；除经营净收入外，城镇居民的人均可支配收入均高于农村；城镇居民人均可支配收入与农村居民可支配收入在结构上具有相似性。

认识拓展

一、因人而异的统计图

借助数据的整理方法可以令你准确了解数据的特征和本质，但有时候各种统计表和统计图却具有一定的误导性。例如：某公司下半年的盈利情况见表 3 - 11：

表 3 - 11　　某公司下半年的盈利情况统计表　　单位：百万美元

月份	7 月	8 月	9 月	10 月	11 月	12 月
利润	2.0	2.1	2.2	2.1	2.3	2.4

对同一组数据会产生两种不同的说法，某人认为“利润很稳定，可这没什么特别的!”，而另一个人却说“这家公司的股票如日中天啊!”，我们该如何探讨对同一批数据产生的不同解释呢？——我们需要用某种方式直观地表现这些数据。图表是概括原始信息最便捷的方式，能帮助你一眼得出初步印象。不过要小心，即使是最简单的图表也能神不知鬼不觉地迷惑你、误导你。

下面这两张图体现了这家公司 6 个月的盈利情况。它们都是以相同的信息为基础，为什么这两张图会让人对数据形成不同的第一印象呢？如何绘制一张美观、有效的统计图呢？绘制统计图的标准又是什么呢？

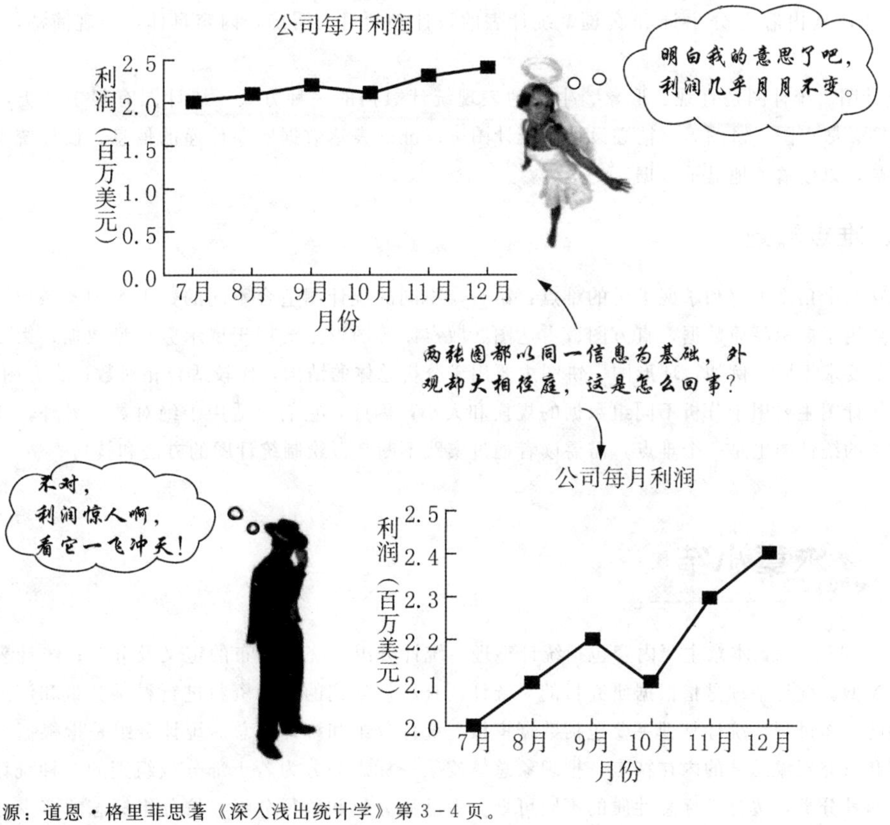

资料来源：道恩·格里菲思著《深入浅出统计学》第 3 - 4 页。

二、统计图的应用场合

统计图是直观展示数据的重要方式，它可以将复杂、枯燥的数据用形象生动的图形表现出来。但需要注意的是，每种统计图适用于不同的数据，在绘制图形时，需要根据数据类型绘制合适的统计图。表 3－12 列出数据类型和所适用的统计图。

表 3－12　　数据类型和所适用的统计图

数据类型	品质数据	数值型数据		
		未分组数据	分组数据	时间序列数据
适用的统计图	★条形图 ★饼图 ★环形图	★茎叶图 ★箱线图 ★雷达图	★直方图	★散点图 ★时间序列趋势图

注：★标识该类型数据最适合的统计图。

本讲小结

一、本讲重点

1. 统计表。统计表是一种用以表现统计数据的重要形式。统计表按主词是否分组以及分组的不同程度可分为简单表、简单分组表和复合分组表；按宾词进行分类，可分为宾词简单排列、宾词分组平行排列和宾词分组层叠排列三种。统计表的结构从形式上分为总标题、横行标题、纵栏标题和指标数据四部分，从内容上分主词和宾词。统计表的设计必须目的明确，内容具体，美观简洁，清晰明了，科学实用。

2. 统计图。统计图是直观、形象、生动地表现统计数据的一种方式。统计图有很多种类，例如条形图、直方图、散点图、饼图等。精心设计的统计图可以准确表达数据所要传递的信息，设计统计图时，应尽可能简洁，以便清晰地显示数据。

二、难点释疑

可以从两个角度理解和掌握本讲的难点：第一，不同的统计图适合不同的数据类型。条形图、饼图和环形图主要用于展示品质数据，直方图、雷达图、散点图等图形主要用于展示数值型数据；第二，每种图形对数据的要求不同。例如，环形图、饼图主要用于分析总体的结构，比较适合相对数；直方图、雷达图、散点图等统计图主要用于分析不同组数据的规模和大小，因此，它们更适用于绝对数。另外，如何绘制出美观、简洁的统计图也是一个难点，需要读者通过实践不断掌握绘制统计图的方法和技巧。

本章小结

如图 3－13 所示，本章主要内容包括统计整理、统计分组、统计分布的定义及分类；统计表和统计图的定义和类型。统计整理是指根据研究目的对统计调查所搜集到的原始资料进行科学分组和汇总形成综合统计资料的工作过程。统计整理主要包括数据审核，统计分组和统计汇总。统计分组是指根据统计研究任务的要求和研究现象总体的内在特点，把现象总体按某一标志划分为若干部分或组别的一种统计方法。统计分组有两种分类，按分组标志性质的不同可划分为品质分组和数量分组，按分组标志的多少分为简单分组和复合分组。统计分布是统计资料按某一标志进行分组后，列出各组的总体单位数，形成一个反映总体单位在各组间分配情况的统计数列。分布数列分为品质数列和数量数列。数量数列又分为单项式数列和组距式数列两种。

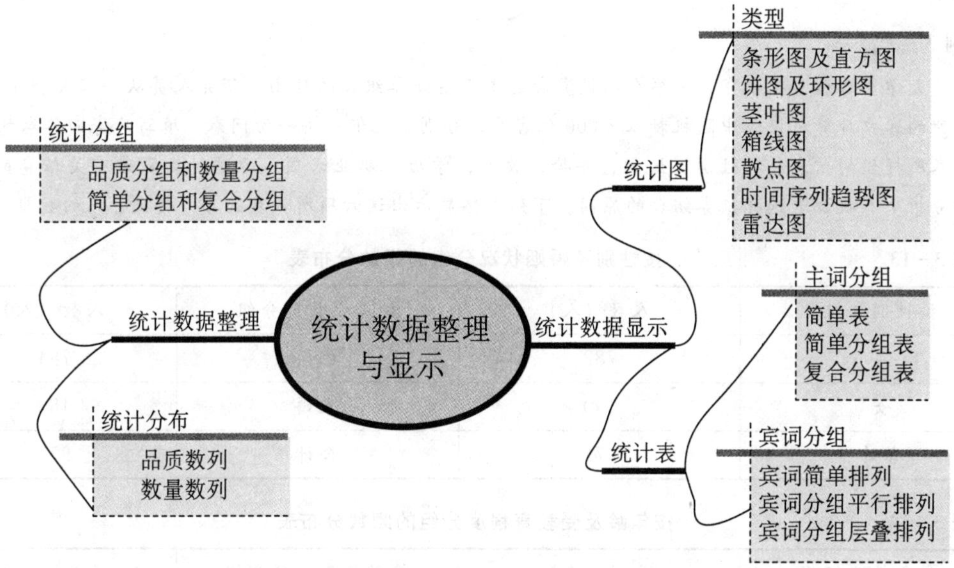

图 3－13　第 3 章 统计数据的整理与显示-思维导图

统计表是一种表现统计数据的重要形式。统计表按主词是否分组以及分组的不同程度可分为简单表、简单分组表和复合分组表；按宾词进行分类，可分为宾词简单排列、宾词分组平行排列和宾词分组层叠排列三种。统计表的结构从形式上分为总标题、横行标题、纵栏标题和指标数据四部分，从内容上分主词和宾词。统计表的设计必须目的明确，内容具体，美观简洁，清晰明了，科学实用。统计图是直观、形象、生动地表现统计数据的一种方式。统计图有很多种类，例如条形图及直方图、饼图及环形图、茎叶图、箱线图、散点图等。统计表和统计图是统计整理结果的展示。

思考题

1. 统计资料整理的作用是什么？主要内容有哪些？
2. 简述统计整理的步骤。
3. 单项式分组和组距式分组的适用条件是什么？
4. 统计分组的作用是什么？如何选择分组标志？
5. 什么是统计表？有什么优点？
6. 什么是组中值？为什么说组中值只是每组变量值的代表值而不是平均数？
7. 什么是统计分组？它可以分为哪几种形式？
8. 为什么说统计分组的关键在于分组标志的选择？
9. 什么是统计分布？它包括哪两个要素？

案例讨论

【案例 3-1】

普度大学曾作过一项研究，考察个人投资者选择某些证券组合的理由。研究人员从一家大型全国性金融经济所的客户计算机记录中随机抽取 3 000 位客户，分别给他们寄去一份问卷。填写后寄回答卷的有 972 人，答卷所提供的信息包括性别、婚姻、年龄、收入、学历、职业六项。通过对投资者有关信息的了解，有助于分析个人投资者选择证券组合的原因。下列表格显示出这六项所代表的每一类投资人的数目。

表 3-13　　按性别及婚姻状况分组的频数分布表

按性别分组	人数（人）	按婚姻状况分组	人数（人）
男	782	已婚	784
女	190	未婚	188
合计	972	合计	972

表 3-14　　按年龄及受教育程度分组的频数分布表

按年龄分组	人数（人）	按受教育程度分组	人数（人）
21-25	1	中学	225
25-35	29	学士	526
35-45	117	硕士	90
45-55	274	法学位	63
55-65	252	理科博士	28
65 以上	299	医学位	40
合计	972	合计	972

表 3-15　　按职业及年收入分组的频数分布表

按职业分组	人数（人）	按年收入（美元）分组	人数（人）
专业技术人员	265	5 000 以下	1
管理人员	157	5 000-10 000	80
业主	124	10 000-15 000	148
推销员	53	15 000-20 000	129
家庭主妇	69	20 000-25 000	173
技工和一般工人	8	25 000-50 000	251
农场主	15	50 000-100 000	132
服务员	5	100 000-150 000	27
办事员	23	1500 00 以上	15

续表

按职业分组	人数（人）	按年收入（美元）分组	人数（人）
手艺人	18	合计	956
退休人员	217	遗漏	16
失业人员	18		
合计	972		

思考与讨论问题：

（1）识别表中各变量的类型（品质变量、数值变量）；

（2）对每一张频数分布表绘制合适的图形，并进行适当描述。

延伸阅读

1. 萨尔金德（Salkind，N. J.）著，史玲玲译. 爱上统计学［M］，重庆大学出版社，2008 年 1 月第 1 版，P35－48（第 4 节　一幅图真的相当于千言万语）。

2. 戴维·S·穆尔（David S. Moore）著，郑惟厚译. 统计学的世界［M］，中信出版社，2003 年 9 月第 5 版，P205－206（第 10 章　好的图及坏的图；第 11 章　用图形呈现分布）。

第 3 章　应用实验

第 3 章　练习题

第 4 章　数据特征的描述

开篇导读

如何描述数据的特征？

2017 年 3 月 28 日，《新疆生产建设兵团 2016 年国民经济和社会发展统计公报》发布，其“综合”部分有关阐述如下：

“全年兵团生产总值 2 134.33 亿元，比上年增长 9.1%。其中，第一产业增加值 467.87 亿元，增长 6.0%；第二产业增加值 965.58 亿元，增长 10.2%；第三产业增加值 700.88 亿元，增长 9.6%。三次产业增加值占生产总值比重分别为 21.9%、45.2%、32.9%。三次产业对经济的贡献率分别为 14.5%、51.4% 和 34.1%，分别拉动经济增长 1.3、4.6 和 3.1 个百分点。全年人均生产总值 76 230 元，比上年增长 7.1%”。

要对总体从综合的视角认识新疆兵团经济发展情况，既要从总规模（生产总值）来考量，又要深入了解内部各种比率（三次产业结构），还需要通过平均指标（人均生产总值）来认识其发展的平均水平，再通过时间和空间上的对比，可以更深入地认识研究对象。例如，通过国家统计局发布的 2016 年中国统计公报数据“第一产业增加值占国内生产总值的比重为 8.6%，第二产业增加值比重为 39.8%，第三产业增加值比重为 51.6%”，可以对比得出“兵团产业结构需要进一步调整和优化”的结论。

再从微观层面来看，某农科所对 A、B 两个水稻新品种进行实验评估。准备在不同的实验条件下在实验田进行试种，再决定推广哪一个品种。这两个品种最终的亩产量见表 4-1。

表 4-1　　A、B 两个品种水稻的亩产量　　单位：千克/亩

实验田 / 水稻品种	1	2	3	4	5
A 品种	650	600	550	530	500
B 品种	680	650	570	480	450

经计算，A、B 两个品种的平均产量均为 566 千克/亩，哪个平均数更有代表性呢？实际上，哪个品种的实验平均产量更稳定，同质性更强，就应该选择这个品种进行推广。从表 4-1 可以看出，两个品种的亩产量在不同试验田的表现是不同的，要做出正确的判断，有必要计算反映两个品种稳定性的指标。可见，反映某一总体代表水平和差异状况的特征可以从两个方面进行描述：集中趋势和离散程度，本例的平均数再结合衡量离散程度的指标来反映水稻品种产量的稳定性，可以更全面地把握事物特征，得出 A 品种更优的结论。

统计数据经过整理后，我们对数据分布的类型和特点就有了一个直观的了解，但这种了解是粗略的，还需要从各个方面全方位地描述出统计数据的特征和变化规律。本章将介绍如何从不同的层面描述统计数据的不同特征和变化规律。

学习目标

一、理解总量指标、相对指标的概念和种类，能够熟练运用统计绝对数和相对数于研究对象，进行总体规模和比率的测度。

二、理解集中趋势的概念和内涵，能够熟练运用位置平均数（众数、中位数和分位数）和数值平均数（算术平均数、调和平均数和几何平均数），进行集中趋势的测度。

三、理解离散趋势的概念和内容，能够熟练运用绝对离散程度指标（极差、分位差）、平均离散程度指标（平均差、标准差）和相对离散程度指标（异众比率、标准化值和离散系数等），进行离散趋势的测度。

四、了解分布形态指标的概念和测度方法，能够运用偏态系数、峰度系数测度总体的分布形态。

五、辨析总体的规模、比率、集中趋势、离散趋势和分布形态指标的区别与联系，能够将各种统计指标结合运用，描述统计数据的特征。

第 7 讲　规模和比率的测度

问题提出

通常，画一幅图，首先从画轮廓开始，即构建框架。而要分析一种社会经济现象，通常也是从社会经济现象的“框架”开始，即首先了解社会经济现象在一定时间、空间和条件下的总规模、总水平或工作总量，这是对总体初步的综合认识。例如，2015 年，中国国内生产总值 676 708 亿元，其中，第二产业增加值 274 278 亿元；年末中国大陆总人口 137 462 万人，年末全国就业人员 77 451 万人等。这些都是说明 2015 年中国在国民经济和人口方面的总规模或总水平的总量指标。但仅仅利用总量指标是远远不够的，对事物的深入了解，还需要使用能够对总体内部的各种数量关系进行分析、比较的相对指标。例如，2015 年，中国全年全员劳动生产率为 76 978 元/人，比上年提高 6.6%等。因此，本讲提出的问题是：

如何用统计指标描述现象的规模与比率的特征？

概念辨析

一、总量指标

（一）总量指标的概念和作用

总量指标是反映一定时间、地点和条件下某种现象总体规模或水平的统计指标。总量指标一般用来进行现象规模的测度。

（1）它可用来反映一个国家、地区、部门或单位的基本状况。

（2）它是制定政策、编制计划、进行科学管理的重要依据。

（3）它是计算相对指标和平均指标的基础。

（二）总量指标的分类

1. 总量指标按其说明总体内容的不同，分为总体单位总量和总体标志总量

总体单位总量简称单位总量，它表示总体本身的规模大小，是统计总体单位的合计数；

总体标志总量简称标志总量或变量总量，它是反映总体单位某种标志值（即变量值）总和的总量指标。

对于一个确定的统计总体，其总体单位总量是唯一确定的。总体标志总量是指总体中各单位某一数量标志值的总和。对于确定的统计总体，其总体标志总量不是唯一的，而是随着标志的不同可计算不同的标志总量。例如，我们研究某市工业企业的基本状况，那么该市全部工业企业是总体，每一家工业企业是总体单位，则该市工业企业的数量就是总体单位总量，而全部工业企业职工人数就是总体标志总量。

2. 总量指标按其反映时间状况的不同，分为时期指标和时点指标

时期指标反映现象在一段时期内发展过程的总量，如产品产量、商品销售额、国内生产总值等。时点指标表示现象在某一时刻上的状态，如人口数、商品库存额、固定资产原值等。

时期指标和时点指标具有不同的特点，其主要区别表现在以下三个方面：一是指标数值的搜集是否连续登记；二是同一总体不同时间的同类指标的数值是否可以相加；三是指标数值的大小是否与时间长度有直接关系。

时期指标与相关的时点指标往往具有密切的内在联系，时期指标变化的结果形成了新的时点指标。如人口统计中的平衡公式：期末人数＝期初人数＋（期内出生人数－期内死亡人数）＋（期内迁入人数－期内迁出人数），这里的“期末人数”（时点指标）是在“期初人数”（时点指标）的基础上，由于一系列时期指标（期内出生人数、期内死亡人数、期内迁入人数和期内迁出人数）变化的结果。

3. 总量指标按其采用计量单位的不同，分为实物指标、价值指标和劳动指标

实物指标是根据事物的属性和特点，采用自然单位、度量衡单位、标准实物单位、多重单位与复合单位等计量单位计算的总量指标，如人口数、粮食产量、发电量分别以“人”“吨”“千瓦时”为计量单位等。价值指标是以货币为单位计算的总量指标，如增加值、产品销售收入、工商税收等。价值指标既可以采用不变价格，也可以采用现行价格来计算。劳动指标是以劳动量单位来表示的总量指标。劳动量单位是用劳动时间表示的计量单位，也是一种复合单位。如“工时”“工日”等。

表示实物指标的实物单位如果是自然单位，则按照被研究现象的自然状况来度量其数量的一种计量单位。如人口以“人”为单位，汽车以“辆”为单位，牲畜以“头”为单位等；如果是度量衡单位，则按照度量衡制度的统一规定来确定的计量单位。如铁路、公路长度以“公里”为单位，房屋建筑面积用“平方米”为单位，粮食、钢铁、原煤等以“千克”或“吨”为单位等；如果是标准实物单位，则按照统一折算的标准来度量被研究现象数量的一种计量单位。如各种不同发热量的煤炭折合为7 000大卡/千克的标准煤计算；如果是复合单位（Unit of complex meterage），则按照两个单位以乘积的形式构成单位。如货物周转量以“吨公里”为计量单位，发电量以“千瓦时”为计量单位等。多重单位是采用两种或两种以上的计量单位同时度量事物的数量。比如，拖拉机以“马力/台”、电动机以“千瓦/台”、船舶以“吨/马力/艘”、高炉生产能力以“吨/（立方米·座·年）”等为计量单位。实物指标给人以明确的使用价值概念，但其综合性能较差，不同使用价值的实物量不能加总。

价值指标使用货币单位计量不同商品或货物的价值数量，用以综合说明具有不同使用价值的总量。价值指标具有广泛的综合性和概括性。现行价格价值指标与经济部门的实际收支相适应，可以研究现实经济的价值运动过程以及生产、消费和积累等国民经济的重要比例。

由于现行价格价值指标不仅受其实物量变动的影响，还受其价格变动的影响，所以在研究经济现象实物量的发展速度时，要用不变价格计算价值指标，以反映出实物量的真实变动。

劳动量指标使用的劳动量单位一般用来计算劳动总消耗量，也可计量劳动的总成果。劳动指标是编制和检查企业生产作业计划和实行劳动定额管理的重要依据。

二、相对指标

（一）相对指标的概念和作用

1. 相对指标的概念

一般用相对指标来进行比率的测度。相对指标是说明现象之间数量对比关系的指标，用两个或两个以上有联系的总量指标数值对比求得，其结果表现为相对数，故也将相对指标称为统计相对数。在计算相对指标时，若对比的两个指标的计量单位相同，相对指标计量单位表现为无名数；若对比的两个指标的计量单位不相同，相对指标计量单位表现为有名数。

有名数：主要用于强度相对指标数值的表示，它把计算强度相对指标时的分子和分母指标数值的计量单位同时使用。

无名数：一般表现是一种抽象化的计量单位。例如：

（1）倍数：是将对比的基数定为 1 而计算出来的相对数。

（2）成数：是将对比的基数定为 10 而计算出来的相对数。

（3）百分数：是将对比的基数定为 100 而计算出来的相对数。

（4）千分数：是将对比的基数定为 1000 而计算出来的相对数。

无名数是一种抽象值，是把对比的分母指标抽象成 1、10、100 或 1 000 等，用系数(倍数)、成数、百分数、千分数等表示。如男同学人数占全班同学总人数的 60%，就是把全班同学总人数抽象成了 100；甲的工龄是乙的 2 倍，就是把乙的工龄抽象成了 1。有名数是把对比的两个指标的计量单位对比后作为相对数的计量单位。如人口密度的计量单位是“人/平方公里”。

2. 相对指标的作用

利用相对指标，一是可以较清楚地反映现象内部结构和现象之间的数量联系程度，对现象进行更深入地分析和说明。二是可以使某些不能直接对比分析的统计指标，取得可以比较的基础。三是可以综合说明现象之间的相互联系，从而进一步说明总量指标不能说明的问题。

3. 相对指标的种类

常用的统计相对指标有：计划完成程度相对指标、结构相对指标、比例相对指标、比较相对指标、强度相对指标和动态相对指标 6 类。

方法应用

一、总量指标的测度方法

1. 直接计量法：（1）直接相加，对于同类的计算对象按实际计量单位直接加总；（2）折算相加，对于同类的计算对象按标准计量单位相加。

2. 推算与估算法：利用总量指标间内在的相互关系进行推算或估算。如：国内生产总值＝总产出－中间投入。

3. 主观评定法：由人们通过主观评估确定其绝对数的方法。如裁判员对跳水、体操运动员成绩的评分。

二、相对指标的测度

（一）计划完成程度相对指标

计划完成程度相对数（Relative quantities of fulfillment of plan）是经济现象在某一时间、某类指标的实际完成数与计划完成数的比值，反映计划完成程度，通常用百分数表示，故又叫做计划完成百分数。其基本计算公式为：

$$\text{计划完成程度相对数（\%）}=\frac{\text{实际完成数}}{\text{计划完成数}}\times 100\% \qquad \text{（公式 4.1）}$$

在测算计划完成程度相对指标时，会出现以下几种情况：

1. 绝对数的计划完成程度相对指标

计划完成指标和实际完成指标都是绝对数时，可直接按照公式计算计划完成程度相对指标。

［**例 4-1**］　某电视机厂计划年产电视机 50 万台，实际年产 51 万台，则该企业年生产计划完成程度为：

$$\text{计划完成程度相对数（\%）}=\frac{\text{实际完成数}}{\text{计划完成数}}\times 100\%=\frac{51}{50}\times 100\%=102\%$$

计算结果说明该企业不仅完成了计划，并且超额完成计划 102％－100％＝2％。

2. 相对数的计划完成程度相对指标

计划完成数和实际完成数都用相对数表示，一般是以本期比上期数量增加或减少的百分数下达任务，适于考核经济现象的增长率、降低率指标的计划完成情况。

$$\text{计划完成程度相对数（\%）}=\frac{1+\text{实际增长率}}{1+\text{计划增长率}}\times 100\% \qquad \text{（公式 4.2）}$$

$$\text{计划完成程度相对数（\%）}=\frac{1-\text{实际降低率}}{1-\text{计划降低率}}\times 100\% \qquad \text{（公式 4.3）}$$

［**例 4-2**］　某企业计划本批产品成本比上批降低 4％，实际降低了 5％。要计算该企业本产品成本计划的完成情况，依据公式 4.3，即：

$$\text{计划完成程度相对数（\%）}=\frac{1-\text{实际降低率}}{1-\text{计划降低率}}\times 100\%=\frac{1-5\%}{1-4\%}=98.96\%$$

说明该企业本批产品成本计划完成 98.96％。因为产品成本越低越好，本批产品实际成本比计划成本降低幅度大，所以成本计划不仅完成而且超额 100％－98.96％＝1.04％完成。

3. 计划执行进度的检查

检查计划执行的进展情况，可将计划期初到检查时为止的实际完成数与整个计划期的计划任务数对比，计算计划执行进度指标，即：

$$\text{计划执行进度（\%）}=\frac{\text{实际累计完成数}}{\text{全期计划数}}\times 100\% \qquad \text{（公式 4.4）}$$

［**例 4-3**］　某企业 2018 年计划销售额 8 000 万元，到 2018 年 6 月底实际产品销售额为 3 850 万元，求销售额计划执行进度。

$$\text{计划执行进度（\%）}=\frac{\text{实际累计完成数}}{\text{全期计划数}}\times 100\%=\frac{3\,850}{8\,000}\times 100\%=48.13\%$$

分子、分母两个指标所属的时间长短不同，产品销售的时间过半，但产品销售额的计划完成程度未达到 50%，计算得到的计划完成相对数反映了该时期完成预期计划的程度，下半年需提高实际销售额，加快销售进度，才有可能保证全年产品销售额计划的完成。

4. 长期计划完成情况的检查

在分析长期计划（如五年规划）的执行情况时，有的计划数是规定计划期末应达到的水平，有的计划数是按计划全期应完成的总数规定，根据计划任务所属时间范围的不同，有两种不同的检查计划完成方法：一种叫水平法，一种叫累计法，累计法使用累计数。

$$\text{计划完成相对指标（\%）}=\frac{\text{计划期末实际达到的水平}}{\text{计划水平}}\times 100\% \qquad \text{（公式 4.5）}$$

［例 4－4］ 某企业生产发展的五年规划规定，最后一年的产量应达到 1 800 万件，实际执行情况见表 4－2。

表 4－2 某企业五年规划完成情况 单位：万件

年份	第一年	第二年	第三年	第四年				第五年			
				第一季度	第二季度	第三季度	第四季度	第一季度	第二季度	第三季度	第四季度
产量	750	1 025	1 325	375	400	425	425	475	475	525	540

则该企业产量五年规划计划完成程度：

$$\text{计划完成相对数（\%）}=\frac{\text{第五年实际完成数}}{\text{第五年计划完成数}}\times 100\%=\frac{475+475+525+540}{1\,800}\times 100\%$$

$$=111.94\%$$

计算结果表明超额完成计划 11.94%。什么时候正好完成计划？提前完成计划的时间是多久？根据前面的分析，只要含最后一年连续四个季度的实际产量之和达到第五年的计划水平（1 800 万件）就算完成计划。在本例中第四年的第三、四季度与第五年第一、二季度实际产量之和正好为 425＋425＋475＋475＝1 800（万件），也就是说，第五年的 6 月底已经完成了五年规划，提前半年完成计划。

（二）结构相对指标

结构相对指标（Relative quantities of structure）是在分组的基础上，将分组指标与总体指标对比，反映总体部分数值占总体全部数值的比重，常用百分数表示。总体各部分所占比重之和等于 100%或 1。计算公式如下：

$$\text{结构相对指标（\%）}=\frac{\text{总体某部分数值}}{\text{总体全部数值}}\times 100\% \qquad \text{（公式 4.6）}$$

该公式的分子、分母指标必须是同一总体的部分标志值总数与总体标志值总数的比，或是部分单位总数与总体单位总数的比。

［例 4－5］ 根据表 4－3 中的数据计算相应的结构相对指标。

表 4－3 2016 年新疆兵团生产总值及其产业构成

产业	增加值（亿元）	比重（%）
第一产业	467.87	21.92

续表

产业	增加值（亿元）	比重（%）
第二产业	965.58	45.24
第三产业	700.88	32.84
合计	2 134.33	100.00

由公式 4.6 可计算出：

第一产业增加值占生产总值的比重为：（467.87÷2 134.33）×100%＝21.92%

同理，可计算出 2016 年新疆兵团的产业结构如表 4－3 所示。可见，2016 年新疆兵团第二产业增加值在生产总值所占比重最大，其次为第三产业，第一产业所占比重最低。这些特点说明新疆兵团正处在工业化中期，经济结构性矛盾比较突出。

结构相对指标可以反映一定时间、空间条件下事物构成特征。例如，恩格尔系数是指居民食品消费支出占总消费支出的比重，常用来反映居民的消费结构并划分居民生活水平的类型。我们还可以通过不同时间上结构相对数的对比反映事物构成变化规律，以及事物的质量特征和利用程度。结构相对数在反映事物内部构成的同时，根据各个部分的特殊性质和它在总体中所占地位及地位的变动来反映事物的质量特征或评价其利用状况。此外，在经济分析中常用的结构相对数如产品合格率、废品率、优质品率等可以反映产品质量；用就业率、失业率、设备利用率、科技成果转换率、利润率等可以反映人力、物力、财力的利用程度。

（三）比例相对指标

比例相对指标（Relative quantities of proportion）是反映总体中各组成部分之间数量联系程度、协调平衡状况及比例关系的相对指标。其计算公式为：

$$\text{比例相对指标}=\frac{\text{总体某部分数值}}{\text{总体另一部分数值}} \quad \text{（公式 4.7）}$$

式中分子、分母为同一总体内不同部分的数量。根据研究问题的角度不同两者可以交换位置，以说明比较对比的基础指标发生了变化。

比例相对数计算的结果可以用百分数、系数或倍数的形式表示，也可以用比例、连比的形式表示。

比例相对指标可以分析事物间的比例关系，揭示各地区、各单位之间的不平衡性，找出差距，有利于更好地改进工作；说明总体内部各部分之间的联系，并据以研究事物间的合理比例。例如，《中华人民共和国 2018 年国民经济和社会发展统计公报》有关资料显示：2018 年末全国大陆总人口 139 538 万人，其中城镇常住人口 83 137 万人，乡村常住人口 56 401 万人，城乡人口比例相对数为 147.4∶100。若用结构相对数表示，即城镇常住人口占总人口比重（常住人口城镇化率）为 59.58%，乡村常住人口占总人口比重为 40.42%。

［例 4－6］ 依据表 4－4 对我国进出口比例关系分析。

表 4-4　　　　我国 2016 年至 2018 年货物进出口总额

年份	进出口总额（亿元）	出口总额（亿元）	进口总额（亿元）	出口额与进口额的比例
2016	243 386	138 419	104 967	131.87：100
2017	277 923	153 321	124 602	123.05：100
2018	305 050	164 177	140 874	116.54：100

注：资料摘自 2016—2018 年中国国民经济和社会发展统计公报。

2018 年，我国货物出口总额与进口总额的比例为 116.54：100。由表中资料可以看出，2016 年至 2018 年我国贸易顺差仍然比较明显，顺差问题成为我国外贸领域的突出问题。

（四）比较相对指标

客观事物的发展是不平衡的，彼此间因各种因素影响往往存在着不同程度的差异。比较相对指标（Relative quantities of comparativity）可用来反映同类现象数量特征在不同空间条件下静态对比关系，是不同空间同一时间上同类指标对比的结果。比较相对指标的计算公式为：

$$比较相对指标=\frac{甲单位某类指标数值}{乙单位同类指标数值} \qquad (公式 4.8)$$

式中对比的两个指标所代表的现象必须是同性质、同类型的，指标的计算方法、指标所属时间、指标的计量单位等都要求一致，即必须是可比的。只有这样，对比反映出来的差距才是准确可信的。比较相对指标计算的结果大多用系数或倍数表示。

［例 4-7］　长三角城市群是“一带一路”与长江经济带的重要交汇地带，在中国国家现代化建设大局和开放格局中具有举足轻重的战略地位，上海市和南京市是长三角城市群中比较重要的两个城市，比较它们的经济指标具有一定的现实意义。两市有关指标对比见表4-5。

表 4-5　　　　上海市与南京市有关指标的对比情况（2018 年）

项目 指标	上海市	南京市	比较相对指标
常住人口（万人）	2 423.78	843.62	2.87
地区生产总值（亿元）	32 679.87	12 820.4	2.55
按常住人口计算的人均地区生产总值（万元）	13.50	15.29	0.88
批发业和零售业增加值（亿元）	4 581.49	5 262.21	0.87
工业增加值（亿元）	8 694.95	4 055.14	2.14

注：资料来源于《上海市 2018 年国民经济和社会发展统计公报》和《南京市 2018 年国民经济和社会发展统计公报》。

通过以上比较相对指标可以看出，上海市的常住人口、地区生产总值和工业增加值远高于南京市，但是人均地区生产总值、批发业和零售业增加值与南京市存在一定的差距，分别是南京市的 0.88 和 0.87。

（五）强度相对指标

强度相对指标（Intensity relative quantities）是两个性质不同而又有联系的总量指标的

数值之比，说明一种现象在另一现象中的强度、密度和普遍程度。其计算公式为：

$$强度相对指标=\frac{某一总量指标的数值}{另一个性质不同而又有联系的总量指标的数值} \qquad （公式 4.9）$$

[例 4-8] 2018 年年末我国国土面积 960 万平方公里，全国总人口 139 538 万人，全国民用汽车保有量 24 028 万辆。这里人口数和民用汽车保有量是两个性质不同但有密切联系的统计绝对数，其比值为统计相对数。它反映了我国居民拥有民用汽车的普遍程度，也在一定程度上反映了我国居民生活发展水平的高低。计算如下：

$$每万人拥有民用汽车数=\frac{全国民用汽车保有量}{全国人口总数}=\frac{24\ 028\ 万辆}{139\ 538\ 万人}=1\ 722\ 辆/万人$$

强度相对数的分子、分母指标在某些现象的计算中可以交换位置，形成正指标和逆指标两类。一般来说，正指标的数值愈大，说明现象的强度、密度越大；逆指标的含义则相反，数值愈大说明现象的强度、密度越小。如在例 4—8 中，每万人拥有汽车数 1 722 辆/万人是说明我国每 1 万人拥有 1 722 辆汽车。其数值愈大，表示居民中拥有的民用汽车越多，是正指标。强度相对指标可以用来反映客观事物发展的基本状况和质量，以及发展水平之间的差距等。

（六）动态相对指标

事物总是在不停地发展变化，相对指标不仅要研究客观现象在同一时间状态的数量关系，而且也要研究它在不同时间状态的变化特征。动态相对指标（Dynamic relative quantities）是同一现象的同类指标在不同时间状态的对比，反映其发展变动方向和变动程度。通常我们把所要研究时间的指标称为报告期水平，把作为对比基础时间的指标称为基期水平，计算公式如下：

$$动态相对指标（\%）=\frac{报告期水平}{基期水平}\times 100\% \qquad （公式 4.10）$$

动态相对指标也叫做发展速度，一般用百分数表示，说明报告期水平是基期水平的百分之多少。用发展速度减 1（或 100%）叫做增长速度，说明报告期水平比基期水平增长了百分之几。

动态相对指标既可以反映现象变动方向及变动程度，也可以反映现象变动过程及变动规律。将不同时间状态的动态相对数按时间先后顺序排列起来，可观察经济现象在某段时期内发展变动的过程，分析其变动的规律。例如，我国 2018 年年末国家外汇储备 30 727.12 亿美元，2017 年年底为 31 399.49 亿美元，则外汇储备的动态相对指标为（30 727.12/31 399.49）×100%=97.86%，说明我国 2018 年末外汇储备相比 2017 年末减少 672.37 亿美元，2018 年全年比 2017 年降幅 2.14%。

认识拓展

一、总量指标统计应注意的问题

总量指标是对客观现象规模的度量。在进行规模度量时应该遵循统计认识的规律，即从定性认识开始，通过认识量的过程，达到认识事物质的目的。这一过程不单纯是一个技术方法问题，更重要的是确定客观现象的范畴，明确统计对象的概念。

总量指标的汇总过程绝对不是一个简单相加的技术问题。在汇总过程中特别需要遵循三个原则：（1）必须注意现象的同类性，不同种类甚至不同规格的实物总量指标的数值不能加总，如跳水的成绩与体操比赛的成绩，只有同类现象才能计算总量；（2）必须明确每项指标的统计含义和统计口径，比如不要把工业净产值和增加值相加；（3）必须统一计量单位。

二、相对指标的更多认识

根据指标之间的关系不同，相对指标代表着不同的实际含义，可以应用于对客观事物作出相对准确的统计分析。

（一）利用相对指标深化对客观事物的认识

相对指标有时能够比绝对数更确切、更深刻地反映现象的数量特征，尤其是表示现象的质量高低、速度的快慢、效果的好坏等。例如，把某企业某年的 100 万元的产值指标与本年投入量相比，可了解其经济效益；与该企业的年计划产值相比，可检查其计划完成情况；与上年产值相比，可知道其发展变化方向；与同类企业年产值相比，可评价其规模和影响的大小等等，进而对该企业的生产状况做出更客观的认识和判断。

（二）利用相对指标使本来不可比的现象变为可比

相对指标的计算过程是将现象的绝对水平抽象化，使本来无法直接对比的现象的数量特征转化成可以直接对比，从而拓宽了现象之间统计分析的领域。例如，不同国家的人口、土地、资源等各种条件都存在很大差异，许多总量指标无法对比。若利用相对指标，如人均国民收入比率、森林覆盖率、物价指数等，即可比较两国的经济发展及居民生活的状况。

（三）多种相对指标结合运用

不同的相对指标有不同的作用，可从不同的角度来说明问题。在对较复杂现象进行分析时，只运用某种相对指标还不能满足要求，应根据研究的目的及分析现象的特点综合运用各种相对数。这样才有助于合理深入地分析问题和认识问题，从而得出正确的结论。比如，以某企业某个时期劳动生产率为研究对象，将其与上期同期水平对比，可以反映发展速度；将其与计划水平对比，可以检查计划执行情况；将其与同行业的平均水平或先进水平对比，则可以反映差距。

三、相对指标与总量指标结合运用

相对指标往往是由两个有联系的总量指标对比形成，它把现象的绝对水平抽象化，使许多不便于直接对比的现象可以进行比较，反映出现象之间的相互联系和对比关系。但是，由于相对指标抽象了总量的差异，只能反映相对程度的不同。所以，相对指标应与总量指标结合运用，才能较全面客观地反映现象的数量特征，例如，两家工厂产量资料如下，见表4－6。

表 4－6　　甲、乙摩托车厂产量分析表

工厂	产量（万辆）		发展速度（%）
	基期	报告期	
甲	5	6	120
乙	50	60	120

从表中发展速度可知，两厂都是120%，完全相同，但从产量看，不论是基期还是报告期乙厂都是甲厂的10倍，其规模差异较大。

由此可见，一个很小的相对指标，被它抽象的总量指标可能很大；而一个较大的相对指标被它抽象的总量指标可能很小。所以，利用相对数分析问题时，既要考虑现象的发展速度或相对水平，也要考察被抽象掉的总量水平，有时还要计算分子、分母的绝对差额以考察其规模效果。

本讲小结

一、本讲重点

1. 总量指标。总量指标是最基本的统计指标，它是计算相对指标和平均指标的基础，要注意它的两个分类：一是总体单位总量和总体标志总量的划分；二是时期指标和时点指标的划分。上述分类的含义和作用不相同，而且关系到以后各章的学习，应该辨析清楚。

2. 总量指标的计量单位。总量指标的计量单位有实物单位、劳动单位和货币单位。要注意双重单位和复合单位的区别。

3. 相对指标。要了解几种相对指标的概念、作用、计算方法和应用条件，计划完成程度相对指标是难点。

4. 总量指标和相对指标的应用。理解总量指标和相对指标应用中可能出现的问题及处理思路和原则。

二、难点释疑

时期指标和时点指标的关系既是本章重点又是本章难点，如果不能很好的理解，以后学时间序列的序时平均数时会遇到更大的困难，可以从三个方面来区分它们：一是时期指标可以相加，以反映更长时期的总量，而时点指标各指标值不能相加，或相加没有实际意义；二是时期指标数值大小和时期长短有直接关系，而时点指标数值与时间间隔长短没有直接关系；三是时期指标是通过连续计数的方式取得的，以反映社会现象在一定时期内的发展总量，而时点指标是通过间断取值的方法取得的，以反映社会现象在某一时点的状态。

第8讲　集中趋势的测度

问题提出

针对研究对象展开讨论和分析的过程中，人们经常会遇到一些看似简单而又不易表述清楚的问题。例如，知道某段时间不同时间点的经济变化情况，想进一步了解平均变化率，但未必知道如何科学合理地计算；知道某同类产品不同含义的各类经济指标，想进一步区分产品特征以及衡量产品质量的高低，但不知如何计算相应的指标。这些问题与统计分析中的集中趋势有关，而集中趋势一般通过统计平均数来体现，因此本讲提出的问题是：

如何从单位层面把握统计总体的一般水平？

解决这类问题，必须先了解数值平均数和位置平均数。

概念辨析

一、集中趋势、平均指标及其特点

集中趋势（Central tendency），是指一组数据向某一中心值靠拢的倾向，测度集中趋势也就是要寻找数据一般水平的代表值或中心值。在现象的同质总体中，各个单位的标志值不尽相同。如果我们的目的是要对总体的数量水平有一个概括地、一般地认识，显然不能用某一单位的标志值表示。统计平均数就是用来反映总体的一般水平，即描述集中趋势的指标。通俗的理解就是，在不变更总体总量的情况下，对总体内的全部标志值进行"截长补短"，使得总体各单位拥有同一水平的数量表现，这个同一水平的数量表现就是平均数，即描述集中趋势特征的指标。

统计平均数有两个重要的特点：

第一，平均数是一个代表值，表示被研究总体的一般水平。例如，某企业职工的工资水平有高有低，有的职工月工资 1 680 元，有的职工月工资 1 900 元，有的职工月工资 1 870 元，有的职工月工资 2 200 元，等等。若根据该企业各个职工月工资额综合计算出该企业职工月平均工资为 1 860 元，那么，1 860 元就是一个代表值。它反映了该企业职工月工资的一般水平。

第二，平均数把被研究总体各单位的标志值的数量差异抽象化了。例如，某企业职工的月平均工资为 1 860 元，但是各个职工的工资水平有高有低，高于 1 860 元的工资和低于 1 860元的工资互相抵消，从而得出平均工资 1 860 元。由此可见，平均工资（1 860 元）已把各职工月工资水平的差异抽象化了。

二、平均指标的作用

描述现象集中趋势特征的指标是统计平均数，在统计研究中被广泛应用，平均指标的作用可以归纳为以下几点：

（1）利用平均数对比不同总体的一般水平。平均数可以用来对同类现象在各单位、各部门、各地区之间进行比较，以说明生产水平的高低或经济效果的好坏。例如，要比较不同的生产企业生产水平的高低，仅对比企业的产品总产量是不足以说明问题的，因为产品总产量受到企业规模大小的影响。要比较，需要计算各企业生产人员的平均产品产量，即劳动生产率，并分析不同的生产条件，才能做出正确的判断。

（2）利用平均数比较和反映同一单位某一标志不同时期一般水平的发展变化，说明事物的发展过程和变化趋势。

表 4-7　主要年份新疆农村居民家庭人均可支配收入

年　度	2013	2014	2015	2016	2017
农村居民家庭人均可支配收入（元）	7 847	8 724	9 425	10 183	11 045

资料来源：《新疆统计年鉴 2018 年》。

由表 4-7 可以看出，历年来，新疆农村居民家庭人均可支配收入水平在不断的提高。若想了解新疆农村居民家庭可支配收入情况，用收入总额这个总量指标分析，会受家庭人数和支出额变动的影响，从而得不到正确的结果，而以人均可支配收入这个平均数对比，则能正确地反映新疆农村居民家庭可支配收入的动态以及变化的趋势。平均指标的这个作用在第 10 章的序时平均数部分将会详细介绍。

（3）利用平均数分析现象之间的相互关系，并推算其他有关的指标。在统计估算中经常用一部分单位标志值的平均数去推算总体平均数，并据以推算总体的相关总量指标。例如，在抽样推断中，可以用某种农作物产量抽样调查的平均单位面积产量，推断农作物的总平均单位面积产量，并据以推算某地区或全国的某种农作物的总产量。

三、平均指标的类型

统计平均数包括静态平均数和动态平均数两种，如图 4-1 所示。静态平均数是根据分布数列计算而得到的一种平均数，它主要是从静态上说明总体各单位标志值的一般水平。本章的平均指标就是指静态平均数。静态平均数根据其处理方法的不同又可以分为两种，一种是数值平均数，主要包括算术平均数、调和平均数、几何平均数三种；另一种是位置平均数，主要包括众数和中位数两种。另外，还有分位数，分位数也是位置平均数。动态平均数则是根据时间序列计算而得到的一种平均数，它主要是从时间变化的动态上说明一段时期内现象发展的一般水平，它的具体计算将在第 10 章进行详细阐述。

- 统计平均数
  - 动态平均数
  - 静态平均数
    - 位置平均数
      - 众数
      - 中位数
      - 分位数
    - 数值平均数
      - 算术平均数
      - 调和平均数
      - 几何平均数

图 4-1　平均指标的类型

方法应用

一、位置平均数

位置平均数是根据总体中处于特殊位置上的个别单位或部分单位的标志值来确定的代表值。位置平均数不会受到变量数列中所有标志值的影响，对于整个总体具有非常直观的代表性。常用的位置平均数有众数、中位数以及分位数。

（一）众数

众数（Mode）是一组数据中出现次数最多的标志值，用 M_0 表示。例如，为了掌握集市上某种商品的价格水平，不必登记全部的成交量和成交额，只用该日市场上最普遍的成交价格即可。又如在确定某种商品的生产量、进货量时，要考虑哪一种规格的商品消费量最大。显然，用众数来表现给定总体的一般水平或变量数列的集中趋势具有非常直观的代表意义。并且，众数不仅可以对数量标志加以计算，还可以对品质标志来加以确定，也就是说，它既适用于变量数列，也适合于品质数列。例如，销售量最多的服装款式或色彩，也即通常所谓的“流行款式”，就属于这种意义的众数。众数主要用于定类数据集中趋势的测度，也适用于定序、定距和定比数据。

对于由数值变量数列来确定众数，根据所掌握的资料不同，应采用不同的方法。具体方法如下：

（1）如果各标志值分布很均匀，无明显的变化，则数列无众数。

［**例 4-9**］　有 20 名学生参加某门课程的考试，所得的分数均不相同，资料如下：61，62，63，64，65，66，67，68，69，70，71，72，73，74，75，76，77，78，79，80。则由这 20 名学生的考试分数所组成的这个数列就没有众数。

(2) 如果是单项式数列或未分组的数据，则看哪一个标志值出现的次数最多。此时，出现次数最多的那一个标志值就是众数。

［**例 4-10**］　有 20 名学生参加英语口试，所得分数如下：60，60，65，67，70，74，74，74，74，74，74，74，76，79，79，80，80，85，87，88。则由这 20 名学生的英语口试分数所组成的这个数列中 74 分出现的次数是 7 次，为所有分数中出现次数最多的，所以 74 分为该数列的众数。

［**例 4-11**］　有关资料见表 4-8。确定数列的众数如下：

表 4-8　　**某企业某班组工人 B 产品产量统计表**

日产量（公斤）x_i	工人数（人）f
35	4
42	11
48	5
54	14
59	6
合计	40

由以上变量数列可以看出，日产量 54 公斤的工人人数 14 人，出现的次数最多，所以，日产量 54 公斤就是众数。

(3) 由组距式数列确定众数。先根据次数的多少确定众数组，然后可按下述公式分别计算：

下限公式：$M_0=L+\dfrac{\Delta_1}{\Delta_1+\Delta_2}\times i$　　（公式 4.11）

上限公式：$M_0=U-\dfrac{\Delta_2}{\Delta_1+\Delta_2}\times i$　　（公式 4.12）

式中：M_0 表示众数；L 表示众数组的下限；U 表示众数组的上限；i 表示众数组组距；Δ_1 表示众数组次数与其前一组次数之差；Δ_2 表示众数组次数与其后一组次数之差。

［**例 4-12**］　某商场营业员销售额资料见表 4-9，试确定众数。

表 4-9　　**某商场营业员销售额**

按年销售额分组（万元）	营业员人数（人）
50-60	24
60-70	48
70-80	105
80-90	60
90-100	37
100 以上	26
合计	300

解：由表中资料可知，各组组距相等，出现次数最多的是年销售额 70 万元-80 万元组。同时，$L=70$，$U=80$，$\Delta_1=105-48=57$，$\Delta_2=105-60=45$，$i=80-70=10$。

则：年销售额的众数为，

$$M_0=L+\frac{\Delta_1}{\Delta_1+\Delta_2}\times i=70+\frac{57}{57+45}\times 10=75.6(\text{万元})$$

或由上限公式 4.12 也可计算得出相同结果。

（二）中位数

中位数（Median）是指将总体各单位标志值按照大小顺序排列后，处于中间位置的那个标志值，用 M_e 表示。中位数将变量数列分为相等的两部分，一部分的标志值小于中位数，另一部分的标志值大于中位数。在不易计算数值平均数时，可用中位数代表总体的一般水平，尤其是在总体标志值差异很大的情况下，中位数更加具有较强的代表性。例如，人口年龄中位数，可表示人口年龄的一般水平；集贸市场上某种商品的价格中位数，可代表该种商品价格的一般水平；在收入水平差异较大的社会，用居民收入的中位数作为收入水平的代表值更为恰当，因为它排除了极端变量值的影响。中位数主要用于测度定序数据的集中趋势，也适用于定距和定比数据。

这种为了消除极端变量值对测定结果影响的方法，在实际生活中比较常用，例如歌手大奖赛中，去掉评委的一个最高分，去掉评委的一个最低分，然后再计算其平均值，就是为了消除极端变量值对歌手得分的影响。对于中位数的确定，根据具体资料的不同，采用的方法也不同，分为以下三种情况：

1. 由未分组的数据确定中位数

根据未分组的数据确定中位数时，首先将总体各单位的标志值按大小顺序排列，然后按照$\frac{n+1}{2}$（n 表示资料的项数）来确定中位数的位次，再根据中位数的位次找出对应的标志值。

［例 4－13］ 某企业各车间某月份的工人劳动生产率分别为 2.0、2.1、2.3、2.5、2.6、2.7、2.9，则：

中位数位次 $M_e=\frac{n+1}{2}=\frac{7+1}{2}=4$

即序列中的第 4 个工人劳动生产率 2.5 为中位数。

上例数据的个数为奇数，如果为偶数，如某企业各车间某月份的工人劳动生产率分别为 2.0、2.3、2.5、2.6、2.7、2.9，则：

中位数位次 $M_e=\frac{n+1}{2}=\frac{6+1}{2}=3.5$，该位次在第 3 个位次和第 4 个位次中间，则中位数取第 3 个位次和第 4 个位次对应的标志值的算术平均数。即：

$$M_e=\frac{2.5+2.6}{2}=2.55$$

2. 由单项数列确定中位数

由单项数列确定中位数时，先计算向上或向下累计次数，然后按 $\frac{\sum f}{2}$ 确定中位数的位次，最后再根据中位数的位次，按向上累计或向下累计的方法计算累计次数刚好超过中位数位次 $\frac{\sum f}{2}$ 的组确定为中位数组，该组所对应的标志值即为中位数。

3. 由组距数列确定中位数

由组距数列确定中位数，先计算向上或向下累计频数，然后从累计频数中按 $\frac{\sum f}{2}$ 确定中位数的位次，再用公式计算中位数的近似值。其计算公式如下：

下限公式（向上累计用）：$M_e = L + \dfrac{\dfrac{\sum f}{2} - S_{m-1}}{f_m} \times i$　　（公式 4.13）

上限公式（向下累计用）：$M_e = U - \dfrac{\dfrac{\sum f}{2} - S_{m+1}}{f_m} \times i$　　（公式 4.14）

式中：L 表示中位数组的下限，U 表示中位数组的上限，i 表示中位数组的组距，f_m 表示中位数组的频数。S_{m-1} 表示中位数组前一组的向上累计次数，S_{m+1} 表示中位数组后一组的向下累计次数。

［例 4－14］　某商场营业员商品销售资料见表 4－10。试计算销售额的中位数。

表 4－10　　某商场营业员销售额资料

按年销售额分组（万元）	营业员人数（人）	向上累计次数（人）	向下累计次数（人）
50－60	24	24	300
60－70	48	72	276
70－80	105	177	228
80－90	60	237	123
90－100	37	274	63
100 以上	26	300	26
合计	300	—	—

解：根据资料先计算出中位数的位次为：

$$\frac{\sum f}{2} = \frac{300}{2} = 150$$

再计算出累计次数（见表 4－10 中的第三栏和第四栏）。经过观察又可以看出，第 150 项无论从哪个方向累计都在第 3 组中，即位于 70－80 这一组，所以 70－80 这一组就是中位数组。运用前述公式可以计算中位数：

$$M_e = L + \frac{\frac{\sum f}{2} - S_{m-1}}{f_m} \times i = 70 + \frac{\frac{300}{2} - 72}{105} \times 10 = 77.43\ (\text{万元})$$

或由上限公式 4.14 也可得出相同结果。

很显然，当累计次数是向上累计时，须用下限公式计算中位数；当累计次数是向下累计时，则要用上限公式计算中位数。按照一般习惯，用下限公式计算中位数比较常见。

（三）分位数

一般地，称能够将全部总体单位按标志值大小排序后等分为 k 个部分的数值为“k 分位数”。由此可知，这样的 k 分位数共有 k－1 个。即有 3 个四分位数，9 个十分位数，99 个百分位数。中位数也称为“1/2 分位数”或“二分位数”。类似的，我们还可以定义出其他的分位数，如四分位数（Quartile）、十分位数（Decile）和百分位数（Percentile）等等。确定各种分位数，目的在于进一步把握变量值的分布范围和内部结构。与中位数和众数一样，这些分位数也反映了总体分布的位置特征。尽管它们一般并不表明分布的集中趋势（也即本身并不属于位置平均数），但却可以作为考察分布的集中趋势和变异状况的有效工具，尤其是在强调“稳健性”和“耐抗性”的现代探索性数据分析中，分位数这一工具获得了许多重要运用。本书只介绍四分位数。

四分位数是指将按标志值大小顺序排列的变量数列的全部总体单位等分为四个部分的 3 个数值，分别记为 Q_1、Q_2 和 Q_3。第一个四分位数 Q_1 叫做“1/4 四分位数”或“下四分位数”；第二个四分位数就是中位数；第三个四分位数也叫做“3/4 四分位数”或“上四分位数”。

1. 由未分组的数列计算四分位数

首先按照确定四分位数位次的公式来确定四分位数的位次，然后再根据四分位数的位次找出相对应的标志值，位于相对应位次上的标志值就是相应的四分位数。三个四分位数的位次分别为：

$$Q_1\text{ 的位次}=\frac{n+1}{4} \qquad \text{（公式 4.15）}$$

$$Q_2\text{ 的位次}=\frac{2(n+1)}{4}=\frac{n+1}{2} \qquad \text{（公式 4.16）}$$

$$Q_3\text{ 的位次}=\frac{3(n+1)}{4} \qquad \text{（公式 4.17）}$$

式中，n 表示资料的项数。

[例 4-15]　某车间某月份的工人生产某产品的产量分别为 13、13.5、13.8、13.9、14、14.6、14.8、15、15.2、15.4、15.7 千克，则 3 个四分位数的位次分别为：

$$Q_1\text{ 的位次}=\frac{n+1}{4}=\frac{11+1}{4}=3$$

$$Q_2\text{ 的位次}=\frac{2(n+1)}{4}=\frac{n+1}{2}=\frac{11+1}{2}=6$$

$$Q_3\text{ 的位次}=\frac{3(n+1)}{4}=\frac{3\times(11+1)}{4}=9$$

即变量数列中的第 3 个、第 6 个、第 9 个工人的某种产品产量分别为“1/4 四分位数”、中位数和“3/4 四分位数”。

即：$Q_1=13.8$ 千克；$Q_2=14.6$ 千克；$Q_3=15.2$ 千克。

上例（$n+1$）恰好为 4 的倍数，所以确定四分位数较简单；如果（n+1）不是 4 的整数倍数，按上面公式计算出来的四分位数位次就可能带有小数（即是一个带分数的结果），这时，四分位数就应该是与该带分数相邻的两个整数位次上的标志值的某种加权算术平均数，权数的大小取决于两个整数位次与四分位数位次（带分数）距离的远近，距离越近权数越大，距离越远权数越小。

[例 4-16]　某车间某月份的工人生产某产品的数量分别为 13、13.5、13.8、13.9、14、14.6、14.8、15、15.2、15.4 千克，则三个四分位数的位次分别为：

Q_1 的位次$=\frac{n+1}{4}=\frac{10+1}{4}=2.75$

Q_2 的位次$=\frac{2(n+1)}{4}=\frac{n+1}{2}=\frac{10+1}{2}=5.5$

Q_3 的位次$=\frac{3(n+1)}{4}=\frac{3\times(10+1)}{4}=8.25$

即变量数列中的第 2.75 项、第 5.5 项、第 8.25 项工人的某种产品产量分别为"1/4 四分位数"、"中位数"和"3/4 四分位数"。则

$Q_1=0.25\times$第二项$+0.75\times$第三项$=13.5\times0.25+13.8\times0.75=13.73$(千克)

$Q_2=0.5\times$第五项$+0.5\times$第六项$=\frac{14+14.6}{2}=14.3$(千克)

$Q_3=0.75\times$第八项$+0.25\times$第九项$=15\times0.75+15.2\times0.25=15.05$(千克)

2. 由组距式数列确定四分位数

由组距式数列计算四分位数按以下步骤进行。

第一步，计算向上或向下累计次数。

第二步，根据累计次数确定四分位数的位置。

(1) 当采用向上累计次数的资料确定四分位数时，四分位数位置的公式是：

$$Q_1\text{ 的位置}=\frac{\sum f+1}{4} \quad (\text{公式 }4.18)$$

$$Q_2\text{ 的位置}=\frac{2(\sum f+1)}{4}=\frac{\sum f+1}{2} \quad (\text{公式 }4.19)$$

$$Q_3\text{ 的位置}=\frac{3(\sum f+1)}{4} \quad (\text{公式 }4.20)$$

式中：$\sum f$ 表示资料的总次数。

(2) 当采用向下累计次数的资料确定四分位数时，四分位数位置的公式是：

$$Q_1\text{ 的位置}=\frac{3(\sum f+1)}{4} \quad (\text{公式 }4.21)$$

$$Q_2\text{ 的位置}=\frac{2(\sum f+1)}{4}=\frac{\sum f+1}{2} \quad (\text{公式 }4.22)$$

$$Q_3\text{ 的位置}=\frac{\sum f+1}{4} \quad (\text{公式 }4.23)$$

式中：$\sum f$ 表示资料的总次数。

第三步，根据四分位数的位置算出各四分位数。

(1) 当累计次数是向上累计时，按下限公式计算各四分位数。

$$Q_1=L_1+\frac{\frac{\sum f}{4}-S_{Q_1-1}}{f_{Q_1}}\times i_1 \quad (\text{公式 }4.24)$$

$$Q_2=L_2+\frac{\frac{2\sum f}{4}-S_{Q_2-1}}{f_{Q_2}}\times i_2 \quad (\text{公式 }4.25)$$

$$Q_3 = L_3 + \frac{\frac{3\sum f}{4} - S_{Q_3-1}}{f_{Q_3}} \times i_3$$ （公式 4.26）

式中：Q_1、Q_2、Q_3 分别表示下四分位数、中位数和上四分位数；

L_1、L_2、L_3 分别表示下四分位数、中位数和上四分位数所在组的下限；

i_1、i_2、i_3 分别表示下四分位数、中位数和上四分位数所在组的组距；

$\sum f$ 表示资料的总次数；

f_{Q_1}、f_{Q_2}、f_{Q_3} 分别表示下四分位数、中位数和上四分位数所在组的次数；

S_{Q_1-1}表示下四分位数前一组的向上累计次数；

S_{Q_2-1}表示中位数前一组的向上累计次数；

S_{Q_3-1}表示上四分位数前一组的向上累计次数。

（2）同理，当累计次数是向下累计时，按上限公式计算各四分位数。

$$Q_1 = U_1 - \frac{\frac{3\sum f}{4} - S_{Q_1+1}}{f_{Q_1}} \times i_1$$ （公式 4.27）

$$Q_2 = U_2 - \frac{\frac{2\sum f}{4} - S_{Q_2+1}}{f_{Q_2}} \times i_2$$ （公式 4.28）

$$Q_3 = U_3 - \frac{\frac{\sum f}{4} - S_{Q_3+1}}{f_{Q_3}} \times i_3$$ （公式 4.29）

式中：Q_1、Q_2、Q_3 分别表示下四分位数、中位数和上四分位数；

U_1、U_2、U_3 分别表示下四分位数、中位数和上四分位数所在组的上限；

i_1、i_2、i_3 分别表示下四分位数、中位数和上四分位数所在组的组距；

$\sum f$ 表示资料的总次数；

f_{Q_1}、f_{Q_2}、f_{Q_3} 分别表示下四分位数、中位数和上四分位数所在组的次数；

S_{Q_1+1}表示下四分位数后一组的向下累计次数；

S_{Q_2+1}表示中位数后一组的向下累计次数；

S_{Q_3+1}表示上四分位数后一组的向下累计次数。

[例 4－17] 某企业职工月工资的分组资料见表 4－11：

表 4－11　　某企业职工月工资的分组资料

按月工资分组（元）	职工人数（人）	向上累计职工人数	向下累计职工人数
1 600 以下	23	23	566
1 600—1 700	120	143	543
1 700—1 800	150	293	423
1 800—1 900	135	428	273
1 900—2 000	95	523	138
2 000 以上	43	566	43
合　计	566	—	—

根据上述资料确定某企业职工的月工资的 3 个四分位数如下：

(1) 采用向上累计职工人数的资料计算得到月工资四分位数的位置为：

$$Q_1 \text{ 的位置} = \frac{\sum f + 1}{4} = \frac{566+1}{4} = 141.75$$

$$Q_2 \text{ 的位置} = \frac{2(\sum f + 1)}{4} = \frac{\sum f + 1}{2} = \frac{566+1}{2} = 283.5$$

$$Q_3 \text{ 的位置} = \frac{3(\sum f + 1)}{4} = \frac{3 \times (566+1)}{4} = 425.25$$

根据计算结果可知，Q_1、Q_2、Q_3 分别位于向上累计职工人数的第二组、第三组和第四组，月工资四分位数分别为：

$$Q_1 = L_1 + \frac{\frac{\sum f}{4} - S_{Q_1-1}}{f_{Q_1}} \times i_1 = 1\,600 + \frac{\frac{566}{4} - 23}{120} \times 100 = 1\,698.75(\text{元})$$

$$Q_2 = L_2 + \frac{\frac{2\sum f}{4} - S_{Q_2-1}}{f_{Q_2}} \times i_2 = 1\,700 + \frac{\frac{2\times 566}{4} - 143}{150} \times 100 = 1\,793.33(\text{元})$$

$$Q_3 = L_3 + \frac{\frac{3\sum f}{4} - S_{Q_3-1}}{f_{Q_3}} \times i_3 = 1\,800 + \frac{\frac{3\times 566}{4} - 293}{135} \times 100 = 1\,897.41(\text{元})$$

采用向下累计职工人数的资料可以得到相同的月工资四分位数。即所求某企业职工月工资的 3 个四分数也分别为 1 698.75 元、1 793.33 元和 1 897.41 元。

在实际运用中，由于标志值序列中的相邻标志值常常相同，因而不一定要通过计算才能得到有关四分位数。

二、数值平均数

数值平均数，就是对统计分布数列中所有各项数据进行计算所得到的平均数，它能概括地说明频数分布中全部数据的一般水平和集中趋势。数值平均数主要包括算术平均数、调和平均数、几何平均数三种。

(一) 算术平均数

1. 算术平均数的基本公式

算术平均数（Arithmetic mean）是最常用的一种平均数。它是总体各单位某一数量标志全部标志值的平均，它等于总体各单位某一数量标志的标志值的总和除以总体单位数。

$$\text{算术平均数} = \frac{\text{总体标志总量}}{\text{总体单位总量}} \qquad (\text{公式 } 4.30)$$

可见，在具备总体标志总量和总体单位总量时，可直接利用基本公式计算算术平均数。例如，某年某地区职工工资总额为 23 439 亿元，职工人数为 11 160.9 万人，则该年该地区的职年平均工资为：

$$\text{年平均工资} = \frac{\text{年工资总额}}{\text{职工总人数}} = \frac{23\,439 \text{ 亿元}}{11\,160.9 \text{ 万人}} = 21\,001(\text{元/人})$$

利用上述基本公式计算平均数时，要注意公式的子项和母项在总体范围上的可比性，也就是说，分子和分母必属同一总体，我们也可以称之为计算算术平均数时必须遵循的同质性原则。同时，平均数的计量单位是有名数，它的计量单位应是分子与分母的复合计量单位。

由于所掌握的资料不同，在实际计算算术平均数时，可以分别采用简单算术平均数和加权算术平均数两种计算形式。

2. 简单算术平均数

简单算术平均数（Simple arithmetical average）是将变量数列中各标志值简单相加求得标志值总数，然后除以总体单位总量而求得的平均数。适用于未分组的资料计算平均数。设 $x_i(i=1,2,3\cdots,n)$ 代表标志值，μ 代表算术平均数，则简单算术平均数的计算公式为：

$$\mu=\frac{x_1+x_2+x_3+\cdots+x_n}{n}=\frac{\sum x_i}{n} \tag{公式 4.31}$$

［例 4－18］　有 5 名学生参加《统计学》高等教育自学考试，成绩分别为 70、78、80、82、90 分，则这 5 名学生的《统计学》平均成绩为：

$$\mu=\frac{\sum x_i}{n}=\frac{70+78+80+82+90}{5}=80(\text{分})$$

3. 加权算术平均数

当掌握的资料是由标志值和次数所组成的变量数列时，可采用加权算术平均数（Weighted arithmetical average）的形式计算平均数。它是先将各组标志值与相同组的频数相乘以后得到各组标志值总数，再将各组标志值总数加总求得总体标志值总数，同时，把各组频数相加得到总体单位总数，再将两者相除得到加权算术平均数。其计算公式为：

$$\mu=\frac{x_1f_1+x_2f_2+\cdots+x_nf_n}{f_1+f_2+\cdots+f_n}=\frac{\sum x_if}{\sum f} \tag{公式 4.32}$$

式中：f 表示各组标志值出现的次数，即各组的总体单位数。

［例 4－19］　某企业某班组工人产量资料见表 4－12。

表 4－12　某企业某班组工人日产量统计表

日产量（千克）x_i	工人数（人）f	每组工人产量（千克）x_if
35	4	140
42	11	462
48	5	240
54	14	756
59	6	354
合　计	40	1 952

根据表中资料计算工人的平均日产量如下：

$$\mu=\frac{\sum x_if}{\sum f}=\frac{35\times4+42\times11+48\times5+54\times14+59\times6}{4+11+5+14+6}=\frac{1\ 952}{40}=48.8(\text{千克})$$

需注意的是：当分组数列为组距式数列时，应先求出各组的组中值来代替各组的组平均数，才能计算加权算术平均数。此时用组中值代替组平均数是假定标志值的分布在该组距范围内的变化是均匀的。所以，由组距式数列计算加权算术平均数是一个近似值。

［例 4－20］　某储蓄所贷款资料见表 4－13。

表 4-13　　某储蓄所为 120 个商业者贷款的情况

贷款额（万元）	组中值 x_i	贷款户数（户）f	各组贷款总额（万元）$x_i f$
20 以下	10	16	160
20—40	30	28	840
40—60	50	45	2 250
60—80	70	21	1 470
80—100	90	10	900
合计	—	120	5 620

可计算该储蓄所每个商业者的平均贷款额为：

$$\mu=\frac{\sum x_i f}{\sum f}=\frac{10\times16+30\times28+50\times45+70\times21+90\times10}{16+28+45+21+10}=\frac{5\ 620}{120}=46.8(\text{万元})$$

不难看出，加权算术平均数受两个因素的影响，一个是频数分布中各组标志值的水平，另一个是各组标志值出现的频数。各组标志值出现的频数在计算平均数的过程中起着权衡轻重的作用，故称为权数，按这种方法计算得到的平均数也叫做加权算术平均数。但权数的权衡作用不在于其本身绝对数值的大小，而在于它所占总次数比重的大小。因此，权数也可以用各组单位数占全部总体单位数的比重，即频率 $\frac{f}{\sum f}$ 表示。这个权数叫做实质权数。加权算术平均数的计算公式也可以用下面的公式表示：

$$\mu=\frac{\sum x_i f}{\sum f}=\sum\left(x_i\frac{f}{\sum f}\right)\qquad(\text{公式 }4.33)$$

［例 4-21］　根据表 4-12 资料按频率计算平均数，过程见表 4-14。

表 4-14　　按频率计算平均数

日产量（千克）x_i	各组工人数占总人数比重（%）$\frac{f}{\sum f}$	日产量与频率乘积 $x_i\cdot\frac{f}{\sum f}$
35	10.0	3.50
42	27.5	11.55
48	12.5	6.00
54	35.0	18.90
59	15.0	8.85
合　　计	100.0	48.80

$$\mu=\sum\left(x_i\frac{f}{\sum f}\right)$$

$$=35\times10\%+42\times27.5\%+48\times12.5\%+54\times35.0\%+59\times15.0\%=48.8(\text{千克})$$

由此可以看出，如果各组的单位数相等，即 $f_1=f_2=\cdots f_n=f$，即各组的频率 $\frac{f}{\sum f}$ 相等时，权数失去权衡轻重的作用。这时，加权算术平均数等于简单算术平均数。即：

$$\mu=\frac{\sum x_i f}{\sum f}=\frac{f\sum x_i}{nf}=\frac{\sum x_i}{n}\qquad(\text{公式 }4.34)$$

算术平均数适用于测度定距和定比数据的集中趋势。

（二）调和平均数

调和平均数（Harmonic mean），是标志值（变量值）倒数的算术平均数的倒数。调和平均数是算术平均数的变形，附属于算术平均数，计算结果与算术平均数完全相等。与算术平均数类似，调和平均数也有简单和加权两种形式。

1. 简单调和平均数

简单调和平均数适应于未分组的资料计算调和平均数。计算公式如下：

$$\mu_H=\frac{n}{\frac{1}{x}+\frac{1}{x}+\cdots+\frac{1}{x}}=\frac{n}{\sum\frac{1}{x_i}} \qquad \text{（公式 4.35）}$$

式中：μ_H代表调和平均数；x代表各个标志值；n代表标志值的项数；$\sum$为求和符号。

［例 4－22］ 市场上某种蔬菜的早市价格 2.2 元/千克，午市价格 1.8 元/千克，晚市价格 1.6 元/千克，如果早、中、晚各买 1 元钱的蔬菜，则平均每千克的价格为：

$$\mu_H=\frac{n}{\sum\frac{1}{x_i}}=\frac{3}{\frac{1}{2.2}+\frac{1}{1.8}+\frac{1}{1.6}}=\frac{3}{1.64}=1.83(\text{元 / 千克})$$

2. 加权调和平均数

加权调和平均数适用于已分组的资料。如果掌握各组的标志值水平和各组的标志值总数，而不知道各组的总体单位数时，应采用加权调和平均数的方法计算调和平均数。计算公式如下：

$$\mu_H=\frac{m_1+m_2+\cdots+m_n}{\frac{m_1}{x_1}+\frac{m_2}{x_2}+\cdots+\frac{m_n}{x_n}}=\frac{\sum m}{\sum\frac{m}{x_i}} \qquad \text{（公式 4.36）}$$

式中：μ_H代表调和平均数；m代表各组标志总量，x_i代表各个标志值水平。

如上所述，加权调和平均数是加权算术平均数的变形。它与加权算术平均数实质上是相同的，而仅有形式上的区别，即表现为变量对称的区别、权数对称的区别和计算位置对称的区别。因而其计算公式又可以写为：

$$\mu_H=\frac{\sum x_i f}{\sum f}=\frac{1}{\dfrac{\frac{1}{x_1}m_1+\frac{1}{x_2}m_2+\cdots+\frac{1}{x_n}m_n}{m_1+m_2+\cdots+m_n}}=\frac{1}{\dfrac{\sum\frac{1}{x_i}m}{\sum m}}$$

式中：$m=x_i f$（变量总量）

从上式中可以看出，$\sum m$是总体变量总量，$\frac{m}{x_i}$是各组单位数，是权数，$\sum\frac{m}{x_i}$是总体单位总量。加权调和平均数的权数是一个特定权数，同时，加权调和平均数也要符合算术平均数基本公式的要求。因此，加权调和平均数实际上只是加权算术平均数的一种变形，它只适用于处理适当类型的分组资料。

［例 4－23］ 市场上某种蔬菜的早市价格 1.2 元/千克，午市价格 0.8 元/千克，晚市价格 0.6 元/千克，如果早市买 180 元，午市买 160 元，晚市买 150 元时，则蔬菜的平均价格为多少？

解： 平均价格为

$$\mu_H=\frac{\sum m}{\sum \frac{m}{x_i}}=\frac{180+160+150}{\frac{180}{1.2}+\frac{160}{0.8}+\frac{150}{0.6}}=0.82(元/千克)$$

以上加权调和平均数是用单项式数列计算的，如果是组距式数列，那么首先要计算出各组的组中值来代替各组的变量值，然后再按加权调和平均数的公式进行计算。

［例 4－24］　某季度某工业公司 18 个工业企业产值计划完成程度分组资料见表 4－15。表中资料的第一、三、四栏是给定的，第二、五栏是计算得出的。

表 4－15　　某公司产值计划完成情况

产值计划完成程度（%）	组中值（%）x_i	企业数（个）	实际产值（万元）m	计划产值（万元）$\frac{m}{x_i}$
80－90	85	2	680	800
90－100	95	3	2 375	2 500
100－110	105	10	18 060	17 200
110－120	115	3	5 060	4 400
合　计	—	18	26 175	24 900

解：根据表中资料可知平均产值计划完成程度为：

$$\mu_H=\frac{\sum m}{\sum \frac{m}{x_i}}=\frac{680+2\ 375+18\ 060+5\ 060}{\frac{680}{0.85}+\frac{2\ 375}{0.95}+\frac{18\ 060}{1.05}+\frac{5\ 060}{1.15}}=\frac{26\ 175}{24\ 900}=105.12\%$$

需要注意的是，调和平均数只适用于定比数据。

（三）几何平均数

几何平均数（Geometric mean）是 n 个标志值的连乘积的 n 次方根，适用于计算平均比率和平均速度。根据所掌握资料的不同，有简单几何平均数和加权几何平均数两种。

1. 简单几何平均数

简单几何平均数适用于已知每个比率或每个速度水平均值的情况。设有 n 个标志值（比率或速度）分别为 x_1，x_2，x_3，…，x_n，则简单几何平均数μ_G的计算公式为：

$$\mu_G=\sqrt[n]{x_1\cdot x_2\cdots x_n}=\sqrt[n]{\Pi x_i} \qquad \text{（公式 4.37）}$$

［例 4－25］　我国 2011—2015 年国内生产总值增长率见表 4－16。

表 4－16　　我国“十二五”期间国内生产总值增长率

年份	2011	2012	2013	2014	2015
GDP 增产率（%）	9.3	7.65	7.67	7.4	6.9

依据公式 4.37，计算“十二五”期间我国 GDP 平均增长率为：

$$\begin{aligned}\mu_G-1&=\sqrt[n]{x_1\cdot x_2\cdot\cdots x_n}-1\\&=\sqrt[5]{1.093\times1.0765\times1.0767\times1.074\times1.069}-1\\&=1.0778-1=0.0778=7.78\%\end{aligned}$$

2. 加权几何平均数

加权几何平均数适用于比率或速度已分组的情况。假设经过分组以后有 n 个标志值（比率或速度），分别为 x_1，x_2，x_3，…，x_n，假设各标志值（比率或速度）的权数分别为 f_1，

f_2，f_3，…，f_n，则加权几何平均数μ_G的计算公式为

$$\mu_G = \sqrt[\Sigma f]{x_1^{f}x_2^{f}\cdots x_n^{f_n}} = \sqrt[\Sigma f]{\Pi x_i^{f}} \quad \text{（公式 4.38）}$$

［例 4－26］　我国部分年份个人住房商业贷款 5 年期以上年利率见表 4－17。

表 4－17　　我国个人住房商业贷款 5 年期以上年利率

年份	年利率（%）
1996	15.2
1998	7.56
2002	5.76
2004	6.12
2007	7.83

如果个人住房商业贷款 5 年期以上年利率按年复利计算，那么，根据表中资料可以计算出以上年份我国个人住房商业贷款 5 年期以上年平均利率为：

解：首先计算出平均每年的贷款本利比率μ_G。

$$\mu_G = \sqrt[1+2+4+2+3]{1.152^1 \times 1.0756^2 \times 1.0576^4 \times 1.0612^2 \times 1.0783^3}$$

$$=1.073959=107.40\%$$

所以，历年个人住房商业贷款 5 年期以上年平均贷款利率为：

$\mu_G - 1 = 107.40\% - 100\% = 7.40\%$。

几何平均数适用于测度定比数据的集中趋势。

认识拓展

一、众数、中位数和均值的关系

从统计分布的视角来看，众数是一组数据分布的最高峰值，中位数是处于一组数据中间位置上的值，而均值则是全部数据的算术平均。因此，如图 4－2 所示，对同一组数据：如果数据分布是对称的，则众数、中位数和均值是相等的，见图（b）；如果数据是左偏分布，说明数据存在极小值，均值会向极小值一方靠，三者的关系表现为均值＜中位数＜众数，见图（a）；如果数据是右偏分布，说明数据存在极大值，必然拉动均值向极大值一方靠近，则均值＞中位数＞众数，见图（c）。

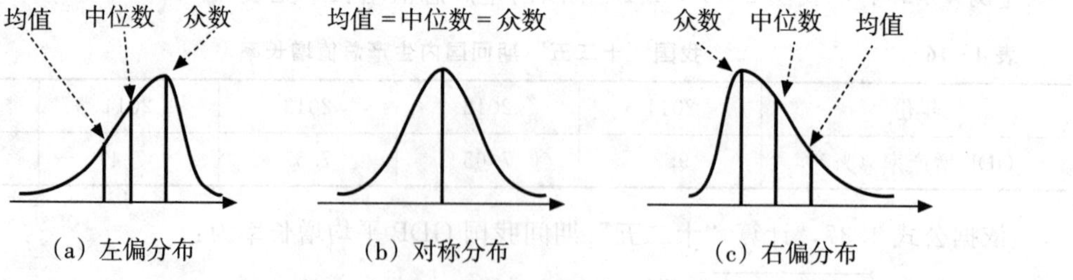

图 4－2　众数、中位数和均值的关系

二、众数、中位数和均值的区别

（一）定义不同

平均数：一组数据的总和除以这组数据个数所得到的数值称为这组数据的平均数。

中位数：将一组数据按大小顺序排列，处在最中间位置的一个数叫做这组数据的中位数。

众数：在一组数据中出现次数最多的数叫做这组数据的众数。

（二）计算不同

平均数：用所有数据相加的总和除以数据的个数，需要计算才能求出。

中位数：将数据按照从小到大或从大到小的顺序排列，如果数据个数是奇数，则处于最中间位置的数就是这组数据的中位数；如果数据的个数是偶数，则中间两个数据的平均数是这组数据的中位数。它的求解不需要或只需要简单的计算。

众数：一组数据中出现次数最多的那个数，不必计算就可求出。

（三）呈现不同

平均数：是一个“虚拟”的数，是通过计算得到，它不是数据中的原始数据。

中位数：是一个不完全“虚拟”的数。当一组数据的个数为奇数时，它就是该组数据排序后最中间的那个数据，是这组数据真实存在的一个数据；但当数据个数为偶数时，中位数是最中间两个数据的平均数，它不一定与这组数据中的某个数据相等，此时的中位数就是一个虚拟的数。

众数：是一组数据中的原始数据，它是真实存在的。

（四）代表不同

平均数：反映了一组数据的平均大小，常用来代表数据的总体“平均水平”。

中位数：像一条分界线，将数据分成前半部分和后半部分，因此用来代表一组数据的“中等水平”。

众数：反映了出现次数最多的数据，用来代表一组数据的“多数水平”。

这三个统计量虽然反映的内容有所不同，但都可以表示数据的集中趋势，都可作为数据一般水平的代表。

（五）特点不同

平均数：与每一个数据都有关，其中任何数据的变动都会相应引起平均数的变动。主要缺点是易受极端值的影响，这里的极端值是指偏大或偏小数，当出现偏大数时，平均数将会被抬高，当出现偏小数时，平均数会降低。

中位数：与数据的排列位置有关，某些数据的变动对它没有影响；它是一组数据中间位置上的代表值，不受数据极端值的影响。

众数：与数据出现的次数有关，着眼于对数据出现频率的考察，其大小只与这组数据中的部分数据有关，不受极端值的影响，其缺点是具有不惟一性，一组数据中可能会有一个众数，也可能会有多个或没有。

三、众数、中位数和均值的应用场合

众数、中位数和均值各自具有不同的特点，掌握它们之间的关系和各自的不同特点，有助于我们在实际应用中选择合理的测度值来描述数据的集中趋势。应用场合见表4－18。

表 4-18　　数据的类型和所适用的集中趋势测度值

数据类型	定类数据	定序数据	定距数据	定比数据
适用的测度值	★众数 — — — — —	★中位数 四分位数 众数 — — —	★算术平均数 众数 中位数 四分位数 — —	★算术平均数 调和平均数 几何平均数 中位数 四分位数 众数

注：★标识该类型数据最适合用的测度值。

本讲小结

一、本讲重点

1. 集中趋势。集中趋势一般用统计平均数来测度。统计平均数分为动态平均数和静态平均数。位置平均数和数值平均数属于静态平均数。

2. 位置平均数。众数主要用于定类数据集中趋势的测度，中位数和分位数主要用于定序数据集中趋势的测度。针对无分组数列、单项数列和组距数列，计算公式有所区别。

3. 数值平均数。算术平均数应用最广，注意理解加权算术平均数中权数的作用。调和平均数是算术平均数的一种变形，适用于测度定比数据的集中趋势。几何平均数是一种特殊的数值平均数，也适用于定比数据。

4. 众数、中位数和均值的区别与联系。把握好位置平均数和数值平均数的区别与联系是甄别应用场合，做好集中趋势测度的关键。

二、难点释疑

针对无分组数列、单项数列和组距数列计算平均数既是本章的重点又是本章的难点，三种数列中，组距数列的计算公式较复杂，上限公式和下限公式的原理相同，关键在于如何利用累计频数。分位数、调和平均数和几何平均数也是本章学习的难点。分位数的学习和实践，需要在充分理解和掌握中位数的基础上拓展；调和平均数的基础是算术平均数，主要适用于定比数据；几何平均数的特殊之处在于“连乘”和“开 n 次方”。理解和掌握这些难点，有一个共同的基础：充分理解众数、中位数和均值的区别与联系。

第 9 讲　离散趋势与分布形态的测度

问题提出

[例 4-27]　如本章开篇所述，某农科所对 A、B 两个水稻新品种进行实验评估。准备在不同的实验条件下在实验田进行试种，再决定推广哪一个品种。这两个品种最终的亩产量见表4-19。

表 4-19　　A、B 两个品种水稻的亩产量　　单位：公斤/亩

水稻品种 \ 实验田	1	2	3	4	5
A 品种	650	600	550	530	500
B 品种	680	650	570	480	450

选择哪一个水稻新品种作为推广品种？这需要对表 4-19 中的数据进行计算分析。经计算，A、B 两个品种的平均亩产量均为 566 公斤/亩，哪个平均数更有代表性呢？哪个品种的实验平均产量更稳定，就应该选择这个品种进行推广。从表 4-19 可以看出，两个品种的亩产量在不同试验田的表现是不相同的，要做出正确的判断，有必要计算反映两个品种稳定性的指标。可见，在这里平均数无法帮助我们做出选择。平均数让我们有办法确定总体的一般水平，却无法知道数据的变动情况，也无法判断哪个平均数更有代表性。为此，我们还需要利用其他方法对数据进行比较——用哪一种方法呢？这就是本讲将要介绍的反映数据离中趋势的变异指标和反映数据分布形态的分布指标，让你的数据分析进入新境界。由此，本讲提出的问题是：

如何把握总体的变异特征和分布形态？

概念辨析

统计平均数是一组数据的一般水平或代表值、中心值，说明一组数据的集中趋势。而集中趋势只是数据组数量特征的一个方面，另一方面还应表明该数据组的分布偏离一般水平或中心值的程度，说明平均数对所平均数据的代表性大小。因此，在运用平均指标反映数据组集中趋势的同时，还要观察数据组的离中程度，这就需要设置一类反映离中程度大小的指标。

离散趋势，是指一组数据中各数据值以不同程度的距离偏离其中心（平均数）的趋势。它是综合反映现象总体各单位变量值差异程度的指标，即用来反映分配数列中各变量值的变动范围及离散程度。在对统计数据进行综合分析时，将集中趋势指标和离散趋势指标互相配合、互相补充，可以对统计数据进行较全面的观察。

离散趋势指标也称变异指标，是前面所学的总量指标、相对指标和平均指标在测度现象离散趋势中的应用。因此，变异指标可以分为绝对离散程度、相对离散程度和平均离散程度指标三类，常用的绝对离散程度指标有极差、分位差；平均离散程度指标有平均差、方差、标准差等；相对离散程度指标有异众比率、标准化值、离散系数等。

偏度（Skewness）是指数据分布的偏态和尖峭程度。峰度（Kurtosis）是指数据分布的尖峭程度或峰凸程度。平均数与标准差是反映数据分布的重要指标。通过它们可以了解数据分布的集中趋势与离散趋势，掌握数据分布的主要特点。但是，平均数与标准差相同的数据，其分布形态可能并不完全一样。这与数据分布的对称、尖峭程度有密切关系，因此把握好数据分布形态特征也很重要。

方法应用

一、离散程度的度量

（一）绝对离散程度的测度

1. 极差

极差（Range）也称全距，是一组数据中的最大值与最小值的差距。用公式表示为：

极差＝最大变量值－最小变量值 （公式 4.39）

根据所掌握的资料不同，极差有两种计算方法：

如果由未分组或单项分组资料计算极差，只要用其中的最大值减去最小值即可求得。

如果统计数据已经过整理，并形成组距数列，则极差的近似值为：

极差＝最大组的上限－最小组的下限　　（公式 4.40）

极差是测定离中趋势的一种简便方法，它能说明数据组中各数据值的最大变动范围，但它是根据数据组两个极端值进行计算，没有考虑中间变量值的变动情况，所以不能充分反映数据组所有数据的离中趋势，而只是一个较粗糙的测定数据离中趋势的指标。

在实际工作中，极差可用于粗略检查产品质量的稳定性和进行质量控制。因为在正常生产条件下，产品质量比较稳定，误差总是在一定范围内波动。如有不正常情况时，误差将会超出一定范围。这样，利用极差有助于及时发现问题，以便采取措施，保证产品质量。

2. 分位差

分位差是对极差的一种改进，它是从一组数据中剔除了一部分极端值之后重新计算的类似于极差的指标。常用的有四分位差、八分位差和十分位差等。本书只介绍四分位差（Quartile Deviation）。

四分位差是指上四分位数与下四分位数之差，又称为内距，简记为 Q_d，其计算公式为：

$Q_d=Q_U-O_L$　　（公式 4.41）

四分位差排除了数列两端各 25%单位标志值的影响，反映了位于中间 50%数据的离散趋势，它不受极端值的影响。四分位差值越小，说明中间 50%数据的差异性越小，越集中；四分位差值越大，说明中间 50%数据的差异性越大，越分散。很多客观现象的一般水平可以用中位数表示，因此，四分位差的大小在某种程度上也反映了中位数的代表性，四分位差越小，中位数的代表性越强；四分位差越大，中位数的代表性越弱。四分位差和中位数一样，主要适用于定序数据离散趋势的测度。

[例 4-28]　已知有八个数字 7、6、8、9、8、4、8、6，求这组数的四分位差。

首先，将其按从小到大顺序排列，即 4、6、6、7、8、8、8、9，然后分成四等份，下四分位数的位置为$(n+1)/4-(8+1)/4=2.25$，其数值为 $6\times0.75+6\times0.25=6$；上四分位数的位置为 $3\times(n+1)/4=3\times(8+1)/4=6.75$，其数值为 $8\times0.25+8\times0.25=8$；则这组数据的四分位差为：

$Q_d=Q_U-O_L=8-6=2$。

3. 绝对离散程度可视化——箱线图

我们已经讲过绝对离散程度指标及其测度方法——全距、四分位差，这种反映数据集变动的绝对离差，也称为距。如果用直观的方式来比较不同数据集的距，会大有裨益。有一种图形专门用来显示各种各样的距，它就是箱线图（Boxplot）也称箱形图（Box－whisker Plot）。

箱线图显示数据的全距、四分位距以及中位数。在同一张箱线图上可以比较几类指标，也就是说，箱线图是对不同数据集进行比较的好方法。

为创建一幅箱线图，首先需要按照标度画出一个“箱”，箱的左右两边分布代表下四分位数和上四分位数；然后，在箱中画一条线，标出中位数；通过这个箱你能看出四分位距的宽度。随后，在箱的两边画出“线”，显示出全距的上界、下界以及宽度。如图 4-3 所示。

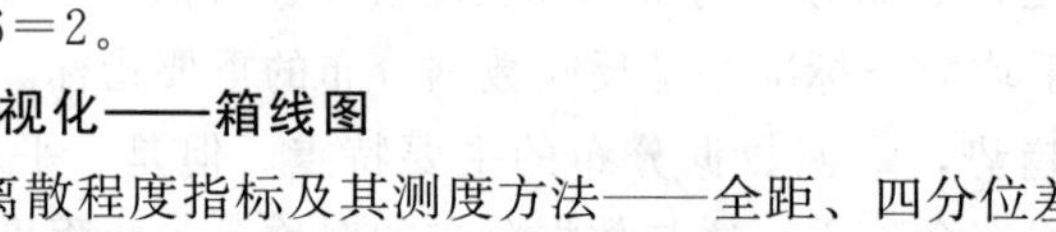

图 4-3　简单箱线图

如果你的数据中有异常值，则全距会更宽。在箱线图上，一条线的长度会随着上、下界的增长而增长。通过观察箱线图的形状，可以看出数据的分布特征，如数据的偏斜程度。如果箱线图是对称的，则显示基础数据有可能也是对称的。

［例 4-29］ 已知 50 名工人日加工零件数的最小值为 107 件，下四分位数为 118 件，中位数为 123 件，上四分位数为 128 件，最大值为 139 件，则绘制的箱线图如图 4-4 所示

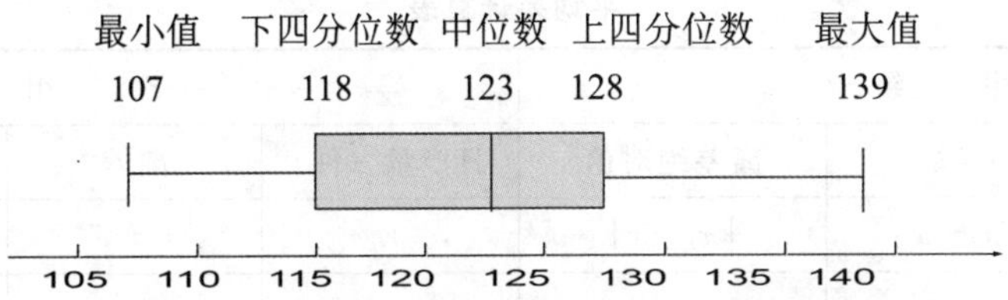

图 4-4 50 名工人日加工零件数箱线图

［例 4-30］ 在一项统计学课程教学改革的研究中，研究者通过调查取得 16 名统计学专业学生概率论、统计学和英语课程的考试成绩，经计算整理，获得箱线图指标见表4-20。

表 4-20 16 名学生各科考试成绩箱线图指标表

指标名称	概率论成绩	统计学成绩	英语成绩
Q_3	83.25	83.25	88.50
Max	91.00	96.00	97.00
Min	54.00	46.00	49.00
Q_1	69.00	68.00	68.25
Q_2	75.50	78.00	78.80

绘制批量箱线图如图 4-5 所示。

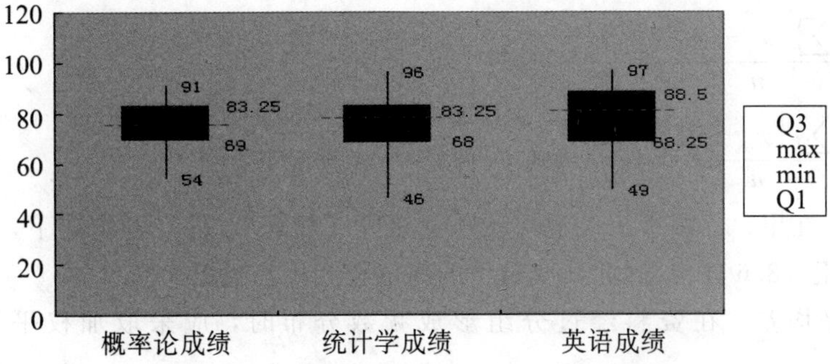

图 4-5 16 名学生三门课程考试成绩箱线图

(二) 平均离散程度的测度

1. 平均差

平均差（Mean deviation）是数据组中各数据值与其算术平均数离差绝对值的算术平均数，常用符号“M. D”表示。依据掌握资料形式的不同，有两种计算公式。

(1) 简单平均差。

$$M.D=\frac{\sum|x_i-\overline{x}|}{n}$$ （公式 4.42）

当变量数列由没有分组的数据组成或分组后每组的次数相等的数据组成时采用。

［**例 4－31**］　某车间有两个班组，各有 10 名工人，其日产量见表 4－21。

表 4－21　　平均差计算表

甲组			乙组		
日产量（件）	离差	离差绝对值	日产量（件）	离差	离差绝对值
x_i	$x_i-\overline{x}$	$\lvert x_i-\overline{x}\rvert$	x_i	$x_i-\overline{x}$	$\lvert x_i-\overline{x}\rvert$
4	−12	12	7	−9	9
7	−9	9	12	−4	4
11	−5	5	14	−2	2
14	−2	2	14	−2	2
14	−2	2	15	−1	1
16	0	0	17	1	1
17	1	1	17	1	1
24	8	8	19	3	3
25	9	9	20	4	4
28	12	12	25	9	9
合计	—	60	合计	—	36

先计算甲乙两组的均值，都是 16 件/人；

两组工人日产量的平均差为：

$$M.D_{甲}=\frac{\sum|x_i-\overline{x}|}{n}=\frac{60}{10}=6(件)$$

$$M.D_{乙}=\frac{\sum|x_i-\overline{x}|}{n}=\frac{36}{10}=3.6(件)$$

这就是说，在甲、乙两组工人平均日产量相等（都是 16 件）的情况下，甲组的平均差（6 件）大于乙组（3.6 件），因此其变量值的离散程度比乙组更大。

（2）加权平均差。在资料经过分组形成频数分布时，应采取加权平均公式计算平均差。

$$M.D=\frac{\sum|x_i-\overline{x}|f}{\sum f}$$ （公式 4.43）

［**例 4－32**］　某班级统计学期末考试成绩见表 4－22，试计算成绩平均差。

表 4-22 分组数据平均差计算表

考分（分）	学生人数（人） f	组中值 x_i	总分数 $x_i f$	离差绝对值 $\lvert x_i-\overline{x}\rvert$	绝对值加权 $\lvert x_i-\overline{x}\rvert f$
60 以下	2	55	110	25	50
60—70	4	65	260	15	60
70—80	18	75	1 350	5	90
80—90	19	85	1 615	5	95
90—100	7	95	665	15	105
合　计	50	—	4 000	—	400

计算该班学生统计学成绩的平均差如下：

$$\overline{x}=\frac{\sum x_i f}{\sum f}=\frac{4\ 000}{50}=80\text{（分/人）}$$

$$M.D=\frac{\sum |x_i-\overline{x}|f}{\sum f}=\frac{400}{50}=8\text{(分)}$$

说明每位学生统计学成绩与平均成绩的平均差距为 8 分，由于平均差是根据数列中所有数值计算出来的，因此比极差、四分位差等更能客观反映变量分布的离散程度，对整个统计数列的离中趋势有较充分的代表性。平均差愈大，表示变量分布离散程度愈大；反之，则变量分布离散程度愈小。但由于对每一个离差都取了绝对值，因而数学处理不是很方便，数学性质也不是最优，应用上受到一些限制。

2. 方差和标准差

方差（Variance）是数据组中各数据值与其算术平均数离差平方的算术平均数，用符号 σ^2 表示。方差的平方根就是标准差（Standard deviation），用符号 σ 表示。定类变量或定序变量方差（标准差）的计算有所不同。

（1）简单标准差。

$$\sigma=\sqrt{\frac{\sum (x_i-\overline{x})^2}{n}} \qquad \text{（公式 4.44）}$$

［例 4-33］ 仍以例 4-31 甲、乙两组工人日产量的资料计算标准差。

见表 4-23，在甲、乙两组工人平均日产量相等（都是 16 件）的情况下，甲组的标准差（7.40 件）大于乙组（4.63 件），因而其平均数的代表性比乙组小。

（2）加权标准差。当资料经过分组，形成分配数列时，应计算加权标准差，其公式为：

$$\sigma=\sqrt{\frac{\sum (x_i-\overline{x})^2 f}{\sum f}} \qquad \text{（公式 4.45）}$$

表 4-23　　**标准差计算表**

甲组			乙组		
日产量（件）	离差	离差平方	日产量（件）	离差	离差平方
x_i	$x_i-\overline{x}$	$(x_i-\overline{x})^2$	x_i	$x_i-\overline{x}$	$(x_i-\overline{x})^2$
4	−12	144	7	−9	81
7	−9	81	12	−4	16
11	−5	25	14	−2	4
14	−2	4	14	−2	4
14	−2	4	15	−1	1
16	0	0	17	1	1
17	1	1	17	1	1
24	8	64	19	3	9
25	9	81	20	4	16
28	12	144	25	9	81
合计	—	548	—	—	214

［**例 4-34**］　仍以例 4-32 的资料计算标准差。

表 4-24　　**分组数据标准差计算表**

考分（分）	人数 f	组中值 x_i	总分数 x_if	离差 $x_i-\overline{x}$	离差平方加权 $(x_i-\overline{x})^2f$
60 以下	2	55	110	−25	1 250
60—70	4	65	260	−15	900
70—80	18	75	1 350	−5	450
80—90	19	85	1 615	5	475
90—100	7	95	665	15	1 575
合计	50	—	4 000	—	4 650

$$\overline{x}=\frac{\sum x_if}{\sum f}=\frac{4\ 000}{50}=80(\text{分}/\text{人})$$

$$\sigma=\sqrt{\frac{\sum(x_i-\overline{x})^2f}{\sum f}}=\sqrt{\frac{4\ 650}{50}}\approx 9.64(\text{分})$$

标准差的实质与平均差基本相同，也是说明总体中每一个变量值与其代表性水平（均值）的平均离差。只是在数学处理方法上与平均差不同，平均差是用取绝对值的方法消除离差的正负号然后用算术平均的方法求出平均离差；而标准差是用平方的方法消除离差的正负号，然后对离差的平方计算算术平均数，并开方求出标准差。既克服了平均差计算中用绝对值取消离差正负号带来的弊病，又增加了指标本身的"灵敏度"，这些优点使它成为各种离中趋势指标中最重要的一种。同时，它与抽样推断、相关分析、统计预测有机地联系在一起，成为广泛运用的离中趋势指标。

3. 定类变量（或定序变量、二元变量）的方差（标准差）

二元变量标准差就是品质数据中是非标志的标准差，先将是非标志的标志值数量化，然后从比例（成数）的角度计算。例如，对于总体的全部单位，根据某一变量可分为具有某种特征的单位和不具有该种特征的单位，例如，将全部产品分为合格品与不合格品两组；将全部人口分为男性和女性两组等。这种用“是”与“否”、“有”与“无”来表示的变量，称为二元变量。

由于这种变量只有两种变量值，为了计算方便，可将其量化，分别用 1 和 0 表示。设 N 代表全部总体单位数，其中，具有某种特征的单位数用 N_1 表示，不具有该种特征的单位数用 N_0 表示，则 $N=N_1+N_0$。这两部分单位数占总体单位总数的比重称为成数（即结构相对数），分别用 p 和 q 表示，即 $p=\frac{N_1}{N}$，$q=\frac{N_0}{N}$，两个成数之和为：$\frac{N_1}{N}+\frac{N_0}{N}=1$，即 $p+q=1$，所以 $q=1-p$。

表 4-25　　二元变量标准差计算表

二元变量	变量值 x_i	成数 $\frac{f}{\sum f}$	离差 $x_i-\overline{x}$	离差平方 $(x_i-\overline{x})^2$	离差平方加权 $(x_i-\overline{x})^2\frac{f}{\sum f}$
是	1	p	1—p	(1—p)^2	q^2p
否	0	q	0—p	(0—p)^2	p^2q
合计	—	1	—	—	q^2p+p^2q

$$\overline{x}=\frac{\sum x_if}{\sum f}=\sum x_i\frac{f}{\sum f}=1\times p+0\times q=p$$

$$\sigma_p=\sqrt{\frac{\sum(x_i-\overline{x})^2f}{\sum f}}=\sqrt{\sum(x_i-\overline{x})^2\frac{f}{\sum f}}$$

$$=\sqrt{q^2p+p^2q}=\sqrt{pq(p+q)}=\sqrt{pq}=\sqrt{p(1-p)}\qquad（公式 4.46）$$

[例 4-35]　某厂日产某种零件 3 000 件，其中合格品 2 700 件，不合格品 300 件。试计算该种零件的合格率及其标准差。

解： 该种零件的合格率 $p=$（2 700/3 000）×100%=90%

该种零件的标准差 $\sigma_p=\sqrt{pq}=\sqrt{0.9\times(1-0.9)}=30\%$

（三）相对离散程度的测度

1. 异众化率

异众化率（Variation ratio）又称离异比率或变差比，是指非众数组的频数占总频数的比率，计算公式为：

$$V_r=\frac{\sum F_i-F_m}{\sum F_i}=1-\frac{F_m}{\sum F_i}\qquad（公式 4.47）$$

式中，V_r 为异众化率，$\sum F_i$ 为变量值的总频数，F_m 为众数组的频数。

异众化率的作用是衡量众数对一组数据的代表程度。异众化率越大，说明非众数组的频数占总频数的比重越大，众数的代表性就越差；异众化率越小，说明非众数组的频数占总频数的比重越小，众数的代表性越好。异众化率主要用于测度定类数据的离散程度，当然，其他类型数据也可以计算异众化率。

[**例 4-36**] 根据本章表 4-9 的数据，计算异众比率。

解：依据公式 4.46，得

$$V_r=\frac{\sum F_i-F_m}{\sum F_i}=\frac{300-105}{300}=0.65=65\%$$

这说明所统计的 300 人中，年销售额不在 70 万元—80 万元区间的人数占 65%，异众化率较大。因此，如果用 70 万元—80 万元这个区间来反映该商场营业员销售额的一般趋势，其代表性不够好。

2. 离散系数

极差、四分位差、平均差、标准差分别描述其离散趋势大小的绝对水平和平均水平，要比较平均水平不同的两组数据离散程度的大小，有必要计算它们的相对变异指标，即离散系数（Coefficient of variation）。离散系数包括全距系数、四分位差系数、平均差系数和标准差系数，是本讲前面提到的各种绝对数或平均数形式的变异指标与平均指标对比的结果。由于对比的分子与分母的计量单位相同，两者相除后得到一个无名数，因此变异系数完全排除了计量单位对计算结果的影响。最常用的离散系数是标准差系数，是将一组数据的标准差与其算术平均数对比的结果，以测定其相对离中程度，用符号“V_σ”表示，其公式为：

$$V_\sigma=\frac{\sigma}{\mu}\times 100\% \qquad \text{（公式 4.48）}$$

[**例 4-37**] 有甲、乙两班同时参加统计学课程的测试，甲班平均成绩为 70 分，标准差为 9.0 分，乙班成绩的分组资料见表 4-26。

表 4-26 乙班统计学课程的测试成绩

按成绩分组	学生人数（人）
60 以下	2
60—70	6
70—80	25
80—90	12
90—100	5

比较甲、乙两班哪个班的平均成绩更均衡稳定，更有代表性？

解：列计算表见表 4-27。

$$\bar{x}_{乙}=\frac{\sum x_i f}{\sum f}=\frac{3\ 870}{50}=77.4\text{（分）}$$

$$\sigma_{乙}=\sqrt{\frac{\sum(x-\bar{x}_{乙})^2 f}{\sum f}}=\sqrt{\frac{4\ 312}{50}}=\sqrt{86.24}=9.29\text{（分）}$$

$$V_{\sigma乙}=\frac{\sigma_{乙}}{\bar{x}_{乙}}=\frac{9.29}{77.4}=0.12\text{ 或 }12\% \quad V_{\sigma甲}=\frac{\sigma_{甲}}{\bar{x}_{甲}}=\frac{9}{70}=0.1286\text{ 或 }12.86\%$$

从计算中可以看出，乙班的平均成绩相对更均衡稳定，更有代表性。

表 4－27　　乙班统计学课程离散系数计算表

按成绩分组	组中值（x_i）	学生人数 f	$x_i f$	$x_i-\overline{x}$	$(x_i-\overline{x})^2$	$(x_i-\overline{x})^2 f$
60 以下	55	2	110	－22.4	501.76	1 003.52
60—70	65	6	390	－12.4	153.76	922.56
70—80	75	25	1 875	－2.4	5.76	144
80—90	85	12	1 020	7.6	57.76	693.12
90—100	95	5	475	17.6	309.76	1 548.8
合计	—	50	3 870	—	—	4 312

3. 标准化值

利用标准化值，可以给出一组数据中各个数值的位置，它是通过标准差与它的离差比较而得到，称为标准化值（Standard score），通常用 Z 表示。

$$标准化值=\frac{x_i-\overline{x}}{\sigma} \qquad（公式 4.49）$$

当标准化值大于 0 时，说明变量值较平均值高出标准差的倍数；当标准化值小于 0 时，说明变量值较平均值低于标准差的倍数。

［例 4－38］　为了测定银行出纳员为顾客服务所需的时间，假定计算的均值和标准差为：每笔交易的平均时间为 3.2 分钟，标准差为 1.3 分钟。我们可以利用此信息来描述某出纳员花费 5.8 分钟交易的标准化值。计算过程如下：

$$标准化值=\frac{x_i-\overline{x}}{\sigma}=\frac{5.8-3.2}{1.3}=2$$

标准化值为 2，说明 5.8 这个变量值高于平均数，其离差大约是标准差的 2 倍。即此项交易比平均交易花费的时间多出了两个标准差的时间，该出纳员的工作速度很慢，要提高业务水平与能力，以便缩短工作时间，提高工作效率。

二、分布形态的度量

（一）偏度

偏度（Skewness）是指数据分布的偏斜方向和偏态程度。偏度，通常分为右偏（或正偏）与左偏（或负偏）两种。它们是以对称分布为标准相比较而言的。在对称分布的情况下，平均数、中位数与众数完全相等，即$\overline{x}=M_e=M_0$。在偏态分布的情况下，平均数、中位数与众数是分离的。如图 4－6 所示，一般情况下，如果众数在左边、平均数在右边，即数据的极端值在右边、数据分布曲线向右延伸，则称为右向偏态。右向偏态，众数的数值较小，平均数的数值较大，平均数与众数之差为正值，所以，右向偏态又称正向偏态；如果众数在右边、平均数在左边，即数据的极端值在左边、数据分布曲线向左延伸，则称为左向偏态。左向偏态，众数的数值较大，平均数的数值较小，平均数与众数之差为负值，所以，左向偏态又称负向偏态。测定偏态的指标是偏度系数。需要说明的是，以上平均数、中位数与众数相对大小的两种情况也不是绝对的。

偏度系数的计算方法很多，最常用的是标准差的三次方除三阶中心矩。

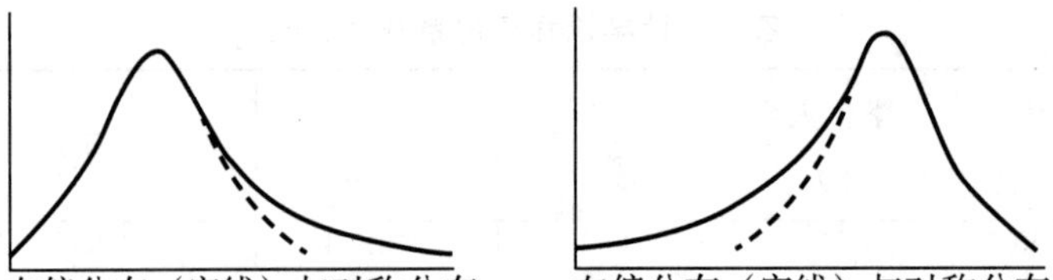

右偏分布（实线）与对称分布（虚线）　$\bar{x}>M_e>M_0$　　左偏分布（实线）与对称分布（虚线）　$\bar{x}<M_e<M_0$

图 4－6　偏态程度的类型

三阶中心矩 $m_3=\dfrac{\sum(x_i-\bar{x})^3}{n}$　　（公式 4.50）

统计上用三阶中心矩来计算偏度系数，是因为中心矩可以通过高于平均数的离差之和与低于平均数的离差之和进行比较，来显示分布的对称与非对称性。显然，当高于平均数的离差之和与低于平均数的离差之和相等时，全部离差之和等于零，分布为对称分布；当这两种离差之和不相等时，经正、负相互抵消之后，结果便可显示出分布的偏斜程度。

三阶中心距表示的只是绝对偏斜程度，需要将三阶中心距与标准差对比以后计算偏度系数才能真正显示出数列的相对偏斜程度。

则 $sk=\dfrac{m_3}{\sigma^3}=\dfrac{\dfrac{\sum(x_i-\bar{x})^3}{n}}{\sigma^3}=\dfrac{\sum(x_i-\bar{x})^3}{n\sigma^3}$　　（公式 4.51）

如果是分组资料则：$sk=\dfrac{m_3}{\sigma^3}=\dfrac{\sum(x_i-x)^3f}{\sigma^3\sum f}$　　（公式 4.52）

从上述公式中不难看出：

$sk=0$ 时，分布是对称的；

$sk<0$ 时，分布呈负向偏态，sk 值越小，负偏程度越高；

$sk>0$ 时，分布呈正向偏态，sk 值越大，正偏程度越高。

［**例 4－39**］　根据某电脑公司电脑销售量数据计算销售量偏度系数见表 4－28。

表 4－28　　**偏态系数计算表**

按销售量分组（台）	组中值（x_i）	销售天数（f）	x_if	$(x_i-\bar{x})^2f$	$(x_i-\bar{x})^3f$
140—150	145	4	580	160	－256 000
150—160	155	9	1 395	270	－243 000
160—170	165	16	2 640	320	－128 000
170—180	175	27	4 725	270	－27 000
180—190	185	20	3 700	0	0
190—200	195	17	3 315	170	17 000
200—210	205	10	2 050	200	80 000
210—220	215	8	1 720	240	216 000
220—230	225	4	900	160	256 000
230—240	235	5	1 175	250	625 000
合计	——	120	22 200	55 400	540 000

$$\overline{x}=\frac{\sum x_i f}{\sum f}=\frac{22\ 200}{120}=185$$

$$\sigma=\sqrt{\frac{\sum (x_i-\overline{x})^2 f}{\sum f}}=\sqrt{\frac{55\ 400}{120}}=21.48$$

$$sk=\frac{\sum (x_i-\overline{x})^3 f}{\sigma^3 \sum f}=\frac{540\ 000}{120\times(21.48)^3}=0.454$$

偏态系数 sk 为正值，但与 0 的差异不大，说明电脑销售量为轻微右偏分布，即销售量较少（小于均值 185）的天数占多数，而销售量较多的天数则占少数。

（二）峰度

峰度（Kurtosis）是指数据分布的尖峭程度或峰凸程度。根据变量值的集中与分散程度，峰度一般可表现为三种形态：尖顶峰度、平顶峰度和标准峰度。当变量值的次数在众数周围分布比较集中，使次数分布曲线比正态分布曲线顶峰更尖峭，称为尖顶峰度；当变量值的次数在众数周围分布比较分散，使次数分布曲线比正态分布曲线更平缓，称为平顶峰度。可见，尖顶峰度或平顶峰度都是相对正态分布曲线的标准峰度而言。

峰度的测定，一般采用统计动差方法，即以四阶中心动差 V_4 为测定依据，将 V_4 除以其标准差的四次方 σ^4，以消除单位量纲的影响，便于不同次数分布曲线的峰度比较，从而得到以无名数表示的相对数，即为峰度的测定值（K）。计算公式为：

$$K=\frac{V_4}{\sigma^4}=\frac{\frac{\sum (x_i-\overline{x})^4}{n}}{\sigma^4}=\frac{\sum (x_i-\overline{x})^4}{n\sigma^4} \qquad \text{（公式 4.53）}$$

如果是分组资料，则上述公式应为：

$$K=\frac{V_4}{\sigma^4}=\frac{\frac{\sum (x_i-\overline{x})^4 f}{\sum f}}{\sigma^4}=\frac{\sum (x_i-\overline{x})^4 f}{\sigma^4 \sum f} \qquad \text{（公式 4.54）}$$

当次数分布为正态分布曲线时，$K=3$，以此为标准就可比较分析各种次数分布曲线的峰度（图 4-7 左图）。当 $K>3$ 时，表示分布曲线呈尖顶峰度，为尖顶曲线，说明变量值的次数较为密集地分布在众数周围，K 值越大于 3，分布曲线的顶端越尖峭（图 4-7 中图）。当 $K<3$ 时，表示分布曲线呈平顶峰度，为平顶曲线，说明变量值的次数分布比较均匀地分散在众数两侧，K 值越小于 3，则分布曲线的顶峰就越平缓（图 4-7 右图）。一般当 K 值接近于 1.8 时，分布曲线呈水平矩形分布形态，说明各组变量值的次数相同。当 K 值小于 1.8 时，次数分布曲线趋向“U”型分布。实际统计分析中，通常将偏度和峰度结合起来运用，以判断变量分布是否接近正态分布。一般计算机软件在计算峰度系数时做了“减 3”处理，直接与 0 比较大小即可。

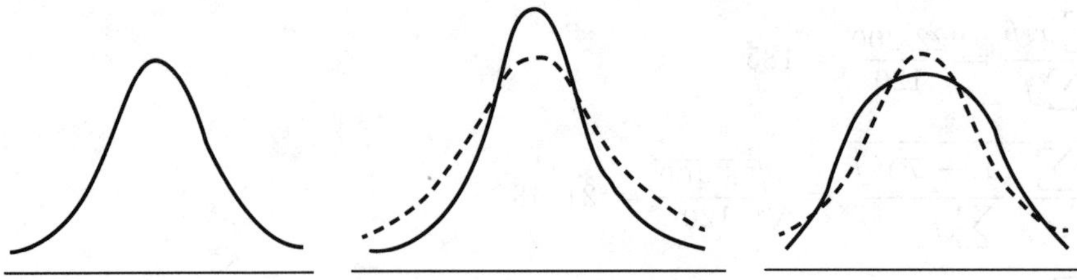

图 4－7　尖峭程度的类型

［例 4－40］　根据前面某电脑公司电脑销售量的分布天数资料计算峰度系数见表4－29。

表 4－29　峰度系数计算表

按销售量分组（台）	组中值 (x_i)	销售天数 (f)	$x_i f$	$(x_i-\overline{x})^2 f$	$(x_i-\overline{x})^3 f$	$(x_i-\overline{x})^4 f$
140——150	145	4	580	160	－256 000	10 240 000
150——160	155	9	1 395	270	－243 000	7 290 000
160——170	165	16	2 640	320	－128 000	2 560 000
170——180	175	27	4 725	270	－27 000	270 000
180——190	185	20	3 700	0	0	0
190——200	195	17	3 315	170	17 000	170 000
200——210	205	10	2 050	200	80 000	1 600 000
210——220	215	8	1 720	240	216 000	6 480 000
220——230	225	4	900	160	256 000	10 240 000
230——240	235	5	1 175	250	625 000	31 250 000
合计	——	120	22 200	55 400	540 000	70 100 000

$$\text{解}: K=\frac{V_4}{\sigma^4}=\frac{\frac{\sum (x_i-\overline{x})^4}{n}}{\sigma^4}=\frac{\sum (x_i-\overline{x})^4 f}{\sigma^4\sum f}=\frac{70\ 100\ 000}{120\times 21.48^4}=2.744$$

由于 $K=2.744$，小于 3，可见电脑销售量呈平顶峰度，顶峰较平缓。

认识拓展

一、离散趋势指标作用

（一）衡量平均数的代表性

平均数作为数据一般水平的代表值或中心值，其代表性的强弱与数据离中程度有直接关系。通常情况下，数据离中程度指标值愈大，平均数的代表性愈小；反之，离中程度指标值愈小，平均数的代表性愈大。

例如：甲、乙两组都有学生 4 人，某次数学考试的结果如下（单位：分）

甲组	100	80	40	20
乙组	61	60	60	59

从平均成绩看，每组都是 60 分。但一看这张成绩单，就会感觉两个组的情况有很大差别，即甲组成绩两极分化严重，平均数 60 分实际上没有多大的代表性，而乙组则相当均匀，平均

数 60 分基本上能代表这个组的一段水平。这一切都来源于甲组学生分数的离散程度大，而乙组学生成绩相对比较集中。

(二) 反映现象变化的稳定性和均衡性

当数据组各个数值大小比较接近时，它们的离差就很小，离散趋势指标也很小，说明数据稳定性和均衡性更好。特殊的情况是数据组中各个数值完全相同，那么所有的离差就为 0。相反，若各个数值的分布相当分散，它们的离差就很大，离散趋势指标也就很大，说明数据稳定性和均衡性更差。如例 4－37 所示，乙班的成绩更均衡稳定。

二、离散趋势指标的应用场合

反映数据离散趋势的各种测度值，适用于各种不同类型的数据。表 4－30 列出了数据的类型和所适用的离散程度测度值。

表 4－30　数据的类型和所适用的离散程度测度值

数据类型	定类数据	定序数据	定距和定比数据
适用的测度值	★异众比率	★四分位差 异众比率	★方差和标准差 ★离散系数（作比较时用） 标准化值 平均差 极差和四分位差 异众比率

注：★标识该类型数据最适用的测度值。

三、偏度和峰度的应用

实际统计分析中，偏度和峰度的作用主要表现在以下两个方面：

一是将偏度和峰度结合起来用于检查样本的分布是否属于正态分布，以便判断总体的分布。如果样本的偏度接近于 0 而峰度接近于 3，就可以推断总体的分布接近于正态分布，用样本对总体进行测定时就可以看成是正态分布，否则就可以进行否认。

二是利用资料之间存在的偏度关系，对算术平均数、众数，中位数进行推算。一般情况下，只要不是正态分布，算术平均数，众数、中位数三者之间都存在以下关系，即：

右偏时，就有；$\overline{x}>m_e>m_0$；左偏时，就有$\overline{x}<m_e<m_0$。

根据经验，在偏态适度时，不论右偏还是左偏，三者的距离有近似的固定关系，即：中位数与算术平均数的距离，约等于众数与算术平均数距离的$\frac{1}{3}$。据此，可以得出三个关系式：

$$m_0=\overline{x}-3(\overline{x}-m_e)=3m_e-2\overline{x}；\ m_e=\frac{m_0+2\overline{x}}{3}；\ \overline{x}=\frac{3m_e-m_0}{2}$$

利用以上三个关系式就可以在算术平均数、众数、中位数三个数中已知任意两个数的条件下推算另一个数。

本讲小结

一、本讲重点

1. 离散趋势。离散趋势，是指一组数据中各数据值以不同程度的距离偏离其中心（平均数）的趋势。

可以综合反映现象总体各单位变量值的差异程度。

2. 测度绝对离散程度。绝对离散程度测度指标有极差、分位差等。极差和分位差主要用于定序数据和定比数据离散程度的测度。

3. 测度平均离散程度。平均离散程度指标有平均差、方差和标准差。主要用于定比数据离散程度的测度。

4. 测度相对离散程度。相对离散程度测度指标有异众比率、标准化值和离散系数等。相对离散程度指标是消除量纲的影响，适用于比较不同组数据离散程度的大小。

5. 偏度和峰度。平均数与标准差相同的数列，其分布形态可能并不完全一样，可以用偏度和峰度来区别分布形态。

6. 综合测度集中趋势和离散趋势。在对统计数据进行综合分析时，将集中趋势指标和离散趋势指标互相配合、互相补充，可以对统计数据进行较全面的观察。

二、难点释疑

从区分和差异的视角来理解和掌握本讲的难点，第一，测度离散趋势与集中趋势的区别。离散趋势可以用来衡量平均数的代表性，反映现象变化的稳定性和均衡性，对集中趋势分析是很好的补充。第二，离散趋势指标的区别。绝对离散程度指标在比较两个或两个以上总体的分布情况时，会因为规模绝对量问题使比较失去意义，相对离散程度指标可以较好地处理这个问题。第三，分布形态测度的作用。与测度离散趋势和集中趋势有区别，分布形态的测度可以克服无法从集中和离散两个方面区分比较的困境。另外，本章介绍的各类测度指标的实践应用也是一个难点，需要读者结合应用不断加深理解，提高熟练程度。

本章小结

如图 4-8 所示，数据特征的描述由三部分组成：规模和比率测度、集中趋势测度和离散趋势测度；规模和比率测度是集中趋势和离散趋势测度的基础；综合应用好集中趋势和离散趋势的测度指标才能描述好数据特征。

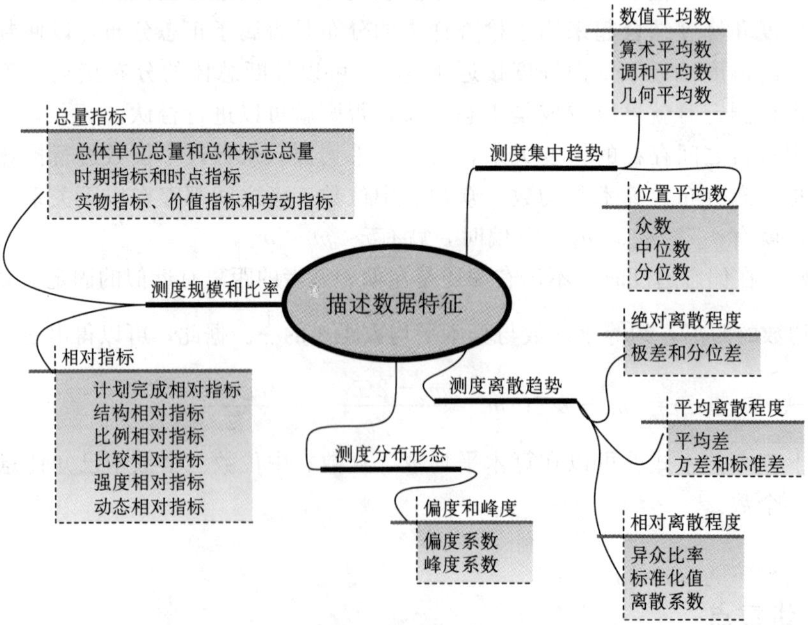

图 4-8　第 4 章 数据特征的描述——思维导图

思考题

1. 什么是总量指标？按其反映的内容不同，可以分为哪几种？
2. 简述相对指标的作用和分类。
3. 时期指标和时点指标各有什么特点？
4. 一组数据的分布特征可以从哪几个方面进行测度？
5. 怎样理解平均数在统计学中的地位？
6. 简述四分位数的计算方法。
7. 对于比率数据的平均为什么采用几何平均？
8. 简述众数、中位数和平均数的特点和应用场合。
9. 简述异众比率、四分位差、方差或标准差的适用场合。
10. 为什么要计算离散系数？

案例讨论

【案例 4－1】

有这样一个故事：老汉买瓜，2 角钱 1 个，5 角钱 3 个。某日，有三个人结伴而至，买瓜 3 个，每人付 2 角。事后老汉想，如此只应收钱 5 角，当即令其小孙携钱 1 角追还买主，途中小孙花 4 分钱买两杯水解渴，追上买主后，将所剩 6 分钱退还买主每人 2 分。一好事者由此发问：三人买瓜，每人实际付钱 1 角 8 分，三人共付 5 角 4 分，再加上小孩茶水钱 4 分，也才 5 角 8 分，而当初付 6 角并差 2 分钱哪里去了？这平均数应该怎么做呢？

【案例 4－2】

在金融证券领域，一项投资的预期收益率的变化通常用该项投资的风险来衡量。预期收益率的变化越小，投资风险越低；预期收益率的变化越大，投资风险就越高。如图 4－9 所示的两个直方图，分别反映了 200 种商业类股票和 200 种高科技类股票的收益率分布。在股票市场上，高收益率往往伴随着高风险。但投资于哪类股票，往往与投资者的类型有一定关系。

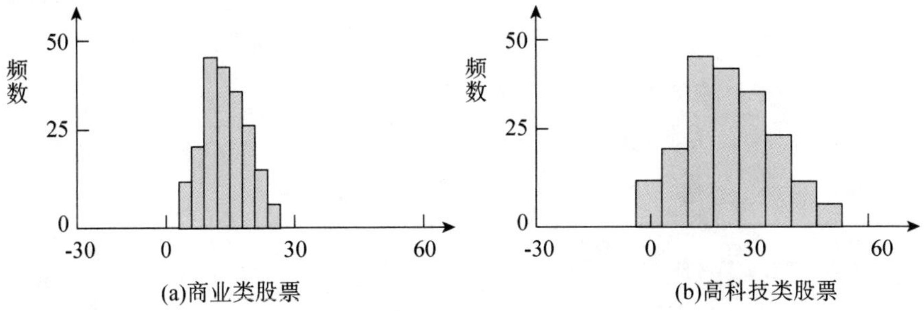

图 4－9　两类股票的收益率分布

思考与讨论问题：

（1）你认为该用什么样的统计量来反映投资的风险？

（2）如果选择风险小的股票进行投资，应该选择商业类股票还是高科技类股票？

(3) 如果进行股票投资，你会选择商业类股票还是高科技类股票？

延伸阅读

1. Jiawei Han Micheline Kamber 著，范明等译. 数据挖掘概念与技术［M］，机械工业出版社，2011 年第 1 版，P32 - 39（2.2　描述性数据汇总）。

2. 查尔斯·惠伦著，曹槟译. 赤裸裸的统计学［M］，中信出版社，2013 年 11 月第 1 版，P19 - 41（第 2 章　描述统计学）。

第 4 章　应用实验

第 4 章　练习题

第 5 章 抽样估计

开篇导读

1%人口抽样调查理论依据是什么?

国务院 2010 年颁布《全国人口普查条例》规定，人口普查每 10 年进行一次，位数逢 0 的年份为普查年度，在两次人口普查之间开展一次较大规模的人口调查，也就是 1%人口抽样调查。

我国以 2015 年 11 月 1 日零时为标准时点进行了全国 1%人口抽样调查。这次调查以全国总人口为总体，以各地级市（地区、盟、州）为子总体，采取分层、二阶段、概率比例、整群抽样方法，最终样本量为 2 131 万人，占全国总人口的 1.55%。

为了推断总体的某些特征，需要从总体中按一定的抽样技术抽取若干个体，将这一过程称为抽样。所抽取的部分个体称为样本，样本中所含个体数量称为样本量。以这 1.55%人口的基本信息作为对整个全国人口基本特征估计的依据，这样的估计可靠性如何？依据的基本统计理论是什么？这就是本章抽样估计所要介绍的内容。

学习目标

一、明确抽样和抽样分布的基本概念，理解统计推断的理论基础大数定理和中心极限定理。

二、熟练掌握抽样估计的基本原理和方法，简单随机抽样条件下一个总体参数区间估计的基本方法是学习的重点，了解两个总体参数区间估计的基本方法。

三、了解简单随机抽样下样本单位数的计算方法。

第 10 讲 抽样与抽样分布

问题提出

［例 5－1］ 某医学研究机构测量了 100 位健康成年人的体温（单位:℃），样本数据见表 5－1:

表 5－1　　健康成年人体温数据

37.0	37.2	36.9	36.7	37.0	36.9	36.7	36.9	37.0	36.9
36.7	36.1	37.1	36.1	37.0	36.5	37.0	36.4	37.1	37.1
36.4	37.1	37.5	36.3	36.7	37.0	36.9	37.2	36.8	36.3

续表

37.0	37.1	37.0	37.6	36.3	36.7	36.8	36.8	36.4	37.4
37.0	36.7	37.0	36.8	36.2	36.9	37.0	36.7	36.9	36.6
36.9	36.7	36.6	36.4	36.6	36.2	35.8	36.4	37.2	36.1
36.7	36.8	36.6	36.4	36.3	37.1	36.4	37.1	36.7	36.9
37.1	37.0	36.8	36.9	36.2	37.0	37.4	36.9	36.3	36.9
36.9	37.1	37.2	36.6	37.1	36.9	37.0	37.1	37.3	36.7
36.7	37.1	36.6	37.1	37.0	37.3	36.6	36.8	36.2	36.4

表 5－1 的数据似乎说明，如果用样本均值作为总体均值的点估计，人体体温的均值实际上应该是 36.8℃，而非我们一般都认为的人体体温均值 37℃。由于抽样的随机性原则，这一结果也许与我们抽取的样本有关系，样本各不相同，样本均值是一个随机变量，由其抽样分布可知，一方面，可能人体体温均值真是 37℃，而这里的点估计即样本均值 $\overline{x}=36.8$℃只是偶然的样本波动结果。另一方面，也可能样本均值 36.8℃是正确的，而我们通常所说的 37℃是错误的。

我们已经学习了认识总体数据的相关方法，即统计数据整理和特征描述。那么，对于较少的样本数据，认识它的特征及规律，是否也能采用认识总体数据的方法呢？样本数据的分布情况如何？有可能呈现什么样的分布特征？为此，本讲提出的问题是：

如何认识样本数据及其规律？

概念辨析

一、抽样推断

一般情况下直接对总体进行统计分析是不可能的也是没有必要的，这时就需要从总体中抽取一部分单位进行调查，进而利用样本提供的信息对总体的数量特征进行统计推断。

抽样推断（Sampling inference）是按随机原则从总体中抽取一部分单位进行调查，用样本的实际资料计算样本指标，并且据此估计或者推断总体数量特征，从而认识总体的的一种统计分析方法，又称为抽样调查或抽样估计。

［例 5－2］　想要知道某品牌节能灯泡的平均使用寿命有没有达到国家不低于 5 000 小时的设计标准，不可能对所有的灯泡都进行测试，只能从该品牌所有灯泡构成的总体中进行抽样，比如随机抽取 30 个节能灯泡构成一个样本，进行试验，通过这 30 个节能灯泡得出的平均寿命去推断该品牌灯泡使用寿命长短。

由此可见抽样推断的特点主要有：

（1）遵循随机性原则。总体中每一单位被抽中的机会均等，完全不受人们主观意识的影响，这样抽取出来的样本对总体才具有足够的、充分的代表性。按照随机原则从总体中抽选样本单位是抽样估计的基本前提。

（2）推断被研究对象的总体特征。根据样本资料计算样本指标，用来对总体数量特征作出估计，由部分单位的数据推断总体的数量特征是抽样调查的最终目的。

（3）说明推断的准确性和可靠性。与其他非全面调查一样，用样本指标估计总体指标肯定会有误差，但是抽样误差可以事先加以计算，并将之控制在一定的精确度和可靠度范围之内，以保证抽样估计的有效性，其他估算方法办不到这一点。

鉴于抽样推断的上述特点，其在社会经济管理中的应用极为广泛，具体表现在以下几个方面：

（1）满足不可能进行全面调查的总体需要。当某些对象不可能也没必要进行全面调查时，可以用抽样调查做出推断。如调查节能灯泡的使用寿命，试验具有破坏性，无法采用全面调查，只能通过抽样，通过样本来推断总体。某电视台想了解本台电视节目的收视率，全面调查耗时、费力，而且花费比较高，完全可以采用抽样方法，这样可以达到事半功倍的效果。

（2）可以提高时效。比如对市场占有率或购买力的研究，市场瞬息万变，全面调查花费时间比较长，显然不可取，这时抽样调查的结果更具有时效性。

（3）抽样调查和全面调查结合，可以互相补充和核实。

（4）可以用于生产过程中的产品质量控制。现代化工业大批量生产过程中如何保证产品的质量很重要，可以在连续大量生产过程中进行抽检，推断工序过程是否正常，机器运转是否存在故障，以便及时采取措施，降低残次品的产生。

（5）可以进行假设检验。对于某些总体的假设需要应用抽样的方法进行验证，如检验采用了新工艺以后产品的质量是否有了显著提高，这就需要对总体进行假设检验，然后利用抽样的方法来判断假设的正确与否，以便作为决策的依据。

[例 5－3]　全国人口普查中抽样调查和全面调查结合，2010 年进行的第六次人口普查，标准时点是 2010 年 11 月 1 日零时，普查登记的我国 31 个省、自治区、直辖市和现役军人的人口共 1 339 724 852 人。普查登记结束后，全国统一随机抽取 402 个普查小区进行了事后质量抽样调查。抽查结果显示，人口漏登率为 0.12%。

二、样本

样本（Sample）又称为子样，它是指根据研究的目的和需要，从总体中随机抽取出来的，用来作为总体代表加以研究的那部分单位所组成的集合。样本是统计推断中非常重要的概念。

抽取样本时要注意以下问题：抽取样本的目的是要根据样本提供的有关信息推断总体的数量特征，所以样本的单位必须取自所要研究的总体。从同一个总体中可以抽取多个不同的样本，样本个数的多少和样本所包含的单位数量与抽样方法有关。抽取样本时应该剔除主观因素的影响，确保样本的代表性和客观性。样本只是作为总体的代表，由样本信息去推断总体特征总是不可避免地存在一定的误差。作为统计推断所关注的总体是确定的，是唯一存在的。但是作为观测对象的样本则是可变的，不是唯一的，因为从一个总体中可以抽取很多个样本，每一次可能抽到哪个样本是不确定的。

样本的单位数称为样本容量，简称样本量。一般用小写英文字母 n 来表示。通常样本容量达到或超过 30 个的样本称为大样本，而在 30 个以下称为小样本。样本容量越大，样本误差会越小，但调查费用会增加，体现不出抽样调查的优越性。反之，样本容量过小，将会使得抽样误差增大，甚至于使得抽样推断失效。因此，在抽样设计中应该根据要求的误差大小以及调查目标认真考虑合适的样本容量。

样本个数又称为样本可能数目，它是指从一个总体中可能抽取多少种不同样本的数量，

即从总体 N 中随机抽取 n 个样本单位共有多少种可能的抽选结果。样本个数的多少与抽样方法以及抽样顺序有关。

三、总体参数与样本统计量

（一）参数

参数（Parameter）也称为总体指标或总体参数，它是根据总体各单位的标志值或标志特征计算的，是用来描述总体特征的概括性数字度量。

参数是研究者想要了解的总体分布的数量特征。因为总体是唯一的，所以参数也是一个确定的常数。但是由于总体数据通常是不知道的，所以参数是一个未知的常数。在抽样推断中参数的计算方法和实际意义是明确的，需要通过抽样，用统计量作为总体参数的估计。

总体参数通常用希腊字母表示，常用的总体参数有：总体平均数，用 μ 来表示；总体方差，用 σ^2 表示；总体标准差，用 σ 表示；总体比例或成数，用 π 表示，等等。

设总体变量 X 的取值为：X_1，X_2，…，X_N，则：

总体平均数：$\mu=\frac{\sum X}{N}$ 或 $\mu=\frac{\sum Xf}{\sum f}$　　（公式 5.1）

总体方差：$\sigma^2=\frac{\sum(X-\mu)^2}{N}$ 或 $\sigma^2=\frac{\sum(X-\mu)^2 f}{\sum f}$　　（公式 5.2）

总体标准差：$\sigma=\sqrt{\frac{\sum(X-\mu)^2}{N}}$ 或 $\sigma=\sqrt{\frac{\sum(X-\mu)^2 f}{\sum f}}$　　（公式 5.3）

对于属性数据，最常用的是总体比例，即总体中具有某种属性的单位数占总体全部单位数的比重，用 π 来表示。设总体有 N 个单位，其中 N_1 个单位具有某种属性，N_0 个单位不具有某种属性，显然有 $N=N_1+N_0$，根据总体比例的定义，则有：

$\pi=\frac{N_1}{N}=1-\frac{N_0}{N}$　　（公式 5.4）

如果把具有某种属性记为“是”，标志表示为 1，把不具有某种属性记为“非”，标志表示为 0，则比例 π 也可以看成是这种虚拟数据的平均数，并可以求相应的方差和标准差。

$\mu_\pi=\frac{\sum Xf}{\sum f}=\frac{1\times N_1+0\times N_0}{N_1+N_0}=\frac{N_1}{N}=\pi$　　（公式 5.5）

$\sigma_\pi^2=\frac{\sum(X-\mu)^2 f}{\sum f}=\frac{(1-\pi)^2 N_1+(0-\pi)^2\times N_0}{N}=\pi(1-\pi)$　　（公式 5.6）

$\sigma_\pi=\sqrt{\pi(1-\pi)}$　　（公式 5.7）

（二）统计量

统计量（Statistic）也称样本指标或抽样指标，它是根据抽样各单位的标志值或标志属性计算的综合指标，是用来描述样本特征的概括性数字度量。

统计量通常用英文字母来表示，常用的统计量有：样本平均数，用 $\bar{x}$ 来表示；样本方差，用 s^2 表示；样本标准差，用 s 表示；样本比例或成数，用 p 表示，等等。

设样本变量 x 的观测值为：x_1，x_2，…，x_n，则与总体参数相对应，常用的样本统计量有：

样本平均数：$\overline{x}=\frac{\sum x}{n}$ 或 $\overline{x}=\frac{\sum xf}{\sum f}$ （公式 5.8）

样本方差：$s^2=\frac{\sum(x-\overline{x})^2}{n-1}$ 或 $s^2=\frac{\sum(x-\overline{x})^2 f}{\sum f-1}$ （公式 5.9）

样本标准差：$s=\sqrt{\frac{\sum(x-\overline{x})^2}{n-1}}$ 或 $s=\sqrt{\frac{\sum(x-\overline{x})^2 f}{\sum f-1}}$ （公式 5.10）

样本比例：$\overline{x}_p=\frac{\sum xf}{\sum f}=\frac{n_1}{n}=1-\frac{n_0}{n}=p$ （公式 5.11）

样本比例方差：$s_p^2=p\ (1-p)$ （公式 5.12）

样本比例标准差：$s_p=\sqrt{p\ (1-p)}$ （公式 5.13）

样本统计量是根据抽选出来的各个样本计算得到，由于样本已经抽出，所以统计量的值是已知的，确定的，可以计算的。抽样的目的之一就是根据样本统计量去估计和推断总体的参数。如用样本平均数$\overline{x}$去估计总体平均数μ，用样本方差 s^2 去估计总体方差 σ^2，用样本标准差 s 去估计总体标准差σ，用样本比例 p 去估计总体比例 π，等等。

推理分析

一、抽样分布及其类型

（一）抽样分布的概念

抽样的目的就是根据样本统计量估计总体参数。但是，由于在抽样中，从一个总体中可以抽取许多个不同的样本，对于每一个特定的样本，统计量都是一个相应的数值。所以，统计量是一个随机变量，取值随着样本的不同而不同，有许多种可能的取值，要做估计，必须要知道样本统计量的抽样分布。

抽样分布是根据实际的样本数据，将样本统计量（如均值、比例、方差等）的可能取值以及这些数据的概率或频数进行整理而形成的分布。抽样分布反映样本指标的分布特征，提供了对应统计量稳定而长远的信息，它是用样本统计量推断总体参数的理论基础。简单随机样本抽样分布的前提是：样本单位之间相互独立；每个样本单位都与总体同分布。在现实中不可能将所有的样本都抽出来，所以，统计量的抽样分布实际上是一种理论分布。

（二）样本均值的抽样分布

1. 重复抽样

[例 5-4] 假设某公司有 5 名销售人员，这 5 人在 2016 年的销售量分别是 1 万、3 万、5 万、7 万、9 万件。现在采用重复抽样的方式从 5 人中随机抽取 2 人，试构造样本平均数的抽样分布，并计算样本平均数的数字特征。

这里总体是已知的，显然 $N=5$，$X_1=1$，$X_2=3$，$X_3=5$，$X_4=7$，$X_5=9$，所以可以计算出：

$$\mu = \frac{\sum X}{N} = \frac{1+3+5+7+9}{5} = 5(\text{万件})$$

$$\sigma^2 = \frac{\sum (X-\mu)^2}{N} = \frac{(1-5)^2+(3-5)^2+(5-5)^2+(7-5)^2+(9-5)^2}{5} = 8(\text{万件})$$

由于采用重复抽样，每次抽取样本容量为 $n=2$ 的一个样本，总共产生了 $N^n=5^2=25$ 个样本，见表 5-2：

表 5-2　总体容量为 5 和样本容量为 2 的所有 25 个可能样本

所有抽样结果		第一次抽取				
		1	3	5	7	9
第二次抽取	1	1，1	1，3	1，5	1，7	1，9
	3	3，1	3，3	3，5	3，7	3，9
	5	5，1	5，3	5，5	5，7	5，9
	7	7，1	7，3	7，5	7，7	7，9
	9	9，1	9，3	9，5	9，7	9，9

由表 5-2 可以看出，每个样本被抽中的概率相同，都是 1/25。进一步计算每一个样本的平均数，得到样本销售量均值见表 5-3。

表 5-3　重复抽样时样本销售量均值

样本变量	1	3	5	7	9
1	1	2	3	4	5
3	2	3	4	5	6
5	3	4	5	6	7
7	4	5	6	7	8
9	5	6	7	8	9

将表 5-3 内容经过整理可以得到样本平均数 $\bar{x}$ 的抽样分布，见表 5-4。

表 5-4　重复抽样时 $\bar{x}$ 的抽样分布

$\bar{x}$	频数 f	频率
1	1	1/25
2	2	2/25
3	3	3/25
4	4	4/25
5	5	5/25
6	4	4/25
7	3	3/25
8	2	2/25
9	1	1/25
合计	25	1

将表 5-4 数据绘制成图，如图 5-1 所示。

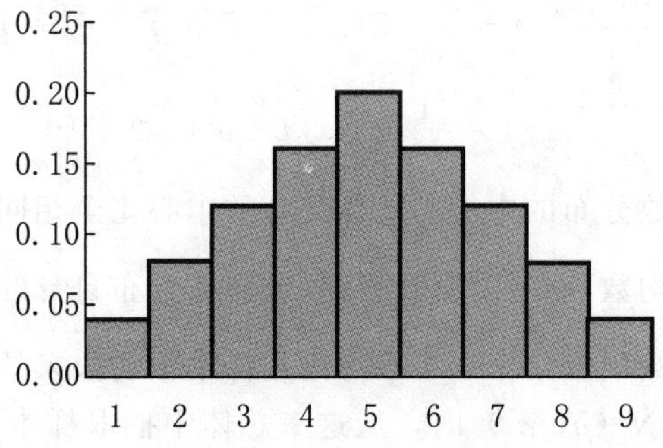

图 5-1　重复抽样下样本均值$\overline{x}$的抽样分布

由图 5-1 可知，$\overline{x}$的数值在 5 处出现的最为频繁。

根据前面所学知识我们来计算抽样分布的平均值 $\mu_{\overline{x}}$ 及其方差 $\sigma_{\overline{x}}^2$，

由表 5-3 直接计算：

$$\mu_{\overline{x}} = \frac{\sum \overline{x}_i}{N^n} = \frac{1+2+\cdots+9}{25} = \frac{125}{25} = 5(\text{万件})$$

$$\sigma_{\overline{x}}^2 = \frac{\sum (\overline{x}_i - \mu_{\overline{x}})^2}{N^n}$$

$$= \frac{(1-5)^2+(2-5)^2+\cdots+(9-5)^2}{25} = \frac{100}{25} = 4\ (\text{万件})$$

或由表 5-4 进行加权计算：

$$\mu_{\overline{x}} = \frac{\sum \overline{x} f}{\sum f} = \frac{1\times1+2\times2+\cdots+9\times1}{25} = \frac{125}{25} = 5(\text{万件})$$

$$\sigma_{\overline{x}}^2 = \frac{\sum (\overline{x}-\mu_{\overline{x}})^2 f}{\sum f} = \frac{(1-5)^2\times1+(2-5)^2\times2+\cdots+(9-5)^2\times1}{25} = \frac{100}{25} = 4(\text{万件})$$

从上面的计算中，可以得出如下结论：

(1) 在重复抽样中，$\overline{x}$的抽样分布的平均值等于原总体的平均值，即样本平均数的均值等于总体平均数，用公式表示为 $E(\overline{x})=\mu$。

(2) 在重复抽样中，$\overline{x}$的抽样分布的方差不等于总体的方差，而是等于总体方差除以用来获得抽样分布的样本容量，用公式表示为：

$$\sigma_{\overline{x}}^2 = \frac{\sigma^2}{n} \qquad (\text{公式 5.14})$$

对于例 5-4，$\sigma_{\overline{x}}^2 = \frac{\sigma^2}{n} = \frac{8}{2} = 4$

抽样分布的标准差为：

$$\sigma_{\overline{x}} = \frac{\sigma}{\sqrt{n}} \qquad (\text{公式 5.15})$$

以上结论具有一般性：设总体变量为 X，其平均数为 μ，方差为 σ^2。在重复抽样的条件下，从总体中抽出的样本记为 x_1，x_2，…，x_n，由于 x_1，x_2，…，x_n 是互相独立的，并且

每个 x_i（$i=1, 2, \cdots, n$）与总体 X 同分布。因此，样本平均数的期望值和方差分别为：

$$E(\overline{x}) = E(\frac{x_1 + x_2 + \cdots + x_n}{n}) = \frac{1}{n}[E(x_1) + E(x_2) + \cdots + E(x_n)] = \mu$$

$$\sigma^2(\overline{x}) = \sigma^2(\frac{x_1 + x_2 + \cdots + x_n}{n}) = \frac{1}{n^2}[\sigma^2(x_1) + \sigma^2(x_2) + \cdots + \sigma^2(x_n)] = \frac{\sigma^2}{n}$$

可以看出，样本平均数分布的中心与总体分布的中心完全相同，样本平均数的方差是总体分布方差的$\frac{1}{n}$。样本平均数分布的集中趋势优于总体分布自身的集中趋势，由于样本平均数能集中分布在总体平均数周围，所以可以考虑用样本平均数来估计总体平均数。

当总体服从正态分布 $N(\mu, \sigma^2)$ 时，从这一总体中抽取样本容量为 n 的样本，样本均值$\overline{x}$的抽样分布具有下面性质：

（1）$\overline{x}$的分布仍然是正态分布。

（2）$\overline{x}$的数学期望等于总体平均数 μ。

（3）$\overline{x}$的方差等于总体方差除以样本容量，即为$\frac{\sigma^2}{n}$。

这时$\overline{x}$所服从的分布就可以得到，即$\overline{x} \sim N(\mu, \frac{\sigma^2}{n})$，这些结论在对正态分布总体进行统计推断中经常会用到。

2. 不重复抽样

前面我们讨论了重复抽样的情况，不重复抽样时类似，但是略有不同。

［例 5-5］　仍以例 5-4 资料为例进行讨论，在不重复抽样的前提下，共有 20 个样本，见表 5-5：

表 5-5　　总体容量为 5 和样本容量为 2 的所有 20 个可能样本

所有抽样结果		第一次抽取				
		1	3	5	7	9
第二次抽取	1	—	1，3	1，5	1，7	1，9
	3	3，1	—	3，5	3，7	3，9
	5	5，1	5，3	—	5，7	5，9
	7	7，1	7，3	7，5	—	7，9
	9	9，1	9，3	9，5	9，7	—

这时，同样计算每一个样本的平均数，结果见表 5-6。

表 5-6　　不重复抽样时样本销售量均值

样本变量	1	3	5	7	9
1	—	2	3	4	5
3	2	—	4	5	6
5	3	4	—	6	7
7	4	5	6	—	8
9	5	6	7	8	—

由表 5-6 整理可以得到样本平均值$\overline{x}$的抽样分布表，见表 5-7。

表 5-7　不重复抽样时$\bar{x}$的抽样分布

$\bar{x}$	频数 f	频率
2	2	2/20
3	2	2/20
4	4	4/20
5	4	4/20
6	4	4/20
7	2	2/20
8	2	2/20
合计	20	1

将表 5-7 数据绘制成图，如图 5-2 所示：

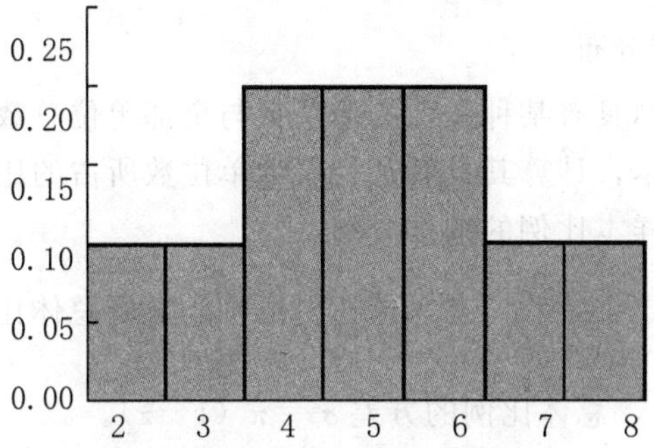

图 5-2　不重复抽样下样本均值$\bar{x}$的抽样分布

由图 5-2 可以看出来，与重复抽样时有区别，$\bar{x}$的数值在 4、5、6 处出现的最为频繁。同样由表 5-7 计算抽样分布的平均值 $\mu_{\bar{x}}$ 及其方差 $\sigma_{\bar{x}}^2$，利用加权计算公式可得：

$$\mu_{\bar{x}}=\frac{\sum \bar{x}f}{\sum f}=\frac{2\times 2+3\times 2+\cdots+8\times 2}{20}=\frac{100}{20}=5(\text{万件})$$

$$\sigma_{\bar{x}}^2=\frac{\sum(\bar{x}-\mu_{\bar{x}})^2 f}{\sum f}$$

$$=\frac{(2-5)^2\times 2+(3-5)^2\times 2+\cdots+(8-5)^2\times 2}{20}=\frac{60}{20}=3\ (\text{万件})$$

计算结果表明：

(1) 在不重复抽样的条件下，$\bar{x}$的抽样分布的平均值等于原总体的平均值，样本平均数分布的中心仍然是总体分布的中心，用公式表示为 $E(\bar{x})=\mu$。

(2) 在不重复抽样的条件下，$\bar{x}$的抽样分布的方差不等于总体的方差，而且与重复抽样时也不相同，要比重复抽样时小。

数学上可以证明，在不重复抽样时，$\bar{x}$的抽样分布的方差为：

$$\sigma_{\bar{x}}^2=\frac{\sigma^2}{n}\left(\frac{N-n}{N-1}\right)\qquad(\text{公式 }5.16)$$

在不重复抽样时，对应的标准差为：

$$\sigma_{\bar{x}} = \frac{\sigma}{\sqrt{n}}\sqrt{\frac{N-n}{N-1}} \qquad \text{（公式 5.17）}$$

可以看出来，不重复抽样与重复抽样相比较，多了一个系数$\sqrt{\frac{N-n}{N-1}} \approx \sqrt{1-\frac{n}{N}}$，这个系数被称为不重复抽样的修正系数。该系数取值范围为（0，1），因此，不重复抽样情况下的标准差恒小于重复抽样下的标准差。当总体单位数 N 很大时，修正系数近似等于1，通常可以用重复抽样条件下样本平均数的标准差来代替不重复抽样条件下样本平均数的标准差。另外，$\frac{n}{N}$的比值称为抽样比例。在统计学上，通常认为抽样比例$\frac{n}{N}<0.05$ 时，就可以省略有限总体修正系数。当$\frac{n}{N}\geqslant 0.05$ 时，则认为总体相对于样本来说，并不很大，或称为有限总体，这时一般要使用有限总体修正系数。所以，一般情况下当样本容量少于总体容量的5%时，大多数从事实际工作的统计工作人员也不用修正系数。

（三）样本比例的抽样分布

比例是指总体或样本中具有某种属性的单位数与全部单位总数之比。从一个定类变量的总体中抽取固定容量的样本，计算其具有某种属性单位数所占的比例，其样本比例的所有可能取值所形成的分布即为样本比例的抽样分布。

由前面总体比例 π 的定义，我们有总体比例的平均数即总体比例本身，即 $\mu_\pi=\frac{N_1}{N}=1-\frac{N_0}{N}=\pi$，这里 $N=N_1+N_0$，总体比例的方差 $\sigma_\pi^2=\pi(1-\pi)$。

现在用重复抽样的方法从总体中抽取容量为 n 的样本，计算样本比例 $p=\frac{n_1}{n}=1-\frac{n_0}{n}$，这里 $n=n_1+n_0$。样本比例 p 是一个随机变量，其分布即为样本比例的抽样分布，也是样本平均数的分布。可以证明 p 的数学期望$E(p)=\pi$，p 的方差为：

$$\sigma_p^2 = \frac{\pi(1-\pi)}{n} \qquad \text{（公式 5.18）}$$

样本比例的抽样分布与二项分布有着密切的联系，当样本容量 n 较大时，二项分布就接近于正态分布，即当 $np\geqslant 5$ 和 $n(1-p)\geqslant 5$ 时，样本比例分布可以用正态分布来近似，即$p\sim N\left(\pi, \frac{\pi(1-\pi)}{n}\right)$。这个结论在对大样本情况下对总体比例进行推断时会用到。

在不重复抽样时，从总体中抽取容量为 n 的样本，计算得到样本比例 $p=\frac{n_1}{n}$，p 也是随机变量，p 的数学期望仍然是 π，即 $E(p)=\pi$，而 p 的方差略有不同，需要应用修正系数进行修正，计算公式为：

$$\sigma_p^2 = \frac{\pi(1-\pi)}{n}\left(\frac{N-n}{N-1}\right) \qquad \text{（公式 5.19）}$$

二、大数定理和中心极限定理

大数定理和中心极限定理是抽样分布最重要的两个结论，它们为抽样推断提供了数学理论基础。

（一）大数定理

大数定理又称为大数定律，也称为大数法则，描述的是在大量重复试验条件下，某种现象呈现出统计上的稳定性的规律。大数定律有一些不同的外在表现形式，其中比较重要的一种表现形式是辛钦大数定律。

定理 5-1（辛钦大数定律） 独立同分布的随机变量 x_1，x_2，…，x_n，它们的平均数为 μ，即 $E(x_i)=\mu$，$(i=1,2,\cdots)$。则对任意的正数 ε，有：

$$\lim_{n\to\infty}p\left\{\left|\frac{1}{n}\sum_{i=1}^{n}x_i-\mu\right|<\varepsilon\right\}=1 \qquad \text{（公式 5.20）}$$

通俗地说，随机地从均值为 μ 的有限总体中抽取观测值，随着抽取的观测值的数目的增加，观测值的均值 $\bar{x}$ 会越来越逼近总体均值 μ，即当样本数量很大时，样本均值和总体均值充分接近。

大数定律揭示了在大量的重复试验中，虽然在每次试验中都不可避免地出现随机误差，影响到具体的试验结果，但随着试验次数的不断增加，这些随机误差可以相互补偿和抵消，从而使总的平均结果具有非随机性的特点。因此，人们可以根据大数定律去预言和估计某些大量随机现象共同作用的结果。大数定律对任何总体都满足，并不仅仅针对正态分布。

[例 5-6]　随着我国金融和通信业的快速发展，人们的个人信息在各种不知情的情况下被泄露，铺天盖地的骚扰、诈骗短信、盗号等行为不停地骚扰着人们的生活。从 2000 年以来，借助手机、固定电话、网络等通信工具和现代网银技术实施的非接触式的诈骗犯罪在中国迅速地发展蔓延。

有时候，人们不禁会质疑，这种像没头苍蝇一样碰运气的骗子，用这种愚蠢、低级的骗术，真的会有人上当吗？但骗子的行为却符合“大数定律”：只要发出的诈骗短信足够海量，上当受骗的概率会稳定在某个值的附近，做极小的波动。有人曾做过这样的一个有趣统计，每发出一万条诈骗短信，受骗的人就有七八个，非常稳定。所以，只要坚持不懈地发出这样的诈骗短信，就一定会有糊涂人上当。人群中个体千差万别，但一些反映群体的平均特征，总会保持在一个相对稳定的范围内波动。这里就是大数定律在起作用，被动地成为了诈骗分子的帮凶。

（二）中心极限定理

大数定理只是说明了大量随机变量的平均结果，没有涉及随机变量的分布问题。中心极限定理告诉我们，在一定的条件下，大量独立的随机变量的平均数的分布是以正态分布为极限的。

统计上可以证明，如果总体服从正态分布，从中抽取样本，无论样本容量 n 是多少，样本均值的分布都近似服从正态分布。如果总体不是正态分布，就与样本容量的大小有关了。随着样本容量 n 的增大（通常要求大样本，即 $n\geqslant30$），不论总体是否服从正态分布，样本均值的抽样分布都将趋于正态分布，其分布的期望值为总体均值 μ，方差为总体方差的 $\frac{1}{n}$。这一定理可以表述为：

定理 5-2（中心极限定理） 从均值为 μ，方差为 σ^2 的总体中抽取样本容量为 n 的随机样本，当 n 充分大时（通常要求 $n\geqslant30$），样本均值的分布近似服从均值为 μ，方差为 $\frac{\sigma^2}{n}$ 的正态分布，即 $\bar{x}\sim N\left(\mu,\ \frac{\sigma^2}{n}\right)$，将 $\bar{x}$ 标准化，等价地有 $\frac{\bar{x}-\mu}{\sigma/\sqrt{n}}\sim N(0,\ 1)$．

中心极限定理告诉我们无论总体服从何种分布，只要它的平均数和标准差客观存在，就可以通过增大样本容量 n 的方式，保证样本平均数 $\bar{x}$ 近似服从正态分布。样本容量 n 越大，样本平均数 $\bar{x}$ 的抽样分布就越接近正态分布。中心极限定理不仅提供了计算独立随机变量之和的近似概率方法，而且解释了为什么自然群体中经验频率呈现出正态分布这一事实。中心极限定理的结论使得正态分布在实践中得以广泛应用，也使得正态分布在数理统计中具有举足轻重的作用。中心极限定理一个特例是总体服从正态分布，这时也称为正态分布的再生定理。

定理 5-3（正态分布再生定理） 如果变量 X 服从正态分布，总体的平均数为 μ，方差为 σ^2，即 $X \sim N(\mu, \sigma^2)$，从这个总体中抽取一个容量为 n 的样本，则样本平均数 $\bar{x}$ 也服从正态分布，其平均数 $E(\bar{x})=\mu$，方差为 $\sigma^2(\bar{x})=\frac{\sigma^2}{n}$，即 $\bar{x} \sim N(\mu, \frac{\sigma^2}{n})$。

中心极限定理对于样本比例的来说也有类似结论，即从任意总体比例为 π，方差为 $\pi(1-\pi)$ 的（0－1）分布总体中，抽取样本容量为 n 的样本，其样本比例 p 的分布随着 n 的增大而趋近于平均数为 π，方差为 $\frac{\pi(1-\pi)}{n}$ 的正态分布。

三、常用概率分布及其性质

抽样分布是统计推断的基础，常见抽样分布有正态分布、卡方分布、t 分布和 F 分布等。其中正态分布在统计中具有举足轻重的作用，不但广泛应用于统计推断，而且还是其他一些统计分布的基础。

（一）正态分布

在现实生活中，正态分布是最常见、最一般、最重要的一种分布，由德国数学家高斯（Gauss）提出，所以也称为高斯分布。

1. 正态分布定义

若随机变量 X 的密度函数为：

$$f(x)=\frac{1}{\sigma\sqrt{2\pi}}e^{-\frac{(x-\mu)^2}{2\sigma^2}},\ -\infty<x<+\infty \qquad \text{（公式 5.21）}$$

其中 μ 和 σ 均为常数，且 $\sigma>0$，则称随机变量 X 服从均值为 μ，方差为 σ^2 的正态分布，记为 $X \sim N(\mu, \sigma^2)$。

不同的 μ 值和不同的 σ 值，对应不同的正态分布。μ 决定了正态曲线的具体位置，如果 σ 相同，而 μ 不同，则正态分布密度函数的中心不同，体现为正态曲线在坐标轴上的水平位移，因此 μ 被称为位置参数。σ 决定了正态曲线的“陡峭”或“扁平”程度，如果 μ 相同，而 σ 不同，则正态分布密度函数的形状发生了变化，因此 σ 被称为形状参数。σ 越大，正态曲线越扁平，σ 越小，正态曲线越陡峭。不同 μ 和 σ 对正态曲线的影响如图 5-3 所示。

2. 正态分布的性质

（1）正态分布曲线的图形是关于 $x=\mu$ 对称的钟型曲线，且峰值在 $x=\mu$ 处，此时数据的均值，中位数和众数相等。

（2）正态分布的两个参数均值 μ 和标准差 σ 一旦确定，正态分布的具体形式也就唯一确定了下来，不同参数取值的正态分布构成一个完整的正态分布族。

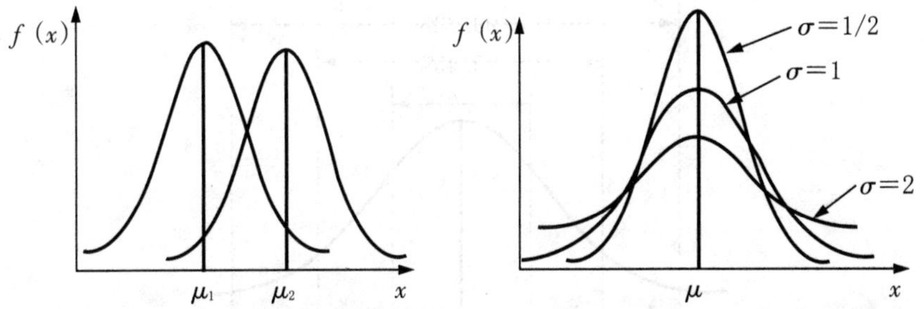

(a) 对应于不同μ的正态曲线　　(b) 对应于不同σ的正态曲线

图 5-3　不同 μ 和 σ 对正态曲线的影响

(3) 当 x 的取值向横轴左右两个方向无限延伸时，正态曲线的左右两个尾端也无限渐进横轴，但理论上永远不会与横轴相交，即 x 轴是曲线的水平渐进线。

(4) 与其他连续随机变量相同，正态随机变量在特定区间上的取值概率由正态曲线下方的面积给出，而且其曲线下方的总面积等于 1。

当 $\mu=0$，$\sigma=1$ 时，正态分布简化为标准正态分布，记为 $N(0,1)$，此时，密度函数为：

$$f(x)=\frac{1}{\sqrt{2\pi}}e^{-\frac{x^2}{2}},\ -\infty<x<+\infty \qquad \text{(公式 5.22)}$$

服从标准正态分布的随机变量在某一区间上取值的概率可以通过查标准正态分布表得到或通过计算机软件计算得到。

有了标准正态分布后，就可以把任意一个服从一般正态分布的随机变量 $X\sim N(\mu,\sigma^2)$ 通过线性变换转化成标准正态分布 $N(0,1)$，这一非常重要的变换称为标准化变换。

标准化变换：若随机变量 X 服从正态分布，记为 $X\sim N(\mu,\sigma^2)$，则随机变量 $Z=\frac{X-\mu}{\sigma}$服从标准正态分布，即 $Z\sim N(0,1)$。

[例 5-7]　设随机变量 X 服从正态分布 $N(\mu,\sigma^2)$，试求 X 落在以 μ 为中心，以 σ、2σ 和 3σ 为半径的区间的概率。

进行标准化 $Z=\frac{X-\mu}{\sigma}$，则 $Z\sim N(0,1)$，所以由标准正态分布求概率，可得：

$$p(\mu-\sigma<X<\mu+\sigma)=p\left(\frac{\mu-\sigma-\mu}{\sigma}<\frac{X-\mu}{\sigma}<\frac{\mu+\sigma-\mu}{\sigma}\right)$$
$$=p(-1<Z<1)=68.27\%$$

$$p(\mu-2\sigma<X<\mu+2\sigma)=p\left(\frac{\mu-2\sigma-\mu}{\sigma}<\frac{X-\mu}{\sigma}<\frac{\mu+2\sigma-\mu}{\sigma}\right)$$
$$=p(-2<Z<2)=95.45\%$$

$$p(\mu-3\sigma<X<\mu+3\sigma)=p\left(\frac{\mu-3\sigma-\mu}{\sigma}<\frac{X-\mu}{\sigma}<\frac{\mu+3\sigma-\mu}{\sigma}\right)$$
$$=p(-3<Z<3)=99.73\%$$

上面的计算可以得到正态分布在一些常用区间上的概率，其图 5-4 所示。

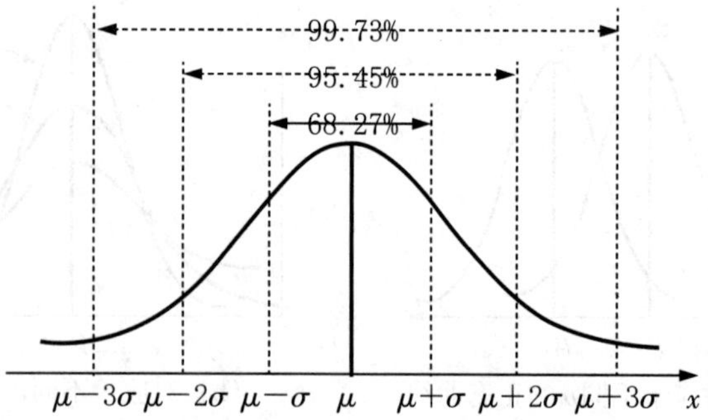

图 5-4　常用区间的正态概率值

由计算结果以及图 5-4 可知，正态随机变量落入其均值左右各 1 个标准差内的概率为 68.27%，左右各 2 个标准差内的概率是 95.45%，左右各 3 个标准差内的概率为 99.73%。而随机变量 X 落在以 μ 为中心，以 3σ 为半径的区间外的概率很小，只有 $1-99.73\%=0.27\%$，这是一个非常小的概率。一般可以认为 X 不会落在以 μ 为中心，以 3σ 为半径的区间之外，这就是所谓的“3σ 原则”，这个结论在质量控制中很有用。

正态分布是最重要的一种分布，原因主要有：

（1）许多现象都可以由正态分布来描述，它是最常见的一种分布，许多随机变量服从或近似服从正态分布。

（2）许多有用的分布可以由正态分布推导出来，如卡方分布、t 分布和 F 分布都与正态分布有关，可以由正态分布导出。

（3）在一定条件下，正态分布还是其他一些分布的近似分布，如二项分布和泊松分布可以利用正态分布来进行近似计算，大样本下的 t 分布与正态分布近似。

（二）χ^2 分布（卡方分布）

χ^2 分布是由正态分布派生出来的，由海尔莫特（Hermert）和英国统计学家卡尔·皮尔逊（K. Pearson）分别于 1875 年和 1890 年推导出的。它主要应用于对总体方差的估计和检验，以及对拟合优度和独立性检验。

1. χ^2 分布定义

若随机变量 X_1，X_2，…，X_n 互相独立，且都服从标准正态分布 N（0，1），则它们的平方和：

$$\chi^2 = \sum_{i=1}^{n} X_i^2 = X_1^2 + X_2^2 + \cdots + X_n^2 \qquad \text{（公式 5.23）}$$

服从自由度为 n 的 χ^2 分布，即 $\sum_{i=1}^{n} X_i^2 \sim \chi^2(n)$。

2. χ^2 分布的性质

（1）χ^2 分布的变量值始终为正。

（2）若 X 服从自由度为 n 的 χ^2 分布，则其数学期望 $E(X)=n$，其方差为 $D(X)=2n$。随着自由度的增大，χ^2 分布期望和方差随之增大。

（3）χ^2 分布是以自由度 n 为参数的分布族。自由度决定了 χ^2 分布的形状，对于不同的 n，有不同的 χ^2 分布，如图 5-5 所示。

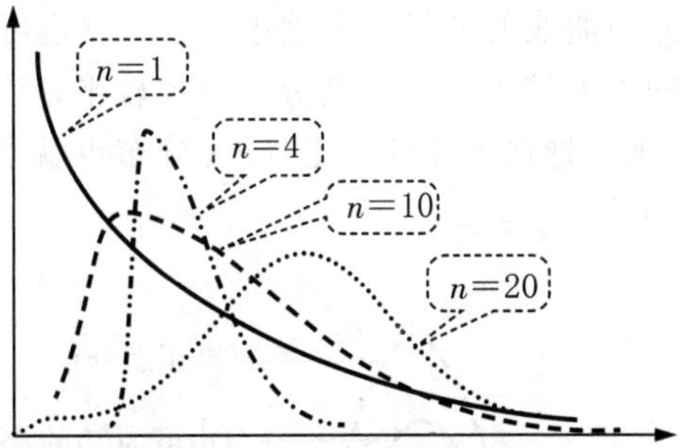

图 5-5　不同自由度的 χ^2 分布

(4) χ^2 分布是一种非对称分布。这一点与前面介绍的正态分布不同，也与后面要介绍的 t 分布不同。χ^2 分布是不对称偏态分布，一般为正偏分布，其取值范围为 $(0, +\infty)$，随着自由度的逐渐增大，χ^2 分布曲线的最高点逐渐下降并向右移动，分布曲线趋于对称。当 $n\to\infty$时，$\chi^2(n)\to$正态分布。

(5) 分布的可加性。若随机变量 X、Y 互相独立，且分别服从自由度为 n_1、n_2 的 χ^2 分布，则 $X+Y$ 服从自由度为 n_1+n_2 的 χ^2 分布，即：$X+Y\sim\chi^2(n_1+n_2)$。

对于不同的 α 和 n，χ^2 分布分位数的值已经编制成表，供使用者查用，或者可以使用软件计算得到。

(三) t 分布

t 分布由英国统计学家威廉·西里·戈赛特（Willam Sealy Gosset）于 1900 年提出，由于他经常用笔名 student 发表文章，因此又称为学生分布。t 分布是统计推断中重要的分布，是小样本分布，适应于当总体标准差 σ 未知时，用样本标准差 s 代替总体标准差 σ，由样本平均数推断总体平均数，也用于两个小样本之间均值差异的显著性检验。

1. t 分布定义

若随机变量 $X\sim N(0, 1)$，随机变量 $Y\sim\chi^2(n)$，且 X、Y 互相独立，则随机变量：

$$t=\frac{X}{\sqrt{Y/n}} \qquad \text{(公式 5.24)}$$

服从自由度为 n 的 t 分布，记为 $t\sim t(n)$。

2. t 分布的性质

(1) t 分布是对称分布。因为 $f(x)$ 是偶函数，所以 t 分布关于 y 轴对称，这一点与 χ^2 分布有所不同，但与标准正态分布相似。

(2) t 分布的数学期望 $E(t)=0$，t 分布的方差为 $D(t)=\frac{n}{n-2}$，$n>2$。当自由度大于 1 时，t 分布的数学期望才为 0；自由度为 1 时，称为柯西分布，数学期望不存在。t 分布的方差与自由度有关，当自由度小于等于 2 时，方差不存在，当自由度 $n\to\infty$，方差极限为 1。

(3) t 分布是一个分布族，对于不同的样本容量都对应着不同的分布，且其均值都为 0。

(4) t 分布的自由度 n，是由生成 t 分布的分母即 χ^2 分布随机变量的自由度而来。

t 分布的形状和自由度 n 关系密切，n 的大小是 t 分布和标准正态分布相区别的重要条件之一。由图 5-6 可以看出来，自由度较小时，t 分布曲线与标准正态分布曲线的区别越明显，与标准正态分布相比，t 分布的中心部分较低、较平，两个尾部较高。随着自由度增加，t 分布曲线与标准正态分布曲线的差异逐渐缩小。这一点也可以从 t 分布的方差看出来，当自由度 n 较小时，t 分布的方差较大，此时其分布就比较平；当自由度 n 增大到大于或等于 30 时，t 分布方差较小，越来越接近于 1，此时，t 分布也就渐进于标准正态分布，这时可以用标准正态分布代替 t 分布。

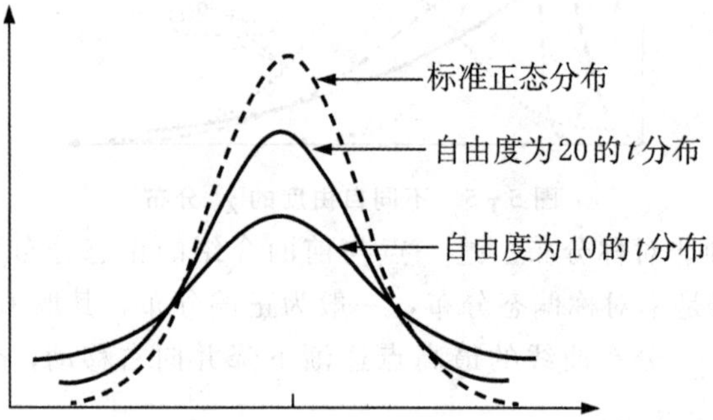

图 5-6 不同自由度的 t 分布与标准正态分布的比较

对于不同的 α 和 n，t 分布的双侧分位数的值可查对应的临界值表，或者可以使用软件计算得到。

（四）F 分布

F 分布是随机变量另外一种重要的小样本分布，由英国统计学费希尔（R. A. Fisher）于 1924 年提出。F 分布用途很广，可用于总体方差的统计推断、方差分析、协方差分析、回归分析和多元统计分析等。

1. F 分布定义

若随机变量 X、Y 分别服从自由度为 n_1、n_2 的 χ^2 分布，且 X、Y 互相独立，则随机变量：

$$F=\frac{X/n_1}{Y/n_2} \qquad \text{（公式 5.25）}$$

服从第一自由度为 n_1，第二自由度为 n_2 的 F 分布，记为 $F \sim F(n_1, n_2)$。

2. F 分布的性质

（1）F 分布的图形与 χ^2 类似，也是一种非对称的正偏分布，其形状取决于两个自由度。随着第一自由度 n_1 的增大，分布曲线逐渐趋于对称，随着两个自由度的增大，分布曲线逐渐趋于正态分布，如图 5-7 所示。

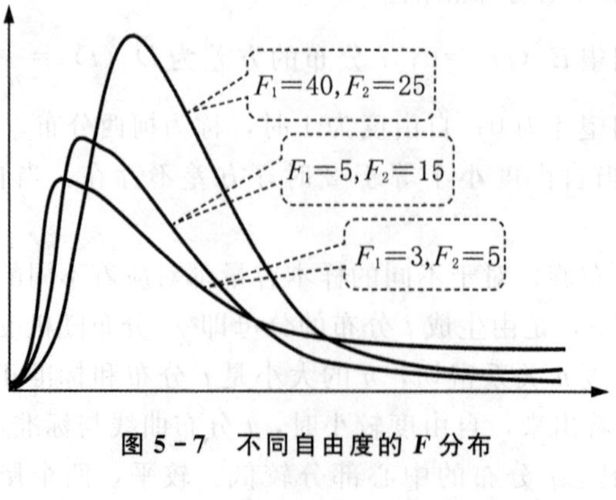

图 5-7 不同自由度的 F 分布

(2) F 分布的数学期望和方差分别为：

$$E(F)=\frac{n_2}{n_2-2}\ (n_2>2),$$

$$D(F)=\frac{2n_2^2(n_1+n_2-2)}{n_1(n_2-2)^2(n_2-4)}\ (n_2>4)$$

可以看出，随着第二自由度 n_2 增大，F 分布的均值趋向于 1，而方差则取决于两个自由度。

(3) F 分布的自由度，是由构造 F 分布的分子和分母的两个 χ^2 分布随机变量的自由度而来。由于 F 分布的分子和分母的 χ^2 分布可以交换，所以 F 分布的两个自由度有一个非常重要性质是：

若 $F\sim F(n_1, n_2)$，则 $\frac{1}{F}\sim F(n_2, n_1)$。

这个性质常用来求 F 分布表中没有列出的某些上侧分位数。

F 分布的上侧分位数的值可查对应的临界值表，或者可以使用软件计算得到。

认识拓展

一、抽样组织形式

要进行统计推断就得从总体中进行抽样，以得到所需的样本数据。样本是遵循一定的抽样规则从总体中抽取的一部分单位组成的集合。根据研究目的及抽取样本的规则不同，抽样方法分为概率抽样和非概率抽样两种。

非概率抽样是相对于概率抽样而言，指抽取样本时不是依据随机原则，而是根据研究目的对数据的要求，按照人们的主观愿望或某个标准，采用某种方式从总体中抽出部分单位对其实施调查。非概率抽样的方式有许多种，主要包括方便抽样、判断抽样、自愿抽样、滚雪球抽样和配额抽样等。非概率抽样不是依据随机性原则抽选样本，样本统计量的分布不确切，无法使用样本结果对总体参数进行推断，因此适合于探索性研究，用于发现问题。

概率抽样也称随机抽样，是实际应用最广泛的一种调查方法，它是从总体中按随机原则抽取一部分单位作为样本进行调查，并根据样本调查结果来推断总体数量特征的一种非全面调查。概率抽样依据随机性原则抽取样本，样本统计量的理论分布很容易确定，可以根据调查结果对总体有关参数进行估计与推断，计算估计误差，得到参数的置信区间，也可以对总体的某种假设进行检验。

概率抽样的方式主要有简单随机抽样、分层随机抽样、整群抽样、系统抽样和多阶段抽样等。由于概率抽样的方式不同，相应的推断方法就存在差异。因为我们后面所要介绍的内容都是以概率抽样为基础，所以我们不对非随机抽样做过多阐述，只对概率抽样方法做系统介绍。

(一) 简单随机抽样

简单随机抽样（Simple random sampling）又称为纯随机抽样，是指从 N 个抽样单元中随机地、一个一个地抽取 n 个单元作为样本，使得每一个容量为 n 的样本都有相等的概率被抽中，这 n 个被抽中的单元就构成了一个简单随机样本。简单随机抽样是最基本的抽样组织形式，它是其他概率抽样方法的基础，有两种不同的样本获取方法：重复抽样和不重复抽样。

重复抽样也称为有放回抽样，即在容量为 N 的总体中抽取一个样本单位后，进行登记和观测，记录其标志值后，把这个单位放回到总体中，再继续进行下一轮抽样，反复抽取直至抽完所需 n 个样本单位为止。由于每一个总体单位有可能被重复抽中，所以称为重复抽样，其特点是：相当于进行了 n 次互相独立的随机试验，每次试验的结果与前次、后次的结果没有关系。每次试验都是在相同的情况下进行的，所以每个总体单位被抽中的概率相同，都是 $1/N$。

不重复抽样也称为无放回抽样，即在容量为 N 的总体中抽取一个样本单位后，进行登记和观测，记录其标志值后，将这个单位不放回到总体中，下次抽样继续在剩余的总体单位中进行，直至抽完所需 n 个样本单位为止。由于每一个总体单位不可能被重复抽中，所以称为不重复抽样，其特点是：n 次抽样之间互相不独立，因为每个总体单位只有一次被抽中的机会，不会重复出现在样本中，上次中选情况会影响下一次抽选结果。每个单位在多轮试验中被抽中的概率不相等，随着抽样次数的增加而增大，分别为 $1/N$，$1/(N-1)$，…，$1/(N-n+1)$。

在重复抽样中，如果考虑抽样顺序，所有可能的样本个数为 N^n；如果不考虑抽样顺序，则可能的样本个数为$\frac{(N+n-1)!}{(N-1)!\ n!}$。在不重复抽样中，如果考虑抽样顺序，所有可能的样本个数为$\frac{N!}{(N-n)!}$；如果不考虑抽样顺序，则可能的样本个数为$\frac{N!}{(N-n)!\ n!}$。

通常在实际工作中总体容量特别大，采用不重复抽样时也可以近似认为样本点之间互相独立，特别是总体容量无限大时，无论采取重复抽样还是不重复抽样，都可以认为样本点之间是互相独立的。

由简单随机抽样得到的样本称为简单随机样本，多数统计推断都以此为基础。虽然简单随机抽样在理论上是最符合随机原则的一种抽样方式，但是它没有有效利用人们对总体的已知信息，其抽样误差并不是最小的，在进行较大规模的抽样调查时，其抽样组织工作也不易开展。

（二）分层随机抽样

分层随机抽样也称为类型抽样或分类抽样，它是在对总体有一定认识的基础上，将抽样单元按照某种特征或某种规则划分为不同的“层（或类）”，然后在每一层内独立地进行随机抽样，从各层抽取一定数量的调查单位构成所需的样本，对总体参数进行估计。分层随机抽样实质是在各层内进行抽样调查，充分利用了一些有用信息，使抽出的样本分布在各个层内，各层尽可能与总体保持相似的结构，从而提高样本的代表性，减少抽样误差。这种抽样方法在实际调查工作中应用比较广泛。

（三）整群抽样

整群抽样又称为集团抽样，是先将总体单位划分成某干个群，然后以群为抽样单位进行随机抽样，对抽中群的所有单位进行全面调查的一种抽样方法。整群抽样实质上是对群体进行抽样调查，在抽中的群内进行全面调查，因此样本的代表性取决于抽中群对全部群的代表性。群一般是由地理上比较集中的单位所组成，调查地点比较集中，方便调查实施，节约调查费用。主要缺点是在相同的样本容量情况下，其抽样误差相对要大一些。

（四）系统抽样

系统抽样也称为等距抽样或机械抽样，是事先按照某标志对总体单位进行排队，在规定的范围内随机地抽取一个单位作为初始单位，然后按照相等距离或相等间隔抽取其他样本单位的一种抽样方法。系统抽样的优点是操作简单，使抽样过程大大简化，能够保证被抽取的单位在全及总体中均匀地分布。如果有辅助信息，对总体内的单位进行有组织的排列，可以有效的提高估计精度。系统抽样的缺点是对估计量方差的估计比较困难。

（五）多阶段抽样

多阶段抽样类似于整群抽样，将整个抽样程序分成若干段。它首先从所有群中抽取一部分群，但并不对抽中群中的所有单位进行调查，而是进一步从中抽取若干基本单位进行调查，样本通过两个阶段抽出，称为二阶段抽样，以此类推，还有三阶段抽样或更多阶段抽样，这样逐阶段进行抽样，完成整个抽样过程，这种抽样方式称为多阶段抽样。

多阶段抽样具有整群抽样的优点，可以保证样本相对比较集中，节约了调查费用。但是多阶段抽样每增加一个抽样阶段就会增加一份抽样误差，用样本对总体进行估计也就更加复杂。多阶段抽样是各种抽样方法的综合应用，可以根据每阶段抽样的不同情况，灵活选择抽样组织方式。

二、抽样分布定理

（一）样本均值的抽样分布定理

在实际应用中许多总体分布或是正态分布，或可以认为近似是正态分布。即使总体分布非正态，由大数定理和中心极限可知，在大样本的情况下，样本均值的分布也可以近似认为是正态分布。现将总体为正态分布时，常用的样本统计量的抽样分布作以简单介绍，相应证明从略。

定理 5-4（样本均值的抽样分布定理） 设总体 $X \sim N(\mu, \sigma^2)$，x_1，x_2，…，x_n 是从这一正态总体中抽取的一个简单随机样本，$\bar{x} = \dfrac{\sum x}{n}$，$s^2 = \dfrac{\sum (x-\bar{x})^2}{n-1}$，则：

（1）样本均值$\bar{x}$与样本方差 s^2 互相独立

（2）$\bar{x} \sim N\left(\mu, \dfrac{\sigma^2}{n}\right)$ 或 $\dfrac{\bar{x}-\mu}{\sigma/\sqrt{n}} \sim N(0, 1)$　（公式 5.26）

（3）$t = \dfrac{\bar{x}-\mu}{s/\sqrt{n}} \sim t(n-1)$　（公式 5.27）

（4）$\dfrac{\sum_{i=1}^{n}(x_i-\bar{x})^2}{\sigma^2} = \dfrac{(n-1)s^2}{\sigma^2} \sim \chi^2(n-1)$　（公式 5.28）

前面介绍的样本均值和样本比例的抽样分布的结论便是这里定理结论（2）的直接应用。当总体的方差 σ^2 未知，且小样本情况下，由定理结论（3）可知$\dfrac{\bar{x}-\mu}{s/\sqrt{n}}$不再服从标准正态分布，而是服从自由度为 $n-1$ 的 t 分布。由定理结论（4）可以看出，比值$\dfrac{(n-1)s^2}{\sigma^2}$服从自由度为 $n-1$ 的 χ^2 分布。

[例 5-8] 某农场种植了 6 000 株果树，每株果树年平均产量为 200 公斤，标准差为 20 公斤。现在从中随机抽取了 50 株进行测试。试描述 50 株果树的平均产量的抽样分布；求这 50 株果树组成的样本的年平均产量不超过 207 公斤的概率是多少。

尽管我们对 6 000 株果树的年产量的分布不知道，但是根据中心极限定理可以得到 50 株果树的平均产量$\overline{x}$近似服从正态分布。其均值为 $\mu_{\overline{x}}=\mu=200$，方差 $\sigma_{\overline{x}}^2=\frac{\sigma^2}{n}=\frac{20^2}{50}=8$，即 $\overline{x}\sim N(200, 8)$。

将$\overline{x}$的值变换为标准正态分布，即 $z=\frac{\overline{x}-\mu}{\sigma/\sqrt{n}}=\frac{207-200}{20/\sqrt{50}}=2.47$

50 株果树组成的样本的年平均产量不超过 207 公斤的概率：$P(z\leqslant 2.47)=0.9933$

（二）样本均值之差的抽样分布定理

在某些情况下，需要对来自两个不同总体的参数进行比较。比如，我们要推断两个总体均值之差 $\mu_1-\mu_2$，两个总体比例之差 $\pi_1-\pi_2$，两个总体的方差之比 σ_1^2/σ_2^2，这时，推断这些参数的样本统计量分别是两个样本均值之差$\overline{x}_1-\overline{x}_2$，两个样本比例之差 p_1-p_2，两个样本的方差之比 s_1^2/s_2^2。而且我们需要知道这些样本统计量所服从的分布，$\overline{x}_1-\overline{x}_2$ 的分布取决于两个总体的分布和两个样本的样本量大小；p_1-p_2 的分布在两个样本都是大样本的情况下近似服从正态分布；而 s_1^2/s_2^2 的分布则服从 F 分布。相应的结论也是由下面定理给出：

定理 5-5（样本均值之差的抽样分布定理） 若总体 $X\sim N(\mu_1, \sigma_1^2)$，总体 $Y\sim N(\mu_2, \sigma_2^2)$，且两个总体互相独立。从第一个总体中抽取样本容量为 n_1 的样本，记为 x_1，x_2，…，x_{n_1}；从第二个总体中抽取样本容量为 n_2 的样本，记为 y_1，y_2，…，y_{n_2}；$\overline{x}=\frac{\sum x}{n_1}$，$s_1^2=\frac{\sum(x-\overline{x})^2}{n_1-1}$，$\overline{y}=\frac{\sum y}{n_2}$，$s_2^2=\frac{\sum(y-\overline{y})^2}{n_2-1}$，则：

（1）$z=\frac{(\overline{x}-\overline{y})-(\mu_1-\mu_2)}{\sqrt{\frac{\sigma_1^2}{n_1}+\frac{\sigma_2^2}{n_2}}}\sim N(0, 1)$ （公式 5.29）

（2）当 $\sigma_1^2=\sigma_2^2$，则：

$$t=\frac{\overline{x}-\overline{y}-(\mu_1-\mu_2)}{s_p\sqrt{\frac{1}{n_1}+\frac{1}{n_2}}}\sim t(n_1+n_2-2) \quad \text{（公式 5.30）}$$

其中：$s_p=\sqrt{\frac{(n_1-1)s_1^2+(n_2-1)s_2^2}{n_1+n_2-2}}$

（3）$F=\frac{s_1^2/\sigma_1^2}{s_2^2/\sigma_2^2}\sim F(n_1-1, n_2-1)$ （公式 5.31）

利用这一定理，我们就可以得到两个样本比率之差的抽样分布。设有两个总体，它们具有某种特征的单位数所占的比例分别为 π_1 和 π_2，现在从这两个总体中分别抽取样本容量为 n_1 和 n_2 的两个独立随机样本，其样本比例分别为 p_1 和 p_2，当 n_1 和 n_2 很大时，两个样本比例之差 p_1-p_2 的抽样分布就近似于正态分布，并且，其平均值和方差分别为：

$$\mu_{p_1-p_2}=\pi_1-\pi_2,\quad \sigma_{p_1-p_2}^2=\frac{\pi_1(1-\pi_1)}{n_1}+\frac{\pi_2(1-\pi_2)}{n_2}$$

即 $p_1-p_2 \sim N\left[\pi_1-\pi_2，\dfrac{\pi_1(1-\pi_1)}{n_1}+\dfrac{\pi_2(1-\pi_2)}{n_2}\right]$，将这一正态分布标准化，可得：

$$z=\frac{(p_1-p_2)-(\pi_1-\pi_2)}{\sqrt{\dfrac{\pi_1(1-\pi_1)}{n_1}+\dfrac{\pi_2(1-\pi_2)}{n_2}}} \sim N(0，1) \qquad \text{（公式 5.32）}$$

[例 5-9]　两所著名高校在 2016 年录取新生时 S 高校的平均分为 520 分，且服从正态分布，标准差为 20 分。X 高校的平均分为 510 分，也服从正态分布，标准差为 25 分。现在从两所高校各随机抽取 10 名新生计算其平均分数，出现 S 高校比 X 高校的平均分低的可能性有多大。

因为两个总体均为正态分布，所以 10 个新生的平均成绩 $\bar{x}$，$\bar{y}$ 也分别是正态分布，$\bar{x}-\bar{y}$ 也是正态分布，并且 $\bar{x}-\bar{y} \sim N\left(\mu_1-\mu_2，\dfrac{\sigma_1^2}{n_1}+\dfrac{\sigma_1^2}{n_2}\right)$。

S 高校新生平均成绩低于 X 高校新生平均分成绩，即 $\bar{x}-\bar{y} \leqslant 0$

由抽样分布定理可知：$z=\dfrac{(\bar{x}-\bar{y})-(\mu_1-\mu_2)}{\sqrt{\dfrac{\sigma_1^2}{n_1}+\dfrac{\sigma_2^2}{n_2}}} \sim N(0，1)$，所以：

$$P(\bar{x}-\bar{y} \leqslant 0)=P\left[\frac{(\bar{x}-\bar{y})-(\mu_1-\mu_2)}{\sqrt{\dfrac{\sigma_1^2}{n_1}+\dfrac{\sigma_2^2}{n_2}}} \leqslant \frac{0-(520-510)}{\sqrt{\dfrac{20^2}{10}+\dfrac{25^2}{10}}}\right]=P(z \leqslant -0.99)=0.1611$$

S 高校比 X 高校的平均分低的可能性为 16.11%。

本讲小结

一、本讲重点

1. 样本统计量是根据观测值计算的样本指标，包括样本平均数、样本比例、样本标准差和样本方差等。总体参数是根据总体中全部数据计算的表明总体特征的数量指标，包括总体平均数、总体比例、总体标准差和总体方差等。抽样的目的就是通过样本统计量来估计总体参数。

2. 大数定理和中心极限定理是抽样分布最重要的两个结论，它们是抽样推断的理论基础。

3. 抽样分布是推断总体参数的理论基础。样本平均数的抽样分布是一个最基本和最重要的分布，当总体服从正态分布或非正态总体大样本时，样本均值的抽样分布服从正态分布，其数学期望等于总体的均值，方差为总体方差的 $1/n$。

4. 常用抽样分布有正态分布、χ^2 分布、t 分布和 F 分布等。其中，正态分布在统计中具有举足轻重的作用，广泛应用于统计推断，是其他一些统计分布的基础。

二、难点释疑

从四个层次来理解样本均值的抽样分布：第一，样本统计量本身是随机变量。由于抽样是随机的，所以，统计量是一个随机变量，取值随着样本的不同而不同，要做估计，必须要知道样本统计量的抽样分布。第二，抽样分布是一种理论分布。抽样分布反映样本指标的分布特征，提供了对应统计量稳定而长远的信息，它是用样本统计量推断总体参数的理论基础。第三，样本均值的抽样分布。它是所有的样本均值形成的分布，在形状上是对称的。第四，中心极限定理。即随着样本量 n 的增大，不论原来的总体是否服从正态分布，样本均值的抽样分布都将趋于正态分布，其分布的数学期望为总体均值 μ，方差为总体方差的 $1/n$。

第 11 讲　参数估计

问题提出

［例 5－10］　人们每天都在做估计，根据估计的分数来填报高考志愿，根据外表估计一个人的身高和体重，根据前几天的数据估计今天的股市行情，根据营业数据等估计一个公司的业绩等等。

2016 年 3 月，石河子大学统计学专业四位同学组成的“阿孜古丽”调查小组对吐鲁番市学前双语教学质量影响因素进行了抽样调查。本次调查向双语幼儿园教师（包括园长、一线教师和保育员）发放问卷 180 份，回收 159 份，回收率为 88.3%（鄯善县、托克逊县各 40 份，高昌区 100 份）；对家长发放问卷 750 份，回收 671 份，回收率为 89.47%（鄯善县、托克逊县各 200 份、高昌区 350 份）。两份问卷中关于月工资问题，调查数据经整理见表 5－8。根据抽样结果使用 95%的置信水平得到的估计结论是：吐鲁番市双语幼儿园教师月平均工资水平在 2 467～2 545 元之间，吐鲁番市双语幼儿园学生家长月平均收入在 2 597～2 615元之间。

表 5－8　吐鲁番市双语幼儿园教师和学生家长收入情况

月工资	教师人数	家长人数
1 000 元以下	5	3
1 000～2 000 元	34	193
2 000～3 000 元	77	239
3 000～4 000 元	41	202
4 000 元以上	2	34
合计	159	671

根据掌握的少量样本信息可以做出明智的决策吗？回答是肯定的，参数估计是统计推断的主要内容之一。本讲提出的问题是：

如何利用样本数据对总体参数进行估计？

概念辨析

一、估计量与估计值

参数估计（Parameter estimate）是推断统计学的主要内容之一，通俗地说就是利用样本统计量来估计总体参数。参数估计首先需要明确和区分的两个概念就是估计量和估计值。

估计量（Estimator）是对总体参数进行估计的相应样本统计量，随着抽取的样本不同而不同，是一个随机变量。常用的估计量有：

样本平均数 $\bar{x}=\dfrac{\sum x}{n}$ 或 $\bar{x}=\dfrac{\sum xf}{\sum f}$ 作为总体平均数 μ 的估计量。

样本方差 $s^2=\dfrac{\sum(x-\overline{x})^2}{n-1}$ 或 $s^2=\dfrac{\sum(x-\overline{x})^2 f}{\sum f-1}$ 作为总体方差 σ^2 的估计量。

样本标准差 $s=\sqrt{\dfrac{\sum(x-\overline{x})^2}{n-1}}$ 或 $s=\sqrt{\dfrac{\sum(x-\overline{x})^2 f}{\sum f-1}}$ 作为总体标准差 σ 的估计量。

样本比例 $p=\dfrac{n_1}{n}$ 作为总体比例的估计量。

估计值（estimate）是根据一个具体的样本计算出来的估计量的实际数值，是一个具体数值。

［**例 5-11**］　估计石河子大学大一新生的平均身高，从所有新生中抽取了一个样本容量为 30 的随机样本。那么所有大一新生的平均身高就是参数，用 θ 来表示，根据 30 个样本计算的平均身高 $\overline{x}$ 就是一个估计量，用 $\hat{\theta}$ 来表示。假定抽中的 30 名新生计算出来的平均身高为 165cm，则这里的 165cm 就是估计量的具体数值，称为估计值。

二、抽样误差

在进行统计调查的过程中，统计误差产生的原因主要有两大类：一类是登记性误差，另一类是代表性误差。

登记性误差是指在统计调查中进行登记、过录、汇总和计算时出现的重复计算、数据遗漏、数据瞒报和虚报、统计口径不一致等主客观原因所导致的误差。这类误差在全面调查和非全面调查中均会存在，可以通过提高调查人员的素质和严格执行统计法规来将登记性误差降到最低限度。代表性误差是由于样本单位的结构分布与总体单位分布不一致而导致的误差，可以细分为系统性误差和随机性误差。系统性误差是指违反随机原则抽取样本单位而导致的偏差。随机性误差是指在严格遵循随机性原则的前提下，由于偶然因素的影响而导致的样本不足以代表总体的误差。登记性误差和系统性误差属于统计调查的组织问题，可以采取相应的措施加以避免或将其降低到最低限度。

抽样误差是指按照随机原则抽样时，在假设不包含登记性误差和系统性误差的前提下，单纯由随机抽样的偶然因素使得样本结构不足以代表总体结构，而引起的样本估计量与总体参数之间数量上的差异。这种误差是抽样调查所固有的，无法避免，对于任何一个样本，其抽样误差都不可能测量出来，但是其大小可以依据概率分布理论加以说明和精确计算，并可以通过抽样程序加以控制。抽样误差又包括抽样实际误差、抽样平均误差和抽样极限误差。

1. 抽样实际误差

抽样实际误差是指在一次具体抽样调查中，由随机因素引起的样本统计量和总体参数之间的离差，如样本平均数和总体平均数之间的绝对离差。在抽样估计中，由于总体参数 θ 的数值通常是未知的，所以每次抽样的实际误差 $\theta-\hat{\theta}$ 是无法进行计算的。

2. 抽样平均误差

从一个总体中可能抽取很多个样本，样本统计量如 $\overline{x}$ 和 p 随着不同的样本而有不同的取值。它们对总体参数如 μ 和 π 的离差也是有大有小，即抽样误差是一个随机变量。抽样平均误差是反映抽样误差一般水平的一个指标，用抽样平均数或抽样比例的标准差来反映这种平均误差程度，称其为抽样平均误差。抽样平均误差可以说明样本指标代表性大小以及样本指标与总体指标相差的一般范围。

用 $\mu_{\bar{x}}$ 表示样本平均数的抽样平均误差，以 μ_p 表示样本比例的抽样平均误差，M 表示全部可能的样本数目，则：

$$\sigma_{\bar{x}}=\sqrt{\frac{\sum(\bar{x}-\mu)^2}{M}} \text{ 或 } \sigma_p=\sqrt{\frac{\sum(p-\pi)^2}{M}} \quad \text{（公式 5.33）}$$

统计学家证明，上式实际上是样本均值或样本比例的标准差，因此有：

在重复抽样下，抽样平均数的标准差为：$\sigma_{\bar{x}}=\frac{\sigma}{\sqrt{n}}$ （公式 5.34）

在不重复抽样下，抽样平均数的标准差为：$\sigma_{\bar{x}}=\sqrt{\frac{\sigma^2}{n}\frac{N-n}{N-1}}$ （公式 5.35）

在重复抽样下，比例的抽样平均误差为：$\sigma_p=\sqrt{\frac{\pi(1-\pi)}{n}}$ （公式 5.36）

在不重复抽样下，比例的抽样平均误差为：$\sigma_p=\sqrt{\frac{\pi(1-\pi)}{n}\frac{N-n}{N-1}}$ （公式 5.37）

可以看出来，抽样平均误差比通常所说的总体标准差要小得多，如在重复抽样下，抽样平均数的标准差是总体标准差的 $1/\sqrt{n}$。重复抽样和不重复抽样相比抽样平均误差多了系数 $\sqrt{\frac{N-n}{N-1}}$，当总体容量比较大时 $\sqrt{\frac{N-n}{N-1}}\approx\sqrt{1-\frac{n}{N}}$，我们把这个系数称为不重复抽样的修正系数，该系数在 0～1 之间取值，所以不重复抽样平均误差比重复抽样小。通常总体方差 σ^2 和总体比例 π 未知，在计算时用样本方差 s^2 和样本比例 p 代替计算。

[例 5－12] 重复抽样条件下，对于例 5－4，利用公式可以得到抽样平均误差为：

$$\sigma_{\bar{x}}=\frac{\sigma}{\sqrt{n}}=\frac{\sqrt{8}}{\sqrt{2}}=2 \text{（万件）}$$

[例 5－13] 不重复抽样条件下，对于例 5－5，利用公式可以得到抽样平均误差为：

$$\sigma_{\bar{x}}=\sqrt{\frac{\sigma^2}{n}\frac{N-n}{N-1}}=\sqrt{\frac{8}{2}\times\frac{3}{4}}=\sqrt{3}=1.732 \text{（万件）}$$

[例 5－14] 某食品共 7 000 袋，标注重量 500g，小于这个重量就认为该产品不合格，现在随机抽取了 100 袋进行调查，发现有 7 袋不足 500g，求合格品率的抽样平均误差。

由题目可知，$p=\frac{97}{100}=0.97$

在重复抽样下，比例的抽样平均误差为：

$$\sigma_p=\sqrt{\frac{\pi(1-\pi)}{n}}=\sqrt{\frac{0.97\times0.03}{100}}=0.0171$$

在不重复抽样下，比例的抽样平均误差为：

$$\sigma_p=\sqrt{\frac{\pi(1-\pi)}{n}\left(1-\frac{n}{N}\right)}=\sqrt{\frac{0.97\times0.03}{100}\left(1-\frac{100}{7\,000}\right)}=0.0169$$

抽样平均误差的大小，可以用来衡量样本统计量对总体参数的代表性。抽样平均误差越小，样本统计量对总体参数的代表性愈大；抽样平均误差愈大，样本统计量对总体参数的代表性越差。抽样平均误差是计算统计量与参数之间变异范围的一个依据；也是确定样本容量的依据之一。

由抽样平均误差的计算公式可以看出，其大小主要受下面几个因素影响：

第一，受总体标准差大小的影响。抽样平均误差与总体的标准差成正比。即总体标准差越小，抽样平均误差也就越小；总体标准差越大，抽样平均误差也就越大。

第二，受样本单位数多少的影响。样本容量和抽样平均误差成反比。即样本容量越多，抽样平均误差就越小；样本容量越小，抽样平均误差就越大。

第三，受抽样方法的影响。不重复抽样的抽样平均误差小于重复抽样的抽样平均误差。

第四，受抽样组织方式的影响。不同的抽样组织方式其抽样平均误差的计算方法不同，计算结果也不相同。

3. 抽样极限误差

抽样平均误差只是从所有可能样本的角度来度量抽样误差的一般水平，而在任何一次具体的抽样中，实际抽样误差可能大于其抽样平均误差，也可能小于其抽样平均误差。因此，在抽样估计中我们还需要了解在一定可能性下抽样误差的可能范围，这就需要计算抽样极限误差。

抽样极限误差就是样本指标和总体指标之间的误差范围，用 $\Delta_{\bar{x}}$ 和 Δ_p 分别表示样本平均数和样本比例的抽样极限误差，则有：

$|\bar{x}-\mu| \leqslant \Delta_{\bar{x}}$ 或 $|p-\pi| \leqslant \Delta_p$ （公式 5.38）

由上式表示的抽样极限误差是一个可能而非完全肯定的范围。这个可能范围的大小与人们给定的可能性大小有关。

抽样极限误差表示在一定概率水平下抽样误差的可能范围，即在 $1-\alpha$ 的概率水平下，样本统计量和总体参数的最大可能差异，也称为允许误差。这里可能性大小的概率 $1-\alpha$ 称为置信度，习惯上也称为可靠程度、把握程度或概率保证程度等。

在大样本的条件下，样本平均数服从或渐进服从正态分布，有：

$P(|\bar{x}-\mu| \leqslant z_{\alpha/2}\sigma_{\bar{x}}) = 1-\alpha$ 或 $P(|p-\pi| \leqslant z_{\alpha/2}\sigma_p) = 1-\alpha$ （公式 5.39）

可见，$z_{\alpha/2}\sigma_{\bar{x}}$ 是在给定概率为 $1-\alpha$ 时，样本均值的极限误差，可以表示为：

$\Delta_{\bar{x}} = z_{\alpha/2}\sigma_{\bar{x}}$ （公式 5.40）

同理，$z_{\alpha/2}\sigma_p$ 是在给定概率为 $1-\alpha$ 时，样本比例的极限误差，可以表示为：

$\Delta_p = z_{\alpha/2}\sigma_p$ （公式 5.41）

由上面两个公式可知，平均数抽样极限误差和比例抽样极限误差是给定 $1-\alpha$ 的概率水平下分布临界值与抽样平均误差的乘积。

由于置信度 $1-\alpha$ 越大，$z_{\alpha/2}$ 值就越大，抽样极限误差也就越大，抽样估计的精确度就越低。另一方面，置信度越小，估计结论的可靠性越低，又会影响估计本身的价值。所以，在做估计时，应该将置信度要求和估计的精度要求结合起来考虑，估计精确度很高而置信度很低，或估计精确度很低而置信度很高都是不可取的。实际应用时，可先确定一个合理的把握程度再求相应的允许误差，或者先确定一个允许误差范围再求相应的把握程度。

在小样本条件下，平均数的抽样极限误差根据下面公式来计算：

$$\Delta_{\bar{x}} = t_{\alpha/2}\sigma_{\bar{x}} = t_{\alpha/2}\frac{s}{\sqrt{n}}$$ （公式 5.42）

其中：$t_{\alpha/2}$ 是置信度为 $1-\alpha$，自由度为 $n-1$ 的 t 分布临界值，查 t 分布表可得。

推理分析

一、点估计

对总体参数的估计分为点估计和区间估计两大类。

点估计是根据样本数据计算的一个估计值，由于样本是随机抽取的，点估计是一个随机变量，它不能提供估计误差的信息，可靠性程度也无从得知。在统计中常用的点估计量有：

$$\begin{cases}\hat{\mu}=\overline{x}\\ \hat{\pi}=p\\ \hat{\sigma}^2=s^2\end{cases}$$

其中：$\hat{\mu}$、$\hat{\pi}$、$\hat{\sigma}^2$ 分别表示总体平均数 μ、总体比例 π 和总体方差 σ^2 的估计量。

[例 5-15]　要估计一批节能灯的平均使用寿命，可以从总体中随机抽取一个样本，有 30 件产品。通过样本数据计算得到 30 件产品的平均寿命为 5 070 小时，其中不合格产品有 3 件。

试估计该节能灯的平均寿命为多少？产品的合格率又是多少？

计算样本数值来估计这一批节能灯的平均使用寿命，通过计算得到平均寿命为5 070小时，这就是点估计，即这一批节能灯的平均寿命为 5 070 小时。

如果再要估计这一批节能灯的合格率，根据抽样计算的合格率 $p=27/30=0.9$，则可以将 90%直接作为这批节能灯合格率的估计值，这也是一个点估计。

点估计的优点是简单易行，可以直接给出总体参数的具体估计值。点估计是一次抽样计算出来的结果，由于样本是随机抽取的，所以样本统计量是一个随机变量。所以点估计存在三个方面的局限性：第一，点估计似乎与样本容量的大小没有关系；第二，根据一次具体的样本得到的估计值一般不会等于总体参数的真值，点估计不能提供估计误差的信息；第三，点估计的可靠性程度也无从得知。

二、区间估计原理

点估计计算简单、结果直观，给出了总体参数的具体估计值，但是点估计无法知道这个估计值与真实值的误差有多大，可靠性程度到底如何。区间估计可以克服点估计的缺陷，根据给定的置信度要求，估计出可能包含总体参数的下限和上限。

区间估计（interval estimate）是指在点估计的基础上给出总体参数估计的一个估计区间，该区间通常是由样本统计量加减相应的抽样极限误差构成，能说明估计值的可信程度或可靠性程度。

设 $\hat{\theta}_1$ 和 $\hat{\theta}_2$ 是两个统计量（$\hat{\theta}_1<\hat{\theta}_2$），分别作为总体参数 θ 区间估计的下限和上限，要求区间$[\hat{\theta}_1,\hat{\theta}_2]$涵盖被估计参数真值的概率为 $1-\alpha$，即：

$$P(\hat{\theta}_1\leqslant\theta\leqslant\hat{\theta}_2)=1-\alpha \qquad \text{（公式 5.43）}$$

则称区间$[\hat{\theta}_1,\hat{\theta}_2]$是 θ 的置信水平为 $1-\alpha$ 的置信区间。式中，α（$0\leqslant\alpha\leqslant1$）称为区间估计的显著性水平，其取值大小由实际问题确定，通常取 1%，5%和 10%。$1-\alpha$ 是区间估计的置信水平或置信度，用以说明被估计参数的测量值的可信程度或可靠性程度。区间的边界称为置信限，$\hat{\theta}_1$ 称为置信下限，$\hat{\theta}_2$ 称为置信上限。

对于总体均值的区间估计来说，由样本均值的抽样分布可知，在重复抽样或无限总体抽样的情况下，$E(\bar{x})=\mu$，即样本均值$\bar{x}$的期望值等于总体均值μ，样本均值的标准误差为$\sigma_{\bar{x}}=\sigma/\sqrt{n}$。我们在例 5－7 已经求出样本均值$\bar{x}$落在总体均值$\mu$的两侧各 1 个标准差范围内的概率为 0.6827；落在各 2 个标准差范围内的概率为 0.9545；落在各 3 个标准差范围内的概率为 0.9973。实际上，可以求出样本均值$\bar{x}$落在总体均值μ的两侧任何倍数的标准差范围内的概率。比如，样本均值$\bar{x}$落在总体均值μ的两侧 1.65 倍的标准差范围内的概率为 0.90，两侧 1.96 倍的标准差范围内的概率为 0.95，两侧 2.58 倍的标准差范围内的概率为 0.99。这就意味着，分别约有 90%，95%和 99%的样本均值会落在μ的两侧各 1.65 个标准差、1.96 个标准差和 2.58 个标准差的范围之内。

但是，我们在区间估计的时候，情况刚好相反，这个时候样本均值$\bar{x}$是已知的，而总体均值μ是未知的，μ正是我们要估计的。由于$\bar{x}$与μ的距离是对称的，如果某个$\bar{x}$落在μ的 1.96 个标准差范围之内，反过来，μ也被包括在以$\bar{x}$为中心两侧 1.96 个标准差的范围之内。即约有 95%的样本均值所构造的 1.96 个标准差的区间会包括μ。也就是说，如果抽取 100 个样本来估计总体均值μ，则由 100 个样本均值所构造的 100 个区间中，约有 95 个区间包含总体均值，剩下的 5 个区间不包含总体均值。图 5－8 给出了区间估计的示意图。

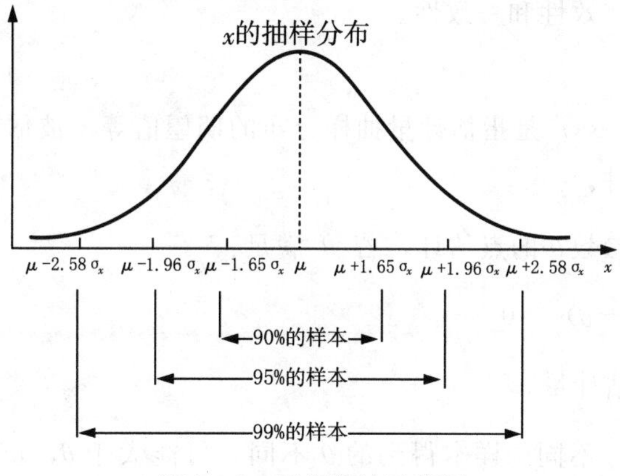

图 5－8　区间估计示意图

对于标准正态分布来说，常用 z 值及相应的概率保证程度见表 5－9。

表 5－9　　常用 z 值及相应的概率保证程度

置信水平 $1-\alpha$	0.6827	0.9000	0.9500	0.9545	0.9900	0.9973
z 值	1.00	1.65	1.96	2.00	2.58	3.00

事实上，将抽样极限误差的定义式等价变化成下列不等式：

$$\bar{x}-\Delta_{\bar{x}}\leqslant\mu\leqslant\bar{x}+\Delta_{\bar{x}} \quad （公式 5.44）$$

$$p-\Delta_{p}\leqslant\pi\leqslant p+\Delta_{p} \quad （公式 5.45）$$

公式 5.44 和公式 5.45 就是对总体平均数和总体比例进行区间估计的公式。即当有样本统计量，并根据给定的置信度计算出抽样极限误差以后，点估计加减抽样极限误差就可以得到对应置信度下的置信区间。

区间估计的特点是：给出总体参数的一个估计区间，参数被包含在这个区间中的概率为 $1-\alpha$。与点估计不同，区间估计不是指出被估计参数的确定数值，而是根据样本统计量的抽样分布，给出被估计参数的可能范围，同时对统计量与总体参数的接近程度给出一个概率度量。

作为参数的区间估计，应满足两个要求：一是估计的精确度要求，所谓精确度要求就是估计误差必须控制在一定范围之内；二是可靠性要求，所谓可靠性就是估计结果正确的概率保证。置信区间表达了区间估计的精确度，置信区间越小，估计越精确。而置信水平则反映了区间估计的可靠性，置信水平 $1-\alpha$ 越大，区间估计把握程度越高。一般而言，在作估计时常常希望估计的精确度尽可能高，但同时可靠性又不能小，但是这两个要求是一对矛盾。因为根据统计理论，在样本容量不变的条件下，如果置信区间越小，估计精确度将提高，但同时置信水平即可靠性将降低。要想同时提高精确度和可靠性，只有扩大样本容量，才有可能办到。因此，在区间估计时，不可能对抽样误差范围和估计的置信度都提出要求，只能根据给定的置信度来推算抽样误差范围的上、下限，或根据给定的允许误差范围来推算相应的置信度。

三、估计量的评价标准

在对总体参数进行估计时，对于同一参数应用不同的估计方法得到的估计结果可能存在差异，有时即便使用同样的估计方法也可能得到不同的估计量。并非所有的统计量都是优良的，从而产生了衡量估计统计量是否优良的标准。对点估计来说，选择和评价估计量的常用标准有三个：无偏性、有效性和一致性。

（一）无偏性

无偏性（Unbiasedness）是指估计量抽样分布的期望值等于被估计的总体参数，这是一个好的估计量的重要条件。

设估计量 $\hat{\theta}$ 是总体参数 θ 的点估计，若 $\hat{\theta}$ 满足：

$$E(\hat{\theta})=\theta \text{ 或 } E(\hat{\theta}-\theta)=0 \qquad \text{（公式 5.46）}$$

则称 $\hat{\theta}$ 是 θ 的无偏估计量。

由于抽样的随机性，不同的样本得到的 $\hat{\theta}$ 不同，可能大于 θ，也可能小于 θ。无偏性也就是估计量没有系统偏差，它要求用来估计总体参数的样本统计量，其分布是以总体参数值为中心，在一次具体抽样估计中，估计值大于或小于总体参数，但是，在进行重复抽样估计的过程中，所有估计量的平均数应该等于待估的总体参数。

由图 5-9（a）可以看出，$E(\hat{\theta}_1)=\theta$，所以 $\hat{\theta}_1$ 是 θ 的无偏估计量，从分布密度函数 $f(\hat{\theta}_1)$ 的形态可以看出来，估计的结果将以较大的概率出现在 θ 的周围。图 5-9（b）可以看出，$E(\hat{\theta}_2)>\theta$，用 $\hat{\theta}_2$ 作为估计量则可能系统性的高估 θ。

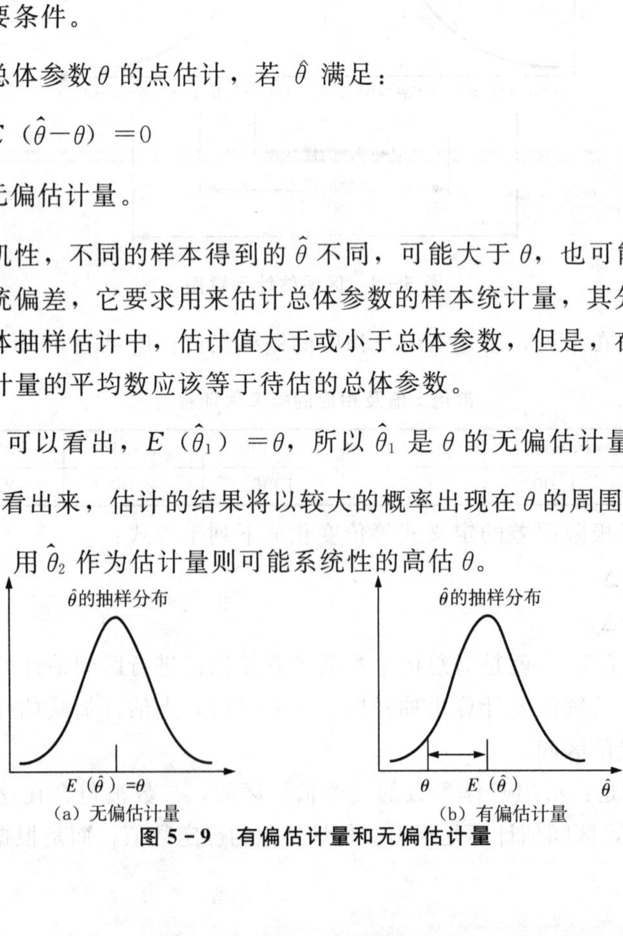

（a）无偏估计量　（b）有偏估计量

图 5-9　有偏估计量和无偏估计量

理解统计量的无偏性时需要注意下面问题：

（1）一般来说，无偏估计量并不唯一，甚至可以有无限多个。如统计量 $\hat{\theta}_1$ 和 $\hat{\theta}_2$ 都是参数 θ 的无偏估计，则对于任何满足 $\alpha_1+\alpha_2=1$ 的 α_1 和 α_2，$\alpha_1\hat{\theta}_1+\alpha_2\hat{\theta}_2$ 都是 θ 的无偏估计。

（2）$\hat{\theta}$ 是参数 θ 的无偏估计量，但是 $g(\hat{\theta})$ 通常不是 $g(\theta)$ 的无偏估计量。如 s^2 是总体方差 σ^2 的无偏估计量，但是用 s 作为总体标准差 σ 的点估计则是有偏的。

无偏性只考虑估计值的平均结果是否等于待估参数的真值，而不考虑每个估计量与待估参数真值之间偏差的大小和离散程度。

（二）有效性

有效性（effectiveness）是指估计量的方差应尽可能小。有效性的概念是指估计量的离散程度。一个无偏估计量并不意味着它就非常接近被估计的总体参数。无偏估计不一定唯一，有多个无偏估计量时，如何从中选取最好的一个。最直观的想法是希望估计量与待估参数真实值之间的偏差程度越小越好。估计量与参数的接近程度用估计量的方差（或标准误差）来度量。

设 $\hat{\theta}_1$、$\hat{\theta}_2$ 为 θ 的两个无偏估计量，若 $\hat{\theta}_1$ 的方差小于 $\hat{\theta}_2$ 的方差，即：

$$D(\hat{\theta}_1)<D(\hat{\theta}_2) \qquad \text{（公式 5.47）}$$

则称 $\hat{\theta}_1$ 是较 $\hat{\theta}_2$ 有效的估计量。也就是说，在无偏估计的条件下，有更小方差的估计量更有效。

图 5-10 绘制了两个无偏估计量 $\hat{\theta}_1$ 和 $\hat{\theta}_2$ 的分布密度函数曲线 $f(\hat{\theta}_1)$ 和 $f(\hat{\theta}_2)$，尽管这两个统计量都是无偏的，但两者的方差并不一样。可以看出，$\hat{\theta}_1$ 的分布更集中在总体参数 θ 的周围，而 $\hat{\theta}_2$ 的分布更加分散。尽管两者都不存在系统性偏差，但 $\hat{\theta}_1$ 的方差更小，分布更集中，比 $\hat{\theta}_2$ 有效。

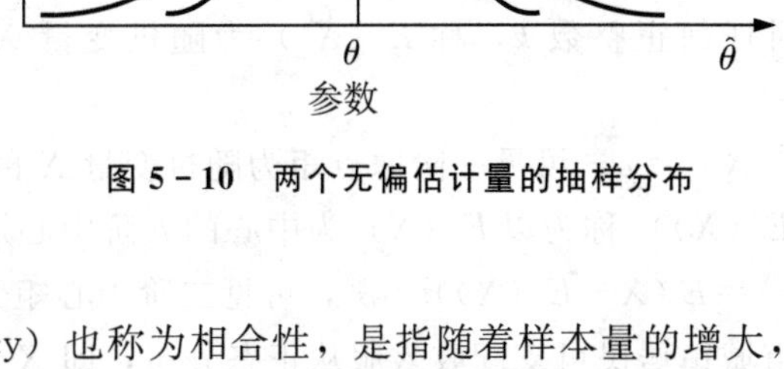

图 5-10　两个无偏估计量的抽样分布

（三）一致性

一致性（consistency）也称为相合性，是指随着样本量的增大，点估计量的值越来越接近于被估计总体参数的真值。一致性是大样本时给出的评判标准，即当样本容量 n 越来越大时，估计量 $\hat{\theta}$ 接近于被估计参数 θ 的概率也越大越大，这时称 $\hat{\theta}$ 是 θ 的一致估计量。

估计量的一致性是从极限意义上说的，它适用于大样本情况，如果一个估计量满足一致性，则采用大样本更加可靠，即一个大样本给出的估计量要比一个小样本给出的估计量更接近总体参数。对于一致性，也可以用图 5-11 直观地说明它的意义。

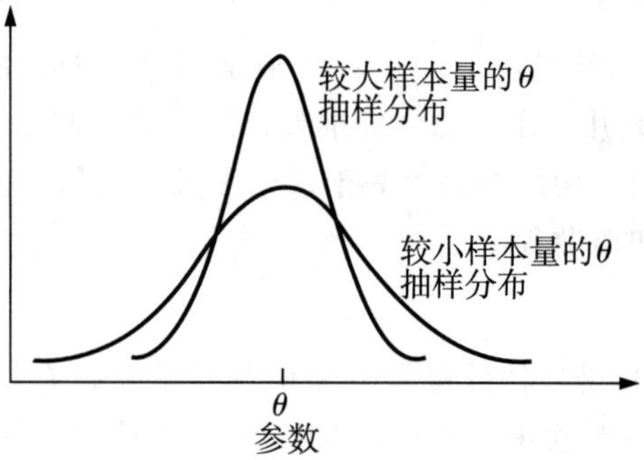

图 5-11　两个不同样本量的样本统计量的抽样分布

当然，当样本容量 n 增大时，统计量的一致性会增强，但调查所需的人力、物力和财力也会相应增加。

无偏性、有效性和一致性三个标准并不是孤立的，而应该联系起来看。如果一个统计量满足这三个标准，则这个估计量就是一个好的估计量，数理统计已经证明，样本平均数$\bar{x}$、样本比例 p 和样本方差 s^2 是总体平均数 μ、总体比例 π 和总体方差 σ^2 的无偏的、有效的、一致的估计量。当然，不是所有统计量都符合以上标准，可以说符合以上标准的统计量要比不符合或不完全符合以上标准的统计量更为优良。比如，在正态分布的情形下，中位数和算术平均数都是总体均值的无偏估计量和一致估计量，但是算术平均数更有效。同样，在正态分布的情况下，可以用样本标准差和样本极差构造总体标准差的无偏估计量，但是样本标准差更有效。

方法应用

一、点估计

点估计的方法有矩估计法、极大似然估计法、顺序统计量法、贝叶斯估计法和最小二乘法等。

我们在这里只介绍最常用、最简单的点估计方法，即矩估计法，它是用样本的矩去估计总体的矩，从而获得有关参数的估计量。

在统计学中，矩是以期望为基础而定义的随机变量的数字特征，分为原点矩和中心距两种。

设随机变量为 X，对任何正整数 k，称 $E(X^k)$ 为随机变量 X 的 k 阶原点矩，记为：$m_k=E(X^k)$

当 $k=1$ 时，$m_1=E(X)=\mu$，可见一阶原点矩为随机变量 X 的数学期望。

我们把 $v_k=E(X-E(X))^k$ 称为以 $E(X)$ 为中心的 k 阶中心矩。

显然，当 $k=2$ 时，$v_k=E(X-E(X))^2=\sigma^2$，可见二阶中心矩为随机变量 X 的方差。

[例 5-16]　设某市城镇居民可支配收入服从正态分布，即 $X\sim N(\mu,\sigma^2)$，其中总体均值 μ 和总体方差 σ^2 都是未知的。现在随机抽取 7 位居民，登记其可支配收入（单位：元）为 3 677，3 698，3 717，3 700，3 688，3 720，3 737，试估计 μ 和 σ^2。

μ 是该市全体城镇居民居民的平均可支配收入，$\overline{x}$为样本的可支配收入，很自然我们可以用$\overline{x}$去估计 μ，同理可以用 s^2 去估计 σ^2。

$$\overline{x}=\frac{\sum x}{n}=\frac{3\ 677+3\ 698+3\ 717+3\ 700+3\ 688+3\ 720+3\ 737}{7}=3\ 705\text{（元）}$$

$$s^2=\frac{\sum(x-\overline{x})^2}{n-1}$$

$$=\frac{(3\ 677-3\ 705)^2+(3\ 698-3\ 705)^2+\cdots+(3\ 720-3\ 705)^2+(3\ 737-3\ 705)^2}{7-1}=423$$

所以，μ 的估计值为 3 705 元，σ^2 的估计值为 423。

矩估计法直观、简便，比较常用。但是其局限性也显而易见，首先，它要求总体的 k 阶原点矩存在，如果不存在，则无法估计；其次没有充分利用估计时已掌握的有关总体分布形态的信息。

二、区间估计

（一）一个总体参数的区间估计

区间估计方法是以抽样分布理论为基础的。讨论总体平均数的区间估计，使用的分布就是样本均值的抽样分布；讨论总体比例的区间估计，使用的分布就是样本比例的抽样分布。

1. 总体均值的区间估计

由于估计时的条件不同，如总体分布是否为正态分布，总体方差是否已知，样本是大样本还是小样本，抽样方式是重复抽样还是不重复抽样，这样对总体平均数进行区间估计的公式也有所不同，下面分别进行阐述。

（1）正态总体，方差 σ^2 已知。由前面抽样分布定理知道，当总体服从正态分布 $X\sim N(\mu,\sigma^2)$，从此总体中抽取的简单随机样本为 x_1，x_2，…，x_n，则样本均值$\overline{x}\sim N\left(\mu,\frac{\sigma^2}{n}\right)$。

这时，当总体方差 σ^2 已知时，建立置信区间所用的统计量是 z 统计量，即：

$$z=\frac{\overline{x}-\mu}{\sigma/\sqrt{n}}\sim N(0,1)$$

根据前面区间估计的定义，可以构造总体均值 μ 的置信区间，对于给定的置信水平 $1-\alpha$，令：

$$P(-z_{\alpha/2}\leqslant z\leqslant z_{\alpha/2})=1-\alpha$$

即 $P\left(-z_{\alpha/2}\leqslant\frac{\overline{x}-\mu}{\sigma/\sqrt{n}}\leqslant z_{\alpha/2}\right)=1-\alpha$

从而有 $P\left(\overline{x}-z_{\alpha/2}\frac{\sigma}{\sqrt{n}}\leqslant\mu\leqslant\overline{x}+z_{\alpha/2}\frac{\sigma}{\sqrt{n}}\right)=1-\alpha$

其中，$z_{\alpha/2}$可以查正态分布表得到。

所以，在 $1-\alpha$ 的置信水平下，总体均值 μ 的置信区间为：

$$\overline{x}-z_{\alpha/2}\frac{\sigma}{\sqrt{n}}\leqslant\mu\leqslant\overline{x}+z_{\alpha/2}\frac{\sigma}{\sqrt{n}}\text{或}\left[\overline{x}-z_{\alpha/2}\frac{\sigma}{\sqrt{n}},\ \overline{x}+z_{\alpha/2}\frac{\sigma}{\sqrt{n}}\right]\qquad\text{（公式 5.48）}$$

上式为重复抽样时的计算公式，对比前面公式$\overline{x}-\Delta_{\overline{x}}\leqslant\mu\leqslant\overline{x}+\Delta_{\overline{x}}$，可以发现这里 $\Delta_{\overline{x}}=$

$z_{\alpha/2}\frac{\sigma}{\sqrt{n}}$就是抽样极限误差。

当不重复抽样时与前面一样，加上修正系数进行修正即可：

$$\overline{x}\pm z_{\alpha/2}\frac{\sigma}{\sqrt{n}}\sqrt{\frac{N-n}{N-1}} \quad \text{（公式 5.49）}$$

总体平均数区间估计的步骤可以归纳如下：

①确定置信水平，即可靠性或把握程度。一般说来，估计要求比较精确，置信度也要高一些，在社会经济现象中通常用 95%就可以了。

②根据置信度并利用标准正态分布表确定 z 临界值。

③抽取一个容量为 n 的样本。

④计算样本均值$\overline{x}$和标准差 $\sigma_{\overline{x}}$，在重复抽样时，样本平均数的标准差为 $\sigma_{\overline{x}}=\frac{\sigma}{\sqrt{n}}$，在不重复抽样时为 $\sigma_{\overline{x}}=\frac{\sigma}{\sqrt{n}}\sqrt{\frac{N-n}{N-1}}$。

⑤计算得到抽样极限误差 $\Delta_{\overline{x}}$，并构造置信区间$\overline{x}\pm\Delta_{\overline{x}}$。

[例 5-17] 某品牌方便面每袋净含量服从正态分布，从该品牌产品中随机抽取 100 袋，测得它们的平均净含量为 120 克。已知总体标准差为 0.3 克，给定置信水平为 0.95，试建立该品牌方便面平均净含量的置信区间。

已知 $X\sim N(\mu, 0.3^2)$

$\overline{x}=120$，$n=100$，$z_{\alpha/2}=1.96$

总体均值 μ 的置信水平为 95%的置信区间为：

$$\left[\overline{x}-z_{\alpha/2}\frac{\sigma}{\sqrt{n}}, \overline{x}+z_{\alpha/2}\frac{\sigma}{\sqrt{n}}\right]=\left[120-1.96\times\frac{0.3}{\sqrt{100}}, 120+1.96\times\frac{0.3}{\sqrt{100}}\right]$$

$$=[119.941, 120.059]$$

即以 95%的概率保证该品牌方便面每袋净含量在 119.941～120.059 克之间。

如果总体服从正态分布，则无论样本容量如何，样本均值$\overline{x}$的抽样分布都是正态分布。这时，只要总体方差 σ^2 已知，不管是大样本还是小样本，均按照 $z=\frac{\overline{x}-\mu}{\sigma/\sqrt{n}}\sim N(0, 1)$ 建立总体均值的置信区间。

(2) 非正态总体，方差 σ^2 未知，大样本。总体并不服从正态分布，总体方差 σ^2 未知，在大样本的情形下，将 $z=\frac{\overline{x}-\mu}{\sigma/\sqrt{n}}\sim N(0, 1)$ 中的总体标准差 σ 用样本标准差 s 替换，这时总体均值 μ 在 $1-\alpha$ 置信水平下的置信区间为：

$$\overline{x}-z_{\alpha/2}\frac{s}{\sqrt{n}}\leqslant\mu\leqslant\overline{x}+z_{\alpha/2}\frac{s}{\sqrt{n}}\text{或}\left[\overline{x}-z_{\alpha/2}\frac{s}{\sqrt{n}}, \overline{x}+z_{\alpha/2}\frac{s}{\sqrt{n}}\right] \quad \text{（公式 5.50）}$$

同样，如果采取不重复抽样，则抽样分布的方差应该乘以修正系数$\sqrt{\frac{N-n}{N-1}}$，可得：

$$\overline{x}\pm z_{\alpha/2}\frac{s}{\sqrt{n}}\sqrt{\frac{N-n}{N-1}} \quad \text{（公式 5.51）}$$

［例 5-18］　2016 年“3·15”国际消费者权益日，石河子大学统计学专业四位同学组成的“维权特工队”调查小组对乌鲁木齐市居民网络购物消费开展调查，总共抽取了 1 123 位居民，计算得到他们每个月平均网购消费金额为 237 元，标准差为 392 元，给定置信水平为 0.95，求乌鲁木齐居民月平均网购消费金额的置信区间。

总体方差未知，但是 $n=1\ 123$，为大样本。

$\bar{x}=237$，$n=1\ 123$，$s=392$，$z_{\alpha/2}=1.96$

$$\left[\bar{x}-z_{\alpha/2}\frac{s}{\sqrt{n}},\ \bar{x}+z_{\alpha/2}\frac{s}{\sqrt{n}}\right]=\left[237-1.96\times\frac{392}{\sqrt{1\ 123}},\ 237+1.96\times\frac{392}{\sqrt{1\ 123}}\right]$$
$$=[214.07,\ 259.93]$$

即以 95%的概率保证乌鲁木齐居民月平均网购消费金额在 214.07～259.93 元之间。

(3) 正态总体，方差 σ^2 未知，小样本。当总体服从正态分布，小样本情况下，总体方差 σ^2 未知时，用样本方差 s^2 代替 σ^2 来建立总体平均数的置信区间。由前面的样本均值抽样分布定理可知，新的统计量不服从标准正态分布，而是服从自由度为 $n-1$ 的 t 分布，即：

$$t=\frac{\bar{x}-\mu}{s/\sqrt{n}}\sim t\ (n-1)$$

这时，需要应用 t 分布来建立总体均值 μ 的置信区间。

t 分布也是一种类似于正态分布的对称分布，根据 t 分布建立的总体均值 μ 在 $1-\alpha$ 置信水平下的置信区间为：

$$\bar{x}-t_{\alpha/2}\frac{s}{\sqrt{n}}\leqslant\mu\leqslant\bar{x}+t_{\alpha/2}\frac{s}{\sqrt{n}}\text{或}\left[\bar{x}-t_{\alpha/2}\frac{s}{\sqrt{n}},\ \bar{x}+t_{\alpha/2}\frac{s}{\sqrt{n}}\right]\qquad\text{(公式 5.52)}$$

如果采取不重复抽样，则抽样分布的标准差应该乘以修正系数 $\sqrt{\frac{N-n}{N-1}}$，可得：

$$\bar{x}\pm t_{\alpha/2}\frac{s}{\sqrt{n}}\sqrt{\frac{N-n}{N-1}}\qquad\text{(公式 5.53)}$$

［例 5-19］　根据以往经验，某产品每天的销售额服从正态分布，现随机选取了 17 天，得到销售额数据如下（单位：千元）：55，67，72，77，75，69，85，80，58，82，63，88，70，60，63，75，80。求在置信水平 95%的保证下，该产品平均销售额的置信区间。

根据抽样结果计算可得：

$$\bar{x}=\frac{\sum x}{n}=\frac{1\ 219}{17}=71.71$$

$$s=\sqrt{\frac{\sum(x-\bar{x})^2}{n-1}}=\sqrt{\frac{1\ 523.53}{16}}=9.76$$

$1-\alpha=0.95$，$\alpha=0.05$，查 t 分布表可得 $t_{\alpha/2}\ (n-1)=t_{0.025}\ (16)=2.12$

$$\left[\bar{x}-t_{\alpha/2}\frac{s}{\sqrt{n}},\ \bar{x}+t_{\alpha/2}\frac{s}{\sqrt{n}}\right]=\left[71.71-2.12\times\frac{9.76}{\sqrt{17}},\ 71.71+2.12\times\frac{9.76}{\sqrt{17}}\right]$$
$$=[66.69,\ 76.73]$$

即该产品平均销售额在 95%置信水平下的置信区间为 66.69～76.73 千元。

2. 总体比例的区间估计

在实际应用中经常会遇到对收视率、合格率和录取率等比例进行区间估计的问题。在一次实验中，比例 π 可以看作服从二点分布总体的参数。当样本量比较小时，可以通过构造二项分布对 π 进行区间估计。这里只讨论大样本情况下总体比例的估计问题，即 np 和 $n(1-p)$ 都要大于 5。

在前面我们已经介绍了有关样本比例的抽样分布，在大样本下，可以把二项分布问题转化为正态分布问题近似地求解，因而有：$p\sim N\left(\pi,\frac{\pi(1-\pi)}{n}\right)$，即样本比例 p 渐进服从期望值为 π，方差为$\frac{\pi(1-\pi)}{n}$的正态分布，样本比例经标准化后服从标准正态分布，即：

$$z=\frac{p-\pi}{\sqrt{\frac{\pi(1-\pi)}{n}}}\sim N(0,1)$$

与总体均值的区间估计类似，在样本比例 p 的基础上加减抽样极限误差 $\Delta_p=z_{\alpha/2}\sigma_p$，可得总体比例 π 在 $1-\alpha$ 置信水平下的置信区间：

$$p-z_{\alpha/2}\sqrt{\frac{\pi(1-\pi)}{n}}\leqslant\pi\leqslant p+z_{\alpha/2}\sqrt{\frac{\pi(1-\pi)}{n}}\text{或}$$

$$\left[p-z_{\alpha/2}\sqrt{\frac{\pi(1-\pi)}{n}},\ p+z_{\alpha/2}\sqrt{\frac{\pi(1-\pi)}{n}}\right]\qquad\text{（公式 5.54）}$$

在实践中总体比例 π 恰好是我们所要估计的，常常是未知的，因此在上式中用样本比例 p 代替总体比例 π 计算估计量的标准误差。在 $1-\alpha$ 的置信水平下，总体比例 π 的置信区间为：

$$p-z_{\alpha/2}\sqrt{\frac{p(1-p)}{n}}\leqslant\pi\leqslant p+z_{\alpha/2}\sqrt{\frac{p(1-p)}{n}}\text{或}\left[p-z_{\alpha/2}\sqrt{\frac{p(1-p)}{n}},\ p+z_{\alpha/2}\sqrt{\frac{p(1-p)}{n}}\right]$$

（公式 5.55）

如果采取不重复抽样，则抽样分布的方差应该乘以修正系数$\sqrt{\frac{N-n}{N-1}}$，可得：

$$\bar{x}\pm z_{\alpha/2}\sqrt{\frac{p(1-p)}{n}}\sqrt{\frac{N-n}{N-1}}\qquad\text{（公式 5.56）}$$

[例 5-20]　某市教育局想了解初中生视力情况。随机抽查了 50 名学生，其中有 37 人近视。试以 95%的置信度估计该市初中学生近视率的置信区间。

$n=50$，$p=\frac{37}{50}=0.74$，$np=37>5$，$n(1-p)=13>5$

当 $1-\alpha=0.95$，$\alpha=0.05$ 时，$z_{\alpha/2}=1.96$，则有：

$$\left[p-z_{\alpha/2}\sqrt{\frac{p(1-p)}{n}},\ p+z_{\alpha/2}\sqrt{\frac{p(1-p)}{n}}\right]$$

$$=\left[0.74-1.96\times\sqrt{\frac{0.74\times0.26}{50}},\ 0.74+1.96\times\sqrt{\frac{0.74\times0.26}{50}}\right]$$

$$=[0.74-0.122,\ 0.74+0.122]=[0.62,\ 0.86]$$

故该市初中生近视率 95%的置信区间为 62%～86%。

（二）两个总体参数的区间估计

对于两个总体，我们所关心的参数主要是两个总体均值之差 $\mu_1-\mu_2$、两个总体比例之差 $\pi_1-\pi_2$、两个总体的方差比 σ_1^2/σ_2^2 等。

1. 两个总体均值之差 $\mu_1-\mu_2$ 的区间估计

在实际应用中，经常遇到需要比较两个总体均值的问题，这时实质上就是需要估计两个总体均值之差。总体均值之差的区间估计要假定来自两个总体的样本是独立的，即两个样本是从两个总体中独立地抽取的，一个样本中的元素与另一个样本中的元素互相独立，这时称之为独立样本（Independent sample）。

设两个总体的均值分别为 μ_1 和 μ_2，从两个总体中分别抽取样本容量为 n_1 和 n_2 的两个随机样本，其样本均值分别为$\overline{x}_1$ 和$\overline{x}_2$。两个总体均值之差 $\mu_1-\mu_2$ 的估计量显然是两个样本的均值之差$\overline{x}_1-\overline{x}_2$。

（1）两个总体服从正态分布，且它们方差 σ_1^2 和 σ_2^2 已知。前文介绍了两个样本平均数之差的抽样分布问题，已经知道如果两个总体都是正态分布，两个样本是从两个总体中独立抽取的，样本均值之差$\overline{x}_1-\overline{x}_2$ 的抽样分布服从期望为 $\mu_1-\mu_2$，方差为$\frac{\sigma_1^2}{n_1}+\frac{\sigma_2^2}{n_2}$的正态分布，即：

$$\overline{x}_1-\overline{x}_2\sim N\left(\mu_1-\mu_2,\ \frac{\sigma_1^2}{n_1}+\frac{\sigma_2^2}{n_2}\right)$$

而两个样本均值之差经标准化后服从标准正态分布：

$$z=\frac{(\overline{x}_1-\overline{x}_2)-(\mu_1-\mu_2)}{\sqrt{\frac{\sigma_1^2}{n_1}+\frac{\sigma_2^2}{n_2}}}\sim N(0,\ 1) \qquad \text{（公式 5.57）}$$

所以，两总体均值之差 $\mu_1-\mu_2$ 在置信度为 $1-\alpha$ 时的置信区间计算公式为：

$$(\overline{x}_1-\overline{x}_2)\pm z_{\alpha/2}\sqrt{\frac{\sigma_1^2}{n_1}+\frac{\sigma_2^2}{n_2}} \qquad \text{（公式 5.58）}$$

［例 5-21］　分别从某市第一中学和第二中学高三年级随机抽取了 50 名和 60 名学生，对他们的数学成绩进行了登记调查，结果是：第一中学 50 名高三年级学生的数学平均成绩为 85 分，第二中学 60 名高三年级学生的数学平均成绩为 76 分。根据历史数据知道两所学校学生数学成绩的标准差分别为 9 分和 11 分。试构建两所学校高三年级数学成绩平均分之差的置信区间，取置信水平为 95%。

已知：$n_1=50$，$n_2=60$，$\overline{x}_1=85$，$\overline{x}_2=76$，$\sigma_1^2=81$，$\sigma_2^2=121$

当 $1-\alpha=0.95$，$\alpha=0.05$ 时，$z_{\alpha/2}=1.96$，则有：

$$\left[(\overline{x}_1-\overline{x}_2)-z_{\alpha/2}\sqrt{\frac{\sigma_1^2}{n_1}+\frac{\sigma_2^2}{n_2}},\ (\overline{x}_1-\overline{x}_2)+z_{\alpha/2}\sqrt{\frac{\sigma_1^2}{n_1}+\frac{\sigma_2^2}{n_2}}\right]$$

$$=\left[(85-76)-1.96\times\sqrt{\frac{81}{50}+\frac{121}{60}},\ (85-76)+1.96\times\sqrt{\frac{81}{50}+\frac{121}{60}}\right]$$

$$=[9-3.74,\ 9+3.74]=[5.26,\ 12.74]$$

即两所学校高三年级学生数学成绩平均分数之差在 95%置信水平下的置信区间为 5.26～12.74。

（2）两个总体服从正态分布，它们方差 σ_1^2 和 σ_2^2 未知，但相等（即 $\sigma_1^2=\sigma_2^2$）。当两个总体都服从正态分布，且方差 σ_1^2 和 σ_2^2 未知但相等时，从两个总体中各抽取一个独立随机样本，利用两个样本的方差 s_1^2 和 s_2^2 求出它们的共同方差 σ^2 的一个估计量 s_p^2。即两个样本方差都有理由作为共同方差 σ^2 的估计，于是我们计算它们的加权平均数，权数就是它们各自的自由度，这个联合估计量 s_p^2 的计算公式为：

$$s_p^2=\frac{(n_1-1)\ s_1^2+\ (n_2-1)\ s_2^2}{n_1+n_2-2} \qquad \text{(公式 5.59)}$$

这时估计量$\bar{x}_1-\bar{x}_2$ 标准差为：$\sqrt{\frac{s_p^2}{n_1}+\frac{s_p^2}{n_2}}=s_p\sqrt{\frac{1}{n_1}+\frac{1}{n_2}}$

两个样本均值之差经标准化后服从自由度为 n_1+n_2-2 的 t 分布，即：

$$t=\frac{(\bar{x}_1-\bar{x}_2)\ -\ (\mu_1-\mu_2)}{s_p\sqrt{\frac{1}{n_1}+\frac{1}{n_2}}}\sim t\ (n_1+n_2-2) \qquad \text{(公式 5.60)}$$

当两个总体服从正态分布，它们的方差未知但相等，两个总体均值之差 $\mu_1-\mu_2$ 的置信水平为 $1-\alpha$ 时的置信区间计算公式为：

$$(\bar{x}_1-\bar{x}_2)\ \pm t_{\alpha/2}\ (n_1+n_2-2)\ s_p\sqrt{\frac{1}{n_1}+\frac{1}{n_2}} \qquad \text{(公式 5.61)}$$

[例 5-22]　现在想了解石河子大学两个专业学生计量经济学课程期末考试成绩差异。从两个专业中各自独立地抽取了两个随机样本，相关数据如下：

$n_1=17$，$\bar{x}_1=84$，$s_1=3.23$，$n_2=15$，$\bar{x}_2=77$，$s_2=3.37$

假定两个专业学生计量经济学期末考试成绩都服从正态分布，并且方差相等。

$$s_p=\sqrt{\frac{(n_1-1)\ s_1^2+\ (n_2-1)\ s_2^2}{n_1+n_2-2}}=\sqrt{\frac{(17-1)\ \times 3.23^2+\ (15-1)\ \times 3.37^2}{15+17-2}}=3.30$$

当 $1-\alpha=0.95$ 时，$\alpha=0.05$，查 t 分布表，可得 $t_{\alpha/2}=2.042$。

$$(\bar{x}_1-\bar{x}_2)\ \pm t_{\alpha/2}\ (n_1+n_2-2)\ s_p\sqrt{\frac{1}{n_1}+\frac{1}{n_2}}=\ (84-77)\ \pm 2.042\times 3.30\sqrt{\frac{1}{17}+\frac{1}{15}}$$
$$=7\pm 2.39$$

即两个专业计量经济学考试成绩之差的 95%置信水平下的置信区间为 6.61～9.39。

（3）两个总体服从正态分布，它们方差 σ_1^2 和 σ_2^2 未知，且不相等（即 $\sigma_1^2\neq\sigma_2^2$）。当两个总体方差 σ_1^2 和 σ_2^2 未知，且不相等，此时自然用 s_1^2 和 s_2^2 分别估计 σ_1^2 和 σ_2^2，估计量$\bar{x}_1-\bar{x}_2$ 的方差为$\frac{s_1^2}{n_1}+\frac{s_2^2}{n_2}$，此时两个样本均值之差标准化以后有统计量：

$$t'=\frac{(\bar{x}_1-\bar{x}_2)\ -\ (\mu_1-\mu_2)}{\sqrt{\frac{s_1^2}{n_1}+\frac{s_2^2}{n_2}}} \qquad \text{(公式 5.62)}$$

t'不再服从自由度为 n_1+n_2-2 的 t 分布，而近似服从自由度为 f 的 t 分布。f 的计算公式为：

$$f=\frac{\left(\frac{s_1^2}{n_1}+\frac{s_2^2}{n_2}\right)^2}{\frac{(s_1^2/n_1)^2}{n_1-1}+\frac{(s_2^2/n_2)^2}{n_2-1}} \qquad \text{(公式 5.63)}$$

即 $t'\sim t\ (f)$，如 f 不是整数，则取与 f 最接近的整数作为自由度的取值，查 t 分布可得临界值。也可以采用插值法求 t 分布分位数值。

这样，两个总体均值之差 $\mu_1-\mu_2$ 在置信度为 $1-\alpha$ 时的置信区间计算公式为：

$$(\bar{x}_1-\bar{x}_2)\ \pm t_{\alpha/2}\ (f)\ \sqrt{\frac{s_1^2}{n_1}+\frac{s_2^2}{n_2}} \qquad \text{(公式 5.64)}$$

[例 5-23]　为了说明问题，现在假设例 5-22 中两个总体方差不等，试着建立两个专业学生计量经济学课程期末考试成绩之差的 95%置信水平下的置信区间。

$n_1=17$，$\bar{x}_1=84$，$s_1=3.23$，$n_2=15$，$\bar{x}_2=77$，$s_2=3.37$；

首先需要计算自由度 f：

$$f=\frac{\left(\frac{s_1^2}{n_1}+\frac{s_2^2}{n_2}\right)^2}{\frac{(s_1^2/n_1)^2}{n_1-1}+\frac{(s_2^2/n_2)^2}{n_2-1}}=\frac{\left(\frac{3.23^2}{17}+\frac{3.37^2}{15}\right)^2}{\frac{(3.23^2/17)^2}{17-1}+\frac{(3.37^2/15)^2}{15-1}}=29.141\approx 29$$

当 $1-\alpha=0.95$ 时，$\alpha=0.05$，查 t 分布表，可得 $t_{\alpha/2}(29)=2.045$。

$$(\bar{x}_1-\bar{x}_2)\pm t_{\alpha/2}(f)\sqrt{\frac{s_1^2}{n_1}+\frac{s_2^2}{n_2}}=(84-77)\pm 2.045\times\sqrt{\frac{3.23^2}{17}+\frac{3.37^2}{15}}=7\pm 2.394$$

即两个专业计量经济学期末考试成绩之差的 95%置信水平下的置信区间为 6.61～9.39。

（4）两个总体均不服从正态分布，且方差 σ_1^2 和 σ_2^2 未知，大样本。对于一般不服从正态分布的两个总体，我们往往利用中心极限定理采用大样本抽样方法。如果两个总体方差 σ_1^2 和 σ_2^2 未知，可以用两个样本方差 s_1^2 和 s_2^2 分别作为 σ_1^2 和 σ_2^2 的估计量，当 n_1 和 n_2 足够大时，两个样本均值之差 $\bar{x}_1-\bar{x}_2$ 近似服从均值为 $\mu_1-\mu_2$，方差为 $\frac{s_1^2}{n_1}+\frac{s_2^2}{n_2}$ 的正态分布。即：

$$\bar{x}_1-\bar{x}_2\sim N\left(\mu_1-\mu_2,\ \frac{s_1^2}{n_1}+\frac{s_2^2}{n_2}\right)$$

而两个样本均值之差经标准化后服从标准正态分布：

$$z=\frac{(\bar{x}_1-\bar{x}_2)-(\mu_1-\mu_2)}{\sqrt{\frac{s_1^2}{n_1}+\frac{s_2^2}{n_2}}}\sim N(0,1) \qquad \text{（公式 5.65）}$$

所以，两总体均值之差 $\mu_1-\mu_2$ 在置信度为 $1-\alpha$ 时的置信区间计算公式为：

$$(\bar{x}_1-\bar{x}_2)\pm z_{\alpha/2}\sqrt{\frac{s_1^2}{n_1}+\frac{s_2^2}{n_2}} \qquad \text{（公式 5.66）}$$

[例 5-24]　从甲、乙两个城市分别随机抽取了 36 户居民，通过计算得到两个城市居民平均住房面积分别为 83.42 平方米和 81.19 平方米，且标准差分别为 10.39 平方米和 10.36 平方米。试着建立两个城市居民住房面积之差的 95%置信水平下的置信区间。

$n_1=36$，$\bar{x}_1=83.42$，$s_1=5.28$，$n_2=36$，$\bar{x}_2=76.67$，$s_2=5.67$；

当 $1-\alpha=0.95$，$\alpha=0.05$ 时，$z_{\alpha/2}=1.96$，由于 $n_1=36$，$n_2=36$ 都为大样本，则有：

$$(\bar{x}_1-\bar{x}_2)\pm z_{\alpha/2}\sqrt{\frac{s_1^2}{n_1}+\frac{s_2^2}{n_2}}=(83.42-76.67)\pm 1.96\times\sqrt{\frac{5.28^2}{36}+\frac{5.67^2}{36}}=6.75\pm 2.53$$

即两个城市居民住房面积之差的 95%置信水平下的置信区间为 4.22～9.28。

2. 两个总体比例之差 $\pi_1-\pi_2$ 的区间估计

在实际问题研究中，我们常常需要了解两个总体比例之差。设两个总体的比例分别为 π_1 和 π_2，为了估计 $\pi_1-\pi_2$，分别从两个总体中各自随机抽取容量为 n_1 和 n_2 的样本。由上一节两个样本比例之差的抽样分布知识可知，当 n_1 和 n_2 都很大，即 n_1p_1，$n_1(1-p_1)$，n_2p_2 和 $n_2(1-p_2)$ 都大于或等于 5 时才能认为是大样本。这时，并且总体比例不太接近 0 或 1 时，p_1-p_2 的抽样分布近似服从正态分布。即：

$$p_1-p_2 \sim N\left(\pi_1-\pi_2,\ \frac{\pi_1(1-\pi_1)}{n_1}+\frac{\pi_2(1-\pi_2)}{n_2}\right)$$

将两个样本的比例之差进行标准化后则服从标准正态分布，即：

$$z=\frac{(p_1-p_2)-(\pi_1-\pi_2)}{\sqrt{\frac{\pi_1(1-\pi_1)}{n_1}+\frac{\pi_2(1-\pi_2)}{n_2}}}\sim N(0,1) \quad \text{（公式 5.67）}$$

从而 $\pi_1-\pi_2$ 的置信度为 $1-\alpha$ 时的置信区间计算公式为：

$$(p_1-p_2)\pm z_{\alpha/2}\sqrt{\frac{\pi_1(1-\pi_1)}{n_1}+\frac{\pi_2(1-\pi_2)}{n_2}} \quad \text{（公式 5.68）}$$

但是两个总体比例 π_1 和 π_2 通常是未知的，这时可以计算两个样本比例 p_1 和 p_2 来代替。这样根据正态分布建立的两个总体比例之差 $\pi_1-\pi_2$ 的置信度为 $1-\alpha$ 的近似置信区间为：

$$(p_1-p_2)\pm z_{\alpha/2}\sqrt{\frac{p_1(1-p_1)}{n_1}+\frac{p_2(1-p_2)}{n_2}} \quad \text{（公式 5.69）}$$

［**例 5－25**］　为了了解乌昌地区和田玉市场现状，2016 年 3 月石河子大学统计学专业五位学生组成调查小组，分别对乌昌地区和田玉销售者和消费者进行实际调研，以了解和田玉供求双方对市场发展前景看法。对 250 名销售者进行了调查，其中 188 名销售者对和田玉市场前景有信心。对 330 名消费者进行了调查，其中 222 名消费者看好和田玉的市场前景。试以 95％的置信水平估计销售者与消费者对和田玉市场前景有信心的比例之差的置信区间。

$n_1=250$，$n_2=330$，$1-\alpha=0.95$，$\alpha=0.05$，$z_{\alpha/2}=1.96$

由调查所得可以计算：$p_1=\frac{188}{250}=0.752$，$p_2=\frac{222}{330}=0.673$

$$(p_1-p_2)\pm z_{\alpha/2}\sqrt{\frac{p_1(1-p_1)}{n_1}+\frac{p_2(1-p_2)}{n_2}}$$

$$=(0.752-0.673)\pm 1.96\times\sqrt{\frac{0.752(1-0.752)}{250}+\frac{0.673(1-0.673)}{330}}$$

$$=0.079\pm 0.038$$

95％的置信水平下销售者与消费者对和田玉市场前景有信心的比例之差的置信区间为 0.041～0.117。

认识拓展

一、总体方差的区间估计

（一）一个正态总体方差 σ^2 的区间估计

下面讨论正态总体下，总体方差 σ^2 的置信水平为 $1-\alpha$ 的区间估计问题。根据前面我们介绍的抽样分布定理可知：$\frac{(n-1)s^2}{\sigma^2}\sim\chi^2(n-1)$。

在给定置信度为 $1-\alpha$ 的条件下，由 χ^2 可得：

$P\left(\chi^2_{1-\alpha/2}(n-1)\leqslant\frac{(n-1)s^2}{\sigma^2}\leqslant\chi^2_{\alpha/2}(n-1)\right)=1-\alpha$，解不等式，就可以得到对应的置信区间：

$$\frac{(n-1)\ s^2}{\chi^2_{\alpha/2}\ (n-1)} \leqslant \sigma^2 \leqslant \frac{(n-1)\ s^2}{\chi^2_{1-\alpha/2}\ (n-1)} \qquad \text{（公式 5.70）}$$

所以，在 $1-\alpha$ 的置信度下，总体方差 σ^2 的置信区间为：$\left[\frac{(n-1)\ s^2}{\chi^2_{\alpha/2}\ (n-1)},\ \frac{(n-1)\ s^2}{\chi^2_{1-\alpha/2}\ (n-1)}\right]$

对上式每一项开方，可以得到总体标准差 σ 的置信区间为：

$$\sqrt{\frac{(n-1)\ s^2}{\chi^2_{\alpha/2}\ (n-1)}} \leqslant \sigma \leqslant \sqrt{\frac{(n-1)\ s^2}{\chi^2_{1-\alpha/2}\ (n-1)}} \qquad \text{（公式 5.71）}$$

[例 5-26] 某企业一线生产工人日工资服从正态分布，随机抽取了 21 名工人，计算得到日平均工资为 87 元，标准差为 4 元。求该企业一线生产工人日工资方差的 90%的置信区间。

题目要求计算总体方差的 90%的置信区间。

已知 $X\sim N\ (\mu,\ \sigma^2)$，$s^2=16$，$n=21$，$\bar{x}=87$

在 $\alpha=0.1$ 时，$\chi^2_{1-\alpha/2}\ (n-1)=\chi^2_{0.95}\ (20)=10.851$，$\chi^2_{\alpha/2}\ (n-1)=\chi^2_{0.05}\ (20)=31.410$

总体方差 σ^2 的置信区间为：

$$\left[\frac{(n-1)\ s^2}{\chi^2_{\alpha/2}\ (n-1)},\ \frac{(n-1)\ s^2}{\chi^2_{1-\alpha/2}\ (n-1)}\right]=[10.188,\ 29.490]$$

（二）两个正态总体方差比 σ_1^2/σ_2^2 的置信区间

在实际工作中还常常需要比较两个总体方差的大小，这时可以将两个方差相除，当两个方差相等时，其比值为 1。当两个总体方差都是未知的，需要通过两个样本方差来加以比较。

由前面介绍的抽样分布定理可知，$\frac{(n_1-1)\ s_1^2}{\sigma_1^2}\sim\chi^2\ (n_1-1)$，$\frac{(n_2-1)\ s_2^2}{\sigma_2^2}\sim\chi^2\ (n_2-1)$

由 F 定义可知：$F=\dfrac{\frac{(n_1-1)\ s_1^2}{\sigma_1^2}/\ (n_1-1)}{\frac{(n_2-1)\ s_2^2}{\sigma_2^2}/\ (n_2-1)}=\dfrac{s_1^2/s_2^2}{\sigma_1^2/\sigma_2^2}\sim F\ (n_1-1,\ n_2-1)$

即：$P\left\{F_{1-\alpha/2}\ (n_1-1,\ n_2-1)\leqslant\frac{s_1^2/s_2^2}{\sigma_1^2/\sigma_2^2}\leqslant F_{\alpha/2}\ (n_1-1,\ n_2-1)\right\}=1-\alpha$

可得两个总体方差比 σ_1^2/σ_2^2 的 $1-\alpha$ 置信区间为：

$$\frac{s_1^2/s_2^2}{F_{\alpha/2}\ (n_1-1,\ n_2-1)}\leqslant\frac{\sigma_1^2}{\sigma_2^2}\leqslant\frac{s_1^2/s_2^2}{F_{1-\alpha/2}\ (n_1-1,\ n_2-1)} \qquad \text{（公式 5.72）}$$

一般情况下，把样本方差中较大者用作比值的分子，较小者作分母。

[例 5-27] 从石河子大学某学院两个专业各自随机抽取了两组学生，其高等数学期末考试成绩相关信息见表 5-10：

表 5-10　某学院两个专业学生高等数学期末考试成绩

专业	T 专业	J 专业
学生人数	31	32
平均成绩	71.06	70.25
标准差	9.26	8.73

要求在90%的置信水平下，估计方差比的置信区间。

$s_1^2=85.75$，$s_2^2=76.21$，$\frac{s_1^2}{s_2^2}=\frac{85.75}{76.21}=1.13$，

当 $\alpha=0.10$，$\frac{\alpha}{2}=0.05$，$1-\frac{\alpha}{2}=0.95$ 查 F 分布表 $F_{\alpha/2}(n_1-1, n_2-1)=F_{0.05}(30, 31)=1.83$，

$$F_{1-\alpha/2}(n_1-1, n_2-1)=F_{0.95}(30, 31)=\frac{1}{F_{0.05}(30, 31)}=\frac{1}{1.83}=0.55$$

可得两总体方差比 σ_1^2/σ_2^2 的 $1-\alpha$ 置信区间为：

$$\frac{s_1^2/s_2^2}{F_{\alpha/2}(n_1-1, n_2-1)}\leqslant\frac{\sigma_1^2}{\sigma_2^2}\leqslant\frac{s_1^2/s_2^2}{F_{1-\alpha/2}(n_1-1, n_2-1)}$$

$$\frac{s_1^2/s_2^2}{F_{\alpha/2}(n_1-1, n_2-1)}=\frac{1.13}{1.83}=0.62$$

$$\frac{s_1^2/s_2^2}{F_{1-\alpha/2}(n_1-1, n_2-1)}=\frac{1.13}{0.55}=2.05$$

$$0.62\leqslant\frac{\sigma_1^2}{\sigma_2^2}\leqslant2.05$$

二、样本容量的确定

在前面所介绍的内容中，我们都是假定样本容量 n 是已知的，但是在实际问题中，需要自己进行调查方案设计，这时，确定一个适当的样本容量 n 就成了一项重要工作。在进行估计时，总是希望提高估计的可靠程度，虽然增大样本容量 n，能够提高样本的代表性，减少抽样平均误差，但是抽样调查的成本会随之增加，影响调查资料的时效性。而样本容量 n 选的过小，就会使抽样误差增大，不能达到分析的目的。因此，确定样本容量 n 的数目时，既要满足抽样估计的精确度，又要尽可能减少抽样调查的费用。

（一）估计总体均值时，样本量的确定

我们介绍的总体均值的区间估计内容中，对于正态总体或大样本时的非正态总体，总体均值 μ 的置信区间可以表示为：$\bar{x}\pm z_{\alpha/2}\frac{\sigma}{\sqrt{n}}$。在一定的置信水平下，用样本均值估计总体均值时所允许的最大绝对误差，我们称之为抽样极限误差，记为 $\Delta_{\bar{x}}$。

在重复抽样条件下，抽样极限误差、临界值和抽样标准差三者之间的数量关系为：$\Delta_{\bar{x}}=z_{\alpha/2}\frac{\sigma}{\sqrt{n}}$。

从中就可以直接反解出必要样本容量的计算公式为：

$$n=\frac{z_{\alpha/2}^2\sigma^2}{\Delta_{\bar{x}}^2} \quad \text{（公式 5.73）}$$

同理，在不重复抽样时，样本平均数抽样的极限误差为：$\Delta_{\bar{x}}=z_{\alpha/2}\frac{\sigma}{\sqrt{n}}\sqrt{1-\frac{n}{N}}$

上式两边平方并进行整理可得：

$$n=\frac{Nz_{\alpha/2}^2\sigma^2}{N\Delta_{\bar{x}}^2+z_{\alpha/2}^2\sigma^2} \quad \text{（公式 5.74）}$$

［例 5-28］　某市常住人口中共有家庭户 1 133 835 户，其年消费水平标准差为 300 元，若采用抽样调查了解该市平均消费水平，要求置信度为 95%，允许误差范围为 30，应该抽取多少样本单位。

已知 $1-\alpha=0.95$，$\Delta_{\bar{x}}=30$，$z_{\alpha/2}=1.96$，$N=1\ 133\ 835$

重复抽样时 $n=\frac{z_{\alpha/2}^2\sigma^2}{\Delta_{\bar{x}}^2}=\frac{1.96^2\times 300^2}{30^2}=384.16$

不重复抽样时 $n=\frac{Nz_{\alpha/2}^2\sigma^2}{N\Delta_{\bar{x}}^2+z_{\alpha/2}^2\sigma^2}=\frac{1\ 133\ 835\times 1.96^2\times 300^2}{1\ 133\ 835\times 30^2+1.96^2\times 300^2}=384.03$

进行抽样调查时，重复抽样时应该选取 385 个样本，不重复抽样时也应该选取 385 个样本进行调查，就可以满足研究问题的要求。

（二）估计总体比例时，样本量的确定

估计总体比例时，其样本容量的推导可以采取与确定估计总体平均数的样本容量相类似的方式。

在重复抽样时，由于：$\Delta_p=z_{\alpha/2}\sqrt{\frac{p\ (1-p)}{n}}$

所以，可以得到样本容量的计算公式为：

$$n=\frac{z_{\alpha/2}^2 p\ (1-p)}{\Delta_p^2} \qquad \text{（公式 5.75）}$$

在不重复抽样时，由于：$\Delta_p=z_{\alpha/2}\sqrt{\frac{p\ (1-p)}{n}}\sqrt{1-\frac{n}{N}}$

所以，可以得到样本容量的计算公式为：

$$n=\frac{Nz_{\alpha/2}^2 p\ (1-p)}{N\Delta_p^2+z_{\alpha/2}^2 p\ (1-p)} \qquad \text{（公式 5.76）}$$

［例 5-29］　现在要对石河子大学 2015 届 4 801 名毕业生收入满意度进行跟踪调查。根据对 2014 届学生的调查结果可知，对月收入满意的毕业生大概占到全部毕业生总数的 75%，现要求估计误差不超过 5%，在求满意度 95%的置信区间时，应该抽取多少个毕业生作为样本。

已知 $\pi=0.75$，$\Delta_p=5\%$，$z_{\alpha/2}=1.96$

重复抽样时 $n=\frac{z_{\alpha/2}^2 p\ (1-p)}{\Delta_p^2}=\frac{1.96^2\times 0.75\times\ (1-0.75)}{0.05^2}=288.12$

不重复抽样时 $n=\frac{z_{\alpha/2}^2 p\ (1-p)\ N}{\Delta_p^2 N+z_{\alpha/2}^2 p\ (1-p)}=\frac{1.96^2\times 0.75\times\ (1-0.75)\ \times 4\ 801}{0.05^2\times 4\ 801+1.96^2\times 0.75\times\ (1-0.75)}$
$=271.81$

进行抽样调查时，重复抽样时应该选取 289 个毕业生作为样本，不重复抽样时应该选取 272 个毕业生作为样本。

［例 5-30］　石河子大学统计学专业 5 位学生组成的调查小组，2016 年 3 月初分别对乌昌地区和田玉销售者和消费者进行预调查，发现 30 名销售者中有 24 名对市场有信心，30 名销售者中有 21 人对市场比较看好。进行重复抽样，现要求：

估计误差不超过 5%，在求满意度 95%的置信区间时，应该抽取多少名销售者作为样本。

估计误差不超过 5%，在求满意度 95%的置信区间时，应该抽取多少名消费者作为样本。

已知 $p_1=\frac{24}{30}=0.8$，$\Delta_p=0.05\%$，$z_{\alpha/2}=1.96$

$$n=\frac{z_{\alpha/2}^2 p_1 (1-p_1)}{\Delta_{p_1}^2}=\frac{1.96^2\times 0.8\times(1-0.8)}{0.05^2}=245.86$$

所以对于销售者来说应该选择 246 人作为样本。

已知 $p_2=\frac{21}{30}=0.7$，$\Delta_p=0.05\%$，$z_{\alpha/2}=1.96$

$$n=\frac{z_{\alpha/2}^2 p_2 (1-p_2)}{\Delta_{p_2}^2}=\frac{1.96^2\times 0.7\times(1-0.7)}{0.05^2}=322.69$$

所以对于消费者来说应该选择 323 人作为样本。

根据抽样数目的计算公式可以看出，适当的样本容量受到下面因素的影响：

(1) 总体方差 σ^2 数值大小的影响。在其他条件不变时，总体方差大，抽样误差大，应多抽一些样本；总体方差越小，总体单位的差异程度越小，必要的样本容量相对可以较少。在实际工作中，总体方差往往是未知的，所以必须通过一定的途径来估计 σ^2。此时，处理方法一，当以前有过类似的调查或有同类地区资料，总体变动又不太大时，可以用历史资料来估计总体方差 σ^2；处理方法二，在正式抽样调查之前，先进行试抽样，抽取出一个实验样本，算出其方差 s^2，作为总体方差 σ^2 的估计；处理方法三，如果有多个方差数值可供选择时，往往应该选取方差的最大值来代替总体方差。特别地，如果没有总体比例的任何资料可供参考时，那么可以令 $p=0.5$，此时比例方差的最大值为 0.25，用这一值代替比例的方差进行计算。

(2) 允许误差的大小。这主要由研究者的目的而定。当其他条件不变时，要求推断比较精确，这时允许误差应该低一些，样本容量应该多一些。反之，允许误差可以大一点，样本容量就可以小一些。

(3) 可靠程度的高低，在其他条件保持不变时，提高抽样估计可靠性，所要求的样本容量就应该增大。也就是说为了获得所需精度而制定的概率把握程度越大，所需要的样本容量就越大。

(4) 选择抽样方法的不同。由上面的讨论可知，在相同的条件下，重复抽样比不重复抽样抽取的样本单位数要多一些。如果总体单位数充分大时，一般直接按照重复抽样计算样本单位数。

(5) 抽样组织形式的不同。由于不同的抽样组织形式其抽样误差不一样，因此，抽样组织方式对样本容量的选取也有影响。

另外需要注意，如果需要研究的统计指标有好多个，通常选取其中最重要的统计指标确定必要的样本容量。为了保证所有指标都能达到所规定的要求，也可以分别计算各个指标的抽样误差以及对应的样本数目，选择其中的最大值作为抽样的样本容量。比如进行一次抽样调查，需要同时估计总体参数与比例，这时可以使用我们上面给出的公式分别计算出两个样本容量，选取其中较大的结果，这时可以同时满足两方面的要求。直接用上面介绍的公式进行计算，结果可能出现小数，这时样本容量的确定不能按照四舍五入取整数或直接取计算结果整数部分的取整办法来处理，应该取比这个计算结果大的最小整数。如计算结果为 37.07，样本容量应该取 38，而非 37。

本讲小结

一、本讲重点

1. 样本统计量是根据观测值计算的样本指标。总体参数是根据总体中全部数据计算的表明总体特征的数量指标。抽样的目的就是通过样本统计量来估计总体参数。

2. 抽样分布是统计推断总体参数的理论基础。样本平均数的抽样分布是最基本和最重要的分布。常用抽样分布有正态分布、χ^2 分布、t 分布和 F 分布等。

3. 参数估计的方法有点估计和区间估计两大类。衡量点估计量优劣的标准有三个，即无偏性、有效性和一致性。

4. 区间估计分为一个总体参数的区间估计和两个总体参数的区间估计。总体参数区间估计的全部内容如图 5 - 12 所示。

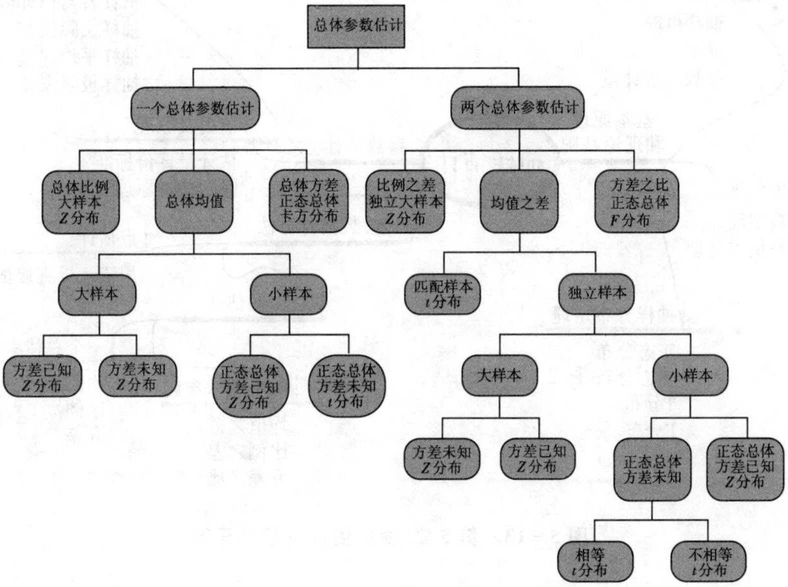

图 5 - 12 总体参数区间估计及其使用的分布

二、难点释疑

1. 抽样实际误差数值大小无法进行计算，是一次具体抽样中，由随机因素引起的样本统计量和总体参数之间的离差。抽样平均误差是总体未知参数估计量的标准差，在给定置信水平的条件下，可以通过抽样平均误差求出抽样极限误差，进一步得到置信区间。

2. 一个总体均值的区间估计中，当正态总体，方差 σ^2 未知，小样本时，统计量 $t=\dfrac{\overline{x}-\mu}{s/\sqrt{n}}\sim t\ (n-1)$，所以此时对总体均值的区间估计应用 t 分布临界值，而非 z 分布临界值。

3. 两个总体均值之差的区间估计中，当两个总体服从正态分布，且方差 σ_1^2 和 σ_2^2 未知时，当 $\sigma_1^2=\sigma_2^2$ 时，$t=\dfrac{(\overline{x}_1-\overline{x}_2)-(\mu_1-\mu_2)}{s_p\sqrt{\dfrac{1}{n_1}+\dfrac{1}{n_2}}}\sim t\ (n_1+n_2-2)$，当 $\sigma_1^2\neq\sigma_2^2$ 时，$t'=\dfrac{(\overline{x}_1-\overline{x}_2)-(\mu_1-\mu_2)}{\sqrt{\dfrac{s_1^2}{n_1}+\dfrac{s_2^2}{n_2}}}\sim t\ (f)$，在两种情况下，对两个总体均值之差的区间估计中所用 t 分布不同，临界值不同，置信区间也不同。

本章小结

如图 5 - 13 所示，本章内容为抽样估计，首先介绍了抽样估计的基本原理和理论基础，大数定理和中心极限定理是抽样估计的理论基础，样本均值和样本方差的抽样分布有正态分布、χ^2 分布、t 分布和 F 分布。其次重点介绍了总体参数区间估计，一个总体参数的区间估计是基础，两个总体参数的区间估计与其类似。一个总体参数的区间估计包括总体均值、总体比例和总体方差的区间估计，两个总体参数的区间估计包括两个总体均值之差、比例之差和方差之比的区间估计。

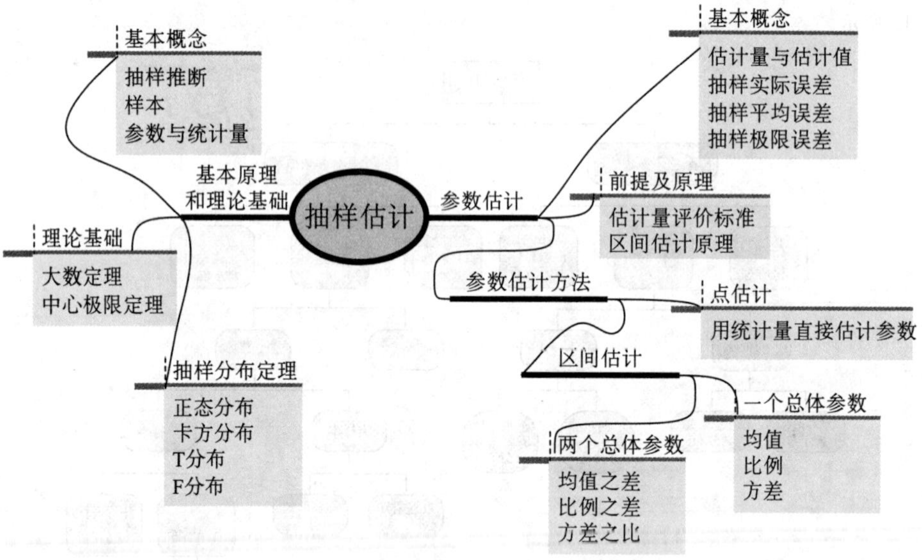

图 5 - 13　第 5 章 抽样估计—思维导图

思考题

1. 简述抽样推断特点及其作用。
2. 简述大数定理和中心极限定理的基本内容及其在抽样估计中的重要意义。
3. 简述抽样实际误差、平均误差和极限误差三者之间的区别和联系。
4. 简述评价估计量好坏的标准。
5. 如何理解置信区间？
6. 点估计和区间估计各自的特点是什么，两者之间有什么区别和联系？
7. 分析说明影响置信区间大小的因素都有哪些。
8. 分析说明确定样本容量大小的主要因素有哪些。
9. 简述对两个总体均值之差的小样本估计中，对两个总体和样本都有哪些假定。

案例讨论

【案例 5－1】

互联网经济的快速扩张带动了物流业的迅速发展，2016 年我国快递业务量突破 310 亿件，年比增长 51.7%，人均快递使用量达 23 件，比上年增加了近 8 件，快递业务量稳居世界第一。现在要研究 D 市和 G 市快递业务发展情况，假设两个城市居民快件量服从正态分布，从 D 市抽取一定数目的居民进行调查，得到其年人均快件量 $\overline{x}_1=25$，方差 $s_1^2=16$；从 G 市抽取一定数目的居民进行调查，得到其年人均快件量 $\overline{x}_2=18$，方差为 $s_2^2=20$。

思考与讨论问题：

(1) $n_1=n_2=100$，求 μ_1 和 μ_2 的 95%的置信区间下，两市人均快递使用量有没有达到我国人均水平23 件。

(2) $n_1=n_2=10$，求 μ_1 和 μ_2 的 95%的置信区间下，两市人均快递使用量有没有达到我国人均水平 23 件。

(3) 设 $n_1=n_2=100$，求 $\mu_1-\mu_2$ 的 95%的置信区间。

(4) 设 $n_1=n_2=10$，$\sigma_1^2=\sigma_2^2$，求 $\mu_1-\mu_2$ 的 95%的置信区间。

(5) 设 $n_1=n_2=10$，$\sigma_1^2\neq\sigma_2^2$，求 $\mu_1-\mu_2$ 的 95%的置信区间。

(6) 设 $n_1=10$，$n_2=20$，$\sigma_1^2=\sigma_2^2$，求 $\mu_1-\mu_2$ 的 95%的置信区间。

(7) 设 $n_1=10$，$n_2=20$，$\sigma_1^2\neq\sigma_2^2$，求 $\mu_1-\mu_2$ 的 95%的置信区间。

(8) 你从上面求解结果中可以得出什么结论。

【案例 5－2】

顾客到银行办理业务时往往需要等待一段时间，等待时间的长短与银行业务员办理业务的速度，顾客等待排队的方式等因素有关。为此，某商业银行对两种排队方式进行试验：第一种排队方式是所有顾客都进入一个等待队列，如果窗口有空闲，排在队列最前面的顾客上前接受服务；第二种排队方式是顾客在三个业务窗口处排队三列等待，并且不能换到另外一个队。为比较两种排队方式那种使顾客等待时间更短，银行在两种排队方式中各自随机抽取了 10 名顾客，他们在办理业务时所等待的时间见表 5－11（单位：分钟）

表 5－11

方式 1	6.5	6.6	6.7	6.8	7.1	7.3	7.4	7.7	7.7	7.7
方式 2	4.2	5.4	5.8	6.2	6.7	7.7	7.7	8.5	9.3	10.0

假定两种方式顾客等待时间都服从正态分布。

思考与讨论问题：

(1) 构建第一种排队方式顾客平均等待时间的 95%的置信区间。

(2) 构建第二种排队方式顾客平均等待时间的 95%的置信区间。

(3) 构建两种排队方式顾客平均等待时间之差的 95%的置信区间。

(4) 构建第一种排队方式等待时间标准差的 95%的置信区间。

(5) 构建第二种排队方式等待时间标准差的 95%的置信区间。

(6) 构建两种排队方式顾客等待时间方差之比的 95%的置信区间。

(7) 根据上面分析结果，你认为哪种排队方式更好。

延伸阅读

1. S. 伯恩斯坦，R. 伯恩斯坦. 统计学原理（下册）——推断性统计学［M］，科学出版社，2002，P36 - 226（第十二章 正态分布和其他连续型概率分布；第十三章 抽样分布；第十四章 总体均值的单样本估计；第十五章 总体方差，标准差及比例的单样本估计；第十七章，两样本的估计和假设检验）。

2. 约翰逊（Johnson. R. A.），威客恩（Wichern. D. W.）著，陈旋，叶俊译．实用多元统计分析（第6版）［M］，清华大学出版社，2008年10月第1版，P86 - 278，多元抽样估计相关内容（第3章 样本几何与随机抽样；第4章 多元正态分布；第五章 关于均值向量的推断；第六章 多个多元均值向量比较）。

第5章　应用实验

第5章　练习题

第 6 章　假设检验

开篇导读

我们的传统家庭观念被颠覆了吗？

2016 年 9 月 23 日美国《纽约时报》网站报道，中国正在经历一系列深刻的社会和经济变革，传统的爱情和家庭观念被颠覆。新公布的数据显示，中国登记结婚的人数连续两年下降，而离婚人数则继续攀升。这两种趋势的根源在于中国的计划生育政策、令人震惊的经济崛起和女性不断变化的职场和家庭角色，它们导致新一代年轻人质疑婚姻在中国社会中的传统角色。该报道称数据供应商 CEIC Data 和中国国家统计局提供的有关中国的数据，用确凿的数字支持了部分趋势的真实性。

独居：平均家庭规模减小。报道称，2015 年中国家庭平均人数 3.1 人，但 1982 年为 4.43 人，平均人数减少有多种原因：孩子数量减少、独居老人增多及其他因素。但一些人提到了另一个原因：独居的快乐。

用功学习：硕士研究生中女性增加。报道称，2004 年中国硕士研究生中女性比例为 44.2%，2014 年增至 51.7%。中国女性的受教育程度越来越高。

老龄化：中国人口走向老龄化。报道称，1982 年中国老龄化人口比例为 1∶12.5，2014 年增至 1∶7.3，老年人的人口占比在增加。在传统上孩子要赡养长辈的中国文化中，这给年轻一代造成了压力。①

这一报道引起了人们的热议，有人认为《纽约时报》的报道不客观，中国传统观念特别是传统家庭观念经过几千年已经根植于人们的生活当中，不但一直存在而且还会一直坚持下去。但是也有人认为这一报道有一定道理，中国改革开放以后经济得到了快速的发展，时代的变迁使人们的一些传统思维观念随着社会的发展发生着变化，而且现在的高房价和高物价导致生活成本太高，还有将来孩子的教育问题等，制约婚姻和家庭的因素太多，传统家庭观念的转变也在情理之中。纽约时报的报道可靠吗？其使用的数据真的说明了中国传统家庭观念被颠覆了吗？要回答这一系列问题我们需要本章假设检验的知识。

学习目标

一、理解假设检验的基本概念，如原假设、备择假设、双侧检验、单侧检验、显著性水平、拒绝域、检验统计量和 P 值等，对这些概念的准确把握是有效实施假设检验的前提。

二、理解假设检验基本原理，假设检验的理论基础是小概率原理，会使用临界值决策规则和 P 值决策规则对原假设是否成立进行判断。

三、掌握一个总体参数的假设检验方法，针对不同前提条件，能够熟练地对总体均值进行假设检验；并在大样本情况下，应用 z 统计量对总体比例进行假设检验。了解总体方差的假设检验方法。

---

① 选自新华网，2016 年 9 月 25 日，原文标题为《美媒称中国传统家庭观念被颠覆：年轻人享受独居乐趣》，略有删改。

四、掌握两个总体参数的假设检验方法，重点是两个总体均值之差的检验，针对不同的情形，能够熟练使用相应的统计量对统计假设作出判断。对于总体比例之差的假设检验也只是要求理解大样本情形下的检验方法即可。了解两个总体方差之比的假设检验方法。

第 12 讲　假设检验基本原理

问题提出

汉代乐府民歌中有一首情歌《上邪》，原文是“上邪！我欲与君相知，长命无绝衰。山无陵，江水为竭，冬雷震震，夏雨雪，天地合，乃敢与君绝！”。

《上邪》被誉为“短章中神品”，诗中的女主人公用五件不可能的事情来表明自己至死不渝的爱情，这种浪漫主义的表现手法非常有助于我们了解假设检验的基本思想。诗中女子对“君”发出的爱情誓言，为什么会惊世骇俗？她的誓言包含了哪些假设检验的基本思想？①在统计学上，我们该如何对这些假设进行判断，决策的理论依据又是什么？为此，本讲提出的问题是：

假设检验的理论基础和逻辑过程是什么？

概念辨析

一、统计假设及假设检验

在许多场合，人们经常需要对某个“假设”做出判断，确定其真伪。在研究领域，研究者在检验一种新的理论时，首先需要根据检验目的或某种信息提出一种自己认为正确的看法，即假设，然后依据样本信息作出判断。用统计学的语言来说，所谓“假设”就是对研究对象的某种特征所做的一种事先猜想，所谓“假设检验”就是要搜集证据判断该假设是否成立的过程。

（一）统计假设

统计假设（Hypothesis）就是以检验为目的，对总体参数的具体数值或分布形态所作的陈述，简称为假设。统计假设有时仅仅涉及总体分布的某个参数。比如，“正常人的平均体温是 37 摄氏度”就构成了一个对于总体均值的假设。有些则涉及总体的分布形态，如“石河子市城镇居民可支配收入服从正态分布”就构成了一个对于总体分布形式的假设。

一个假设的提出总是以一定的理由为基础的，但是这些理由通常又是不完全的，因而产生了“检验”的需求，也就是要进行判断。比如，某制药公司研制出了一种新药，研究者就要判断新药是否比旧药更有效。多数情况下，总体数目比较大，以至于不能逐一研究总体中的每个项目、事物或个人，只能从总体中抽取样本，利用样本信息判断假设是否成立。

（二）假设检验

假设检验（Hypothesis test）就是在事先对总体参数或分布形态提出假设的基础上，然后利用样本提供的信息，以一定的概率来判断假设是否成立的过程。

① 选自中国统计，2007 年 11 期，原文标题为《诗解统计假设检验原理》，略有删改。

[例 6－1]　假定石河子大学在校本科生月生活费支出的平均水平是 1 500 元，然后从全校本科生中抽取一个容量为 100 的随机样本，根据这一样本信息检验在校本科生平均生活费支出是不是 1 500 元，这就是一个简单的假设检验。所以，假设检验的一般思路为：首先对总体提出某种假设，然后抽取样本获得数据，再根据样本提供的信息判断假设是否成立。

假设检验与参数估计类似，也是推断统计的重要内容之一，但是两者处理问题的角度不同。参数估计是利用样本信息对未知的总体参数进行推断，而假设检验则是先对总体参数或分布提出一种假设，然后利用样本信息判断这一假设是否成立。假设检验与区间估计结合起来，构成了完整的统计推断内容。

二、原假设与备择假设

对于每个假设检验问题，需要同时提出两个相反的假设，即原假设和备择假设。

(一) 原假设

原假设（Null hypothesis）也称为零假设，它是研究者对总体参数事先提出的表述，并且想收集证据予以推翻的假设。原假设用符号 H_0 表示，大写的 H 表示假设，而之所以用零来修饰原假设，因为其是研究的出发点。

原假设所表述的含义是指总体参数没有变化、没有改变、没有差异，或变量之间没有关系，因此，一般等号“＝”总是出现在原假设上。以总体比例检验为例，设参数的假设值为 π_0，原假设可以写成 $H_0: \pi=\pi_0$，$H_0: \pi\geqslant\pi_0$ 或 $H_0: \pi\leqslant\pi_0$。原假设是要接受检验的假设，其最初被假设是成立的，然后，根据样本数据确定是否有足够的理由或证据拒绝原假设。

(二) 备择假设

备择假设（Alternative hypothesis）又称为研究假设，通常是指研究者想收集证据予以支持的假设，用符号 H_1 或 H_α 表示。

备择假设所表述的含义是指总体参数发生变化、有改变、存在差异，或变量之间有某种关系，所以备择假设的表达式中是不含有等号的。仍以总体比例检验为例，设参数的假设值为 π_0，备择假设对应可以写成 $H_1: \pi\neq\pi_0$，$H_1: \pi>\pi_0$ 或 $H_1: \pi<\pi_0$。备择假设是与原假设对立的假设，即拒绝原假设时所选择的假设。备择假设通常用于研究者自已倾向于支持的看法，是收集证据予以支持的假设。

[例 6－2]　本讲问题提出部分中女主人公表达了她对恋人忠贞不渝的强烈感情。在这首诗歌中，女子要证明自己是多么地爱“君”，我们可以认为这是她的原假设，用统计学中假设检验的语言来描述就是原假设为 H_0：与君相知，即我是爱“君”的。备择假设是除了原假设以外的可能，那么备择假设 H_1：与君绝，我是不爱“君”的。①

[例 6－3]　某市消费者投诉举报中心“12315”接到消费者电话投诉，指控某知名品牌瓶装番茄酱沙司存在净含量不足，有欺骗消费者行为。该品牌瓶装番茄酱包装上注明净含量为 220 克。消费者协会从市场上随机抽取了 30 瓶该品牌瓶装番茄酱，经过测量发现平均净含量为 118 克，小于标注的 220 克。这是生产中正常的波动，还是厂商的有意行为？消费者协会是否可以根据该样本数据，判定该厂商欺骗了消费者？

---

① 选自中国统计，2007 年 11 期，原文标题为《诗解统计假设检验原理》，略有删改。

消费者协会实际上要检验总体平均净含量是否等于包装上标明的220克，即要检验总体平均数是不是等于220，即此问题的原假设为：

$H_0: \mu=220$

备择假设是与原假设相互排斥的对立假设，当原假设被否定时，备择假设就自然成立。原假设和备择假设的设定，要根据实际问题来确定，一般把期望出现的结论作为备择假设。本例中备择假设可能情况有三种：

情况一，如果消费者协会希望知道该品牌番茄酱沙司的平均净含量是否为标明的220克，则：

$H_1: \mu\neq 220$

情况二，如果消费者协会希望知道该品牌番茄酱沙司的平均净含量是否少于标明的220克，则：

$H_1: \mu<220$

情况三，如果消费者协会希望知道该品牌番茄酱沙司的平均净含量是否大于标明的220克，则：

$H_1: \mu>220$

（三）假设检验的基本形式

在假设检验中，研究者感兴趣的备择假设内容，可以是原假设在某一方向的变化，也可以是没有特定方向的变化。因此，根据检验的目的不同，假设检验的基本形式有单侧检验（One－tailed test）和双侧检验（Two－tailed test）之分。如果备择假设没有特定的方向性，并含有符号≠，这样的假设检验称为双侧检验或双尾检验。如果备择假设具有特定的方向性，包含有符号＞或＜，这样的检验称为单侧检验或单尾检验。在单侧检验中，备择假设的方向含有符号＞的，称为右侧检验；而备择假设的方向含有符号＜的，称为左侧检验。

所以，假设检验按备择假设的不同，可以分为下面三种情形：

双侧检验：$H_0: \mu=\mu_0$，$H_1: \mu\neq\mu_0$，其中，上例中为 $H_0: \mu=220$，$H_1: \mu\neq 220$。这种双侧检验关心的是两者是否有差异，并不关心两者大小方向，实际结果可能大于假定值，也可能小于假定值。

左侧检验：$H_0: \mu\geqslant\mu_0$，$H_1: \mu<\mu_0$，其中，上例中为 $H_0: \mu\geqslant 220$，$H_1: \mu<220$。这种单侧检验关心两者之间的大小，关注检验的样本是否小于假定值，因此称为左侧检验，具体可根据备择假设进行判断。

右侧检验：$H_0: \mu\leqslant\mu_0$，$H_1: \mu>\mu_0$，其中，上例中为 $H_0: \mu\leqslant 220$，$H_1: \mu>220$ 这种单侧检验关心两者之间的大小，关注检验的样本是否大于假定值，因此称之为右侧检验，具体可根据备择假设进行判断。

在实际应用中，通常可将样本信息所显示的方向作为备择假设 H_1 的方向，这是因为正是样本信息显示了与假设值的差异，才对相反的命题产生了怀疑，也才有检验这种差异是否显著的必要。

（四）建立假设的规则和技巧

确定原假设和备择假设在假设检验中十分重要，它直接关系到检验的结论。从例 6－3 中我们可以得到建立假设的规则和技巧：

（1）原假设和备择假设都是关于总体参数的。

（2）原假设和备择假设是一个完备事件组，而且两者互相对立。所以，原假设和备择假设满足穷尽和互斥原则，即在假设检验中原假设和备择假设必有一个成立，而且只能有一个成立。

（3）在建立假设检验时，比较方便的做法是先确定备择假设，再确定原假设。原因是备择假设是我们关心的，想予以支持或证实的，因而比较清楚，容易确定。比如，检验某项研究的成功性，一般以研究的目标做为备择假设；检验某项说明的真实性，一般把声明中保证的内容作为原假设。由于原假设和备择假设是对立的，只要确定了备择假设，原假设就很容易确定下来。

（4）在假设检验中，等号总是放在原假设上。因为如前面提到过的那样，原假设中包含着“无”的元素，往往表达的是参数没有变化或变异，或变量之间没有关系。原假设的惯例是在原假设 H_0 中只写“＝”号，所以，例 6－3 中的 $H_0: \mu \leqslant 220$，$H_1: \mu > 220$ 等价于 $H_0: \mu = 220$，$H_1: \mu > 220$，这是因为在这一右侧检验中我们感兴趣是 $H_1: \mu > 220$，如果做出拒绝原假设 $H_0: \mu = 220$ 时更趋向于备择假设 $H_1: \mu > 220$ 的决策，同样意味着我们拒绝了 $H_1: \mu < 220$。换句话来说，如果事实上备择假设不正确的话，$H_0: \mu = 220$ 就代表了可能有的最坏情况。

（5）假设检验只提供不利于原假设的证据，并不提供原假设“正确”的证据。如果不能拒绝原假设，并不等于证明原假设是真的。它仅仅意味着我们没有足够的证据拒绝原假设。所以，此时我们一般只说“不拒绝原假设”，而不说“接受原假设”。

（6）原假设和备择假设本质上带有一定的主观色彩，因为所谓“研究者想要收集证据予以反对的假设”和“研究者想要收集证据予以支持的假设”显然最终仍都取决于研究者本人的意志。所以，在处理某一实际问题时，由于不同的研究者有各自不同的研究目的，即使对同一问题也有可能提出截然相反的原假设和备择假设，如上面例子中我们提出的三个假设。无论怎么样确定假设的形式，只要它们符合研究者的最终目的，便是合理的。

三、显著性水平和拒绝域

（一）显著性水平

显著性水平是假设检验思想的灵魂，统计检验也称为显著性检验。假设检验是基于小概率原理的推断，可是小概率的取值到底是多少，并没有绝对的标准。在假设检验时应该事先确定一个小概率的标准，作为判断的界限，这个小概率标准称为显著性水平用 α（$0<\alpha<1$）来表示，这样凡是出现概率小于显著性水平的事件都叫做小概率事件。

显著性水平 α 作为小概率的界限，其取值应该根据实际问题的性质和对结论准确性的要求而有所不同，通常会取一个较小的 α 值，一般要求 $\alpha \leqslant 0.1$。著名的英国统计学家 Ronald Fisher 把小概率的标准定为 0.05，所以人们通常选择显著性水平为 0.05 或比 0.05 更小的概率，当然也可以选取其他值。显著性水平由研究者事先确定，常用的显著性水平有 $\alpha = 0.1$（或 10%），$\alpha = 0.05$（或 5%）及 $\alpha = 0.01$（或 1%），这表明，当作出接受原假设的决定时，其正确的可能性（概率）为 90%、95%及 99%。在确定了显著性水平 α 以后，是否拒绝原假设，最终要以显著性水平为依据确定评判的规则。

（二）拒绝域

根据事先给定的显著性水平 α，可以利用统计量的分布确定出相应的临界值（Critical value）。

对于给定的显著性水平，由所要检验的总体参数的样本估计值的概率分布，就可以确定样本统计量与总体参数原假设值之间的最大偏离值，即临界值。不同情况下，检验统计量所服从的分布不同，给定显著性水平 α，通过查相应的概率分布表或者直接利用统计软件就可以得到具体的临界值。比如，正态分布且 5% 的显著性水平下，双侧检验的临界值为 ± 1.96。

临界值将检验统计量的取值范围划分为拒绝原假设的区域（也称拒绝域）和不能拒绝原假设的区域（也称接受域）两部分。将检验统计量的值与临界值进行比较，就可以做出拒绝或不拒绝原假设的决策。

拒绝域（Rejection region）即根据临界值确定的拒绝原假设的区域。拒绝域与事先给定的显著性水平 α、检验统计量的分布和假设检验的类型有关。如果统计量的值落在拒绝域内就拒绝原假设，否则就不拒绝原假设。当样本容量固定时，拒绝域的面积随 α 的减小而减小。

检验的方向不同，拒绝域的位置就不同，进而决策准则也不同。以检验统计量服从标准正态分布为例，双侧检验的拒绝域位于抽样分布的两侧，两侧的拒绝域各占整个分布曲线下方面积的 $\alpha/2$。左侧检验的拒绝域在抽样分布的左侧，占了整个分布曲线下方面积的 α。右侧检验的拒绝域在抽样分布的右侧，也占了整个分布曲线下方面积的 α。比如，正态分布且 5% 的显著性水平下，双侧检验的拒绝域为 $(-\infty, -1.96) \cup (1.96, +\infty,)$。显著性水平、拒绝域和临界值的关系如图 6-1 所示。

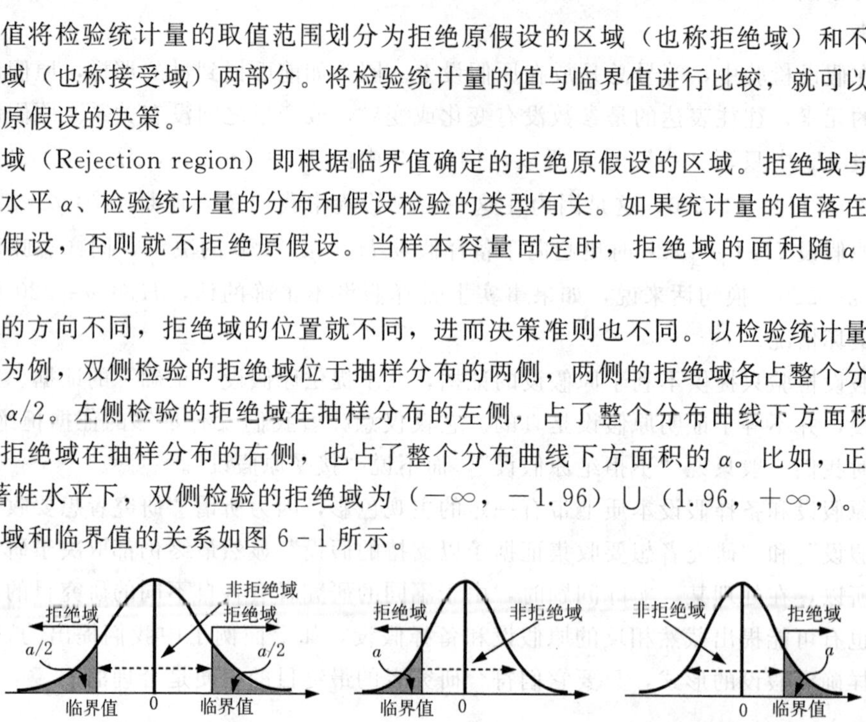

（a）双侧检验　　（b）左侧检验　　（c）右侧检验

图 6-1　显著性水平、拒绝域和临界值

四、检验统计量与 *P* 值

（一）检验统计量

检验统计量（Testing statistic）是指在假设检验中，根据样本数据计算出来的，并据以对原假设和备择假设作出决策的某种样本统计量。它是一个随机变量，其数值随样本观测结果的不同而不同，但是只要知道一组特定的样本观测值，检验统计量的值也就随之确定了。对总体参数进行检验时，在原假设成立的前提下，检验统计量不包含未知总体参数但要包含原假设中总体参数的假设值。检验统计量的概率分布应该是明确的，这样才能得到原假设成立的前提下样本出现的概率是否属于小概率事件。

样本统计量实际上就是总体参数的点估计，但是点估计量不能直接作为检验的统计量，而是根据点估计量的抽样分布，将其标准化，才能作为检验统计量。即：

$$标准化检验统计量=\frac{点估计量-假设值}{点估计量的标准误差} \quad （公式 6.1）$$

实际中使用的检验统计量都是标准化检验统计量，原因有两个：一是点估计量与总体参数离差的大小受到量纲等因素的影响，不能对二者之间的偏离程度进行准确度量。因此，需要标准化，标准化检验统计量的大小反映了点估计量与假设的总体参数相比差多少个标准差的距离。二是点估计量中没有引入假设的信息。可以看出，对点估计量进行标准化的依据是原假设为真，点估计量的抽样分布可以确定。检验统计量的绝对值越大说明样本信息与假设值偏离越远，也就越要怀疑原假设的真实性。

检验统计量的分布是假设检验的理论基础，取决于多种因素：要检验的总体参数，总体分布，大样本还是小样本，总体方差已知还是未知等。不同条件下检验统计量的分布不同，可能是标准正态分布 z，也可能是 t 分布，χ^2 分布或 F 分布。比如，大样本情况下，总体均值的检验统计量服从标准化正态分布 z；而两总体的方差比检验统计量服从 F 分布等。一般假设检验的具体方法由检验统计量服从的分布来命名，常用的有 z 检验、t 检验，χ^2 检验和 F 检验等。

[例 6－4] 假定例 6－3 瓶装番茄酱沙司净含量服从正态分布，由历史资料得到总体的标准差为 3。

双侧检验的基本形式为：

$H_0: \mu=220$，$H_1: \mu\neq 220$

待检验的参数为总体平均数 μ，样本均值 $\bar{x}$ 是其无偏估计量。

由第 5 章有关样本平均数的抽样分布内容知道 $\bar{x}\sim N\left(\mu, \frac{\sigma^2}{n}\right)$。

这样在"$H_0: \mu=220$"成立的前提下，应该有 $\bar{x}\sim N\left(220, \frac{\sigma^2}{n}\right)$，经过标准化可得：

$$z=\frac{\bar{x}-\mu_0}{\sigma/\sqrt{n}}=\frac{\bar{x}-220}{\sigma/\sqrt{n}}\sim N(0, 1)$$

$z=\frac{\bar{x}-220}{\sigma/\sqrt{n}}$ 就是本例的检验统计量，其中 n 和 σ 为已知常数。

这里的检验统计量服从标准正态分布，我们应用 z 检验来进行处理。

（二）*P* 值

依据临界值来进行判断，就是将检验统计量值与给定显著性水平 α 所对应临界值相比较来决策。直觉上讲，检验统计量的绝对值越大，意味着样本观测值数据与总体参数假设值之间的差异越大，就越有理由拒绝原假设。但是，采取临界值进行决策，不论统计量的值是大是小，只要检验统计量落入拒绝域，就拒绝原假设，否则就不拒绝原假设。也就是不管检验统计量落在拒绝域什么位置，对落入拒绝域的检验统计量不管其值大小，一律一视同仁，都是拒绝原假设。因此，应用这一方式可以帮助我们决定是拒绝原假设还是不拒绝原假设，却无法告诉我们拒绝原假设的证据到底多强。要想得到这一方面的信息就需要应用 P 值进行决策。

所谓 P 值实际上是在原假设成立的前提下，检验统计量超过（大于或小于）具体样本观测值的概率。P 值是假设检验在计算机时代通行的决策方式。P 值越小，说明原假设为真的情况下得到当前这个样本的可能性越小，实际观测到的样本数据与原假设相背离的程度越严重，就越应该拒绝原假设。显著性水平 α 是研究者事先人为给定的小概率标准，而 P 值是根据样本数据计算的概率值，所以 P 值也被称为观察到的（或实测的）显著性水平。图 6－2给出了拒绝原假设时的 P 值与给定的显著性水平 α 的比较示意图。

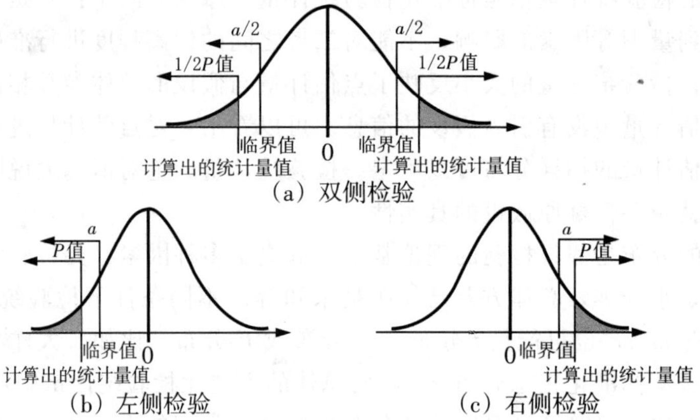

图 6－2　P 值与给定的显著性水平

P 值的大小与检验统计量的分布、检验统计量的值、检验类型等因素有关。计算 P 值时的方向随备择假设的方向而定。以 z 检验为例，z_c 表示根据实际观测的样本数据计算得到的检验统计量值，根据标准正态分布可计算相应的 P 值，假设检验的三种基本形式 P 值计算的表达式如下：

左侧检验：P 值 $=P$（$z \leqslant z_c$），即在当原假设为真的前提下，检验统计量落在观测值左侧的概率。

右侧检验：P 值 $=P$（$z \geqslant z_c$），即在当原假设为真的前提下，检验统计量落在观测值右侧的概率。

双侧检验：P 值 $=2\times$ 单侧检验的 P 值，这里单侧检验的 P 值指左侧概率与右侧概率中较小者。

P 值的具体计算比较复杂，一般不可能依靠手工计算，需要借助于计算机来实现。目前一般的计算机软件中，在进行假设检验时，都给出了相应的 P 值。

推理分析

一、假设检验理论基础

要对参数进行假设检验，首先要对总体分布函数形式或分布的某些参数做出假设，然后根据样本数据和小概率原理，对假设的正确性作出判断。这种思维方式利用反证法和小概率事件进行分析，其逻辑是基于小概率原理的反证法。

数学中的反证法就是先将要证明的相反结论假设为正确，作为进一步推论的条件使用，最后推出矛盾的结果，以此否定事先所做的假设。所谓小概率事件就是指概率很小的事件，在一次试验中认为实际上不可能发生，这种事件称为实际不可能事件。这里的反证法得出认为矛盾的结论，也就是不可能发生的事件或小概率事件，这种事件发生的概率为 0 或者非常小，该类事件是不能接受的。

小概率原理是指概率论中关于小概率事件在一次试验中不可能发生的原理。即如果对总体的某种假设是真实的，那么不利于或不支持这一假设的事件 A（小概率事件）在一次试验中几乎不可能发生；如果在一次试验中 A 竟然发生了，就有理由怀疑该假设的真实性，拒绝这一假设。

[例 6-5]　例 6-2 中女主人公要证明自己是多么爱“君”的方式很多，比如什么卿卿我我之类，但力度可能都不够。所以该女子从不爱“君”的角度来反证，在什么样的情况下她才不会再爱“君”了呢？诗中女主人公说出了她“与君绝”的条件：“山无陵，江水为竭，冬雷震震，夏雨雪，天地合”，而这些自然现象几乎都是不可能发生的，同时出现的可能性更微乎其微，是一个小概率事件。女主人公把这些不可能实现的自然现象作为“与君绝”的条件，无异于说“与君绝”是绝对不可能的，结果只有自己和“君”永远地相爱下去。诗中的几种现象出现的可能性都很小，我们假定显著性水平为 0.05%，现实生活中这几种自然现象发生的可能性为零，明显低于我们给定的假设水平，既然这几种现象不会发生，我们可以断定该女子肯定是爱“君”的。当然，如果在现实中这几种现象真的发生了，在统计学上来说，也就是这几种现象发生的概率大于 0.05%，这样也就否定了原假设，那么该女子就“乃敢与君绝”，我们可以认为该女子不爱“君”了。①

[例 6-6]　假设某产品质量标准为次品率不超过 0.03%，只有符合此规定，该产品才能出厂销售，现在从该批次产品中抽取了 10 件产品有 3 件是次品。判断该批次产品符不符合质监部门的规定，能不能出厂销售。

若假设次品率 $p\leqslant 3\%$，则事件“抽取 10 件产品有 3 件次品”发生的概率可以由二项分布计算出，即：

$$P(X=x)=C_n^x p^x q^{n-x}$$

$$P(X=3)=C_{10}^3(0.03)^3(1-0.03)^7=0.0026$$

只有不到千分之三可能的事件在一次试验中居然发生了，根据小概率原理这是不合理的，因而假设 $p\leqslant 3\%$ 是不能成立的，故按质监部门的规定，该批次产品不能出厂销售。

[例 6-7]　接着例 6-4 假定该品牌瓶装番茄酱沙司净含量服从正态分布，由历史资料可以得到总体的标准差为 3。通过检验总体平均数是否等于 220 克，来判断该厂商是否欺骗了消费者。

假设检验为：

$$H_0: \mu\geqslant 220,\ H_1: \mu<220$$

样本均值的抽样分布定理告诉我们，若总体服从均值为 μ，方差为 σ^2 的正态分布，从这一总体中随机抽取样本容量为 n 的样本，则样本均值 $\bar{x}$ 服从均值为 μ，方差为 $\frac{\sigma^2}{n}$ 的正态分布，即 $\bar{x}\sim N\left(\mu,\ \frac{\sigma^2}{n}\right)$。样本均值 $\bar{x}$ 的标准化值 $z=\frac{\bar{x}-\mu}{\sigma/\sqrt{n}}$ 服从标准正态分布，即 $z\sim N(0,1)$。

由标准正态分布的性质可知，对于任一给定的置信度 $1-\alpha$，必然有一个对应的值 $z_{\alpha/2}$，使得

$|z|=\frac{|\bar{x}-\mu|}{\sigma/\sqrt{n}}<z_{\alpha/2}$ 的概率等于 $1-\alpha$；反之，$|z|\geqslant z_{\alpha/2}$ 的概率为 α。

这里取 $\alpha=0.05$，左侧检验，拒绝域在左边，查标准正态分布表得临界值为 $z_\alpha=$

---

① 选自中国统计，2007 年 11 期，原文标题为《诗解统计假设检验原理》，略有删改。

-1.65，拒绝域为 $z<-1.645$。

在本例中，$z=\frac{\bar{x}-\mu}{\sigma/\sqrt{n}}=\frac{218-220}{3/\sqrt{30}}=-3.65<-1.65$

检验统计量值落入拒绝域，则拒绝原假设，认为有足够的证据说明该瓶装番茄酱沙司净含量小于注明的220克。即如果原假设 H_0：$\mu\geqslant 220$ 成立，在一次抽样中就发生了 $z<-1.645$ 这一小概率事件。实际上，$z=-3.65$ 发生的概率即我们前面所说的 P 仅仅只有0.00013112，也就是如果 H_0：$\mu\geqslant 220$ 的假设成立，那么随机抽出这种样本的概率仅仅为0.00013112，比我们事先给定的小概率 $\alpha=0.05$ 的值要小得多。所以，应该否定原假设 H_0：$\mu\geqslant 220$。

具体来说，假设检验有两个主要特点：

(1) 假设检验的推理过程运用的是反证法。先承认待检验的假设成立，然后观察在此假设成立的前提下样本的出现是不是属于小概率事件，如果是小概率事件，即样本所代表的事实与假设前提得出的结论发生矛盾，样本的出现不合理，则有充分的理由怀疑或否定原假设；反之，不能否定原假设。

(2) 假设检验的推理逻辑不同于一般意义上的反证法。它判断合理与否所依据的是小概率原理，但是在一次试验中小概率事件只是发生的可能性很小而已，并非绝对不会发生，因此，假设检验的结论有可能会出现错误。

二、假设检验的基本步骤

综上所述，检验检验的基本步骤如下：

(1) 根据研究问题的需要提出原假设 H_0 和备择假设 H_1。原假设必须包括等号在内，而备择假设视问题的性质在双侧检验，左侧检验和右侧检验三者之中选择其一。

(2) 选择适当的检验统计量并确定其分布。在总体参数的假设检验中，就是为了说明在原假设成立的前提下，样本的出现是否属于小概率事件。显然，与在参数估计中一样，要以该参数的估计量的抽样分布为理论依据，借助样本统计量进行统计推断。决定接受原假设还是不接受原假设，都是根据某一统计量出现的数值，从概率意义上来作以判断。选择哪个统计量作为检验统计量，其服从什么样的分布，主要看统计量是样本平均数、样本比例或样本方差等，还需要考虑是大样本还是小样本，总体方差 σ^2 是已知还是未知，等等。

(3) 确定检验的显著性水平 α，并根据样本统计量的概率分布确定出与 α 相对应的临界值，即确定接受域和拒绝域。进行假设检验利用的是小概率原理，研究者必须根据问题的性质和背景，自身风险偏好来选择一个合适的 α。当给定显著性水平 α 后，就可由检验统计量的概率分布通过查分布表求得相应的临界值。临界值是划分拒绝原假设与否两个区域的分界点，这样就确定了拒绝域。我们就确定了假设检验的具体规则：当检验统计量的值落在拒绝域时，就应该拒绝原假设 H_0；否则，就不能拒绝原假设 H_0。

(4) 根据样本观测数据计算检验统计量的值，并求出其对应的 P 值。检验统计量虽然是随机变量，但是对于特定的样本，检验统计量的值是唯一确定的，利用样本数据计算出其具体数值，并计算出假设检验的 P 值。

(5) 进行统计决策。将统计量的值与临界值进行比较，利用假设检验的具体规则进行决策。也可以直接利用 P 值作出决策。

三、假设检验的决策规则

假设检验的结论可采用两种不同的决策规则：临界值法和 P 值法。

（一）临界值法

临界值法就是给定显著性水平 α 后，查表得出相应的临界值 z_{α} 或 $z_{\alpha/2}$，t_{α} 或 $t_{\alpha/2}$ 等等，将检验统计量的值与 α 对应的临界值进行比较来作出检验决策。

双侧检验：$|$统计量的值$|\geqslant|$临界值$|$，拒绝原假设 H_0；否则，不拒绝原假设 H_0。

左侧检验：统计量的值$\leqslant-$临界值，拒绝原假设 H_0；否则，不拒绝原假设 H_0。

右侧检验：统计量的值$\geqslant$临界值，拒绝原假设 H_0；否则，不拒绝原假设 H_0。

（二）P 值法

P 值法就是先确定检验统计量及其分布，利用样本数据计算检验统计量的值，然后求出检验统计值相对应的小概率，即 P 值。把 P 值与事先给定的显著性水平 α 值相比较来判断是否拒绝原假设。利用 P 值进行决策很简单，无论哪种检验类型，决策的具体规则都是一样的。

如果 P 值$\leqslant\alpha$，则拒绝原假设 H_0；反之，P 值$>\alpha$，则不拒绝原假设 H_0（双侧检验将两侧的面积总和定义为 P）。P 值越小，拒绝原假设 H_0 的理由越充分。

P 值对应着实际观测到的检验统计量值，而 α 对应着临界值，所以临界值规则与 P 值规则是等价的，就是否拒绝原假设而言，两种方法得到的检验结论是一致的。临界值规则与 P 值规则都取决于四个因素：样本数据与原假设值之间的差距、样本容量、总体分布标准差（未知时以样本分布标准差估计）和给定的显著性水平，在实际的假设检验中选用一个即可。当然，P 值决策规则优于传统的临界值决策规则，因为根据前面对 P 值定义的介绍可知，利用 P 值方法进行检验具有结果更加具体、使用更加灵活、提供信息更多、应用更便利等优越性。

认识拓展

一、假设检验中的两类错误

假设检验是以样本信息为依据，基于小概率原理，按一定的概率标准来作出判断。原假设和备择假设是关于总体的两个对立的假设，两者不可能同时成立，决策的结果要么拒绝原假设，要么不拒绝原假设。研究者总是希望作出正确的决策，即当原假设不真时拒绝它，而当原假设为真时不拒绝它。但是由于决策是建立的样本信息基础之上，而抽样又是具有随机性的，因而无法保证判断不犯错误。

假设检验中可能犯的错误分为两种类型：当原假设为真时拒绝原假设，所犯的错误称为第一类错误（Type Ⅰ error），又称弃真或拒真错误。也就是说原假设事实上为真，但由于样本统计量落在了拒绝域，从而作出了拒绝原假设的结论。犯第一类错误的概率通常用 α 表示，也就是前面所说的假设检验的显著性水平。实质上，显著性水平就是事先设定的犯第一类错误的概率的最大允许值。

当原假设为假时没有拒绝原假设，所犯的错误称为第二类错误（Type Ⅱ error），又称取伪或采伪错误。也就是说原假设事实上为不真，但由于样本统计量落在了不能拒绝区域，从而作出了不拒绝原假设的结论，犯第二类错误的概率通常用β表示。假设检验中决策与两类错误的关系见表 6－1。

表 6－1　　假设检验中的检验结论与两类错误

决策结果	实际情况	
	原假设 H_0 为真	原假设 H_0 为不真
拒绝原假设 H_0	第一类错误（概率为 α）	正确决策
未拒绝原假设 H_0	正确决策	第二类错误（概率为 β）

显然，只有当原假设被拒绝时，才可能犯第一类错误；只有当原假设未被拒绝时，才可能犯第二类错误。因此我们可能不犯第一类错误或不犯第二类错误，但难以保证两类错误都不犯。

进行假设检验时，我们总希望犯两类错误的可能性都尽可能小，但是在样本容量一定的情况下，α 和 β 是此消彼长的关系，两者不可能同时减小。若要同时减小 α 和 β，唯一的办法是增大样本容量 n，但样本量的增加又会受到许多因素的限制。所以，需要在两类错误发生概率之间进行平衡，以使 α 和 β 控制在可接受的范围内。一般来说，发生哪类错误的后果更严重，就应该首先控制犯哪类错误的概率。由于犯第一类错误的概率 α 可以由研究者事先控制，而犯第二类错误的概率 β 相对来说难以计算，所以在假设检验时，一般总是先控制第一类错误发生的概率 α，在此条件下使得犯第二类错误的概率 β 尽可能小。在确定 α 时必须注意，如果犯第一类错误的成本较高，α 应该取值小一些；反之，如果犯第二类错误的成本较大，则 α 应该取值大一些。

二、检验功效

检验效果的好与坏，与犯第一类错误的概率 α 和犯第二类错误的概率 β 都有关。一个有效的检验首先是犯第一类错误的概率 α 不能太大，否则经常产生弃真现象。另外，β 是犯第二类错误的概率，在犯第一类错误概率得到控制的条件下，我们当然希望犯第二类错误的概率也尽可能小，或者说，不取伪的概率 $1-\beta$ 尽可能增大。$1-\beta$ 越大，意味着当原假设不真时，检验判断出原假设不真的概率越大，检验的判断能力就越好。$1-\beta$ 越小，意味着当原假设不真时，检验判断出原假设不真的概率越小，检验的判断能力就越差。可见，$1-\beta$ 是反映统计检验判断能力大小的重要标志，称为检验功效或检验力。

第一类错误和第二类错误是一对矛盾体，就像一个跷跷板。在其他条件不变时，减小 α 势必使 β 增加，而增加 α，又会使 β 减小。可见，α 的大小，影响到 β 的大小，进而影响到 $1-\beta$ 的大小。犯第一类错误的概率或检验的显著性水平是影响检验力的一个重要因素。在其他条件不变的情况下，显著性水平 α 增大，β 随之减小，检验功效就增强。例如，取 $\alpha=0.05$ 时比取 $\alpha=0.01$ 时，检验功效强，检验力大。影响检验功效大小的另外一个重要因素是样本容量的多少。增加样本容量能够保证满足较小的 α 需要，同时又能减小犯第二类错误的概率 β，抵消检验功效的衰减。所以，可以通过增加样本容量的方法来提高检验功效。

本讲小结

一、本讲重点

1. 原假设和备择假设互相对立，原假设是研究者对总体参数事先提出的表述，并且想收集证据予以推翻的假设。备择假设是指研究者想收集证据予以支持的假设。假设检验按备择假设的不同，可以分为双侧检验、左侧检验和右侧检验。

2. P 值是在原假设成立的前提下，检验统计量超过（大于或小于）具体样本观测值的概率。P 值的大小与检验统计量的分布、检验统计量的值、检验类型等因素有关。P 值越小，拒绝原假设的理由就越充分。

3. 假设检验是统计推断的重要组成部分，其基本思想是小概率原理。针对待检验的原假设和备择假设，检验统计量及其分布是假设检验基础，检验统计量的观测值和 P 值是作出检验决策的依据，假设检验的决策规则有临界值法和 P 值法。

二、难点释疑

从三个不同的角度来了解假设检验的两种决策规则：第一，显著性水平 α 与临界值。显著性水平 α 是假设检验时事先确定的一个小概率标准，以此作为判断的界限。根据显著性水平 α 利用统计量的分布确定出相应的临界值。拒绝域即根据临界值确定的拒绝原假设的区域。如果统计量的值落在拒绝域内就拒绝原假设，否则就不拒绝原假设。第二，检验统计量与 P 值。检验统计量是指在假设检验中，根据样本数据计算出来的，并据以对原假设和备择假设作出决策的某种样本统计量，它是一个随机变量。P 值是在原假设成立的前提下，检验统计量超过（大于或小于）具体样本观测值的概率。如果 P 值 $\leqslant\alpha$，则拒绝原假设 H_0；反之，P 值 $>\alpha$，则不拒绝原假设 H_0。第三，P 值对应着实际观测到的检验统计量值，而 α 对应着临界值，所以临界值规则与 P 值规则是等价的，就是否拒绝原假设而言，两种方法得到的检验结论是一致的，但是 P 值决策规则优于传统的临界值决策规则。

第 13 讲　总体参数假设检验

问题提出

［例 6－8］　根据中国互联网络信息中心（CNNIC）最新发布的第 38 次《中国互联网络发展状况统计报告》，截至 2016 年 6 月底，中国的网民规模已经达到 7.1 亿，从人均上网时长来看，中国网民人均每天上网 3.9 个小时。①

某大学为了了解本校学生每天上网的时间，于 2016 年 9 月在全校 30 032 名学生中随机抽取了 36 人，调查他们每天上网的时间，得到表 6－2 的数据（单位：小时）。

表 6－2　大学生上网时间数据

3.3	3.7	6.2	5.3	2.7	4.1	5.1	4.5	3.2	4.5	2.1	5.5
2.6	6.6	2.8	3.5	5.7	2.3	2.2	1.5	1.7	5.1	4.3	4.2
3.7	3.6	0.7	1.5	4.8	2.3	1.3	2.9	3.5	3.3	3.6	2.5

① 选自中国互联网络信息中心（CNNIC），2016 年 8 月 3 日，2016 年第 38 次中国互联网络发展状况统计报告，略有删改。

现在想了解该校大学生每天平均上网时间与中国网民每天平均上网时间 3.9 小时在统计意义上有无显著性差异。如何根据表 6－2 所得到的样本数据做出统计意义上有无差异的判断？为此，本讲提出的问题是：

如何对总体参数进行假设检验？

方法应用

第 12 讲我们对假设检验的思路和方法有了一个系统性认识，但是由于检验的参数不同，样本条件不同，检验的统计量及其所服从的分布也不同。下面将介绍在不同情况下，如何对一个总体参数进行假设检验。

一、一个总体参数的假设检验

一个总体参数的假设检验主要包括对均值、方差（或标准差）及比例等的假设检验。

（一）总体均值的假设检验

总体均值的假设检验是应用最为广泛的假设检验之一。用 μ 表示待检验的总体均值，μ_0 表示总体均值的假设值。对总体均值进行假设检验，假设的三种基本形式为：

双侧检验：$H_0: \mu=\mu_0$，$H_1: \mu\neq\mu_0$

左侧检验：$H_0: \mu\geqslant\mu_0$，$H_1: \mu<\mu_0$

右侧检验：$H_0: \mu\leqslant\mu_0$，$H_1: \mu>\mu_0$

采用什么样的检验步骤和检验统计量与我们所抽取的样本是大样本还是小样本，总体方差是否已知，总体是否服从正态分布等有关。

1. 正态总体，方差 σ^2 已知

假设检验的关键在于选择适当的检验统计量，并且识别其所服从的分布。由抽样分布理论，当总体 $X\sim N(\mu, \sigma^2)$，从此总体中抽取简单随机样本，样本均值 $\bar{x}\sim N(\mu, \frac{\sigma^2}{n})$。所以，当正态总体且总体方差 σ^2 已知时，只要将样本均值 $\bar{x}$ 标准化就可得到检验统计量 z，且 z 统计量服从标准正态分布，在原假设成立的前提下，检验统计量及其分布为：

$$z=\frac{\bar{x}-\mu_0}{\sigma/\sqrt{n}}\sim N(0, 1) \qquad \text{（公式 6.2）}$$

这时，总体均值的检验方法见表 6－3。

表 6－3　方差已知时一个正态总体均值的检验方法

检验类型	双侧	左侧	右侧
假设形式	$H_0: \mu=\mu_0$，$H_1: \mu\neq\mu_0$	$H_0: \mu\geqslant\mu_0$，$H_1: \mu<\mu_0$	$H_0: \mu\leqslant\mu_0$，$H_1: \mu>\mu_0$
检验统计量	$z=\frac{\bar{x}-\mu_0}{\sigma/\sqrt{n}}$		
α 与拒绝域	$\lvert z\rvert>z_{\alpha/2}$	$z<-z_\alpha$	$z>z_\alpha$
P 值决策准则	$P<\alpha$，拒绝原假设 H_0		

［例 6－9］　根据大量历史资料统计结果，某知名品牌轮胎平均里程为 40 000 公里，标准差为 2 000 公里。现在从新批次的轮胎中随机抽取了 100 个作试验，求得这 100 个轮胎平均里程为 40 500 公里，给定显著性水平为 5%，判断新批次的轮胎平均里程有没有显著

性变化。

$H_0: \mu=40\ 000$，$H_1: \mu\neq 40\ 000$

$\sigma=2\ 000$，$n=100$，$\bar{x}=40\ 500$，

$$z=\frac{\bar{x}-\mu_0}{\sigma/\sqrt{n}}=\frac{40\ 500-40\ 000}{2\ 000/\sqrt{100}}=2.5$$

当 $\alpha=0.05$，$1-\alpha=0.95$，时，$z_{\alpha/2}=1.96$，则有：

$z=2.5>z_{\alpha/2}=1.96$

拒绝原假设 H_0，即新批次轮胎平均里程有显著性变化，产品质量有明显提高。

2. 非正态总体，方差 σ^2 未知，大样本

总体并不服从正态分布，总体方差 σ^2 未知，和区间估计方法一样，需要大样本，利用中心极限定理把 $z=\frac{\bar{x}-\mu_0}{\sigma/\sqrt{n}}$ 中的总体标准差 σ 用样本标准差 s 替换，在原假设成立的前提下，可以得到检验统计量及其分布为：

$$z=\frac{\bar{x}-\mu_0}{s/\sqrt{n}}\sim N(0,1) \qquad \text{（公式 6.3）}$$

这时，总体均值的检验方法见表 6－4。

表 6－4　大样本且方差未知时一个总体均值的检验方法

检验类型	双侧	左侧	右侧
假设形式	$H_0: \mu=\mu_0$，$H_1: \mu\neq\mu_0$	$H_0: \mu\geqslant\mu_0$，$H_1: \mu<\mu_0$	$H_0: \mu\leqslant\mu_0$，$H_1: \mu>\mu_0$
检验统计量	$z=\frac{\bar{x}-\mu_0}{s/\sqrt{n}}$		
α 与拒绝域	$\lvert z\rvert>z_{\alpha/2}$	$z<-z_\alpha$	$z>z_\alpha$
P 值决策准则	$P<\alpha$，拒绝原假设 H_0		

［例 6－10］　石河子大学统计学专业学生组成的调查小组对 2015 年石河子大学在校本科生每月生活费情况进行调查。随机抽取 1 062 名在校大学生，调查数据整理后见表6—5。

表 6－5　石河子大学在校大学生平均每月生活费情况

平均每月生活费	组中值 M_i	学生人数
500 元以下	250	53
500－1 000 元	725	465
1 000－1 500 元	1 250	404
1 500－2 000 元	1 750	85
2 000 元以上	2 250	55
合计	—	1 062

某大学团委官方微信为学生推出一份《大学生生活费预算》，称“土豪型一个月 1 500 元，小康型 1 200 元，温饱型 1 000 元，日子还能过得下去的 800 元”。在显著性水平为 1%

时，以这一标准来衡量，石河子大学在校本科生平均每月生活费达到“温饱型”了没有，说明理由。

$H_0: \mu \leqslant 1\ 000$，$H_1: \mu > 1\ 000$

由上面数据计算可得：

$$\bar{x} = \frac{\sum Mf}{\sum f} = \frac{1\ 139\ 500}{1\ 062} = 1\ 072.98$$

$$s = \sqrt{\frac{\sum (M-\bar{x})^2 f}{n-1}} = \sqrt{\frac{1\ 139\ 500}{1\ 062}} = \sqrt{200\ 018.28} = 447.23$$

$$z = \frac{\bar{x}-\mu_0}{s/\sqrt{n}} = \frac{1\ 072.98-1\ 000}{447.23/\sqrt{1\ 062}} = 5.32$$

当显著性水平去 $\alpha=0.01$ 时，$z_\alpha=2.58$，$z=5.32>z_\alpha=2.58$。

拒绝原假设，即在置信度 99%的条件下，可以认为石河子大学在校本科生平均每月生活费达到了“温饱型”。

3. 正态总体，方差 σ^2 未知，小样本

由于受到各种条件的限制，经常只能得到一个小样本。总体服从正态分布且小样本情况下，由于 σ^2 不知道，必须以样本方差 s^2 代替总体方差 σ^2，对总体均值的检验采用 t 检验。根据抽样分布定义，在原假设成立的前提下，检验统计量及其分布为：

$$t = \frac{\bar{x}-\mu_0}{s/\sqrt{n}} \sim t\ (n-1) \quad \text{（公式 6.4）}$$

小样本且方差未知时一个总体均值的检验方法见表 6-6。

表 6-6　　小样本且方差未知时一个总体均值的检验方法

检验类型	双侧	左侧	右侧
假设形式	$H_0: \mu=\mu_0$，$H_1: \mu\neq\mu_0$	$H_0: \mu\geqslant\mu_0$，$H_1: \mu<\mu_0$	$H_0: \mu\leqslant\mu_0$，$H_1: \mu>\mu_0$
检验统计量	$t=\frac{\bar{x}-\mu_0}{s/\sqrt{n}}\sim t\ (n-1)$		
α 与拒绝域	$\lvert t\rvert>t_{\alpha/2}\ (n-1)$	$t<-t_\alpha\ (n-1)$	$t>t_\alpha\ (n-1)$
P 值决策准则	$P<\alpha$，拒绝原假设 H_0		

[例 6-11]　某品牌标称自己净含量 25kg 的特制一等小麦粉为放心粮油，现在随机抽取了 9 袋，其重量（单位：kg）如下：25.1，24.9，24.8，25，25.05，24.95，24.85，25.07，24.97。假定面粉净含量服从正态分布，在 1%的显著性水平下，能否认为该小麦粉为放心粮油。

$H_0: \mu=25$，$H_1: \mu\neq 25$

由上面数据计算可得：

$$\bar{x} = \frac{\sum x}{n} = \frac{224.69}{9} = 24.97$$

$$s^2 = \frac{\sum (x-\bar{x})^2}{n-1} = \frac{0.0828}{8} = 0.010$$

$s=0.102$

$$t=\frac{\bar{x}-\mu_0}{s/\sqrt{n}}=\frac{24.97-25}{0.102/\sqrt{9}}=-0.882$$

当显著性水平取 $\alpha=0.05$，自由度为 $n-1=8$，查表得 $t_{\alpha/2}(n-1)=t_{0.025}(8)=2.306$

$|t|=0.882<t_{0.025}(8)=2.306$

所以不能拒绝原假设 $H_0: \mu=25$，即该小麦粉为放心粮油。

（二）总体比例的假设检验

比例值总是介于 0～1 或 0～100%之间，在实际问题中，常常需要检验总体比例是否为某个假设值 π_0。民意调查中常常遇到大量的比例检验问题，因为调查的内容总是与比例相关，比如希望了解总体中有多少人支持或反对某种观点，知道或不知道某件事情等。通常用字母 π 表示总体比例，π_0 表示对总体比例某一假设值，p 表示样本比例。

总体比例假设的三种基本形式为：

双侧检验：$H_0: \pi=\pi_0$，$H_1: \pi\neq\pi_0$

左侧检验：$H_0: \pi\geqslant\pi_0$，$H_1: \pi<\pi_0$

右侧检验：$H_0: \pi\leqslant\pi_0$，$H_1: \pi>\pi_0$

如果一个事件只可能有两种结果，则称其为二项分布，大样本情况下，即 np 和 $n(1-p)$ 都要大于 5，前面我们已经介绍了有关样本比例的抽样分布相关知识，可以把二项分布问题转化为正态分布问题近似地去求解，因而有：

$$p\sim N\left[\pi, \frac{\pi(1-\pi)}{n}\right]$$

于是在原假设成立的前提下，对总体比例的假设检验可用统计量：

$$z=\frac{p-\pi_0}{\sqrt{\frac{\pi_0(1-\pi_0)}{n}}} \qquad \text{（公式 6.5）}$$

z 统计量近似服从标准正态分布。

大样本情形下，总体比例的检验方法见表 6-7。

表 6-7　　大样本情况下一个总体比例的检验方法

检验类型	双侧	左侧	右侧
假设形式	$H_0: \pi=\pi_0$，$H_1: \pi\neq\pi_0$	$H_0: \pi\geqslant\pi_0$，$H_1: \pi<\pi_0$	$H_0: \pi\leqslant\pi_0$，$H_1: \pi>\pi_0$
检验统计量	$z=\frac{p-\pi_0}{\sqrt{\frac{\pi_0(1-\pi_0)}{n}}}$		
α 与拒绝域	$\lvert z\rvert>z_{\alpha/2}$	$z<-z_\alpha$	$z>z_\alpha$
P 值决策准则	$P<\alpha$，拒绝原假设 H_0		

［例 6-12］　互联网已经成为春运售票的主力，某网站声称网购火车票所占的比例为 54.4%。现在随机抽取了 300 名旅客进行调查，其中有 137 人的车票通过互联网购得。在显著性水平为 0.05 时判断这一调查结果是否支持网站的说法。

$H_0: \pi=0.544$，$H_1: \pi\neq0.544$

$n=300$，$p=\frac{137}{300}=0.457$，$np=137>5$，$n(1-p)=163>5$

当 $\alpha=0.05$，$1-\alpha=0.95$，时，$z_{\alpha/2}=1.96$，则有：

$$z=\frac{p-\pi_0}{\sqrt{\frac{\pi_0(1-\pi_0)}{n}}}=\frac{0.457-0.544}{\sqrt{\frac{0.544\times(1-0.544)}{300}}}=-3.026$$

$|z|=3.026>z_{\alpha/2}=1.96$

拒绝原假设，即调查结果不支持网站的说法。

二、两个总体参数的假设检验

在实际应用中，人们有的时候还需要对两个总体的参数进行比较，看它们之间是否存在显著差异。两个总体的检验包括两个总体均值之差、比例之差和方差之比的检验。对于两个总体的参数进行假设检验，除了要考虑总体分布和总体方差是否已知外，还要考虑样本获得方式，以及样本容量大小，独立样本与匹配样本的差别。两个总体参数检验的程序可以仿照一个总体参数的检验进行。

（一）两个总体均值之差 $\mu_1-\mu_2$ 的假设检验

两个总体的均值检验问题最终体现为对两个总体均值之差进行检验。与一个总体参数检验类似，两个总体均值之差的检验也有三种基本假设检验形式：

双侧检验：$H_0:\mu_1-\mu_2=0$，$H_1:\mu_1-\mu_2\neq0$

左侧检验：$H_0:\mu_1-\mu_2\geqslant0$，$H_1:\mu_1-\mu_2<0$

右侧检验：$H_0:\mu_1-\mu_2\leqslant0$，$H_1:\mu_1-\mu_2>0$

两总体假设检验的基本思想和步骤与一个总体假设检验类似，只是检验统计量及其分布更加复杂一些而已，我们下面重点介绍两独立样本的检验。设两个总体 $X^{(1)}$ 和 $X^{(2)}$ 的均值分别为 μ_1 和 μ_2，方差分别为 σ_1^2 和 σ_2^2，从两个总体中分别独立抽取样本容量为 n_1 和 n_2 的两个随机样本，其样本均值分别为 $\overline{x}_1$ 和 $\overline{x}_2$，样本方差为 s_1^2 和 s_2^2。

1. 两个总体服从正态分布，且方差 σ_1^2 和 σ_2^2 已知

由于 $\overline{x}_1$ 和 $\overline{x}_2$ 是 μ_1 和 μ_2 的优良估计量，所以我们可以用 $\overline{x}_1-\overline{x}_2$ 作为 $\mu_1-\mu_2$ 的估计。这时，由我们介绍的两个样本平均数之差的抽样分布知识，样本均值之差 $\overline{x}_1-\overline{x}_2$ 的抽样分布服从期望为 $\mu_1-\mu_2$，方差为 $\frac{\sigma_1^2}{n_1}+\frac{\sigma_2^2}{n_2}$ 的正态分布，即：$\overline{x}_1-\overline{x}_2\sim N\left(\mu_1-\mu_2,\ \frac{\sigma_1^2}{n_1}+\frac{\sigma_2^2}{n_2}\right)$。

如果原假设 H_0：$\mu_1-\mu_2=0$ 成立，两个样本均值之差经标准化后服从标准正态分布，即得检验统计量：

$$z=\frac{(\overline{x}_1-\overline{x}_2)-(\mu_1-\mu_2)}{\sqrt{\frac{\sigma_1^2}{n_1}+\frac{\sigma_2^2}{n_2}}}\sim N(0,1) \qquad \text{（公式 6.6）}$$

当两个正态总体方差已知，不论样本容量大小，对两总体均值之差的检验都是利用上式的检验统计量进行 z 检验，检验方法见表 6-8。

表 6-8　　方差已知时两个总体均值之差的检验方法

检验类型	双侧	左侧	右侧
假设形式	$H_0: \mu_1-\mu_2=0$ $H_1: \mu_1-\mu_2\neq 0$	$H_0: \mu_1-\mu_2\geqslant 0$ $H_1: \mu_1-\mu_2<0$	$H_0: \mu_1-\mu_2\leqslant 0$ $H_1: \mu_1-\mu_2>0$
检验统计量	$z=\dfrac{(\overline{x}_1-\overline{x}_2)-(\mu_1-\mu_2)}{\sqrt{\dfrac{\sigma_1^2}{n_1}+\dfrac{\sigma_2^2}{n_2}}}\sim N(0,1)$		
α 与拒绝域	$\lvert z\rvert>z_{\alpha/2}$	$z<-z_\alpha$	$z>z_\alpha$
P 值决策准则	$P<\alpha$，拒绝原假设 H_0		

[例 6-13]　为了研究学生的身高与性别的关系，从某学校高三年级随机抽取了 36 名男生和 25 名女生，测得身高的平均值分别为 173cm 和 165cm。假定该学校高三年级男生和女生的身高服从方差为 32.49 和 28.09 的正态分布。给定显著性水平为 5%，抽样结果是否支持该学校高三年级男生比女生高的说法。

$H_0: \mu_1-\mu_2\leqslant 0$，$H_1: \mu_1-\mu_2>0$

$n_1=36$，$n_2=25$，$\sigma_1^2=32.49$，$\sigma_2^2=28.09$，$\overline{x}_1=173$，$\overline{x}_2=165$

$$z=\frac{(\overline{x}_1-\overline{x}_2)-(\mu_1-\mu_2)}{\sqrt{\dfrac{\sigma_1^2}{n_1}+\dfrac{\sigma_2^2}{n_2}}}=\frac{\overline{x}_1-\overline{x}_2}{\sqrt{\dfrac{\sigma_1^2}{n_1}+\dfrac{\sigma_2^2}{n_2}}}=\frac{173-165}{\sqrt{\dfrac{32.49}{36}+\dfrac{28.09}{25}}}=5.623$$

假定显著性水平为 $\alpha=0.05$，查标准正态分布表可得 $z_\alpha=1.65$，$z=5.623>z_\alpha=1.65$

拒绝原假设 $H_0: \mu_1-\mu_2\leqslant 0$，即样本数据支持该学校高三年级男生比女生高的说法。

2. 两个总体服从正态分布，方差 σ_1^2 和 σ_2^2 未知，但相等（即 $\sigma_1^2=\sigma_2^2$）

两正态总体方差 σ_1^2 和 σ_2^2 未知但相等时，可将两个样本方差加权平均得到两个总体公共方差 σ^2 的估计量 s_p^2，即：

$$s_p^2=\frac{(n_1-1)s_1^2+(n_2-1)s_2^2}{n_1+n_2-2} \quad \text{(公式 6.7)}$$

根据抽样分布定理，在原假设 H_0：$\mu_1-\mu_2=0$ 成立的条件下，检验统计量及其分布为：

$$t=\frac{(\overline{x}_1-\overline{x}_2)-(\mu_1-\mu_2)}{s_p\sqrt{\dfrac{1}{n_1}+\dfrac{1}{n_2}}}\sim t(n_1+n_2-2) \quad \text{(公式 6.8)}$$

这时，检验方法见表 6-9。

表 6-9　　方差未知但相等时两个总体均值之差的检验方法

检验类型	双侧	左侧	右侧
假设形式	$H_0: \mu_1-\mu_2=0$ $H_1: \mu_1-\mu_2\neq 0$	$H_0: \mu_1-\mu_2\geqslant 0$ $H_1: \mu_1-\mu_2<0$	$H_0: \mu_1-\mu_2\leqslant 0$ $H_1: \mu_1-\mu_2>0$
检验统计量	$t=\dfrac{(\overline{x}_1-\overline{x}_2)-(\mu_1-\mu_2)}{s_p\sqrt{\dfrac{1}{n_1}+\dfrac{1}{n_2}}}\sim t(n_1+n_2-2)$		
α 与拒绝域	$\lvert t\rvert>t_{\alpha/2}(n_1+n_2-2)$	$t<-t_\alpha(n_1+n_2-2)$	$t>t_\alpha(n_1+n_2-2)$

续表

检验类型	双侧	左侧	右侧
P 值决策准则	$P<\alpha$，拒绝原假设 H_0		

［例 6-14］　为了考察男生和女生英语学习成绩有没有差异，从石河子大学某学院随机抽取了 12 名男生，得到大学英语三期末考试平均成绩为 77.8 分，标准差为 8.59 分；17 名女生，得到大学英语三期末考试平均成绩为 83.5 分，标准差为 7.67 分。根据以往经验，男生和女生大学英语三期末考试成绩都服从正态分布，并且方差近似相等。问在 5%的显著性水平下，女生大学英语三期末考试平均成绩是否比男生平均成绩要高。

$H_0: \mu_1-\mu_2 \geqslant 0$，$H_1: \mu_1-\mu_2<0$

$n_1=12$，$n_2=17$，$\bar{x}_1=77.8$，$\bar{x}_2=83.5$，$s_1=8.59$，$s_2=7.67$

$$s_p^2=\frac{(n_1-1)s_1^2+(n_2-1)s_2^2}{n_1+n_2-2}=\frac{(12-1)\times 8.59^2+(17-1)\times 7.67^2}{12+17-2}=64.92$$

$$t=\frac{(\bar{x}_1-\bar{x}_2)-(\mu_1-\mu_2)}{s_p\sqrt{\frac{1}{n_1}+\frac{1}{n_2}}}=\frac{77.8-83.5}{8.06\times\sqrt{\frac{1}{12}+\frac{1}{17}}}=-1.876$$

假定显著性水平为 $\alpha=0.05$，$n_1+n_2-2=27$，查 t 分布表可得 $t_{0.05}(27)=1.703$

$t=-1.876<-t_{0.05}(27)=-1.703$，即 $t<-t_\alpha(n_1+n_2-2)$。

所以拒绝原假设 $H_0: \mu_1-\mu_2\geqslant 0$，即女生大学英语三期末考试平均成绩比男生高。

3. 两个总体服从正态分布，方差 σ_1^2 和 σ_2^2 未知，且不相等（即 $\sigma_1^2\neq\sigma_2^2$）

当两个正态总体的方差未知且不相等时，在原假设 $H_0: \mu_1-\mu_2=0$ 成立的条件下，使用如下检验统计量：

$$t'=\frac{(\bar{x}_1-\bar{x}_2)-(\mu_1-\mu_2)}{\sqrt{\frac{s_1^2}{n_1}+\frac{s_2^2}{n_2}}} \tag{公式 6.9}$$

t' 近似服从自由度为 f 的 t 分布。f 的计算公式为：

$$f=\frac{\left(\frac{s_1^2}{n_1}+\frac{s_2^2}{n_2}\right)^2}{\frac{(s_1^2/n_1)^2}{n_1-1}+\frac{(s_2^2/n_2)^2}{n_2-1}} \tag{公式 6.10}$$

即 $t'\sim t(f)$，如 f 不是整数，则取与 f 最接近的整数作为自由度的取值，查 t 分布可得临界值。也可以采用插值法求 t 分布分位数值。这种情况下，检验方法见表 6-10。

表 6-10　　方差未知并且不相等时两个总体均值之差的检验方法

检验类型	双侧	左侧	右侧
假设形式	$H_0: \mu_1-\mu_2=0$ $H_1: \mu_1-\mu_2\neq 0$	$H_0: \mu_1-\mu_2\geqslant 0$ $H_1: \mu_1-\mu_2<0$	$H_0: \mu_1-\mu_2\leqslant 0$ $H_1: \mu_1-\mu_2>0$
检验统计量	$t'=\frac{(\bar{x}_1-\bar{x}_2)-(\mu_1-\mu_2)}{\sqrt{\frac{s_1^2}{n_1}+\frac{s_2^2}{n_2}}}\sim t(f)$，自由度 $f=\frac{\left(\frac{s_1^2}{n_1}+\frac{s_2^2}{n_2}\right)^2}{\frac{(s_1^2/n_1)^2}{n_1-1}+\frac{(s_2^2/n_2)^2}{n_2-1}}$		

续表

检验类型	双侧	左侧	右侧
α 与拒绝域	$\|t\|>t_{\alpha/2}\ (f)$	$t<-t_{\alpha}\ (f)$	$t>t_{\alpha}\ (f)$
P 值决策准则	$P<\alpha$，拒绝原假设 H_0		

［例 6－15］　现在假设例 6－14 中两个总体方差不等，试问在 5％的显著性水平下，女生大学英语三期末考试平均成绩是否比男生平均成绩要高。

$n_1=12$，$n_2=17$，$\bar{x}_1=77.8$，$\bar{x}_2=83.5$，$s_1=8.59$，$s_2=7.67$

H_0：$\mu_1-\mu_2\geqslant 0$，H_1：$\mu_1-\mu_2<0$

首先需要计算自由度 f：

$$f=\frac{\left(\frac{s_1^2}{n_1}+\frac{s_2^2}{n_2}\right)^2}{\frac{(s_1^2/n_1)^2}{n_1-1}+\frac{(s_2^2/n_2)^2}{n_2-1}}=\frac{\left(\frac{8.59^2}{12}+\frac{7.67^2}{17}\right)^2}{\frac{(8.59^2/12)^2}{12-1}+\frac{(7.67^2/17)^2}{17-1}}=22.061\approx 22$$

$$t'=\frac{(\bar{x}_1-\bar{x}_2)-(\mu_1-\mu_2)}{\sqrt{\frac{s_1^2}{n_1}+\frac{s_2^2}{n_2}}}=\frac{\bar{x}_1-\bar{x}_2}{\sqrt{\frac{s_1^2}{n_1}+\frac{s_2^2}{n_2}}}=\frac{77.8-83.5}{\sqrt{\frac{8.59^2}{12}+\frac{7.67^2}{17}}}=-1.835$$

当 $1-\alpha=0.95$ 时，$\alpha=0.05$，查 t 分布表，可得 $t_{0.05}\ (22)\ =1.717$

$t=-1.835<-t_{0.05}\ (22)\ =-1.717$

所以，拒绝原假设 H_0：$\mu_1-\mu_2\geqslant 0$，即女生大学英语三期末考试平均成绩比男生高。

4. 两个总体均不服从正态分布，且方差 σ_1^2 和 σ_2^2 未知，大样本

当样本来自非正态总体时，只要 n_1 和 n_2 足够大，由中心极限定理可知抽样分布近似服从正态分布。如果总体方差 σ_1^2 和 σ_2^2 未知，可以用 s_1^2 和 s_2^2 分别作为 σ_1^2 和 σ_2^2 的估计量。当原假设 H_0：$\mu_1-\mu_2=0$ 成立时，所用检验统计量为：

$$z=\frac{(\bar{x}_1-\bar{x}_2)-(\mu_1-\mu_2)}{\sqrt{\frac{s_1^2}{n_1}+\frac{s_2^2}{n_2}}}\sim N\ (0,\ 1)\qquad\text{（公式 6.11）}$$

这种情形下，检验方法见表 6－11。

表 6－11　　大样本时两个总体均值之差的检验方法

检验类型	双侧	左侧	右侧
假设形式	H_0：$\mu_1-\mu_2=0$ H_1：$\mu_1-\mu_2\neq 0$	H_0：$\mu_1-\mu_2\geqslant 0$ H_1：$\mu_1-\mu_2<0$	H_0：$\mu_1-\mu_2\leqslant 0$ H_1：$\mu_1-\mu_2>0$
检验统计量	$z=\frac{(\bar{x}_1-\bar{x}_2)-(\mu_1-\mu_2)}{\sqrt{\frac{s_1^2}{n_1}+\frac{s_2^2}{n_2}}}\sim N\ (0,\ 1)$		
α 与拒绝域	$\|z\|>z_{\alpha/2}$	$z<-z_{\alpha}$	$z>z_{\alpha}$
P 值决策准则	$P<\alpha$，拒绝原假设 H_0		

［例 6－16］　为了评价教师统计学课程教学质量的差异，从两名教师所任课的班级中各自随机抽取了一部分学生进行标准化考试，对于两个随机样本数据进行计算后得到

表 6—12所列信息。

表 6-12 两位教师的学生统计学成绩数据

样本	教师 L 的学生	教师 J 的学生
学生人数	37	32
平均成绩	77	73
方差	64	49

给定显著性水平为 5%，能否认为两名教师的教学效果有显著性差异。

$H_0: \mu_1-\mu_2=0$，$H_1: \mu_1-\mu_2\neq 0$

两个总体方差未知，大样本：

$$z=\frac{(\bar{x}_1-\bar{x}_2)-(\mu_1-\mu_2)}{\sqrt{\frac{s_1^2}{n_1}+\frac{s_2^2}{n_2}}}=\frac{77-73}{\sqrt{\frac{64}{37}+\frac{49}{32}}}=2.215$$

$\alpha=0.05$，查标准正态分布表，可得 $z_{\alpha/2}=z_{0.025}=1.96$

$|z|=2.215>z_{0.025}=1.96$

所以，拒绝原假设 H_0：$\mu_1-\mu_2=0$，可以认为两位教师统计学课程教学效果存在显著差异。

（二）两个总体比例之差 $\pi_1-\pi_2$ 的假设检验

两个总体的比例分别为 π_1 和 π_2，样本比例 p_1 和 p_2 分别是这两个参数的无偏估计量，分别从两个总体中各自随机抽取容量为 n_1 和 n_2 的样本。对两个总体比例之差的假设检验的基本思路与一个总体比例的检验类似，由于涉及到两个总体，在形式上相对复杂一些。这里只介绍大样本情况下的检验，即 n_1p_1，$n_1(1-p_1)$，n_2p_2 和 $n_2(1-p_2)$ 都大于或等于 5 时才能认为是大样本。

对两个总体比例之差进行假设检验，有三种基本假设检验形式：

双侧检验：$H_0: \pi_1-\pi_2=d_0$，$H_1: \pi_1-\pi_2\neq d_0$

左侧检验：$H_0: \pi_1-\pi_2\geqslant d_0$，$H_1: \pi_1-\pi_2<d_0$

右侧检验：$H_0: \pi_1-\pi_2\leqslant d_0$，$H_1: \pi_1-\pi_2>d_0$

由上一章两个样本比例之差的抽样分布知识可知，大样本时，p_1-p_2 的抽样分布近似服从正态分布，即：$p_1-p_2\sim N\left[\pi_1-\pi_2,\ \frac{\pi_1(1-\pi_1)}{n_1}+\frac{\pi_2(1-\pi_2)}{n_2}\right]$。

将两个样本的比例之差进行标准化后则服从标准正态分布，即：

$$z=\frac{(p_1-p_2)-(\pi_1-\pi_2)}{\sqrt{\frac{\pi_1(1-\pi_1)}{n_1}+\frac{\pi_2(1-\pi_2)}{n_2}}}\sim N(0,1) \qquad \text{（公式 6.12）}$$

但是两个总体比例 π_1 和 π_2 通常是未知的，这时可以计算两个样本比例 p_1 和 p_2 来代替。

当 $\pi_1=\pi_2$，即 $d_0=0$，也就是两个总体比例相等时，p_1-p_2 的方差可以写成 $\pi(1-\pi)\left(\frac{1}{n_1}+\frac{1}{n_2}\right)$。对于 π 的最佳估计量就是将两个样本合并后得到的比例估计量 p，即：

$$p=\frac{x_1+x_2}{n_1+n_2}=\frac{p_1n_1+p_2n_2}{n_1+n_2}$$ （公式 6.13）

式中，x_1 表示样本 1 中具有某种属性的单位数，x_2 表示样本 2 中具有某种属性的单位数。在大样本的条件下，两个总体比例之差检验最终所用的统计量为：

$$z=\frac{p_1-p_2}{\sqrt{p(1-p)\left(\frac{1}{n_1}+\frac{1}{n_2}\right)}}\sim N(0,1)$$ （公式 6.14）

当 $\pi_1\neq\pi_2$，即 $d_0\neq0$，也就是两个总体比例之差不为零时，可以直接用两个样本的比例 p_1 和 p_2 作为相应的两个总体比例 π_1 和 π_2 的估计量，从而两个样本比例之差 p_1-p_2 服从均值为 $\pi_1-\pi_2$，方差为 $\frac{p_1(1-p_1)}{n_1}+\frac{p_2(1-p_2)}{n_2}$ 的正态分布。这时可以得到两个总体比例之差的检验统计量为：

$$z=\frac{(p_1-p_2)-(\pi_1-\pi_2)}{\sqrt{\frac{p_1(1-p_1)}{n_1}+\frac{p_2(1-p_2)}{n_2}}}=\frac{(p_1-p_2)-d_0}{\sqrt{\frac{p_1(1-p_1)}{n_1}+\frac{p_2(1-p_2)}{n_2}}}\sim N(0,1)$$

（公式 6.15）

两个总体比例之差的检验方法见表 6－13。

表 6－13　大样本情况下两个总体比例之差的检验方法

检验类型	双侧	左侧	右侧
假设形式	$H_0: \pi_1-\pi_2=d_0$ $H_1: \pi_1-\pi_2\neq d_0$	$H_0: \pi_1-\pi_2\geqslant d_0$ $H_1: \pi_1-\pi_2<d_0$	$H_0: \pi_1-\pi_2\leqslant d_0$ $H_1: \pi_1-\pi_2>d_0$
检验统计量	当 $d_0=0$ 时，$z=\frac{p_1-p_2}{\sqrt{p(1-p)\left(\frac{1}{n_1}+\frac{1}{n_2}\right)}}\sim N(0,1)$ 当 $d_0\neq0$ 时，$z=\frac{(p_1-p_2)-d_0}{\sqrt{\frac{p_1(1-p_1)}{n_1}+\frac{p_2(1-p_2)}{n_2}}}$		
α 与拒绝域	$\lvert z\rvert>z_{\alpha/2}$	$z<-z_\alpha$	$z>z_\alpha$
P 值决策准则	$P<\alpha$，拒绝原假设 H_0		

［例 6－17］　为了了解乌昌地区和田玉市场现状，石河子大学统计学专业 5 位学生组成的调查小组，分别对乌昌地区和田玉销售者和消费者进行实地调研，以了解和田玉供求双方对市场发展前景的看法。

对 250 名销售者进行了调查，其中 188 名销售者对和田玉市场前景有信心。

对 330 名消费者进行了调查，其中 222 名消费者看好和田玉的市场前景。

试在 95％的置信水平下判断乌昌地区销售者与消费者对和田玉市场前景看法是否存在差异。

$n_1=250$，$n_2=330$，$1-\alpha=0.95$，$\alpha=0.05$，$z_{\alpha/2}=1.96$

$H_0: \pi_1-\pi_2=0$，$H_1: \pi_1-\pi_2\neq0$

由调查所得可以计算：

$$p_1=\frac{188}{250}=0.752,\quad p_2=\frac{222}{330}=0.673$$

$$p=\frac{0.752\times 250+0.673\times 330}{250+330}=0.707$$

$$z=\frac{p_1-p_2}{\sqrt{p\ (1-p)\ (\frac{1}{n_1}+\frac{1}{n_2})}}=\frac{0.752-0.673}{\sqrt{0.707\times\ (1-0.707)\ \times\ (\frac{1}{250}+\frac{1}{330})}}=2.07$$

$z=2.07>z_{\alpha/2}=1.96$，拒绝原假设，在95%的置信水平下乌昌地区销售者与消费者对和田玉市场前景看法存在差异。

认识拓展

一、总体方差的假设检验

（一）一个总体方差的假设检验

方差或标准差是衡量变量的离散程度常用指标，对总体方差的检验也是假设检验的重要内容之一。比如，在质量控制中，仅仅保证产品质量的均值维持在特定的水平并不意味着生产过程一定正常，如果方差过大则意味着其质量或性能不够稳定。

方差的假设检验与平均数的假设检验的基本思想是一致的，它们之间的主要差别在于检验统计量不同。与总体均值和比例检验常用的抽样分布（正态分布或 t 分布）不同，一个总体方差的检验使用的是本书前面章节中介绍的 χ^2 分布。需要指出的是，总体方差的检验，不论样本容量 n 是大还是小，都要求总体服从正态分布，这是由检验统计量的抽样分布决定的。用 σ_0^2 表示待检验的总体方差 σ^2 的一个假设值，则总体方差假设检验有下列三种类型：

双侧检验：$H_0:\sigma^2=\sigma_0^2$，$H_1:\sigma^2\neq\sigma_0^2$

左侧检验：$H_0:\sigma^2\geqslant\sigma_0^2$，$H_1:\sigma^2<\sigma_0^2$

右侧检验：$H_0:\sigma^2\leqslant\sigma_0^2$，$H_1:\sigma^2>\sigma_0^2$

由于样本方差 s^2 是总体方差 σ^2 的无偏估计量，自然可将 s^2 与 σ_0^2 对比来构造检验统计量。根据前面介绍的抽样分布定理有关结论，若 H_0 为真，检验统计量及其分布为：

$$\chi^2=\frac{(n-1)\ s^2}{\sigma_0^2}\sim\chi^2\ (n-1)\qquad（公式 6.16）$$

一个总体方差的检验方法见表 6-14。

表 6-14　　一个正态总体方差的检验方法

检验类型	双侧	左侧	右侧
假设形式	$H_0:\sigma^2=\sigma_0^2$，$H_1:\sigma^2\neq\sigma_0^2$	$H_0:\sigma^2\geqslant\sigma_0^2$，$H_1:\sigma^2<\sigma_0^2$	$H_0:\sigma^2\leqslant\sigma_0^2$，$H_1:\sigma^2>\sigma_0^2$
检验统计量	$\chi^2=\frac{(n-1)\ s^2}{\sigma_0^2}\sim\chi^2\ (n-1)$		
α 与拒绝域	$\chi^2>\chi^2_{\alpha/2}\ (n-1)$ 或 $\chi^2<\chi^2_{1-\alpha/2}\ (n-1)$	$\chi^2<\chi^2_{1-\alpha/2}\ (n-1)$	$\chi^2>\chi^2_{\alpha/2}\ (n-1)$

［例 6-18］　某饮料生产企业采用自动生产线灌装果汁，灌装量方差对于生产也十分重要，当方差过大，意味着生产线不够稳定，会出现时而过度灌装时而灌装不足的情况，而

过度灌装会使企业蒙受损失，灌装不足会使顾客不满意。根据相关标准，可以接受的灌装量方差为 $\sigma^2 \leqslant 7$ 毫升。随机抽取了 30 瓶果汁进行测试，其样本方差为 7.7。试以 0.10 的显著性水平，判断样本是否表明方差过大，需不需要调整生产线。

$H_0: \sigma^2 \leqslant 7$，$H_1: \sigma^2 > 7$

计算检验统计量：$\chi^2 = \frac{(n-1)\ s^2}{\sigma_0^2} = \frac{(30-1)\ \times 7.7}{7} = 31.9$

在 $\alpha = 0.1$，自由度 $n-1=29$，查 χ^2 分布表，可得：

$\chi^2_{1-\alpha/2}(n-1) = \chi^2_{0.95}(29) = 17.708$，$\chi^2_{\alpha/2}(n-1) = \chi^2_{0.05}(29) = 42.557$

$\chi^2 = 31.9 < \chi^2_{0.05}(29) = 42.557$，所以不拒绝原假设 H_0。

样本提供的证据表明果汁灌装量方差符合要求。

与我们前面介绍的内容一样，大样本条件下，样本标准差 s 近似服从正态分布，即：$s \sim N\left(\sigma,\ \frac{\sigma^2}{2n}\right)$，所以，对总体标准差的检验可以近似采用 z 检验。

在原假设成立的前提下，将样本标准差进行标准化变换，即可构造出近似服从标准正态分布的检验统计量：

$$z = \frac{s - \sigma_0}{\sigma_0 / \sqrt{2n}} \sim N(0,\ 1) \qquad \text{(公式 6.17)}$$

（二）两个总体方差之比的假设检验

在实际应用中，经常需要关注两个总体的方差是否相等的问题。比如，前面讨论两个总体均值之差的检验时，假定两个总体的方差相等或不相等，但是在许多情况下总体方差是否相等事先往往并不知道，因此在进行两个总体均值之差的检验之前，应该先对两个总体方差是否相等进行判断。这样就需要检验两个总体的方差是否相等（也称齐性），检验可以通过两个方差之比是否等于 1 来进行。进行两总体方差比的检验时，也需要假定样本都是从正态总体中抽取出来的，并且两组样本是独立抽取出来的。

设有两个正态总体，样本容量分别为 n_1 和 n_2，其方差分别为 σ_1^2 和 σ_2^2，其估计量为样本方差 s_1^2 和 s_2^2。两个总体方差比的检验也有三种基本假设检验形式：

双侧检验：$H_0: \frac{\sigma_1^2}{\sigma_2^2} = 1$，$H_1: \frac{\sigma_1^2}{\sigma_2^2} \neq 1$，等价于 $H_0: \sigma_1^2 = \sigma_2^2$，$H_1: \sigma_1^2 \neq \sigma_2^2$

左侧检验：$H_0: \frac{\sigma_1^2}{\sigma_2^2} \geqslant 1$，$H_1: \frac{\sigma_1^2}{\sigma_2^2} < 1$，等价于 $H_0: \sigma_1^2 \geqslant \sigma_2^2$，$H_1: \sigma_1^2 < \sigma_2^2$

右侧检验：$H_0: \frac{\sigma_1^2}{\sigma_2^2} \leqslant 1$，$H_1: \frac{\sigma_1^2}{\sigma_2^2} > 1$，等价于 $H_0: \sigma_1^2 \leqslant \sigma_2^2$，$H_1: \sigma_1^2 > \sigma_2^2$

如果两个总体方差相等，两个样本的方差也应该十分接近，即二者的比 s_1^2/s_2^2 也应该接近于 1，否则二者之比就应该较大地偏离 1. 所以，两个样本方差之比 s_1^2/s_2^2 是两个总体方差比值 σ_1^2/σ_2^2 的理想统计量。容量为 n_1 和 n_2 的两个样本分别独立地取自两个正态总体，由抽样分布定理可知，统计量：

$$F = \frac{s_1^2/s_2^2}{\sigma_1^2/\sigma_2^2} \sim F(n_1-1,\ n_2-1)$$

在原假设成立的条件下，上面检验统计量简化为：

$$F = \frac{s_1^2}{s_2^2} = F(n_1-1,\ n_2-1) \qquad \text{(公式 6.18)}$$

F分布表只给出右侧临界值，检验时可以设法使拒绝域总是发生在右侧，从而避免计算左侧临界值的麻烦。所以，一般在计算统计量时，总是把较大的方差做方差比的分子，而把较小的方差做方差比的分母。

两个总体方差比的检验方法见表 6－15。

表 6－15　　两个总体方差之差的检验方法

检验类型	双侧	左侧	右侧
假设形式	$H_0:\sigma_1^2/\sigma_2^2=1$ $H_1:\sigma_1^2/\sigma_2^2\neq 1$	$H_0:\sigma_1^2/\sigma_2^2\geqslant 1$ $H_1:\sigma_1^2/\sigma_2^2<1$	$H_0:\sigma_1^2/\sigma_2^2\leqslant 1$ $H_1:\sigma_1^2/\sigma_2^2>1$
检验统计量	$F=\dfrac{\text{较大的样本方差}}{\text{较小的样本方差}}$	$F=\dfrac{s_1^2}{s_2^2}$（或 $F=\dfrac{s_2^2}{s_1^2}$）	
α与拒绝域	$F>F_{\alpha/2}$（n_1-1，n_2-1）	$F=\dfrac{s_1^2}{s_2^2}$时，拒绝域为 $F>F_\alpha$（n_1-1，n_2-1） $F=\dfrac{s_2^2}{s_1^2}$时，拒绝域为 $F>F_\alpha$（n_2-1，n_1-1）	

［例 6－19］　某房地产公司需要购进一批节能灯，有两个供应商可供选择，而且两家供货商生产的节能灯平均寿命差别不大，价格也很相近，考虑的主要因素是节能灯寿命的方差大小。如果方差相同，就选择距离比较近的一家供货商进货。现在公司管理人员对供货商A提供的样本抽取了 20 只进行检验，计算得到样本方差为 $s_1^2=677$；对供货商B提供的样本抽取了 15 只进行检验，计算得到样本方差为 $s_2^2=357$。试以 $\alpha=0.05$ 的显著性水平，检验供货商A和供货商B提供的节能灯使用寿命的方差是否存在显著差异。

本例属于双侧检验：$H_0:\sigma_1^2/\sigma_2^2=1$，$H_1:\sigma_1^2/\sigma_2^2\neq 1$

由样本数据可得：$s_1^2=677$，$s_2^2=357$

$$F=\frac{s_1^2}{s_2^2}=\frac{677}{357}=1.896$$

$$F_{\alpha/2}(n_1-1,\ n_2-1)=F_{0.025}(19,\ 14)=2.861$$

$$F=1.896<F_{\alpha/2}(n_1-1,\ n_2-1)=2.861$$

所以，不能拒绝原假设，即不能认为这两个总体的方差有显著差异，选择距离近的供货商进货。

二、区间估计和假设检验之间的关系

假设检验和区间估计结合在一起构成了完整的统计推断内容，两者都是利用样本信息，根据抽样分布理论，依据样本统计量的抽样分布对总体做出推断。二者之间既有区别又有联系。

假设检验和区间估计之间的联系：两者的推断结果都具有一定的可信程度 $1-\alpha$，同时具有相应的风险。对同一问题的参数进行推断，使用同一样本，相同统计量和抽样分布，两者之间可以互相转化。也就是说区间估计问题可以转化成假设检验问题（当然是双侧检验），区间估计中的置信区间对应假设检验中的接受域，置信区间以外就是拒绝域。

假设检验和区间估计之间的区别：区间估计通常求得的是以样本估计值为中心的双侧置

信区间，而假设检验以假设的总体参数值为基准，不仅有双侧检验也有单侧检验。区间估计是以大概率为标准，通常以较大的置信水平 $1-\alpha$ 保证总体参数的置信区间，推断总体参数的取值范围；而假设检验是以小概率为标准，通常是给定很小的显著性水平 α 去检验对总体参数的先验假设是否成立，对总体的状况所做出的假设进行判断。

［**例 6-20**］　某商品在一家大型百货商店的日销售量服从正态分布，其均值为 175 件，标准差为 20 件。近期厂家为了增加销售量，聘用了促销人员进行了产品推销活动，在接下来一个月（按 30 天计算）的时间中，日销售量的平均水平为 177 件。在 5%的显著性水平下，解决下面问题：

（1）试建立该商品日平均销售量的置信区间。

（2）能否认为聘用促销员后该商品日平均销售量发生了显著性变化。

已知 $X \sim N(\mu, \sigma^2)$

$\bar{x}=177$，$n=30$，$z_{\alpha/2}=1.96$

$\bar{x} \sim N(\mu, \frac{\sigma^2}{n})$

$z=\frac{\bar{x}-\mu}{\sigma/\sqrt{n}} \sim N(0, 1)$

总体均值 μ 的置信水平为 95%的置信区间为：

$$\left[\bar{x}-z_{\alpha/2}\frac{\sigma}{\sqrt{n}}, \bar{x}+z_{\alpha/2}\frac{\sigma}{\sqrt{n}}\right]=\left[177-1.96\times\frac{20}{\sqrt{30}}, 177+1.96\times\frac{20}{\sqrt{30}}\right]=[170, 184]$$

日销售量是否发生了变化，是一个双侧检验问题。

$H_0: \mu=175$，$H_1: \mu\neq 175$

$z=\frac{\bar{x}-\mu}{\sigma/\sqrt{n}} \sim N(0, 1)$

$z=\frac{177-175}{20/\sqrt{30}}=0.55$

$\alpha=0.05$，$z_{\alpha/2}=1.96$

$-1.96<z=0.55<1.96$

不能拒绝原假设，即样本提供的信息不足以推翻原假设，说明不能认为聘用促销员使得销售量发生了显著变化。

在本例中，区间估计中置信度为 $1-\alpha$ 置信区间和假设检验中置信度为 $1-\alpha$ 接受区域相同，都为：$\bar{x}\pm z_{\alpha/2}\frac{\sigma}{\sqrt{n}}=177\pm 1.96\times\frac{20}{\sqrt{30}}=[170, 184]$

假设检验中的 175 处于置信区间[170，184]之中，所以不能拒绝原假设，不能否定 $H_0: \mu=175$；假设检验 $-1.96<z=0.55<1.96$，结论相同，不能拒绝原假设。

本讲小结

一、本讲重点

1. 一个总体参数的假设检验。主要包括总体均值、总体比例和总体方差的检验，检验方法有 z 检验、t 检验和 χ^2 检验。其中重点和基础内容是一个总体均值的假设检验，针对总体分布是不是正态分布，总体方差 σ^2 已知或未知，大样本或小样本，其检验统计量有所不同，要注意它们之间的区别和联系。

2. 两个总体参数的假设检验。包括两个总体均值之差、比例之差和方差之比的假设检验，检验方法有 z 检验、t 检验和 F 检验，其检验方法和过程与一个总体类似。

3. 假设检验分为一个总体参数和两个总体参数的假设检验两大部分。总体参数假设检验的检验统计量确定如图 6-3 所示。

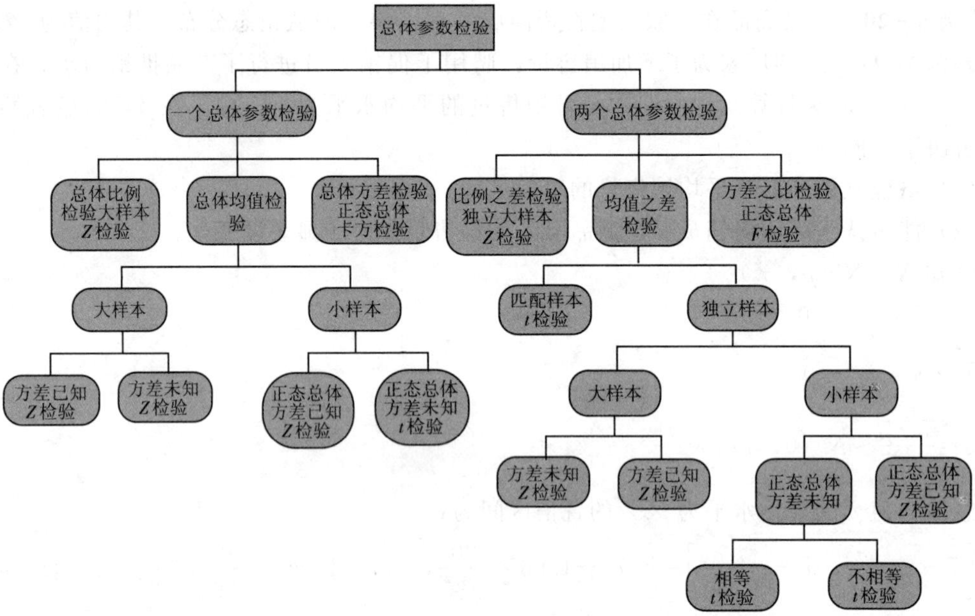

图 6-3　总体参数假设检验的几种情形

二、难点释疑

1. 一个总体均值的假设检验中，当正态总体，方差 σ^2 未知，小样本时，在原假设成立的前提下，检验统计量及其分布为：$t=\dfrac{\overline{x}-\mu_0}{s/\sqrt{n}}\sim t\ (n-1)$，所以此时对总体均值的检验采用 t 分布进行，而非 z 分布。

2. 两个总体均值之差的假设检验中，当两个总体服从正态分布，且方差 σ_1^2 和 σ_2^2 未知时，两总体的方差齐性与否，对检验统计量的选择很重要。当 $\sigma_1^2=\sigma_2^2$ 时，$t=\dfrac{(\overline{x}_1-\overline{x}_2)-(\mu_1-\mu_2)}{s_p\sqrt{\dfrac{1}{n_1}+\dfrac{1}{n_2}}}\sim t\ (n_1+n_2-2)$，当 $\sigma_1^2\neq\sigma_2^2$ 时，$t'=\dfrac{(\overline{x}_1-\overline{x}_2)-(\mu_1-\mu_2)}{\sqrt{\dfrac{s_1^2}{n_1}+\dfrac{s_2^2}{n_2}}}\sim t\ (f)$，所以我们在进行检验时必须对两总体的方差是否相等进行判断，也就是要应用到两个总体方差之比的假设检验，检验它们的方差比是否等于 1。

本章小结

如图 6-4 所示，本章内容为假设检验，首先介绍了假设检验基本原理，读者需要理解原假设和备择假设，显著性水平和拒绝域，检验统计量与 P 值等假设检验的基本概念。假设检验理论基础是小概率原理，决策准则有两种：临界值法和 P 值法。然后重点介绍了总体参数假设检验，一个总体参数的假设检验是基础，两个总体参数的假设检验与其类似。一个总体参数的假设检验包括总体均值、总体比例和总体方差的检验，两个总体参数的假设检验包括两个总体均值之差、比例之差和方差之比的假设检验。

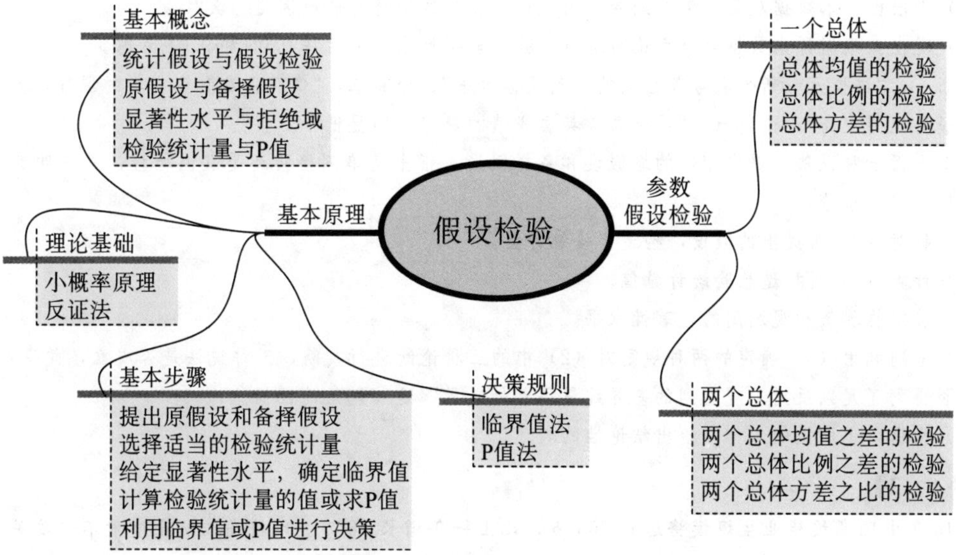

图 6-4　第 6 章 假设检验—思维导图

思考题

1. 简述假设检验的基本原理。
2. 简述假设检验的步骤。
3. 假设检验中的两类错误是什么，两者之间存在什么样的数量关系？
4. 解释原假设和备择假设。
5. 单侧检验中原假设和备择假设的方向应该如何确定？
6. 比较单侧检验和双侧检验的区别。
7. 解释假设检验中的显著性水平和 P 值，并说明两者之间的区别。
8. 简述两个总体方差 σ_1^2 和 σ_2^2 的具体情况，对两个总体均值之差的假设检验有什么影响？
9. 说明假设检验和区间估计的区别和联系。
10. 简述大数定理和中心极限定理在假设检验中的重要作用。

案例讨论

【案例 6-1】

某大学要了解大一本科生英语高考成绩是否达到及格水平（为了便于比较，学生英语成绩统一换算成 100 分，60 分为及格）。在 5 700 名新生中随机抽取了 300 名学生进行高考英语成绩登记，平均成绩为 63.7 分，标准差为 13.3 分。这 300 名学生按照性别划分：男生 185 人，女生 115 人。其中男生的高考英语平均成绩为 62.5 分，标准差为 12.2，及格人数为 137 人；女生的高考英语平均成绩为 65.9 分，及格人数为 96 人。

思考与讨论问题：

(1) 指出由样本数据观测到何种差异，出现这种差异的两种可能原因是什么？

(2) 现在拟根据样本数据对下面论断进行检验，显著性水平先后按 0.05 和 0.01 考虑。

论断一，“该校大一新生高考英语成绩达到及格水平”；论断二，“像英语这种语言类的课程，女生学习天赋一般要比男生高”；论断三，“男生高考英语成绩的及格率明显低于女生”。

针对上面三种说法，提出相应的原假设和备择假设，指出是单侧检验还是双侧检验，并说明为什么要采取单侧或双侧检验。

(3) 针对 (2) 所提出的假设，构造检验统计量。

(4) 计算 (3) 所构造检验统计量值。

(5) 确定临界值和观测到的显著性水平。

(6) 分别利用 (5) 确定的两种规则对 (2) 中的三种论断进行判断，三种说法是否成立，并说明理由。回答是否得到了足以反对“观测到的差异纯属偶然性差异”这一说法的证据。

(7) 根据以上所做的工作，给出结论性的表述。

【案例 6－2】

2016 年中国高校毕业生规模将达到 765 万，比上一年增长 16 万。比较高校就业质量不仅要关注已就业人数、就业率、待就业率和深造率等指标，还经常用到大学毕业生薪酬高低来衡量不同高校毕业生受社会欢迎的程度。要反映一个高校培养的毕业生薪酬水平，通常采用全部毕业生薪酬的平均水平，薪酬达到一定水平的毕业生比重等指标来衡量。对所有毕业生进行全面调查以了解平均薪酬既不可能也没必要，因此随机抽取一定数量的毕业生构成样本，通过样本数据对我们比较关注的总体平均水平和总体比例进行统计推断。

某高校对其 2016 年的本科毕业生进行了一次随机抽样调查，采用调查问卷的方式，被访者人数为 50 人，其中男性 28 人，女性 22 人。调查问卷中“您的性别”和“毕业半年后月收入”两个问题所得数据整理如下表所示，显著性水平 $\alpha=0.05$。

编号	性别	月收入	编号	性别	月收入	编号	性别	月收入
1	男	4 950	18	男	4 400	35	女	4 200
2	男	4 050	19	女	3 560	36	男	4 150
3	男	3 950	20	男	4 900	37	男	3 530
4	女	3 200	21	男	4 750	38	女	4 330
5	男	3 850	22	女	3 600	39	男	3 970
6	男	3 930	23	女	3 700	40	男	4 550
7	女	3 300	24	男	5 000	41	男	4 700
8	女	3 320	25	女	3 700	42	女	4 350
9	男	3 730	26	男	3 960	43	男	4 600
10	男	3 770	27	男	3 420	44	男	3 580
11	男	3 550	28	女	3 750	45	男	3 300
12	女	3 350	29	女	3 800	46	女	4 500
13	男	4 450	30	男	4 850	47	女	4 600
14	女	3 400	31	女	3 900	48	女	4 850

续表

编号	性别	月收入	编号	性别	月收入	编号	性别	月收入
15	女	3 450	32	女	4 000	49	男	4 000
16	男	3 500	33	男	3 900	50	男	4 550
17	女	3 500	34	女	4 100			

思考与讨论问题：

(1) 利用 Excel“描述统计”工具对样本数据进行描述性分析。

(2) 该校 2015 年本科生毕业半年后月平均收入为 3 800 元，学校就业指导部门认为“该校 2016 年毕业生薪酬水平有了明显提高”，在显著性水平 $\alpha=0.05$ 时判断该说法是否可靠。

(3) 2016 年该校本科毕业生期望月薪的平均值为 4 200 元，在显著性水平 $\alpha=0.05$ 时判断“该校至少有三成毕业生实际月薪大于等于期望月薪”这一说法是否成立。

(4) 利用 Excel“描述统计”工具分性别对样本数据进行描述性分析。

(5) 假定男性和女性毕业半年后月收入都服从正态分布，并且两组数据方差相等，上面数据是否支持“该校男性毕业生薪酬水平普遍高于女性毕业生薪酬水平”这一说法。

(6) 假定男性和女性毕业半年后月收入都服从正态分布，并且两组数据方差不相等，上面数据是否支持“该校男性毕业生薪酬水平普遍高于女性毕业生薪酬水平”这一说法。

(7) 如何在检验结果 (5) 和 (6) 中进行选择，说明你的理由。

(8) 2016 年该校本科毕业生期望月薪的平均值为 4 200 元，该校毕业生实际月薪大于等于期望月薪的比例在性别这一因素上有无显著差异。

根据以上所做的工作，给出结论性的表述。

延伸阅读

1. S. 伯恩斯坦，R. 伯恩斯坦. 统计学原理（下册）——推断性统计学，科学出版社，2002，P157－226（第十六章 单样本的假设检验；第十七章 两样本的估计和假设检验）。

2. 约翰逊（Johnson. R. A），威客恩（Wichern. D. W）著，陈旋，叶俊译. 实用多元统计分析（第 6 版）[M]，清华大学出版社，2008 年 10 月第 1 版，P161－207，多元假设检验相关内容（第五章 关于均值向量的推断；第六章 多个多元均值向量的比较）。

第 6 章　应用实验

第 6 章　练习题

第三部分

数据探索和关系分析

第 7 章　列联分析

开篇导读

肺癌和抽烟有关系吗?

抽烟已被全世界公认为是患上肺癌最重要的因素之一，但是某些不抽烟的人也同样会患上肺癌。比如，你经常会听到这样的消息：“某某患上肺癌了”，常常紧接着会有人跟上一句：“他抽烟吗?”听到肯定的回答，大家会叹惜一声：“早点戒烟就好了，现在可惜了”；但如果回答不抽烟，一些人，特别是一些“老烟枪”，立刻抓住“把柄”，振振有辞：“瞧，不抽烟也会患上肺癌！抽烟和肺癌没什么关系。”似乎又为自己抽烟找到了充分的理由。您怎么看待、分析这一现象？肺癌和抽烟到底有关系吗？你有多大把握说明肺癌和抽烟的关系呢？为了研究肺癌和抽烟的关系，有关医疗机构做了专门的调查统计，可以帮助我们了解上述问题。

对于抽烟和肺癌的关系，某医疗研究机构随机调查了 1 000 人，得到的结果见表 7 - 1。

表 7 - 1　　是否抽烟与是否患肺癌频数分布表　　单位：人

Y / X	患肺癌	不患肺癌	总计
抽烟	390	150	540
不抽烟	210	250	460
总计	600	400	1 000

从表 7 - 1 中可以看出，抽烟和不抽烟对患肺癌的影响是不同的，为了正确的做出判断，有必要计算抽烟者与不抽烟者、患肺癌与不患肺癌者之间的比例关系。经计算，在不抽烟的调查者中患肺癌的比例是 46.65%，而在抽烟的调查者中患肺癌的比例是 72.22%，抽烟的调查者中患肺癌的比例比不抽烟的调查者患肺癌的比例高出了 25.57%。

以上所提到的抽烟与不抽烟、患肺癌与不患肺癌都是品质数据。这与前面学过的数值型数据假设检验分析的方法有所不同。这里需要分析的是抽烟和患肺癌是否有关？假设我们认为抽烟和患肺癌有关系，我们应该选取什么方法进行检验呢？这就是本章将要介绍的内容——品质数据假设检验的基础知识及检验方法。

学习目标

一、理解列联表和卡方检验的概念和内涵，能够熟练运用观察值分布和期望值分布，进行列联表分布的分析，熟练掌握卡方统计量的计算步骤，理解卡方统计量的几个特征。

二、理解卡方统计量进行数据检验的适用范围，能够熟练运用卡方检验，进行列联表齐一性检验和独立性检验。

第 14 讲　列联分析的基础知识

问题提出

上一章，我们学习的是参数的假设检验，涉及的数据类型都是数值型的。但在现实中，有很多客观现象的特征是通过品质数据反映的。例如，居民购买房屋的户型与其职业是否有关？不同社会经济背景的顾客购买某种商品的理由是否不同？顾客对不同品牌的同类产品的喜好是否有差别？如何解决这些问题，就是如何检验这些品质数据及其之间的关系。为此，本讲提出的问题是：

品质数据假设检验的基础是什么？

概念辨析

一、非参数统计方法

在统计学中，如果总体的分布形式已知（如总体为正态分布），而只是其中的某些参数未知时，通常是从总体中随机取样本，根据样本信息对总体参数进行估计或假设检验，这就是参数统计方法。本教材的第 5 章抽样估计与第 6 章假设检验就是属于参数统计的内容。

但在许多实际问题中，我们对总体分布的具体形式是未知或知之甚少的，只知道总体为连续分布还是离散分布，也不能对总体的分布形式作进一步的假定（如假定总体为近似正态分布等），这时要对总体的某些性质进行统计估计或假设检验，就要采用非参数统计方法。

广义的非参数统计方法有以下一些特点：

首先，在利用样本资料对总体进行估计或检验时，不必依赖于总体的分布形式。因此，也称之为“自由分布统计”。而参数统计总是在对总体的分布作了严格假设之后进行的。例如假定总体为正态分布，若该假定不满足，则由之得出的推断结论是不可靠的。

其次，它与总体分布所具有的参数无关，所以通常不必对总体所特有的参数（如均值、标准差）进行估计或检验。而参数统计则总是要对总体的参数进行估计或检验。

再次，它对变量的量化要求很低，不论是品质标志还是数量标志，均可以采用非参数统计方法进行估计或检验；而参数统计却要求是数量标志，对于品质标志是不适用的。例如，要检验学生的专业态度，若专业态度只用“喜欢、不喜欢”之类的“类别”来表示，就不能采用参数统计检验法（除非化成“成数”来检验）。

由于非参数统计方法具有简单、经济、适用广泛等优点，在社会经济领域有着广泛的应用，如市场研究、行为科学、心理学、社会学等学科研究中，都要经常用到非参数统计方法。

非参数统计方法是20世纪30年代中期在国外发展起来的，目前已成为现代数理统计学中的一个独立分支。经过几十年的发展，其内容与方法也日益丰富，本章只介绍其中列联分析的相关内容。

二、列联表

列联表（Contingency table）是由两个以上的变量进行交叉分类的频数分布表。在这个频数分布表里，每个数据都反映来自行和列两方面的信息。在列联表中，行变量的类别用 r 表示，r_i 表示第 i 个类别；列变量的类别用 c 表示，c_j 表示第 j 个类别；对于行和列的每种组合都有一个观察频数，用 f_{ij} 表示。一个有 r 行、c 列的列联表称为 $r \times c$ 列联表，如表7－2。

表 7－2　　列联表的结构

列（c_j） 行（r_i）	j＝1	j＝2	…	总计
$i=1$	f_{11}	f_{12}	…	r_1
$i=2$	f_{21}	f_{22}	…	r_2
…	…	…	…	…
总计	c_1	c_2	…	n

由于列联表中的每个变量可以有两个或者两个以上的类型，因此列联表的表现形式是多样的。

列联表的作用：列联表可以它反映多个品质变量的分布情况，用于分析品质变量的相互关系。

三、χ^2 检验

在分析实际问题时，常常遇到品质数据，如性别、职业、产品的品牌、消费者的偏好等。品质数据的取值是各个类别或级别，通常用文字表述。对这些类别或级别通常是对其频数进行观察和分析。品质变量的推断就是根据各类别的频数利用 χ^2 分布进行分析，因此也称为 χ^2 检验，内容包括 χ^2 拟合优度检验和 χ^2 独立性、χ^2 齐一性检验。

推理分析

一、列联表的分布

列联表的分布包含两个方面：一个是观察值的分布；一个是期望值的分布。

1. 观察值的分布

表7－3就是一个典型的观察值分布。观察值的分布根据对应变量的不同又分为观察值的行边缘分布和列边缘分布。观察值的行边缘分布也即行观察值的合计数；观察值的列边缘分布也即列观察值的合计数。在列联表所表现的就是在变量 X 条件下变量 Y 的分布，或者

是在变量 Y 条件下变量 X 的分布，因此又把列联表中的观察值分布称为条件分布，其中每个具体的观察值就是条件频数，见表 7－3。

表 7－3　　性别与肥胖程度的频数分布表　　单位：人

性别＼肥胖程度	不肥胖	轻度肥胖	中度、重度肥胖	总计
男	19	9	15	43
女	49	14	43	106
总计	68	23	58	149

［例 7－1］　以表 7－3 为例，计算其观测值的行边缘分布和列边缘分布。

在表 7－3 中，最右边表示性别变量的总数，其中男性总数共为 43 人，女性总数为共为 106 人，也即观察值的行边缘分布；同理，最下边表示不肥胖、轻度肥胖和中度、重度肥胖的人数分别为 68 人、23 人、58 人，也即观察值的列边缘分布。

条件频数可以反映数据的分布，但因为相应的基数不同，其并不适合进行对比。比如，男性中轻度肥胖的人数为 9 人，而女性中轻度肥胖的人数为 14 人，并不能说明女性比男性更容易轻度肥胖。因为在调查者中女性总体人数为 106 人，而男性总体人数只有 43 人，它们对比的基数是不同的。事实上，结论正好相反，由于女性总体人数多，男性总体人数少，而女性轻度肥胖的人数 14 人是其总体人数 106 人的 13.21%，而男性轻度肥胖的人数 9 人是其总体人数 43 人的 20.93%，其轻度肥胖的比例远远高于女性。为了能够在相同的基数上进行比较，我们可以计算观察值相应的百分比，以便能够使列联表更为一目了然。

一般而言，包含百分比的列联表主栏的每个单元有四个数据，各个数据分别为：条件频数，行百分比，列百分比和总百分比。其中，行百分比为行的每一个条件频数除以相应的行合计数（f_{ij}/r_i）；列百分比为行的每一个条件频数除以相应的列合计数（f_{ij}/c_i）；总百分比为行的每一个条件频数除以条件频数的总数（f_{ij}/n）。

［例 7－2］　以表 7－3 为例，计算其观测值包含百分比的列联表。

通过计算，表 7－4 就是表 7－3 列联表对应的包含百分比的列联表。

表 7－4　　包含百分比的列联表

性别＼肥胖程度	不肥胖	轻度肥胖	中度、重度肥胖	合计
男（人）	19	9	15	43
%	44.19	20.93	34.88	28.86
%	27.94	39.13	25.86	—
%	12.75	6.04	10.07	—
女（人）	49	14	43	106
%	46.23	13.21	40.57	71.14
%	72.06	60.87	74.14	—
%	32.89	9.40	28.86	—

续表

性别＼肥胖程度	不肥胖	轻度肥胖	中度、重度肥胖	合计
合计（人）	68	23	58	149
%	45.64	15.44	38.93	100.00

在表 7－4 中，在第一个单元（男性不肥胖）中，第一个数字 19 为条件频数；第二个数字 44.19 是行百分比，即 19/43＝44.19％；第三个数字 27.94 是列百分比，即 19/68＝27.94％；第四个数字 12.75 是总百分比，即 19/149＝12.75％。最右边和最下边的合计栏中各有两行数据，第一行是边缘频数，第二行是边缘频数的百分比。

2. 期望值的分布

虽然包含百分比的列联表能够使我们把变量的联合分布关系看得更为清晰，但是如果我们希望进一步了解男女性肥胖程度是否存在差异显得较为困难。为了更为深入地对列联表进行分析，我们引入期望值分布的概念。

一个实际频数 f_{ij} 的期望值分布 e_{ij} 是总频数的个数 n 乘以该实际频数 f_{ij} 落入第 i 行和第 j 列的概率，即

$$e_{ij}=n\cdot\frac{r_i}{n}\cdot\frac{c_j}{n}=\frac{r_ic_j}{n}$$ （公式 7.1）

［例 7－3］　以表 7－3 为例，计算其期望值分布。

通过计算，表 7－5 就是表 7－3 的期望值分布。

表 7－5　　期望值分布表

性别＼肥胖程度	不肥胖	轻度肥胖	中度、重度肥胖	总计
男	19	9	15	43
期望值	$\frac{43\times68}{149}=20$	$\frac{43\times23}{149}=7$	$\frac{43\times58}{149}=17$	
女	49	14	43	106
期望值	$\frac{106\times68}{149}=48$	$\frac{106\times23}{149}=16$	$\frac{106\times58}{149}=41$	
总计	68	23	58	149

也就是说，从逻辑上讲，如果男性和女性在肥胖程度上是相同的，那么男性不肥胖的人数应该是 20 人，轻度肥胖的人数是 7 人，中度、重度肥胖的人数是 17 人，这 20 人、7 人和 17 人就是期望值分布。那么，男性和女性在肥胖程度上是否是相同的呢？我们可以把表 7—3和表 7－5 进行对比分析。

如果男性和女性肥胖程度是相同的，那么在表 7－6 中，其观察值和期望值频数就应该非常接近。我们主要讨论采用 χ^2 分布对其进行检验。

表 7-6　　观察值和期望值频数对比分布表

肥胖程度 / 性别	不肥胖	轻度肥胖	中度、重度肥胖	总计
男				
观察值	19	9	15	43
期望值	20	7	17	
女				
观察值	49	14	43	106
期望值	48	16	41	
总计	68	23	58	149

这里需要指出的是，利用观察值的有关信息计算期望值的分布，是进行 χ^2 检验的第一步，由于检验的具体内容不同，计算期望值的方法会有所不同。但表 7-6 中关于观察值和期望值的内容，展示了进行 χ^2 检验的一般构造。

二、χ^2 统计量

理论证明，观察值的实际频数分布 f_{ij} 与期望值频数分布 e_{ij} 之差的平方再除以期望值频数之和所得的统计量，近似服从卡方分布，可表示为：

$$\chi^2 = \sum_{i=1}^{r}\sum_{j=1}^{c}\frac{(f_{ij}-e_{ij})^2}{e_{ij}} \qquad \text{(公式 7.2)}$$

其自由度为：$df=(r-1)(c-1)$

由公式 7.2 可以看出计算 χ^2 统计量的步骤：

步骤一：用观察值 f_{ij} 减去期望值 e_{ij}；

步骤二：将 $(f_{ij}-e_{ij})$ 之差平方；

步骤三：将 $(f_{ij}-e_{ij})^2$ 结果除以 e_{ij}；

步骤四：将步骤三的结果加总。

χ^2 统计量有以下几个特征：

(1) $\chi^2 \geqslant 0$，因为它是对平方值结果的汇总；

(2) χ^2 的大小与观察值和期望值的配对数，即 $r\times c$ 的多少有关。$r\times c$ 越多，在不改变分布的情况下，χ^2 值越大。

(3) χ^2 统计量描述了观察值与期望值的接近程度。如果两者越接近，即 $f_{ij}-e_{ij}$ 的绝对值越小，计算出的 χ^2 值越小；反之，如果 $f_{ij}-e_{ij}$ 的绝对值越大，计算出的 χ^2 值越大。

χ^2 检验正是运用 χ^2 统计量的计算结果与 χ^2 分布中临界值进行比较，做出对原假设的统计决策。

χ^2 分布与自由度有密切关系，在不同的自由度下，χ^2 的分布不同。自由度越小，分布就越向左边倾斜，随着自由度的增加，χ^2 分布的偏斜程度趋于缓解，逐渐呈现出对称性，随着自由度继续增大，χ^2 分布将趋近于对称的正态分布。

认识拓展

一、χ^2 检验时，应注意的问题

（一）列联表各单元格中频数大小的问题

列联表中不应有期望频数小于 1 的单元格，或不应有大量的期望频数小于 5 的单元格。如果交叉列联表中有 20%以上的单元格中的期望频数小于 5，则一般不宜用 χ^2 检验。

（二）样本量大小的问题

χ^2 值的大小会受到样本量大小的影响，因此 χ^2 检验受样本量的影响很大。同样两个变量，不同的样本量，可能得出不同的结论。例如：在某列联表中，若各个单元格的样本数均同比例扩大 10 倍，χ^2 值也会随之扩大 10 倍。由于自由度和显著度水平未改变，χ^2 的临界值不变，从而使拒绝原假设的可能性增加。因此，有必要对 $Pearson\chi^2$ 值进行修正，以消除样本量的影响。可采用列联系数、*Phi* 系数等进行修正。

（三）对变量取值的不同分类的问题

对变量取值的不同分类会引起 χ^2 值的改变，有可能得到不同的结论。所以在分类时不能随意，要有理论或统计上的依据。特别是对定距或定序变量，要先将变量的取值分组归类，将各组变量值变换成等级，才能使用 χ^2 分析，而且由于分组的方法不同，也会得出不同的结论；同时，对于定距或定序变量用 χ^2 分析，没有充分利用它们的数量信息。

二、非参数统计方法的种类

表 7—7　各种非参数统计检验方法

样本 对变量要求	单样本	双样本		多样本	
		相关样本	独立样本	相关样本	独立样本
定类变量	二项分布检验、卡方拟合优度检验、K－S拟合优度	麦克勒玛检验	费雪精确概率、χ^2 检验、K－S 检验	柯克伦 Q 检验	χ^2 列联表检验
定序变量	游程检验	符号检验、威尔克逊 *t* 检验	中位数检验、U 或 W 检验、W－W 游程检验	费里德曼双向评秩方差分析、肯德尔协和系数检验	推广中位数检验、K－W 的 H 检验

注：表中“对变量要求”是指变量的量化最低要求。

本讲小结

一、本讲重点

1. 列联表是由两个以上的变量进行交叉分类的频数分布表。在这个频数分布表里，每个数据都反映来自行和列两方面的信息。χ^2 检验就是利用 χ^2 分布对品质数据的分布或品质数据之间的关系进行假设检验。

2. 列联表中的观察值分布和期望值分布，是进行列联表分析的基础。χ^2 统计量的计算步骤是进行列联分析的关键。

二、难点释疑

观察值的分布根据对应变量的不同又分为观察值的行边缘频数和列边缘频数。条件频数可以反映数据的分布，但因为相应的基数不同，其并不适合进行对比。而期望值分布则能很好解决这个问题。一个实际频数 f_{ij} 的期望值分布 e_{ij} 是总频数的个数 n 乘以该实际频数 f_{ij} 落入第 i 行和第 j 列的概率。

第 15 讲　独立性与齐一性检验

问题提出

学习了列联分析的基本概念及基础理论后，就成为本讲的核心问题。本讲将介绍如何通过列联表利用 χ^2 统计量进行 χ^2 独立性、χ^2 齐一性检验，并拓展介绍 χ^2 拟合优度分析。

如何进行列联分析？

方法应用

一、独立性检验

在研究问题时，有时会遇到要求判断两个分类变量之间是否存在联系的问题。例如，原料的质量是否与产地有关；对父母的孝敬程度是否与孩子的性别有关；对住房的户型要求是否与职业有关等等。在这种情况下可以使用 χ^2 检验，判断两组或多组的资料是否相互关联。如果不相互关联，就称为独立。所以人们把这类问题的处理称为独立性检验（Test of independence）。

如果对样本资料按照两个分类变量进行复合分组，其结果必然就是各种双向列联表。对于列联表资料，人们经常需要检验所依据分类的两个变量是否关联（独立）。这种对列连表中两分类变量是否独立的检验，称为列连表分析或独立性检验。

利用列联表的形式，用 χ^2 统计量可以完成对分类数据或顺序数据之间是否独立的检验。基本步骤如下：

1. 建立假设 H_0：两个分类变量之间独立；

　　H_1：两个分类变量之间不独立。

2. 计算与列联表中实际次数相对应的期望次数

3. 构建检验统计量

$$\chi^2=\sum_{i=1}^{r}\sum_{j=1}^{c}\frac{(f_{ij}-e_{ij})^2}{e_{ij}}$$

可以证明，对于大样本来说，该统计量近似服从于自由度 $df=(r-1)(c-1)$ 的 χ^2 分布。因此，可用此统计量和 χ^2 分布表对列连表中两变量相互独立的假设进行检验。

4. 查表判断与决策

根据显著性水平 α 和自由度 $(r-1)(c-1)$ 查出临界值 χ^2_α，如果 $\chi^2\geqslant\chi^2_\alpha$，拒绝 H_0；如果 $\chi^2<\chi^2_\alpha$，不拒绝 H_0。

5. 结论：说明在已知显著性水平条件下，两个分类变量之间是否独立。

［例 7-4］　一种原料来自三个不同的地区，原料质量被分为三个不同等级。从这批原料中随机抽出 500 件进行检验，结果见表 7-8。

表 7-8　　原料抽样结果

Y \ X	一级	一级	一级	总计
甲地区	52	64	24	140
乙地区	60	59	52	171
丙地区	50	65	74	189
总计	162	188	150	500

在显著性水平为 0.05 的条件下，检验各个地区和原料质量之间是否存在依赖关系。

解：1. 建立假设 H_0：地区和原料等级之间是独立的（不存在依赖关系）

H_1：地区和原料等级之间不独立的（存在依赖关系）

2. 计算与列联表中实际次数相对应的期望次数，见表 7-9。

表 7-9　　地区和原料等级的期望值频数分布表

Y \ X	一级	一级	一级
甲地区	45.36	52.64	42.00
乙地区	55.40	64.30	51.30
丙地区	61.24	71.06	56.70

3. 构建统计量并计算 χ^2 值：其 χ^2 统计量的计算见表 7-10。

表 7-10　　χ^2 统计量计算表

Y \ X	一级	一级	一级
甲地区	0.97	2.45	7.71
乙地区	0.38	0.44	0.01
丙地区	2.06	0.52	5.28

$$\chi^2 = \sum_{i=1}^{r}\sum_{j=1}^{c}\frac{(f_{ij}-e_{ij})^2}{e_{ij}} = 19.82$$

4. 查表判断与决策

根据显著性水平 $\alpha=0.05$ 和自由度 $df=(r-1)(c-1)=(3-1)\times(3-1)=4$，查出临界值 $\chi^2_{0.05}$（4）$=9.488$，$\chi^2=19.82>\chi^2_{0.05}$（4）$=9.488$，故拒绝原假设。

5. 结论：即在显著性水平 $\alpha=0.05$ 时，地区和原料等级之间不独立，存在依赖关系，原料的质量受地区的影响。

二、齐一性检验

在社会经济和管理问题的研究中，人们经常对探讨这样的命题感兴趣：若干个总体就某些特征的看法是一致的。比如说，若干组不同年龄的人对某种社会保障政策是否具有同样的态度；不同社会经济背景的顾客购买某种商品的理由是否相同；若干组不同职业的人是否对运动项目具有同样的嗜好。

所谓齐一性检验，也称一致性检验，就是根据样本调查结果，判断不同总体之间是否会存在显著性差异。

齐一性检验方法与独立性检验方法一致。

[例 7—5]　某一广告公司想知道 n 组不同年龄的人所喜欢的电视节目是否不同。他们在不同年龄的三组人中各抽取了一个随机样本，并请样本中的每一个人回答在三类电视节目中更喜欢哪一类。调查结果见表 7-11，括号内是预期数。在 0.05 的显著性水平下，三个年龄组的人员所喜欢的节目类型是否一致？

表 7-11　　按所喜欢的电视节目类型分类的三组人员样本

节目类型 / 年龄	A	B	C	总计
30 岁以下	120（70）	30（67.50）	50（62.5）	200
30—45 岁	10（35）	75（33.75）	15（31.25）	100
45 岁以上	10（35）	30（33.75）	60（31.25）	100
总计	140	135	125	400

解： H_0：就所喜欢的电视节目类型而言三个年龄组是一致的

H_1：就所喜欢的电视节目类型而言三个年龄组不一致

由表 7-13 的数据可以计算出：

$$\chi^2 = \sum_{i=1}^{r}\sum_{j=1}^{c}\frac{(f_{ij}-e_{ij})^2}{e_{ij}}$$

$$=\frac{(120-70)^2}{70}+\frac{(10-35)^2}{35}+\cdots+\frac{(60-31.25)^2}{31.25}=180.495$$

当 $\alpha=0.05$ 和自由度 $df=(3-1)\times(3-1)=4$ 时，临界值 $\chi^2_{0.05}(4)=9.488$，由于 $\chi^2=180.495>\chi^2_{0.05}(4)=9.488$，故拒绝原假设。

即在显著性水平为 0.05 的条件下，三个年龄组所喜欢的电视节目类型不一致。

三、χ^2 一致性检验与 χ^2 独立性检验的异同

1. χ^2 一致性检验与 χ^2 独立性检验的区别

（1）他们所用的抽样程序不同。在做一致性 χ^2 检验时，典型的抽样程序是从一个总体抽出一个样本，然后根据两种分类准则对样本实体进行交叉分类。在进行独立性 χ^2 检验时，我们先把两个或多个感兴趣的总体等同起来，并从每一个总体各抽选一个样本，然后将这些样本实体放到一个感兴趣变量的各个不同类目中去。

（2）推算预期频数时的根据不同。在列联表分析中，推算预期频数的根据是 n 个独立事件协同出现的概率。对于一致性检验，推算预期频数的根据是建立在这样一个假定的基础上的：如果 n 个被抽样总体是一致的，我们就能通过将 n 个适当的样本联合起来的方法，来求得某一给定总体的某个个体落在感兴趣变量的某一给定类目的概率的最佳估计值。

（3）对结果的解释不同。

2. χ^2 一致性检验与 χ^2 独立性检验的相同之处

两者的分析步骤相同。

认识拓展

χ^2 检验是列联表分析的一个强有力工具，实际上，χ^2 检验也可以用于总体的分布检验。检验来自总体中的某类数据其分布是否与某种理论分布相一致的统计方法，就是拟合优度检验。拟合优度检验的检验方法与独立性检验、一致性检验类似。

[例 7—6] 某企业生产线上星期一至星期五的不合格产品数量见表 7－12，试检验 5 个不同工作日的产品不合格率是否相同（α＝0.05）？

表 7－12 星期一至星期五的不合格产品数量

工作日	星期一	星期二	星期三	星期四	星期五
不合格品数（个）	36	32	16	15	35

解：H_0：样本所属总体的分布是均匀分布

H_1：样本所属总体的分布不是均匀分布

由于不合格品数的实际数是 134，所以其理论值为 134÷5＝26.8。

表 7－13 χ^2 统计量的计算表

工作日	不合格品数实际值	不合格品数理论值	$f_{ij}-e_{ij}$	$\frac{(f_{ij}-e_{ij})^2}{e_{ij}}$
星期一	36	26.8	9.2	3.1582
星期二	32	26.8	5.2	1.0090
星期三	16	26.8	－10.8	4.3522
星期四	15	26.8	－11.8	5.1955
星期五	35	26.8	8.2	2.5090
合计	134	134	—	16.2239

$$\chi^2=\sum_{i=1}^{r}\sum_{j=1}^{c}\frac{(f_{ij}-e_{ij})^2}{e_{ij}}=16.2239$$

当 α＝0.05 和自由度 $df=k-r-1=5-1-1=3$ 时，其中 k 为分组数，r 为待估参数的个数，临界值 $\chi^2_{0.05}$（3）＝12.838，由于

χ^2＝16.2239＞$\chi^2_{0.05}$（3）＝12.838，故拒绝原假设。

即在显著性水平为 0.05 的条件下，认为样本所属的总体不是均匀分布。也就是说，五天工作日中各天的产品不合格率是不相同的。

[例 7—7] 从某地随机抽取 200 个零售商店的利润率组距分组次数分布见表 7－14，在 5％的显著性水平之下，可否认为该地零售商店的利润服从正态分布？

表 7－14 200 个零售商店的利润率次数分布表

按利润分组（％）	2 以下	2—4	4—6	6—8	8—10	10—12
零售商店个数（个）	6	14	23	33	42	27

续表

按利润分组（%）	12－14	14－16	16－18	18－20	20 以上	合计
零售商店个数（个）	21	17	9	5	3	200

解：建立假设H_0：该地零售商店的利润服从正态分布

H_1：该地零售商店的利润服不从正态分布

由于该题未指定所给正态分布的μ和σ^2，故需先根据样本对着两个参数进行估计。由样本数据算出：$\hat{\mu}=9.54\%$，$\sigma^2=4.45^2$，

故所要检验的假设中的正态分布为N（9.54%，4.45^2）。

对于所要检验的假设为连续型分布时，首先将随机变量的取值范围分成若干个类区间，再统计出各区间的观察频数，对本例来说，类区间已经分好。

分好类后，再用品质数据的χ^2检验来检验拟合优度。本例中的χ^2统计检验量的计算见表 7－15。

表 7－15　　各组理论次数及 χ^2 值的计算

组上限值 x_i	标准化值 Z_i	小于 Z_i 的累计概率 α	组内概率 $P_i=Z_{i+1}-Z_i$	理论次数 f_{ij}	实际次数 e_{ij}	$\frac{(f_{ij}-e_{ij})^2}{e_{ij}}$
2	－1.69	0.0455	0.0455	9.10	6	1.0560
4	－1.24	0.1075	0.0620	12.40	14	0.2065
6	－0.80	0.2119	0.1044	20.88	23	0.2152
8	－0.35	0.3632	0.1513	30.26	33	0.2481
10	0.10	0.5398	0.1766	35.32	42	1.2634
12	0.55	0.7088	0.1690	33.80	27	1.3680
14	1.00	0.8413	0.1325	26.50	21	1.1415
16	1.45	0.9265	0.0852	17.04	17	0.0001
18	1.90	0.9713	0.0448	8.96	9	0.0002
20	2.34	0.9907	0.0193	3.86	5	0.8898
∞	∞	1.0000	0.0094	1.88	3	
合计	—	—	1.0000	200.00	200	6.3889

当$\alpha=0.05$，由自由度（$k-m-1$）＝（$10-2-1$）＝7 的χ^2分布表，查得$\chi^2_{0.05}$（7）＝14.07，或$p=0.5$。因为$\chi^2<\chi^2_{0.05}$，所以不能拒接原假设，即可用认为该地零售商店的利润率服从正态分布。

本讲小结

一、本讲重点

通过列联表，运用χ^2检验统计量，进行独立性检验和齐一性检验。

二、难点释疑

齐一性检验和独立性检验的不同之处在于：它们所用的抽样程序不同；推算预期频数时的根据不同；

对结果的解释不同。齐一性检验和独立性检验的共同之处在于：两者的分析步骤相同。

拟合优度检验是检验来自总体中的某类数据其分布是否与某种理论分布相一致的统计方法。

本章小结

如图 7－1 所示，列联分析主要需掌握三部分内容：与列联表相关的基本概念、列联表分析基础和列联表检验方法。列联表的构造和分布是检验的基础，χ^2 检验统计量的计算和列联表的检验是进行列联数据分析的关键。

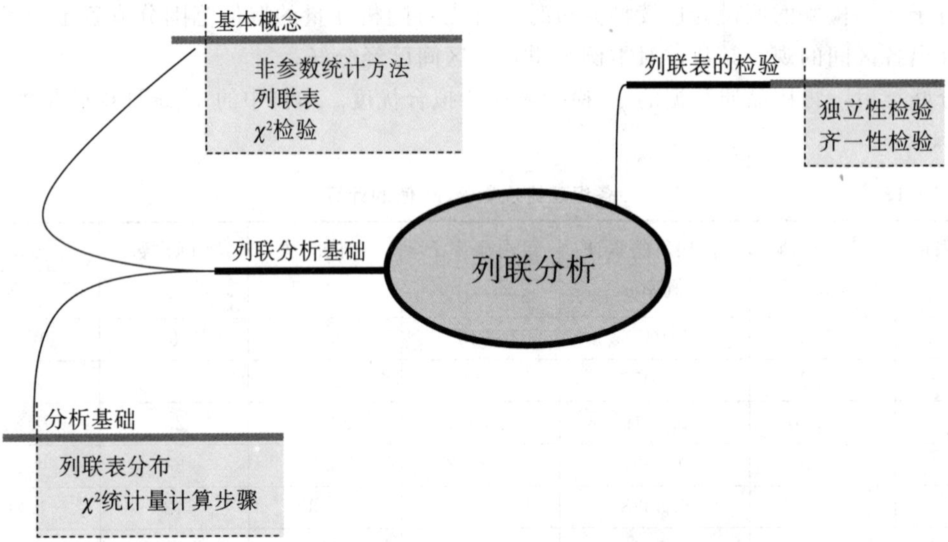

图 7－1　第 7 章 列联分析-思维导图

思考题

1. 简述列联表的构造与列联表的分布。
2. 用一张报纸、一份杂志或你周围的例子构造一个列联表，说明这个调查中分类变量的关系，并提出进行检验的问题。
3. 说明计算 χ^2 统计量的步骤。
4. 简述在列联分析过程中，应注意的问题。
5. 简述列联表分析应用。

案例讨论

【案例 7－1】

性别与创业类型是否有关？

某 SRP（大学生科研训练计划项目）调查小组调查在校大学生创业基本看情况，下面是调查获得的部分数据。

表 7-16　创业行业类型构想频次分布表

创业类型	性别		合计（人）
	男	女	
IT/软硬件服务/电子商务/因特网运营	24	36	60
快速消费品（食品/饮料/化妆品）	10	55	65
批发/零售	5	26	31
服装/纺织	3	33	36
家具/工艺品/玩	3	22	25
教育/培训/科研/院校	16	45	61
餐饮/娱乐/旅游/酒店/生活服务	25	64	89
办公用品及设备	3	4	7
贸易/进出口	16	20	36
医疗/护理/保健/卫生	4	8	12
广告/公关/媒体/艺术	14	44	58
出版/印刷/包装	1	8	9
其他行业	10	21	31
总计	134	386	520

思考与讨论问题：

（1）说明如何检验性别与创业类型是否有关并进行检验。（$\alpha=0.05$）

（2）你认为性别与创业类型是否有关？你能够采用哪些与（1）不同的方法支撑你的观点。

【案例 7-2】

不同区域的海水鱼雌、雄性有差别吗？

一位研究人工海水鱼的海洋学家，想知道人工海水鱼在不同区域养殖时，是否会因区域不同而导致人工海水鱼雌、雄性的比例有差异。他随机选择了四个区域，计算每个养殖区域中人工海水鱼雄性和雌性个数，结果见表 7-17。

表 7-17　不同区域人工海水鱼雄性、雌性频次分布表

	区域一	区域二	区域三	区域四	合计
雄性	59	68	47	56	230
雌性	68	60	55	67	250
合计	127	128	102	123	480

思考与讨论问题：

（1）你认为不同区域的海水鱼雌、雄性有差别吗？如何进行检验？

（2）给定 $\alpha=0.01$，对不同区域的海水鱼雌、雄性是否有差别进行检验。

(3) 你是否还能够用不同于 (2) 的方法对上述命题进行检验。

延伸阅读

1. 陈凯. 市场分析与调研 [M]，中国人民大学出版社，2016 年 6 月第 1 版（第 9 章　市场调研数据分析）。

2. [美] 格里菲思著. 李芳译，深入浅出统计学，电子工业出版社，2012 年 1 月第 1 版，第 14 章，568－599.

第 7 章　应用实验

第 7 章　练习题

第 8 章　方差分析

开篇导读

不同型号的生产线平均维修时间是否有显著差异？

某公司计划引进一条生产线，为了选择一条质量优良的生产线以减少日后的维修问题，他们对 6 种型号的生产线做了初步调查，每种型号调查 4 条生产线，结果见表 8-1。这些结果表示每个型号的生产线上个月维修的小时数。

表 8-1　　**不同型号的生产线维修时间**　　单位：小时

型号 \ 序号	1	2	3	4
A 型	9.5	8.8	11.4	7.8
B 型	4.3	7.8	3.2	6.5
C 型	6.5	8.3	8.6	8.2
D 型	6.1	7.3	4.2	4.1
E 型	10.0	4.8	5.4	9.6
F 型	9.3	8.7	7.2	10.1

试问这些结果能否判定生产线由于型号不同而造成它们在维修时间上有显著差异？

生产线型号因素对维修的影响体现在维修时间上，具体体现为每种型号生产线平均维修时间是否相等。要明确此问题就涉及检验多个均值是否相等的问题。在第 6 章介绍了假设检验的相关理论和两个总体均值差的假设检验，判定总体均值是否相等使用的是标准正态分布的 Z 检验统计量或 t 检验统计量等。要比较 6 种型号生产线的维修时间是否相等，可以用第 6 章的两个总体均值比较的检验法，把样本平均数两两组成对，这样共有 15 对。将 15 对平均数一一比较，工作量显然比只有两个样本的情况繁重的多。此外，即使每对都进行了比较，并且都以 0.95 的置信度得到每对均值都相等的结论，由此得出“6 种型号生产线平均维修时间都相等”结论的置信度仅有 $0.95^{15}=0.4632$。对假设检验来说，这个置信度太低了，这样的方法是不可取的，所以比较两个以上总体均值需要另外的方法。这就是本章将介绍的用于检验多个总体均值是否相等的方法——方差分析（Analysis of variance，ANOVA）。方差分析方法同时考虑所有的样本，并排除了错误累积的概率，使得多个总体均值是否相等的假设检验更加可信高效。

学习目标

一、能够掌握方差分析相关概念，理解方差分析基本原理。

二、了解应用方差分析的基本条件。

三、能够借助软件掌握单因素方差分析的方法，了解双因素方差分析的方法。

第 16 讲　方差分析基本思想和原理

问题提出

在社会经济及自然领域中，某一指标的取值往往取决于其他一些因素。例如，商场中一个商品的销售情况取决于产品的品牌、款式（包装形式或外形设计等）、材料、价格水平、商品陈列状况、销售方式、顾客收入水平、顾客消费心理等多个因素；一门课程的教学效果受教学方法、教学环境、教师素质、学生基础等因素影响；某个网站的访问量取决于网站主题类型、网页界面、网页内容丰富程度、响应速度、网民类型等众多因素。一种疾病的手术效果取决于疾患年龄、健康水平、疾病严重程度、手术条件、医生水平、综合治疗手段等。由于现象之间的联系是普遍的，因此这种影响因素关系是十分常见的。为了分析这些影响因素，就需要在各种因素的不同状态水平下进行试验，通过对试验数据进行分析找出他们之间的内在联系。方差分析就是探究因素对现象的影响。

［例 8 - 1］　某公司采用四种方式推销其产品。为检验不同方式推销产品的效果，随机抽样得下表：

表 8 - 2　　某公司产品销售方式所对应的销售量

销售方式 \ 序号	1	2	3	4	5	销售量均值
方式一	77	86	81	88	83	83
方式二	95	92	78	96	89	90
方式三	71	76	68	81	74	74
方式四	80	84	79	70	82	79
总均值						81.5

从表 8 - 2 可以看到，四种不同销售方式对应的平均销售量各不相同，这种差异可能由两方面的原因引起的：一是推销方式的影响，不同的销售方式会使人们产生不同的消费冲动和购买欲望，从而产生不同的购买行为，这种由不同推销方式造成的平均销售量差异称为系统性差异。二是随机因素的影响，同一种推销方式在不同的工作日销量也会不同，因为来商店的消费者数量不一，经济收入不一，当班服务员态度不一，这种由随机因素造成的差异称为随机性误差。进行方差分析时，需要考察数据误差的来源，为此，本讲提出的问题是：

如何辨别系统性差异与随机性误差？

概念辨析

一、方差分析的概念

1. 方差分析

方差分析（Analysis of variance）又称变异数分析，可简记为 ANOVA，是研究分类型自变量对数值型因变量的影响效应的一种统计分析方法。具体说就是通过检验多个总体的均值是否相等来判断分类型自变量对数值型因变量是否有显著影响。方差分析是由英国统计学家 R. A. Fisher 于 1923 年提出的。

为更好地理解方差分析的含义，我们用例 8-1 来说明方差分析的有关概念及方差分析所要解决的问题。

一般而言，销售方式越有效，销售量均值会越大。某公司管理者想知道这四种销售方式之间是否有显著性差异。

要分析四种销售方式之间是否有显著性差异，实际上也就是要判断“销售方式”对“销售量”是否有显著影响，做出这种判断最终被归结为检验这四种销售方式对应的销售量均值是否相等。如果它们的均值相等，就意味着销售方式对销售量是没有影响的，也就是四种销售方式之间没有显著差异；如果均值不全相等，则意味着销售方式对销售量是有影响的，不同的销售方式之间有显著差异。

从形式上看，方差分析是比较多个总体的均值是否相等，但本质上，它是研究一个（或多个）分类型自变量对一个数值型因变量的影响。

2. 因素与水平

在方差分析中，所要研究的变量称为因素或因子（Factor），它可能对因变量产生影响。在例 8-1 中，要研究销售方式是否对销售量有影响，所以，销售方式是因素，销售方式是可能影响销售量，销售量是因变量。

水平也称为处理（Treatment），是指因素的具体表现。如例 8-1 中，销售方式的具体表现：方式一、方式二、方式三、方式四就是水平。

因素的每一个水平可以看作一个总体，如销售方式一、方式二、方式三、方式四可以看做四个总体，例 8-1 中 20 个销售量数据可以看作从这四个总体中抽取的样本数据。

3. 单元与元素

单元（Cell）指因素水平之间的组合。如例 8-1 中，销售方式一下有五种不同的销售业绩，就是五个单元。

元素（Element）也称为观测值，指每个因子水平下得到的样本数据，是用于测量因变量的最小单位。例 8-1 中，20 个销售量数据中的每一个数据就是 1 个观测值。一个单元里可以只有一个元素，也可以有多个元素。

二、方差分析的种类

1. 方差分析按影响因变量的因素个数多少的不同，可分为单因素方差分析、双因素方差分析和多因素方差分析

如果影响因变量的分类型自变量只有一个，称为单因素方差分析。如例 8－1，如果销

售量只受销售方式这一个分类型自变量的影响，则该例的分析就是单因素方差分析。如果影响因变量的分类型自变量有两个，则称为双因素方差分析。例销售量除了受销售方式的影响外，还受商品品牌的影响，这就是双因素方差分析。如果影响因变量的分类型自变量有两个以上，则称为多因素方差分析，如销售量受销售方式、品牌、款式、商品陈列位置等因素的影响，这就是多因素方差分析。

2. 方差分析按元素（观察值）中个数多少的不同，分为一元方差分析和多元方差分析

进行方差分析时，如果方差分析数据表中的单元里只有一个元素，就是一元方差分析；如果方差分析数据表中的单元里只有两个及两个以上的元素，则是多元方差分析。

3. 方差分析还包括协方差分析以及基于自由分布理论的非参数方差分析

本章将重点介绍单因素方差分析，在“认识拓展”模块中介绍双因素方差分析，它们是方差分析中最常用的两种分析方法。

推理分析

一、方差分析的基本假设

方差分析中，有以下三个基本假设：

（一）分布的正态性

方差分析与参数假设检验中的 Z 检验和 t 检验一样，也需要样本必须来自每一个正态分布的总体。也就是说，在方差分析中，每个总体都应服从正态分布。对于因素的每一个水平，其观测值是来自正态分布总体的简单随机样本。例如，在例 8-1 中，要求每一种销售方式下的销售量必须服从正态分布。

（二）方差的齐性

各个总体的方差 σ^2 必须相同就是方差齐性。也就是说，各水平（处理）下观测值的总体方差必须相等，例如，在例 8-1 中，要求每一种销售方式下的销售量的方差都相同。

（三）效应的可加性

方差分析所依据的一个基本原理就是变异的可加性。确切地说，应该是变异的可分解性，总变异可以分解成几个不同来源的部分，这几个部分变异的来源在意义上必须明确，而且彼此要相互独立，因此，效应的可加性也就是指观测值是独立的。例如，在例 8-1 中，要求每一个被抽中的销售量与其他销售方式下的销售量独立。

在上述成立的前提下假定，要分析自变量对因变量是否有影响，形式上也就转化为检验自变量的各个水平（总体）的均值是否相等。例如，判断销售方式对销售量是否有显著影响，实际上也就是检验具有相同方差的 4 个正态总体的均值（四种销售方式的销售量均值）是否相等。

尽管不知道 4 个总体的均值，但可以用样本数据来检验它们是否相等。如果 4 个总体的均值相等，可以期望 4 个样本的均值也会很接近。事实上，4 个样本的均值越接近，推断 4 个总体均值相等的证据也就越充分；反之，样本均值越不同，推断总体均值不同的证据就越充分。

二、方差分析的基本思想

方差分析虽然感兴趣的是均值，但在判断均值之间是否有差异时需要借助于方差，它是通过对数据误差来源的分析来判断不同总体的均值是否相等，进而分析分类型自变量对数值型因变量是否有显著影响。因此，进行方差分析时，需要考察数据误差的来源。下面，结合例 8-1 中的数据说明数据之间的误差来源及其分解。

首先，在同一销售方式（同一个总体）下，样本的各个观测值是不同的。例如，在销售方式一中，所抽取的 5 个销售量的数值是不同的。由于销售量是随机抽取的，因此它们之间的差异可以看成是随机因素的影响造成的，或者说是由抽样的随机性所造成的随机误差。这种来自水平内部的数据误差也称为组内误差，它反映了一个样本内部数据的离散程度。显然，组内误差只含有随机误差。

其次，不同形式方式（不同总体）之间的观测值也是不同的。来自不同水平之间的数据误差称为组间误差。这种差异可能是由抽样本身形成的随机误差，也可能是由销售方式本身的系统性因素造成的系统误差。因此，组间误差是随机误差和系统误差的总和。例如，四种销售方式之间的误差就是组间误差，它反映了不同样本之间数据的离散程度。

由上述可知，观察值总误差可以分解为如图 8-1 所示：

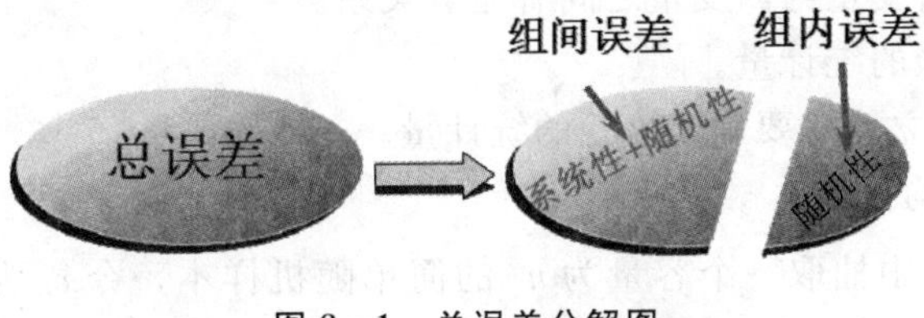

图 8-1　总误差分解图

在方差分析中，数据的误差是用平方和来表示的。

反映全部数据误差大小的平方和称为总平方和，记为 SST。例 8-1 中所抽取的全部 20 个销售量之间的误差平方和就是总平方和，它反映了全部观测值的离散状况。

组内误差大小的平方和称为组内平方和，也称为误差平方和或残差平方和，记为 SSE。例如，每个样本内部的数据平方和加在一起就是组内平方和，它反映了每个样本内各观测值的总离散状况。

组间误差大小的平方和称为组间平方和，也称为因素平方和，记为 SSA。例如。四种销售方式的销售量之间的误差平方和就是组间平方和，它反映了样本均值之间的差异程度。

由上述可知，总误差被分解成组内误差和组间误差两部分。

如果不同销售方式对销售量没有影响，那么在组间误差中只包含随机误差，而没有系统误差。这时，组间误差与组内误差经过平均后的数值（称为均方）就应该很接近，它们的比值就会接近 1；反之，如果不同的销售方式对销售量有影响，在组间误差中就不仅包括了随机性差异，也包括了系统性差异，这时，该误差平均后的数值就会大于组内误差平均后的数值，它们之间的比值就会比 1 大。当这个比值大到某个程度时，就认为因素的不同水平之间存在着显著差异，也就是自变量对因变量有显著影响。因此，判断销售方式对销售量是否有显著影响这一问题，实际上也就是检验销售量的差异主要是由什么原因所引起的。如果这种差异主要是系统误差，就认为不同销售方式对销售量有显著影响。在方差分析的假定前提下，要检验销售方式（分类型自变量）对销售量（数值型因变量）是否有显著影响，在形式上也就转化为检验四种销售方式销售量的均值是否相等的问题。

方差分析的基本思想可总结为：在一定统计理论指导之下，通过对数据误差来源的分析，将全部数据的误差分解为系统误差与随机误差。从不同的角度计算出有关的均值与误差平方和，然后通过组内均方与组间均方的对比，进而分析或判断出调查或实验观察数据中必然因素（因子）和偶然因素（随机）的影响大小（统计意义上的显著性），进而做出分类型自变量对数值型因变量是否有显著影响的决策。

三、方差分析的基本步骤

第一步：建立假设。

设因素有 k 个水平，每个水平的均值分别用 μ_1，μ_2，…，μ_k表示，要检验 k 个水平（总体）的均值是否相等，需要建立如下假设：

H_0：$\mu_1=\mu_2=\cdots=\mu_k$自变量对因变量没有显著影响

H_1：μ_1，μ_2，…，μ_k不全相等　　自变量对因变量有显著影响

如果拒绝原假设 H_0，则意味着自变量对因变量有显著影响，也就是自变量与因变量之间有显著关系；如果不拒绝原假设 H_0，则没有足够证据表明自变量对因变量有显著影响，也就是说，不能认为自变量与因变量之间有显著关系。

第二步：构造检验的统计量。

为检验 H_0是否成立，需要确定检验的统计量。

1. 计算各样本的均值

假定从第 i 个总体中抽取一个容量为 n_i 的简单随机样本，令$\overline{x_i}$ 为第 i 个总体的样本均值，则有

$$\overline{x}_i=\frac{\sum_{j=1}^{n_i}x_{ij}}{n_i}\qquad i=1,2,\cdots,k$$（公式 8.1）

2. 计算全部观测值的总均值

它是全部观测值的总和除以观测值的总个数，令总均值为 $\overline{\overline{x}}$，则有

$$\overline{\overline{x}}=\frac{\sum_{i=1}^{k}\sum_{j=1}^{n_i}x_{ij}}{n}=\frac{\sum_{i=1}^{k}n_i\overline{x}_i}{n}$$（公式 8.2）

式中，$n=n_1+n_2+\cdots+n_k$。

3. 计算各误差平方和

为构造检验的统计量，在方差分析中，需要计算三个误差平方和，它们是总误差平方和、组间误差平方和（因素平方和）、组内误差平方和（残差平方和）。

总离差平方和（Sum of Squares for Total），记为 SST，它是全部观察值 x_{ij}与总平均值 $\overline{\overline{x}}$ 的误差平方和，其计算公式为：

$$SST=\sum_{i=1}^{k}\sum_{j=1}^{n_i}(x_{ij}-\overline{\overline{x}})^2$$（公式 8.3）

它反映了全部观察值的离散状况。

组间误差平方和（Sum of Squares for Factor A），记为 SSA，它是各组均值 $\overline{x}_i$（$i=1$，2，…，k）与总平均值 $\overline{\overline{x}}$ 的误差平方和。它反映各样本之间的差异程度，既包括随机误差，也包括系统误差，因此又称为因素平方和。其计算公式为：

$$SSA=\sum_{i=1}^{k}n_i(\overline{x}_i-\overline{x})^2$$（公式 8.4）

组内误差平方和（Sum of Squares for Error），记为 SSE。它是每个水平或组的各个样本数据 x_{ij} 与其组均值 $\bar{x}_i$ 的误差平方和，反映了内部观察值的离散情况，因此称为组内误差平方和。它反映了随机因素产生的影响，其计算公式为：

$$SSE = \sum_{i=1}^{r}\sum_{j=1}^{n_i}(x_{ij} - \bar{x}_i)^2 \qquad \text{（公式 8.5）}$$

上述三个误差平方和的关系为：

$$\sum_{i=1}^{k}\sum_{j=1}^{n_i}(x_{ij} - \bar{\bar{x}})^2 = \sum_{i=1}^{k} n_i(\bar{x}_i - \bar{x})^2 + \sum_{i=1}^{r}\sum_{j=1}^{n_i}(x_{ij} - \bar{x}_i)^2 \qquad \text{（公式 8.6）}$$

即：

总离差平方和（SST）＝组间误差平方和（SSA）＋组内误差平方和（SSE）

从上述三个误差平方和可以看出，SSA 是对随机误差和系统误差大小的度量，它反映了自变量对因变量的影响，也称为自变量效应或因子效应；SSE 是对随机误差大小的度量，它反映了除自变量对因变量的影响之外，其它因素对因变量的影响，因此 SSE 也被称为残差变量，它所引起的误差也称为残差效应；SST 是对全部数据总误差程度的度量，它反映了自变量和残差变量的共同影响，因此它等于自变量效应加残差效应。

4. 计算统计量

由于各误差平方和的大小与观测值有关，为了消除观测值多少对误差平方和大小的影响，需要将其平均，也就是用各平方和除以它们所对应的自由度，这一结果称为均方(Mean square)。三个误差平方和所对应的自由度分别为：

SST 的自由度为 $n-1$，其中 n 为全部观测值的个数。

SSA 的自由度为 $k-1$，其中 k 为因素水平（总体）的个数。

SSE 的自由度为 $n-k$。

由于要比较的是组间均方和组内均方之间的差异，所以通常只计算 SSA 的均方和 SSE 的均方。SSA 的均方也称为组间均方，记为 MSA。SSE 的均方也称为组内均方，记为 MSE，其计算公式分别为：

$$MSA = \frac{\text{组间误差平方和}}{\text{自由度}} = \frac{SSA}{k-1} \qquad \text{（公式 8.7）}$$

$$MSE = \frac{\text{组内误差平方和}}{\text{自由度}} = \frac{SSE}{n-k} \qquad \text{（公式 8.8）}$$

将上述 MSA 与 MSE 进行对比，即得到所需要的检验统计量 F。当 H_0 为真时，二者的比值服从分子自由度为 $k-1$、分母自由度为 $n-k$ 的 F 分布，即

$$F = \frac{MSA}{MSE} \sim F(k-1, n-k) \qquad \text{（公式 8.9）}$$

第三步：统计决策。

在假设条件成立时，F 统计量服从第一（分子）自由度 df_1 为 $k-1$、第二（分母）自由度 df_2 为 $n-k$ 的 F 分布。将检验的统计量 F 与给定的显著性水平 α 的临界值 $F_\alpha(k-1, n-k)$ 比较，可以作出拒绝或不能拒绝原假设 H_0 的判断，如图 8－2 所示。

若 $F \geqslant F_\alpha$，则拒绝原假设 H_0，表明均值 μ_i（$i=1, 2, \cdots, k$）之间的差异是显著的，也就是说，所检验的因素对观测值有显著影响。

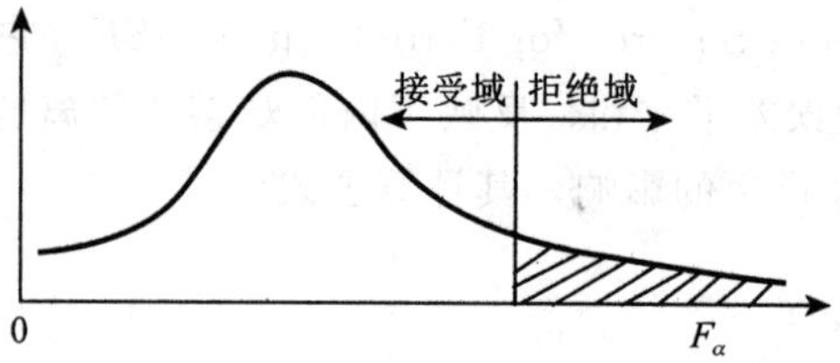

图 8－2　F 检验示意图

若 $F < F_\alpha$，则不能拒绝原假设 H_0，表明没有足够证据表明均值 μ_i（$i=1, 2, \cdots, k$）之间有显著差异，也就是说，这时还不能认为所检验的因素对观测值有显著影响。

本讲小结

一、本讲重点

方差分析是研究分类型自变量对数值型因变量的影响效应的一种统计分析方法。从形式上看，方差分析是比较多个总体的均值是否相等，但本质上，它是研究一个（或多个）分类型自变量对一个数值型因变量的影响。

在方差分析中，所要研究的变量称为因素，它可能对因变量产生影响。水平是指因素的具体表现。

单元指因素水平之间的组合。元素也称为观测值，指用于测量因变量的最小单位。元素也称为观测值，指每个因子水平下得到的样本数据，是用于测量因变量的最小单位。

按影响因变量的因素个数多少的不同，方差分析分为单因素方差分析、双因素方差分析和多因素方差分析。按分析指标（观察结果）中变量个数多少的不同，方差分析分为一元方差分析和多元方差分析。

二、难点释疑

方差分析的基本假设：分布的正态性、方差的齐性、效应的可加性。

方差分析基本步骤由建立假设、构造 F 检验统计量、做出决策等步骤组成。

第 17 讲　方差分析的具体实现

问题提出

通过上一讲的学习，我们得知方差分析的本质是探究分类型自变量对数值型因变量的影响，但形式上却转化为比较多个总体的均值是否相等。比较多个总体的均值是否相等的过程，其实就是假设检验的过程。那么，

如何检验多个总体的均值是否相等？

这就是本讲提出的问题。方差分析与第六章参数的假设检验有哪些不同，怎样具体实现方差分析？本讲逐一为你介绍。

方法应用

单因素方差分析

根据所分析的分类型自变量的多少，方差分析可分为单因素方差分析和双因素方差分析。当方差分析中只涉及一个分类型自变量时，称为单因素方差分析（One－way analysis of variance）。

单因素方差分析研究的是一个分类型自变量对一个数值型因变量的影响。例如，要检验

不同销售方式销售量的均值是否相等，这里只涉及销售方式一个因素，因而属于单因素方差分析。本讲重点介绍单因素方差分析。

一、数据结构

进行单因素方差分析时，需要得到下面的数据结构，见表 8－3：

表 8－3　单因素方差分析的数据结构

观测值	因素 (i)			
(j)	A_1	A_2	…	A_k
1	X_{11}	X_{21}	…	X_{k1}
2	X_{12}	X_{22}	…	X_{k2}
⋮	⋮	⋮	⋮	⋮
n	X_{1n}	X_{2n}	…	X_{kn}

为叙述方便，在单因素方差分析中，用 A 表示因素，因素的 k 个水平（总体）分别用 A_1，A_2，…，A_k表示，每个观测值用 $x_{ij}(i=1,2,\cdots,k;j=1,2,\cdots,n)$表示，即 x_{ij} 表示第 i 个水平的第 j 个观测值。例如 x_{21} 表示第二个水平的第一个观测值。其中，从不同水平中抽取的样本容量可以相等，也可以不相等。

二、分析步骤

按照上讲方差分析的基本步骤，对例 8—2 进行方差分析。

[例 8－2]　某公共管理研究者采用随机抽样方法研究某省东部、北部、中部、南部和西部五个不同地区 10 年间每周发生的交通事故次数，若从五个不同地区（视为五个不同总体）独立地各选取 12 个周发生的交通事故次数作为研究对象，五个不同地区 12 个周每周发生的交通事故次数见表 8－4。请在 $\alpha=0.01$ 的显著性水平下，检验该省五个地区 12 周发生的交通事故次数是否存在显著差异。

表 8－4　每周发生的交通事故次数

周次	地区					
	东部	北部	中部	西部	南部	
1	8.00	10.00	13.00	12.00	8.00	
2	9.00	11.00	12.00	11.00	9.00	
3	10.00	12.00	10.00	11.00	7.00	
4	9.00	13.00	12.00	10.00	10.00	
5	9.00	11,00	14.00	9.00	11.00	
6	7.00	12.00	12.00	12.00	9.00	
7	8.00	11.00	10.00	9.00	9.00	
8	10.00	10.00	11.00	12.00	11.00	
9	9.00	12.00	12.00	8.00	10.00	
10	7.00	11.00	10.00	9.00	9.00	
11	13.00	12.00	11.00	11.00	11.00	
12	14.00	14.00	10.00	10.00	10.00	
合计	113	139	137	124	114	627
$\overline{x_i}$	9.4167	11.5833	11.4167	10.3333	9.5000	10.4500

分析：要看每周发生的交通事故次数是否存在显著的差异，其实就归结为一个检验问题，设 μ_i 为第 i 个地区（i=1，2，3，4，5）每周发生的交通事故的平均次数，即检验原假设 H_0：$\mu_1=\mu_2=\mu_3=\mu_4=\mu_5$ 是否为真。从数值上观察，五个均值都不相等，北部地区平均每周发生的交通事故的次数明显较大。然而，我们并不能简单地根据这种第一印象来否定原假设，而应该分析 μ_1、μ_2、μ_3、μ_4、μ_5 之间差异的原因。

（一）建立假设

H_0：$\mu_1=\mu_2=\mu_3=\mu_4=\mu_5$ 地区对交通事故次数没有显著影响

H_1：μ_1，μ_2，μ_3，μ_4，μ_5 不全相等　　地区对交通事故次数有显著影响

（二）构造检验 F 统计量

1. 计算各样本的均值

由公式 8.1 计算

$$\bar{x}_1=\frac{\sum_{j=1}^{n_i}x_{ij}}{n_i}=\frac{8+9+10+9+9+7+8+10+9+7+13+14}{12}=9.4167\text{（次）}$$

同理，计算出其他四个地区的均值，见表 8-4 最后一行。

2. 计算全部观测值的总均值

由公式 8.2 计算出全部交通事故次数的均值 $\bar{\bar{x}}=10.45$（次）

3. 计算各误差平方和及自由度

$$SST=\sum_{i=1}^{k}\sum_{j=1}^{n_i}(x_{ij}-\bar{x})^2=(8-10.45)^2+(9-10.45)^2+\cdots+(10-10.45)^2=172.85$$

$$\begin{aligned}SSA&=\sum_{i=1}^{k}n_i(\bar{x}_i-\bar{\bar{x}})^2\\&=12\times(9.4167-10.45)^2+12\times(11.5833-10.45)2+\cdots+12\times(9.5-10.45)^2\\&=50.433\end{aligned}$$

$SSE=SST-SSA=172.85-50.433=122.417$

各误差平方和对应的自由度如下：

$df_{SST}=n-1=5\times12-1=59$，

$df_{SSA}=k-1=5-1=4$，

$df_{SSE}=n-k=60-5=55$

4. 计算统计量

$$F=\frac{MSA}{MSE}=\frac{SSA/(k-1)}{SSE/(n-k)}=\frac{50.433/4}{122.417/55}=5.6647$$

三、统计决策

查 F 分布表得临界值 $F_{0.01}$（4，55）=3.6809，由于 $F=5.6647>F_\alpha=3.6809$，因此拒绝原假设。即表明五个不同地区每周发生的交通事故次数具有显著的差异。

四、方差分析表

上面详细介绍了方差分析的计算步骤和过程。为了使计算过程更加清晰，通常将上述过

程的内容列在一张表内，这就是方差分析表（Analysis of variance table)。其一般形式见表8-5。

表 8-5　　方差分析表的一般形式

误差来源	平方和 SS	自由度 df	均方 MS	F 值	P 值	F 临界值
组间（因素影响）	SSA	$k-1$	MSA	MSA/MSE		
组内（残差）	SSE	$n-k$	MSE			
总和	SST	$n-1$				

将例 8—3 的计算结果列成方差分析表，见表 8-6。

表 8-6　　不同地区发生交通事故次数的方差分析表

差异源	SS	df	MS	F	P—value	Fcrit
组间	50.433	4	12.60833	5.664738	0.000684	3.680897
组内	122.417	55	2.225758			
总计	172.850	59				

由表 8-6 可进行 P 值检验：

由于 $\alpha=0.01>P$ 值$=0.000684$，所以拒绝原假设，与临界值法检验结果一致。

认识拓展

一、方差分析中的多重比较

方差分析可以对多个均值是否相等进行检验，这是其长处。当拒绝 H_0 时，表示各均值不全相等，但具体哪一个或哪几个均值与其他均值显著不同，或者哪几个均值仍然可能认为是相等的，方差分析就不能给我们答案了，如果要进一步分析，可以采用多重比较的方法。

多重比较是通过对总体均值之间的两两配对比较来进一步检验到底哪些均值之间存在差异，总共要作 C_k^2 次比较。

多重比较方法有十几种，但以 Fisher 提出的最小显著差异方法（Least significant difference，简写为 LSD）使用最多，该方法可用于判断到底哪些均值之间有差异。

使用 LSD 方法进行检验的具体步骤为：

第一步：提出假设：

H_0：$\mu_i=\mu_j$（第 i 个总体的均值等于第 j 个总体的均值）

H_1：$\mu_i\neq\mu_j$（第 i 个总体的均值不等于第 j 个总体的均值）

第二步：计算检验统计量：$\bar{x}_i-\bar{x}_j$

第三步：计算 LSD，其公式为：

$$LSD=t_{\alpha/2}\sqrt{MSE\left(\frac{1}{n_i}+\frac{1}{n_j}\right)} \qquad \text{（公式 8.10）}$$

式中，$t_{\alpha/2}$为 t 分别的临界值，通过查 t 分布表得到，其自由度为 $(n-k)$，这里 k 是因素中水平的个数；MSE 为组内均方；n_i和 n_j分别是第 i 个样本和第 j 个样本的样本容量。

第四步：根据显著性水平 α 作出决策。如果 $|\bar{x}_i-\bar{x}_j|>LSD$，则拒绝 H_0；如果

$|\bar{x}_i - \bar{x}_j| < LSD$，则不拒绝 H_0。

对例 8-2 而言，若假定 α 为 0.05，查表得 $t_{0.025}$ (55) =2.3044，其他计算借助 Excel 工作表，结果如图 8-3 所示。

	A	B	C	D	E	F	G
1	$\bar{x}_i$	$\bar{x}_j$	$\lvert\bar{x}_i - \bar{x}_j\rvert$	$\sqrt{MSE(\frac{1}{n_i}+\frac{1}{n_j})}$	$t_{\alpha/2}$	LSD	结论
2	9.4167	11.5833	2.1666	0.6091	2.3044	1.4035	东部与北部地区交通事故次数有显著差异
3	9.4167	11.4167	2	0.6091	2.3044	1.4035	东部与中部地区交通事故次数有显著差异
4	9.4167	10.3333	0.9166	0.6091	2.3044	1.4035	东部与西部地区交通事故次数没有显著差异
5	9.4167	9.5	0.0833	0.6091	2.3044	1.4035	东部与南部地区交通事故次数没有显著差异
6	11.5833	11.4167	0.1666	0.6091	2.3044	1.4035	北部与中部地区交通事故次数没有显著差异
7	11.5833	10.3333	1.25	0.6091	2.3044	1.4035	北部与西部地区交通事故次数没有显著差异
8	11.5833	9.5	2.0833	0.6091	2.3044	1.4035	北部与南部地区交通事故次数有显著差异
9	11.4617	10.3333	1.1284	0.6091	2.3044	1.4035	中部与西部地区交通事故次数没有显著差异
10	11.4617	9.5	1.9617	0.6091	2.3044	1.4035	中部与南部地区交通事故次数有显著差异
11	10.3333	9.5	0.8333	0.6091	2.3044	1.4035	西部与南部地区交通事故次数没有显著差异

图 8-3　多重比较过程及结果截图

二、双因素方差分析

单因素方差分析只考虑一个分类型自变量对数值型因变量的影响。在现实中，常常会遇到几个因素同时影响试验结果的情况。例如，分析商场中某一商品的销售量因素时，需要考虑品牌、款式（包装形式或外形设计等）、材料、价格水平、商品陈列状况、销售方式、顾客收入水平、顾客消费心理等多个因素的影响。当方差分析中涉及两个分类型自变量时，称为双因素方差分析（Two-way analysis of variance）。

[例 8-3]　为研究食品的包装方法和销售地区对其销售量是否有影响，在某周的三个不同地区中用三种不同包装方式进行销售，获得的销售量数据如下：

表 8-7

销售地区（A）	包装方式（B）		
	B_1	B_2	B_3
地区 1（A_1）	45	75	30
地区 2（A_2）	50	50	40
地区 3（A_3）	35	65	50

检验不同地区和不同的包装方式对该食品的销售量是否有显著影响（α=0.05）。

在例 8-3 中，包装方式和地区是两个分类型自变量，销售量是一个数值型因变量。同时分析包装方式和地区对销售量的影响，分析究竟是一个因素在起作用，还是两个因素在起作用，还是两个因素都不起作用，这就是一个双因素方差分析问题。

在双因素方差分析中，由于有两个影响因素，例如包装方式和地区因素，如果包装方式和地区对销售量的影响是相互独立的，分别判断包装方式和地区对销售量的影响，这时的双因素方差分析称为无交互作用（Interaction）的双因素方差分析，或称为无重复双因素（Two—factor without replication）分析；如果除了包装方式和地区对销售量的单独影响，两个因素搭配还会对销售量产生一种新的影响效应，例如，某个地区对某种包装方式有特殊偏好，这就是两个因素结合后产生的新效应，这时的双因素方差分析称为有交互作用的双因素方差分析，或称为可重复双因素（Two－factor with replication）分析。

(一) 无交互作用的双因素方差分析

双因素方差分析的内容与单因素方差分析的内容类似，也包括数据结构表、建立假设、计算检验统计量，对比决策等内容，只是比单因素方差分析多分解出了一个误差，因此计算内容比单因素方差分析复杂一些。

1. 数据结构

设两个因素分别是 A 和 B。因素 A 共有 r 个水平，因素 B 共有 s 个水平，无交互作用的双因素方差分析的数据结构见表 8-8。

表 8-8　无交互作用双因素方差分析的数据结构

j \ i		因素 B				
		B_1	B_2	…	B_s	均值
因素A	A_1	x_{11}	x_{12}	…	x_{1s}	$\bar{x}_{1\cdot}$
	A_2	x_{21}	x_{22}	…	x_{2s}	$\bar{x}_{2\cdot}$
	⋮	⋮	⋮	⋮	⋮	⋮
	A_r	x_{r1}	x_{r2}	…	x_{rs}	$\bar{x}_{r\cdot}$
	均值	$\bar{x}_{\cdot 1}$	$\bar{x}_{\cdot 2}$	…	$\bar{x}_{\cdot s}$	

2. 分析步骤

(1) 建立假设。检验的假设有两个：

对因素 A：H_{01}：$\mu_{1\cdot}=\mu_{2\cdot}=\cdots=\mu_{r\cdot}$　　行因素（自变量）对因变量没有显著影响

H_{11}：$\mu_{1\cdot}$，$\mu_{2\cdot}$，…，$\mu_{r\cdot}$ 不全相等　　行因素（自变量）对因变量有显著影响

对因素 B：H_{02}：$\mu_{\cdot 1}=\mu_{\cdot 2}=...=\mu_{\cdot s}$　　列因素（自变量）对因变量没有显著影响

H_{12}：$\mu_{\cdot 1}$，$\mu_{\cdot 2}$，...，$\mu_{\cdot s}$ 不全相等　　行因素（自变量）对因变量有显著影响

(2) 计算各均值。

水平的均值：$\bar{x}_{i\cdot}=\frac{1}{s}\sum_{j=1}^{s}x_{ij}$　　（公式 8.11）

$\bar{x}_{\cdot j}=\frac{1}{r}\sum_{i=1}^{r}x_{ij}$　　（公式 8.12）

总均值：$\bar{\bar{x}}=\frac{1}{rs}\sum_{i=1}^{r}\sum_{j=1}^{s}x_{ij}=\frac{1}{r}\sum_{i=1}^{r}\bar{x}_{i\cdot}=\frac{1}{s}\sum_{j=1}^{s}\bar{x}_{\cdot j}$　　（公式 8.13）

(3) 离差平方和的分解。双因素方差分析同样要对总离差平方和 SST 进行分解，SST 分解为三部分：SSA、SSB 和 SSE，以分别反映因素 A 的组间差异、因素 B 的组间差异和随机误差（即组内差异）的离散状况。

它们的计算公式分别为：

$$SST=\sum_{i=1}^{r}\sum_{j=1}^{s}(x_{ij}-\bar{\bar{x}})^2$$　　（公式 8.14）

$$SSA=\sum_{i=1}^{r}s(\bar{x}_{i\cdot}-\bar{\bar{x}})^2$$　　（公式 8.15）

$$SSB = \sum_{j=1}^{s} r(\bar{x}_{\cdot j} - \bar{\bar{x}})^2 \quad \text{（公式 8.16）}$$

$$SSE = SST - SSA - SSB \quad \text{（公式 8.17）}$$

（4）构造检验统计量。由离差平方和与自由度可以计算出均方和，从而计算出 F 检验值，见表 8－9。

表 8－9　无交互作用的双方差分析表

方差来源	离差平方和 SS	df	均方和 MS	F
因素 A	SSA	$r-1$	$MSA=SSA/(r-1)$	MSA/MSE
因素 B	SSB	$s-1$	$MSB=SSB/(s-1)$	MSB/MSE
误差	SSE	$(r-1)(s-1)$	$MSE=SSE/(r-1)(s-1)$	
总方差	SST	$rs-1$		

为检验因素 A 的影响是否显著，采用下面的统计量：

$$F_A = \frac{MSA}{MSE} \sim F[r-1,(r-1)(s-1)] \quad \text{（公式 8.18）}$$

为检验因素 B 的影响是否显著，采用下面的统计量：

$$F_B = \frac{MSB}{MSE} \sim F(s-1,(r-1)(s-1)) \quad \text{（公式 8.19）}$$

3. 判断与结论

根据给定的显著性水平 α 在 F 分布表中查找相应的临界值 F_α，将统计量 F 与 F_α 进行比较，作出拒绝或不能拒绝原假设 H_0 的决策。

若 $F_A \geqslant F_\alpha[r-1,(r-1)(s-1)]$，则拒绝原假设 H_{01}，表明均值之间有显著差异，即因素 A 对观察值有显著影响；

若 $F_A < F_\alpha[r-1,(r-1)(s-1)]$，则不能拒绝原假设 H_{01}，表明均值之间的差异不显著，即因素 A 对观察值没有显著影响；

若 $F_B \geqslant F_\alpha[s-1,(r-1)(s-1)]$，则拒绝原假设 H_{02}，表明均值之间有显著差异，即因素 B 对观察值有显著影响。

若 $F_B < F_\alpha[s-1,(r-1)(s-1)]$，则不能拒绝原假设 H_{02}，表明均值之间的差异不显著，即因素 B 对观察值没有显著影响。

（二）有交互作用的双因素方差分析

与无交互作用的方差分析方法类似，有交互作用的双因素方差分析也需要提出假设、构造检验统计量、统计决策等步骤。提出假设时，需要对行变量、列变量和交互作用变量分别提出假设，方法与上述类似，这里不再赘述。有交互作用的方差分析表的数据结构与表 8－8 类似，其方差分析表的一般形式见表 8－10。

表 8-10　有交互作用的双因素方差分析表

误差来源	离差平方和 SS	df	均方和 MS	F
因素 A	SSA	$r-1$	$MSA=SSA/(r-1)$	MSA/MSE
因素 B	SSB	$s-1$	$MSB=SSB/(s-1)$	MSB/MSE
因素 A×B	$SSAB$	$(r-1)(s-1)$	$MSAB=SSAB/(r-1)(s-1)$	$MSAB/MSE$
误差	SSE	$rs(m-1)$	$MSE=SSE/rs(m-1)$	
总和	SST	$rs-1$		

本讲小结

一、本讲重点

单因素方差分析的数据表结构、单因素方差分析的假设的建立、检验统计量的构建、方差分析表的一般形式、统计决策是本讲需要掌握的重点。

二、难点释疑

单因素方差分析中总误差平方和被分解为组间误差平方和与组内误差平方和，三个误差平方和的计算公式，是本讲的难点之一。F 检验统计量由组间均方除以组内均方获得，此为本讲难点之二。双因素方差分析的方差分析表的一般形式及其表中的计算关系，是本讲的难点之三。

本章小结

本章方差分析包括方差分析的基本概念、方差分析的基本假定和方差分析的基本思想，在此方差分析的基本原理基础上，进行单因素方差分析和双因素方差分析的具体实现。本章内容如图 8-4 所示。

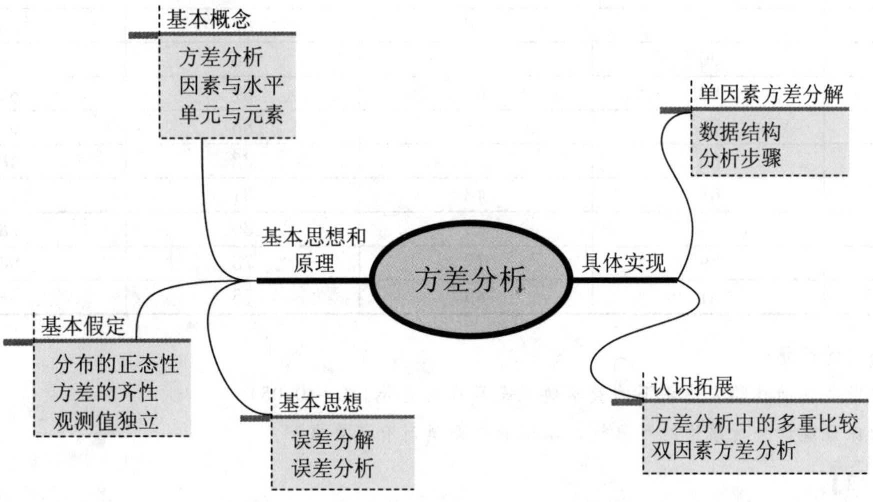

图 8-4　第 8 章 方差分析-思维导图

思考题

1. 什么是方差分析？何谓因子、水平、观测值？
2. 方差分析中有哪些基本假定？
3. 方差分析的基本思想是什么？
4. 简述单因素方差分析的步骤。
5. 列联分析与方差分析有哪些差异？

案例讨论

【案例 8－1】

教学效果问题

为提高大学数学的教学效果，某研究员提出了四种不同的数学教学辅助手段。现欲证明这些辅助手段对教学效果的改进是否存在显著差异，从当年一年级学生中抽取四个班级进行试验，学期结束考试成绩（卷面）见下表（每个班级抽取 15 名学生）：

表 8－11

序号	方法 1	方法 2	方法 3	方法 4
1	89	85	89	68
2	95	86	98	69
3	82	78	95	67
4	65	89	96	69
5	45	90	94	89
6	68	87	93	99
7	95	88	85	95
8	90	65	86	87
9	88	60	87	82
10	78	98	86	65
11	65	95	82	48
12	68	48	81	49
13	78	65	80	78
14	79	77	78	86
15	81	89	75	88

思考与讨论问题：

（1）这四种辅助教学方法之下的教学效果是否存在差异？（$\alpha=0.05$）

（2）为保证统计分析结论的可靠性，本例数据采集时有何要求？

【案例 8－2】

电力消费的分时段定价问题

近年来，我国的电力事业取得了令人注目的进步，但是，伴随着电力事业的发展，居民用电和供电中存在的问题，也不断受到人们的批评和质疑，社会上戏称电力部门是“电老虎”。对于电力部门来说，树立自身良好的公众形象是探索长效发展之路。其中，分时段定价就是一项具体的措施。通过分时段定价供电，一方面可以减轻用电高峰时电力部门供电的压力，另一方面也可以鼓励居民在非用电高峰时多用电，同时居民也能得到支付较少的用电费用的好处。

某供电部门为了确定什么样的分时段定价供电能得到大多数用户的满意，特地做了一次访问调查。主要考虑两个因素，一是电价比，即高峰电价与非高峰电价之间的比较，二是高峰时间范围。电价比采用三个水平，分别是 2∶1、3∶1 和 4∶1，高峰时间范围采用四个水平，分别是 3 小时、5 小时、7 小时和 9 小时。在随机确定的受试对象中，要求他们对每种搭配方案进行评分，评分值从 60～100 分，分值越高说明满意度越大，分值越小表明满意度低。以下所给的资料，是调查的部分结果，见表 8－12：

表 8－12

		电价比								
		2∶1			3∶1			4∶1		
高峰时间范围	3	78	81	93	67	82	78	62	64	68
		81	90	65	70	75	78	66	81	64
	5	79	88	96	75	74	70	65	65	67
		91	82	90	78	77	67	66	79	79
	7	97	94	91	80	83	80	87	85	80
		89	88	84	81	87	90	78	77	75
	9	98	98	95	82	82	82	83	84	70
		99	89	93	84	88	93	84	73	66

思考与讨论问题：

（1）根据给定的资料，在显著性水平为 0.05 的条件下，运用计算机软件进行方差分析。

（2）从计算的结果中，能不能指出电价比和高峰时间范围的搭配影响是显著的。

（3）高峰时间范围对电价比的影响如何。

（4）分析什么样的高峰时间范围和电价比的方案比较好。

延伸阅读

1.（美）尼尔．J．萨尔金德著，史玲玲译．爱上统计学［M］，重庆大学出版社，2008 年 1 月第 1 版，P134—159（第 11 章两个群体是否太多？——尝试进行方差分析；第 12 章两个因素——析因方差分析）。

2.（美）S. 伯恩斯坦，R. 伯恩斯坦著，史道济译．统计学原理（下册）［M］，科学出版社，2002 年 1 月第一版，P227—P254（第十八章多个样本的参数估计与假设检验）。

第 8 章　应用实验

第 8 章　练习题

第 9 章　相关与一元线性回归分析

开篇导读

美貌与睡眠相关吗？它们之间的关系能用方程描述吗？

睡美人的故事经久不衰，打动着一代又一代的人。睡眠对我们每个人都是至关重要的，我们会发现睡得好的人总是神采奕奕，肌肤紧致，眼睛澄亮。那么，睡眠与美貌之间，究竟有着怎样的联系呢，睡眠与美貌之间相关吗？

英国一个研究机构，为了研究缺乏睡眠对人体的影响。于是，特邀请志愿者 Sarah 做睡眠时间的测试：一晚睡 8 个小时，另一晚睡 6 个小时，然后对她的容貌进行对比。发现每天睡够 8 小时之后，她的皮肤和精神状态都很好，而每天睡 6 小时的样貌是憔悴、双目无神的。

实验证实：睡眠对于美貌有着非常关键的影响，美貌与睡眠之间存在一定的依存关系。

前面章节我们重点学习了一个变量特征的描述及推断，虽然在学习列联分析和方差分析时，我们接触了两个品质变量以及一个分类型自变量与一个数值型因变量之间相互关系的验证（是否有关，是否存在差异），但却无法测度两个变量之间的关系有多密切，并进一步预测两个变量之间的关系。本章将介绍测度两个数值型变量之间关系分析的入门方法：相关与一元线性回归。

学习目标

一、能够理解相关关系、相关分析的概念及种类。

二、掌握相关关系的测度方法；了解相关系数的假设检验方法。

三、能够理解回归分析的概念、一元线性回归方程建立的原理；掌握一元线性回归方程建立的方法。

四、了解一元线性回归方程参数的假设检验方法；回归方程拟合优度的评价方法。

第 18 讲　相关分析

问题提出

我们经常会看到这样的现象：一些家庭对孩子的教育投资，不惜“砸锅卖铁”，以免孩子“输在起跑线上”。那么，对孩子的教育投资越多，孩子就越优秀吗？同理，人们的学历越高，未来收入就越高吗？广告费投入越多，商品的销售量就越大吗？学生的物理成绩与数学成绩一致吗？身高与体重有关吗？这些变量之间的关系似乎并不确定，却引人遐思。了解这些变量之间的相互关系，探索事物的真相，有助于我们做出正确的决策。如何描述并测度两个数值型变量之间的关系呢？这就是本讲提出的问题：

如何认识不确定现象的依存关系？

概念辨析

在日常经济、社会活动中，经常要对变量之间的关系进行分析。如：居民消费水平与可支配收入之间的关系；商品成本与商品销售价格的关系；人体内的脂肪含量与年龄之间的关系；父母身高与子女身高之间的关系等等。客观现象尤其是经济现象之间的这种互相联系，都可以通过一定的数量形式反映出来。统计分析的目的在于如何根据统计数据确定变量之间的关系形态及其关联的程度，并探索其内在的数量规律性。人们在实践中发现，变量之间的关系可以分为两种类型：函数关系和相关关系。

一、函数关系

函数关系（Function relation）是指现象之间客观存在的，并在数量上表现是严格的、确定性的相互依存关系，其变动规律可以用一个数学表达式反映。设有两个变量 x 和 y，变量 y 随变量 x 一起变化，并完全依赖于 x，当变量 x 取某个数值时，y 依确定的关系取相应的值，则称 y 是 x 的函数，记为 $y=f(x)$，其中 x 称为自变量，y 称为因变量。例如：在其他因素不变的前提下，商品的需求量与其商品的价格是函数关系；在产品产量不变的前提下，单位产品成本与总成本是函数关系。

二、相关关系

（一）概念

相关关系（Correlation）是指现象之间客观存在的，但在数量上表现为不确定的相互依存关系。一个变量的取值不能由另一个变量唯一确定，当变量 x 取某个值时，变量 y 的取值可能有几个，这种关系不确定的变量显然不能用函数关系进行描述。例如：上例中居民消费水平与可支配收入之间的关系，人体内的脂肪含量与年龄之间的关系，父母身高与子女身高之间的关系，以及天气温度的高低对饮料的销售量多少的关系，农作物的单位面积产量高低与施肥量多少的关系等都属于相关关系。

（二）相关关系与函数关系的联系和区别

相关关系在现实世界中广泛存在。但值得注意的是，相关关系不能通过个别现象体现出其关系的规律性，必须在大量现象中才能得到体现。因此，大量观察法思想同样应该在相关关系分析中加以贯彻。

相关关系和函数关系是有区别的，相关关系描述的是变量之间不确定性的关系，函数关系描述的是变量之间确定性的关系。但函数关系与相关关系之间并无严格的界限，有函数关系的变量间，由于观察或测量误差及各种随机因素的干扰，往往呈现出相关关系的特征。而对具有相关关系的变量有深刻了解之后，相关关系有可能转化为或借助函数关系来描述。

（三）相关关系的种类

现象的相关关系可以按不同的标志加以区分。

1. 按相关的程度分为完全相关、不完全相关和不相关

两种依存关系的标志，其中一个变量的数量变化由另一个变量的数量变化所确定，则称这两种变量间的关系为完全相关。在这种情况下相关关系即成为函数关系，可以用一定方程来准确地表示。例如圆的面积决定于它的半径，即 $s=\pi r^2$。若两个变量彼此互不影响，其数量变化各自独立，即一个变量的变动完全不受另一变量变动的影响，称为不相关。例如，棉花纤维的强度与工人出勤率分属于不同总体的现象，一般认为是不相关的。两个现象之间的关系，介乎完全相关和不相关之间称为不完全相关，这同时也是统计分析的主要研究对象。

2. 按相关的方向分为正相关和负相关

如果一个变量的数量变动与另一变量的数量变动方向一致，就称为正相关。例如，工人的平均劳动生产率随着他们技术水平的提高而提高。如果一个变量的数量变动与另一变量的数量变动方向不一致，那就是现象之间存在负相关。例如，商品流转的规模越大，而流通费用水平则越低。必须指出，许多现象正负相关的关系仅在一定范围内存在。比如，在其他条件不变的情况下，运动员的成绩随着训练的运动量增加而提高，即存在着正相关。但是如果训练运动量连续增加就会使运动成绩因训练过度而下降。施肥量在一定的限度内影响收获率的提高，视为正相关，但施放的肥料超过生物学上所允许的定额数量，收获率反而下降，这又是负相关。

3. 按相关的形式分为线性相关和非线性相关

对于两个具有相关关系的现象进行实际调查，获得一系列成对的数据。一种现象的一个数值和另一现象相应的数值，在平面直角坐标系中确定为一个点。如果这些点的分布情况大致散布在一条直线的周围，则这两种现象就构成线性相关形式。如果现象相关点的分布并不表现为直线的关系，而近似某种曲线方程的关系，则这种关系就称为非线性相关。上面关于施肥量和收获率关系的例子：施肥量在一定的界限内，亩产量相应增加，一旦施肥量超过一定数量，收获率反而出现下降情况，就是一种非线性相关。现象相关究竟采取什么形式，必须根据实际经验，对事物的性质作理论分析才能恰当地解决。

4. 按影响因素的多少分为单相关和复相关

这是按影响因变量的自变量数目多少对相关进行的分类。如果研究的是两个变量之间的相关关系，即只有一个自变量和因变量之间的相关关系，就称为单相关或简相关。例如，在计件工资的条件下，工人一天的工资只与其完成产量成相关关系。这时所研究的只是两个变量的相关关系，所以称为单相关。

统计实践中，经常分析若干个因素标志对因变量的影响，这种关系即为复相关，又称多元相关。例如，美貌除了与睡眠相关之外，还与遗传、生活习惯、营养等相关，这种关系便是复相关。在实际工作中，如果存在多个因素标志对结果标志的影响时，应该加以筛选，抓住其中最主要的因素，研究其相关关系。

三、相关分析

(一) 概念

相关分析是研究现象之间是否存在某种依存关系，并对具体有依存关系的现象探讨其相关方向以及相关程度，是研究随机变量之间的相关关系的一种统计方法。例如：对于两个变量 x 和 y，通过观察或试验我们可以得到若干组数据，记为 $(x_i y_1)$ $(i=1, 2\cdots n)$。相关分析所要解决的问题是，根据这些数据确定变量之间是否存在相关关系，如果存在的话，如何描述出它们之间的关系并对其关系强度进行测度。

（二）相关关系分析的内容

1. 确定现象之间有无相关关系存在以及相关关系的性质和表现形态

通过定性分析或者是绘制相关图表来确定现象之间有无相关关系存在及其性质和表现形态。

2. 测定相关关系的密切程度

通过计算相关系数来确定相关关系的密切程度。

3. 相关关系的显著性检验

受抽样随机性的影响，根据样本数据计算得到的相关系数必须要进行总体相关的显著性检验，只有经过统计检验后的相关系数才是真实可靠的。

方法应用

相关关系的测定

判断现象之间有没有相关关系，是进行相关分析的前提和出发点。其次要判断现象之间是怎样的相关关系。判断方法如下：

（一）定性分析

在研究相关关系时，应根据一定的经济理论和实践经验的总结，对社会经济现象进行科学的定性分析，以判断它们之间是否具有相关关系以及相关关系的类型。只有在定性分析的基础上，才能进一步从数量上来测定现象之间的相关关系及相关的密切程度。这是判断相关关系的一种重要方法，也是相关分析的重要前提。

（二）定量分析

若经过调查已获得现象的数据资料，可通过以下定量分析手段——编制相关表、绘制相关图、计算相关系数来分析数据变动的规律，判断变量之间的相关性。

1. 相关表

相关表是直接根据现象之间的原始资料，将一变量的若干变量值由小到大的顺序排序，并将另一变量的值与之对应排列形成的统计表。

［例 9－1］　为研究销售收入与广告费用支出之间的关系，某医药管理部门随机抽取 20 家药品生产企业，得到它们的年销售收入和广告费用支出（单位：万元）的数据见表 9－1。编制相关表描述销售收入与广告费用支出之间的关系。

表 9－1　　20 家药品生产企业的销售收入和广告费用支出原始数据表

企业编号	销售收入	广告费用	企业编号	销售收入	广告费用
1	618	45	11	531	40
2	3 195	430	12	1 691	17
3	1 675	240	13	2 580	510
4	753	160	14	93	10
5	1 942	390	15	192	50

续表

企业编号	销售收入	广告费用	企业编号	销售收入	广告费用
6	1 919	80	16	1 339	340
7	906	50	17	3 627	580
8	673	130	18	902	80
9	2 395	410	19	1 907	360
10	1 267	200	20	967	160

将表 9－1 的数据，任选销售收入或广告费用一个变量排序，然后将另一个变量对应录入，形成的表格就是相关表。本相关表选广告费用排序，然后将 20 个企业的销售收入对应录入，编制的相关表见表 9－2。

表 9－2　　20 家药品生产企业的销售收入和广告费用支出相关表

企业编号	广告费用	销售收入	企业编号	广告费用	销售收入
14	10	93	20	160	967
12	17	1 691	10	200	1 267
11	40	531	3	240	1 675
1	45	618	16	340	1 339
15	50	192	19	360	1 907
7	50	906	5	390	1 942
18	80	902	9	410	2 395
6	80	1 910	2	430	3 195
8	130	673	13	510	2 580
9	160	753	20	580	3 627

由表 9－2 中可以观察到，随着广告费用支出的增加，企业的销售收入虽然并未呈现完全对应幅度的增长，但总体趋势还是增长的。因此，我们可以说，20 家药品生产企业的销售收入和广告费用支出呈正相关关系。

2. 相关图

（1）相关图的定义。相关图又称散点图（Scatter diagram），用坐标的横轴代表自变量 x，纵轴代表因变量 y，将两个变量间相对应的变量值用坐标点的形式描绘出来，用以表明相关点分布状况的图形。根据表 9－1 的数据，绘制相关图。以广告费用支出为自变量，对应企业销售收入为因变量，一一对应，在直角坐标图上，对每对数据描点，则得到的散点图，如图 9－1 所示。

从图 9－1 可以看出，随着广告费用支出的增加，企业的销售收入也随之增加，二者的数据点分布在一条直线的附近，因此二者具有正的线性相关关系。

（2）散点图的形态特点。散点图是用来描述变量之间关系的一种直观方法，它描述了两个变量之间的大致关系。从中可以直观地看出变量之间的关系形态，图 9－2 就是不同形态的散点图。

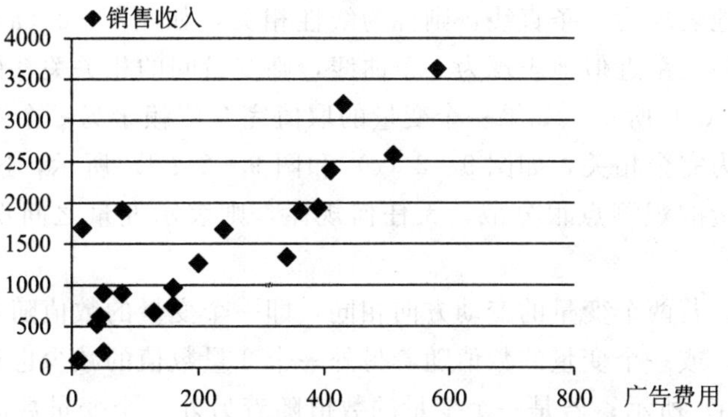

图 9－1　广告费用支出与企业销售收入相关图

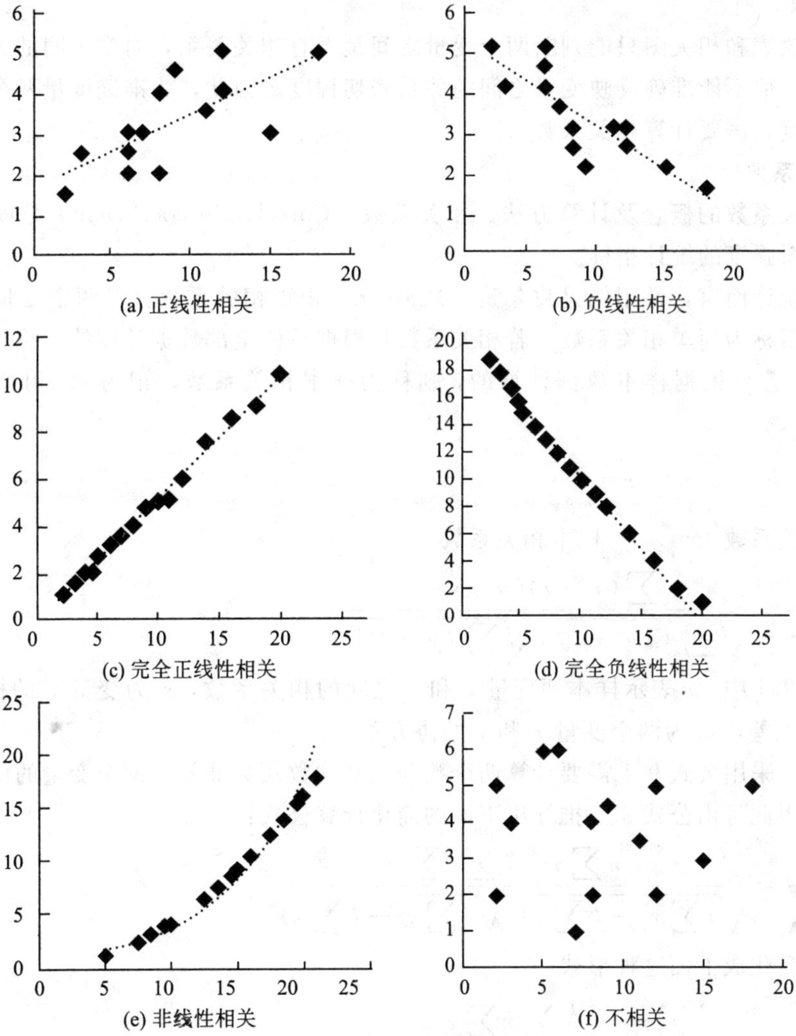

图 9－2　不同形态的散点图

观察上述变量间的散点图可知，变量之间相关关系的表现形态大体上可分为正相关、负相关、线性相关、非线性相关、完全相关和不相关等几种。例如：就两个变量而言，如果变量之间的关系近似地表现为一条直线，则称为线性相关，如图 9－2（a）和图 9－2（b）所示；如果变量之间的关系近似地表现为一条曲线，则变量间的相关关系称为非线性相关或曲线相关，如图 9－2（e）所示；如果一个变量的取值完全依赖于另一个变量，且各观测点落在一条直线上，称为完全相关，如图 9－2（c）和图 9－2（d）所示，这些实际上就是函数关系；如果两个变量的观测点很分散，无任何规律，则表示变量之间没有相关关系，如图 9－2（f)所示。

在线性相关中，若两个变量的变动方向相同，即一个变量的数值随着另外一个变量数值的增加也对应增加，或一个变量的数值随着另外一个变量数值的减少也对应减少，则称为正相关，如图 9－2（a）所示；若是一个变量的数值随着另外一个变量数值的增加而相对应的减少，或者一个变量的数值随着另外一个变量数值的减少而相对应的增加，则称为负相关，如图 9－2（b）所示。

通过相关表和相关图只能判断两个变量之间是否有相关关系，对变量间的关系形态作出大致的描述，但不能准确反映变量之间的关系密切程度。因此，为准确度量两个变量之间的关系密切程度，需要计算相关系数。

3. 相关系数

（1）相关系数的概念及计算方法。相关系数（Correlation coefficient）是度量两个变量之间线性关系强度的统计指标。

就参数统计而言，常用的是皮尔逊（Pearson）积矩相关系数。对两个变量之间线性关系强度的度量称为简单相关系数。若相关系数是根据总体全部数据计算的，称为总体相关系数，记为 ρ；若是根据样本数据计算的，则称为样本相关系数，记为 r。相关系数的计算公式为：

$$\rho=\frac{\sigma_{xy}^2}{\sigma_x\sigma_y} \qquad r=\frac{s_{xy}^2}{s_x s_y}$$

总体相关系数　　　　样本相关系数

$$r=\frac{s_{xy}^2}{s_x s_y}=\frac{\sum(x-\bar{x})(y-\bar{y})/n}{\sqrt{\sum(x-\bar{x})^2/n}\sqrt{\sum(y-\bar{y})^2/n}} \qquad \text{（公式 9.1）}$$

在公式 9.1 中，r 表示样本两变量 x 和 y 之间的相关系数，s_x 为变量 x 的标准差，s_y 为变量 y 的标准差，s_{xy}^2 为两个变量 x 和 y 的协方差。

实际中，采用公式 9.1 需要计算两个数列的平均数及标准差、两个变量的协方差，计算较为复杂，因此可由公式 9.1 推导出下面的简化计算公式：

$$r=\frac{s_{xy}^2}{s_x s_y}=\frac{n\sum xy-\sum x\sum y}{\sqrt{n\sum x^2-\left(\sum x\right)^2}\sqrt{n\sum y^2-\left(\sum y\right)^2}} \qquad \text{（公式 9.2）}$$

也可以简化成下面这种形式：

$$r=\frac{\sum xy-\frac{1}{n}\sum x\sum y}{\sqrt{\sum x^2-\frac{1}{n}\left(\sum x\right)^2}\sqrt{\sum y^2-\frac{1}{n}\left(\sum y\right)^2}}$$

［**例 9－2**］根据表 9－2 中的数据，采用公式 9.2 计算广告费用支出与企业销售收入的相关系数，计算过程见表 9－3。

表 9-3　相关系数计算表

企业编号	广告费用	销售收入	xy	x^2	y^2
14	10	93	930	100	8 649
12	17	1 691	28 747	289	2 859 481
11	40	531	21 240	1 600	281 961
1	45	618	27 810	2 025	381 924
15	50	192	9 600	2 500	36 864
7	50	906	45 300	2 500	820 836
18	80	902	72 160	6 400	813 604
6	80	1 910	152 800	6 400	3 648 100
8	130	673	87 490	16 900	452 929
9	160	753	120 480	25 600	567 009
20	160	967	154 720	25 600	935 089
10	200	1 267	253 400	40 000	1 605 289
3	240	1 675	402 000	57 600	2 805 625
16	340	1 339	455 260	115 600	1 792 921
19	360	1 907	686 520	129 600	3 636 649
5	390	1 942	757 380	152 100	3 771 364
9	410	2 395	981 950	168 100	5 736 025
2	430	3 195	1 373 850	184 900	10 208 025
13	510	2 580	1 315 800	260 100	6 656 400
20	580	3 627	2 103 660	336 400	13 155 129
合计	4 282	29 163	9 051 097	1 534 314	60 173 873

由表 9-3 计算样本相关系数：

$$r=\frac{n\sum xy-\sum x\sum y}{\sqrt{n\sum x^2-(\sum x)^2}\sqrt{n\sum y^2-(\sum y)^2}}$$

$$=\frac{20\times 9\ 051\ 097-4\ 282\times 29\ 163}{\sqrt{20\times 1\ 534\ 314-4\ 282^2}\sqrt{20\times 60\ 173\ 873-29\ 163^2}}=0.8503$$

从相关系数结果可以看出，广告费用支出与企业销售收入之间存在高度线性正相关关系。

（2）相关系数的性质。相关系数具有如下性质：

第一，相关系数的取值范围介于［−1，1］之间，即 $-1\leqslant r\leqslant 1$。若 $0<r\leqslant 1$，表明自变量 x 与因变量 y 之间存在正线性相关关系；若 $-1\leqslant r<0$，表明自变量 x 与因变量 y 之间存在负线性相关关系；$|r|=1$ 时，x 与 y 是完全相关关系，即二者之间为函数关系；若 $r=1$，表明自变量 x 与因变量 y 之间为完全正线性相关关系；若 $r=-1$，表明 x 与 y 之间为完全负线性相关关系。当 $r=0$ 时，说明 y 的取值与 x 无关，即二者之间不存在线性相关关系。

第二，r 具有对称性。x 与 y 之间的相关系数 r_{xy} 和 y 与 x 之间的相关系数 r_{yx} 相等。

第三，r 数值的大小与 x 和 y 的原点及尺度无关。改变 x 和 y 的数值原点或计量尺度，并不改变 r 数值的大小。

第四，r 仅仅是 x 与 y 之间线性关系的一个度量，它不能用于描述非线性关系。这意味着，$r=0$ 只表示两个变量可能存在非线性关系。当变量之间的非线性相关程度较强时，就可能会导致 $r=0$。因此，当 $r=0$ 或很小时，不能轻易得出两个变量之间不存在相关关系的结论，而应结合散点图作出合理的解释。

第五，r 虽然是两个变量之间线性关系的一个度量，却不一定意味着 x 与 y 一定有因果关系。

根据实际数据计算出的 r，其取值一般在（-1，1）之间。在说明两个变量之间的线性关系的密切程度时，若 $|r|\to 1$，说明变量之间的线性关系越密切；若 $|r|\to 0$，说明变量之间的线性关系越不密切。通常情况下，根据经验可将相关程度分为以下几种情况：

当 $|r|\geqslant 0.8$ 时，可视为高度线性相关；$0.5\leqslant r<0.8$ 时，可视为中度线性相关；$0.3\leqslant r<0.5$ 时，视为低度线性相关；当 $|r|<0.3$ 时，说明两个变量之间的相关程度极弱，可视为不相关。但这种解释必须建立在对相关系数的显著性进行检验的基础之上。

认识拓展

相关系数显著性检验

一般情况下，总体相关系数 ρ 是未知的，因此我们通常是根据样本相关系数 r 作为 ρ 的近似估计值。由于样本的随机性，样本相关系数与总体相关系数之间存在一定的差异性。样本相关系数不等于 0，有可能是随机原因导致的，并不能说明总体相关系数也肯定不等于 0。能否根据样本相关系数说明总体的相关程度呢？这就需要考察样本相关系数的可靠性，也就是进行显著性检验。

r 的显著性检验通常采用费希尔（R. A. Fisher）提出的 t 分布检验，该检验可以用于小样本，也可以用于大样本。检验的具体步骤如下：

第 1 步：提出假设。假设样本是从一个不相关的总体中抽出的，即

零假设 H_0：$\rho=0$　　备择假设 H_1：$\rho\neq 0$

第 2 步：构造检验的统计量。

$$t=|r|\sqrt{\frac{n-2}{1-r^2}}\sim t(n-2) \qquad \text{（公式 9.3）}$$

第 3 步：进行决策。在原假设 H_0 成立的情况下，根据给定的显著性水平 α 和自由度 $df=n-2$ 查 t 分布表，查出临界值 $t_{\alpha/2}(n-2)$。若 $|t|>t_{\alpha/2}(n-2)$，则拒绝原假设 H_0。或求出统计量的 p 值，如果 $p<\alpha$，则拒绝原假设，表明总体的两个变量之间存在显著的线性关系。这两种方法的检验结论应该是一致的。

［例 9-3］ 根据例 9-2 的计算结果，检验广告费用支出与企业销售收入之间的相关系数是否显著？（显著性水平 $\alpha=0.05$）。

解：第 1 步：提出假设。

H_0：$\rho=0$　H_1：$\rho\neq 0$

第 2 步：计算检验的统计量。

$$t=|r|\sqrt{\frac{n-2}{1-r^2}}=|0.8503|\sqrt{\frac{20-2}{1-0.8502^2}}=6.8545$$

第 3 步：进行决策。根据显著性水平 $\alpha=0.05$ 和自由度 $n-2=20-2=18$ 查 t 分布表得：$t_{\alpha/2}(n-2)=2.4450$。由于 $t=6.8545>t_{0.025}(18)=2.4450$，所以拒绝原假设 H_0，由 Excel 中的【TDIST】函数得双尾 $p=2.05541E-06<\alpha=0.05$，拒绝原假设 H_0，说明广告费

用支出对企业销售收入的影响是显著的，它们之间存在着显著的正线性相关关系。

本讲小结

一、本讲重点

1. 相关关系，是指现象之间客观存在的，但在数量上表现为不确定的相互依存关系。

2. 相关表，是直接根据现象之间的原始资料，将一变量的若干变量值顺序排序，并将另一变量的值与之对应排列形成的统计表。

3. 相关图，用坐标的水平轴代表自变量 x，纵轴代表因变量 y，将两个变量间相对应的变量值用坐标点的形式描绘出来，用以表明相关点分布状况的图形。

4. 相关系数，是度量两个变量之间线性关系强度的统计指标。

二、难点释疑

现象总体数量上存在的依存关系可分为函数关系和相关关系两种类型，通过分析变量之间的关系是否确定来区分现实社会生活现象所存在的依存关系是函数关系还是相关关系。但相关关系与函数关系的界限在现实中并不是那么明晰。

相关系数虽然能够反映两个变量之间相关关系的强弱程度，但必须通过相关系数的显著性检验，才能进入更深层次的分析。

第 19 讲　一元线性回归分析

问题提出

［例 9－4］　为实验新型复合肥的效用，去年某农科所在 10 块试验田施用不同量的该化肥，并对相应的小麦产量进行了统计，具体数据见表 9－4：

表 9－4　化肥施用量和小麦产量

试验田编号	01	02	03	04	05	06	07	08	09	10
化肥用量（斤）	40	42	44	46	48	50	52	54	56	58
小麦产量（斤）	800	840	880	937	930	993	1 019	1 030	1 042	1 090

应用上一讲我们学过的相关分析知识，我们可以判断化肥用量与小麦产量之间存在相关关系，且是正向的线性相关关系。依据常识我们知道小麦的产量会因化肥使用量的变化而变化，但这种变化并不一定是持久的线性正相关关系，那么，化肥用量与小麦产量之间的相互关系有着什么样的规律？能够用数学模型来描述吗？这就是本讲提出的问题：

如何构建回归模型并估计现象间的依存规律？

概念辨析

一、回归分析

回归一词，是英国遗传学家哥尔登于 1877 年首次作为统计概念加以使用的。他在 1887 年以后的十多年间，研究了成年子女的身高与其父母平均身高之间的关系，根据所搜集的大量的统计数据，他发现了一个规律，即身材较高父母的成年子女身材也较高，而身材较矮父母的成年子女，其身材也较矮，但总的说来也不会比他们的父母身材更矮，成年子女的身高不会形成两极分化，而是有回归到父母的平均身高上来的趋势，这就是著名的“回归法则”。哥尔登所创用的“回归”这个名词以后为许多生物学家和统计学家所沿用，现已成为统计上研究现象之间相互关系的通用语，用来泛指变量之间的数量关系。

回归分析就是对具有相关关系的两个或两个以上变量之间数量变化的一般关系进行测定，确定因变量和自变量之间数量变动关系的数学表达式，以便对因变量进行估计或预测的统计分析方法。

由回归分析求出的反映变量之间关系形式的数学表达式，称为回归方程。

回归分析可以分为一元回归分析和多元回归分析、线性回归分析和非线性回归分析等。在回归分析中，只涉及一个自变量的回归，称为一元回归，若因变量 y 与自变量 x 之间为线性关系时称为一元线性回归。

回归分析的理论与方法已具有 100 多年的发展历史，现已成为数理统计学的一个重要分支，成为计量经济学的一项主要内容。计算机的普及与应用，解决了手工难以承担的繁杂的计算问题，这使回归分析不仅广泛应用于自然科学，而且将更广泛地应用于经济和社会科学，成为人们研究、认识和掌握现象之间数量变化规律不可缺少的工具。

二、回归分析的主要内容

(1) 根据研究目的和现象之间的内在联系，确定自变量和因变量。现象之间除了有相关关系，还存在着因果关系。作为原因的变量为自变量，作为结果的变量为因变量；或者说影响因素为自变量，被影响因素为因变量。做回归分析时，应该首先从理论出发进行定性分析，根据现象的内在联系确定变量之间的因果关系，从而确定哪个为自变量，哪个为因变量。

(2) 确定回归分析模型的类型及数学表达式。根据现象之间的内在影响机制或通过对具体变量数据描点分析，找出最适合的回归分析模型，再通过计算求出模型的待估参数，得到回归方程。

(3) 对回归分析模型进行评价与检验。得到具体的回归方程以后，要对其拟合程度进行评价，对回归模型的假设进行统计检验。

(4) 回归预测。回归方程可以用于统计估计或预测，即可根据给定的自变量数值估计因变量的数值或置信区间。

三、相关分析与回归分析关系

(一) 相关分析与回归分析的联系

相关分析是回归分析的基础和前提，回归分析则是相关分析的深入和继续。由于只有两个变量间具有密切的关系时，进行回归分析才具有意义，因此在回归分析之前应先进行相关分析。相关分析的核心是计算相关系数，虽然它能够确定两者之间的密切程度，但是却不能指出二者之间的具体形式，也不能具体描述其中一个变量发生变化时，另一个变量的变化情况，但是回归分析可以，因此回归分析是相关分析的深入和继续。

因此，相关分析和回归分析是统计关于现象间相互关系分析不可或缺的两个分析阶段。

（二）相关分析与回归分析的区别

相关分析和回归分析还存在一定的区别，这与研究的侧重点有关。

1. 变量的关系不同。相关分析中变量的地位是对等的，没有变量之间依存关系；而在回归分析中，变量之间的关系不是对等的。我们需要依据研究目的、研究对象的性质对变量进行自变量和因变量的划分，并分析因变量与自变量之间的伴随规律。

2. 相关分析由相关系数唯一决定二者之间的相关程度，但是在回归分析中，对于互为因果的两个变量（如人的身高与体重，商品的价格与需求量），则有可能存在多个回归系数。

3. 在相关分析中所有的变量都必须是随机变量；而在回归分析中，自变量是确定的，因变量才是随机的，即将自变量的给定值代入回归方程后，所得到的因变量的估计值不是唯一确定的，而会表现出一定的随机波动性。

需要注意的是，利用回归方程只能用自变量的数值推算因变量的数值，但是不能用因变量的数值来推算自变量的数值。虽然从数学公式的角度上这样计算是可行的，但是统计学的实际意义却不允许这样做。

推理分析

一元线性回归模型的构建

一、一元线性回归模型

（一）理论模型

对于具有线性关系的两个变量，可以用一个线性方程来表示它们之间的关系。描述因变量 y 如何依赖自变量 x 和误差项 ε 的方程称为回归模型（Regression model）。只涉及一个自变量的一元线性回归模型，是线性方程中变量最少、最简单的一种。它在平面坐标图上表现为一条直线，所以也称为简单直线回归方程。一元线性回归方程的理论模型可以写成：

$$y=\beta_0+\beta_1 x+\varepsilon \qquad \text{（公式 9.4）}$$

式中，y 为因变量，x 为自变量，β_0 为一元线性方程的截距，β_1 为回归系数，ε 是随机变量误差项，反映除自变量 x 与因变量 y 之间线性关系以外的随机因素对因变量 y 的影响，表示不能由 x 和 y 之间的线性关系所解释的变异性。

对于这一理论模型，有以下几个主要假定：

（1）零均值假设：误差项 ε 是一个期望值为零的随机变量，即 $E(\varepsilon)=0$。这意味着在式（9.4）中，由于 β_0 和 β_1 都是常数，所以有 $E(\beta_0)=\beta_0$，$E(\beta_1)=\beta_1$。因此对于一个给定的 x 值，y 的期望值为 $E(y)=\beta_0+\beta_1 x$。

（2）同方差假设：对于所有的 x 值，$Var(\varepsilon)=\sigma^2$ 都成立。

（3）服从正态分布且相互独立的假设：即 $\varepsilon \sim N(0,\sigma^2)$，且任意一个 x 值对应的 ε 值都与其他 x 值所对应的 ε 不相关。

（二）回归方程

在随机误差项 ε 零均值的假设前提下：y 的期望值 $E(y)=\beta_0+\beta_1 x$ 成立，即 y 的期望值是 x 的线性函数。我们将描述因变量 y 的期望值如何依赖于自变量 x 的方程，称为回归方程（Regression equation）。则一元线性回归方程的形式为：

$$E(y)=\beta_0+\beta_1 x \qquad \text{（公式 9.5）}$$

一元线性回归方程的图示是一条直线，因此也称为直线回归方程。式中，β_0 为回归直线在 y 轴上的截距，是当 $x=0$ 时 y 的期望值；β_1 为直线的斜率，它表示当 x 每变动一个单位时，y 的平均变动值。

（三）估计的回归方程

如果回归方程中的参数 β_0 和 β_1 已知，对于一个给定的 x 的值，利用式（9.5）就能计算出 y 的期望值。但总体回归参数 β_0 和 β_1 是未知的，必须利用样本数据去估计它们。用样本统计量 $\hat{\beta}_0$ 和 $\hat{\beta}_1$ 代替回归模型中的未知参数 β_0 和 β_1，这时我们就得到了估计的回归方程（Estimated regression equation），如下所示：

$$\hat{y}=\hat{\beta}_0+\hat{\beta}_1 x \qquad \text{（公式 9.6）}$$

式中，$\hat{\beta}_0$ 为估计的回归直线在 y 轴上的截距；$\hat{\beta}_1$ 为直线的斜率，表示 x 每变动一单位时，y 的平均变动值。

二、构建回归模型的理论依据

对于第 i 个 x 值，估计的回归方程可表示为：

$$\hat{y}_i=\hat{\beta}_0+\hat{\beta}_i x_i \qquad \text{（公式 9.7）}$$

对于 x 和 y 的 n 对观察值，用于描述其关系的直线有无数条，但是哪一条直线是最能够准确描述两个变量之间的关系呢？自然是尽可能多的点落在这条直线上，同时未落在这条直线上的点尽可能的接近这条直线。换句话说，使因变量的观察值 y_i 与估计值 $\hat{y}_i$ 之间的离差平方和达到最小。根据这一思想确定直线中未知常数 $\hat{\beta}_0$ 和 $\hat{\beta}_1$ 的方法称为最小二乘法，也称最小平方法（Method of least squares）。用数学语言表示即：

$$Min\sum(y_i-\hat{y}_i)^2 = Min\sum(y_i-\hat{\beta}_0-\hat{\beta}_1 x_i)^2 \qquad \text{（公式 9.8）}$$

令 $Q=\sum(y_i-\hat{y}_i)^2$，在给定了样本数据后，Q 是 $\hat{\beta}_0$ 和 $\hat{\beta}_1$ 的函数，当 Q 对 $\hat{\beta}_0$，$\hat{\beta}_1$ 的一阶偏导数为 0 时，Q 达到最小，即：

$$\frac{\partial Q}{\partial \hat{\beta}_0}=-2\sum_{i=1}^{n}[y_i-(\hat{\beta}_0+\hat{\beta}_1 x_i)]=0$$

$$\frac{\partial Q}{\partial \hat{\beta}_1}=-2\sum_{i=1}^{n}[y_i-(\hat{\beta}_0+\hat{\beta}_1 x_i)]x_i=0 \qquad \text{（公式 9.9）}$$

可解得关于 $\hat{\beta}_0$ 和 $\hat{\beta}_1$ 的正规方程组

$$\begin{cases}\sum_{i=1}^{n} y_i = n\hat{\beta}_0+\hat{\beta}_1\sum_{i=1}^{n} x_i \\ \sum_{i=1}^{n} x_i y_i = \hat{\beta}_0\sum_{i=1}^{n} x_i+\hat{\beta}_1\sum_{i=1}^{n} x_i^2\end{cases} \qquad \text{（公式 9.10）}$$

解此方程组，最终得到：

$$\begin{cases}\hat{\beta}_1=\dfrac{n\sum_{i=1}^{n} x_i y_i-\sum_{i=1}^{n} x_i\sum_{i=1}^{n} y_i}{n\sum_{i=1}^{n} x_i^2-(\sum_{i=1}^{n} x_i)^2} \\ \hat{\beta}_0=\bar{y}-\hat{\beta}_1\bar{x}\end{cases} \qquad \text{（公式 9.11）}$$

［例 9－5］　根据例 9－4 提出的数据，计算化肥使用量和小麦产量的回归方程，并解释其意义。

解：由于小麦产量因化肥使用量的改变而改变，因此化肥施用量为自变量，设其为 x，小麦产量为因变量，设其为 y。

构建一元线性回归模型：$y=\beta_0+\beta_1 x+\varepsilon$，估计回归方程为 $\hat{y}=\hat{\beta}_0+\hat{\beta}_1 x$。

依据最小二乘法估计回归系数。由公式（9.11）得到

$$\hat{\beta}_1=\frac{n\sum x_i y_i-\sum x_i\sum y_i}{n\sum x_i^2-\left(\sum x_i\right)^2}=\frac{10\times 473\ 577-490\times 9\ 561}{10\times 24\ 340-490^2}=15.40$$

$$\hat{\beta}_0=\frac{\sum y_i}{n}-\hat{\beta}_1\frac{\sum x_i}{n}=\frac{9\ 561}{10}-15.4030\times\frac{490}{10}=201.35$$

则估计回归方程为：$\hat{y}=201.35+15.40x$

该方程显示，当施用的化肥量每增加 1 斤，小麦产量将平均增加 15.40 斤。当不施用化肥的时候，小麦产量为 201.35 斤。

三、对一元回归方程的评价与检验

回归分析的主要目的是根据所建立的估计方程用自变量 x 来估计或预测因变量 y 的取值。当我们获得估计回归方程 $\hat{y}=\hat{\beta}_0+\hat{\beta}_1 x$ 后，还不能立即用它去进行估计或预测，因为该估计方程是根据样本数据得出的，它是否真正描述了 y 与 x 之间的统计规律，还需通过对估计回归方程的评价与统计检验。一元线性回归方程的评价是通过计算回归系数和估计标准误两个指标，来评价估计方程的拟合优度。一元线性回归方程的显著性检验，是利用统计学中的抽样理论来检验回归方程的可靠性。

（一）一元线性回归模型拟合优度的评价

估计回归方程 $\hat{y}_i=\hat{\beta}_0+\hat{\beta}_i x$ 在一定程度上描述了变量 x 和 y 之间的数量关系，但是这条直线与各观测点的接近程度又怎样呢？我们用拟合优度来衡量（Goodness of fit）。所谓拟合优度就是样本观测值聚集在估计回归线周围的紧密程度。观测点围绕估计回归直线越紧密，拟合优度越高，如果观测点全部散落在估计回归直线上，我们称之为完全拟合。在这里我们用判定系数和估计标准误来描述拟合优度。

1. 判定系数

判定系数是对估计的回归方程拟合优度的度量。为说明它的含义，我们需要对因变量 y 取值的变差进行研究。

因变量 y_i 的取值具有波动性，也称为变差，变差的产生来自变量 x_i 的取值及其他因素（如 x 对 y 的非线性影响、测量误差等）。对任意一个具体的观测值来说，变差的大小可以用实际观测值 y_i 与其均值 $\bar{y}$ 之差（$y_i-\bar{y}$）来表示。而 n 个观察值的总变差可由这些离差的平方和来表示，称为总离差平方和，平方和，记为 SST。即：

$$SST=\sum_{i=1}^{n}(y_i-\bar{y})^2 \qquad \text{（公式 9.12）}$$

从图 9－3 可以看出，每个观测点的离差都可以分解为：

$$y-\bar{y}=(y-\hat{y})+(\hat{y}-\bar{y}) \qquad \text{（公式 9.12）}$$

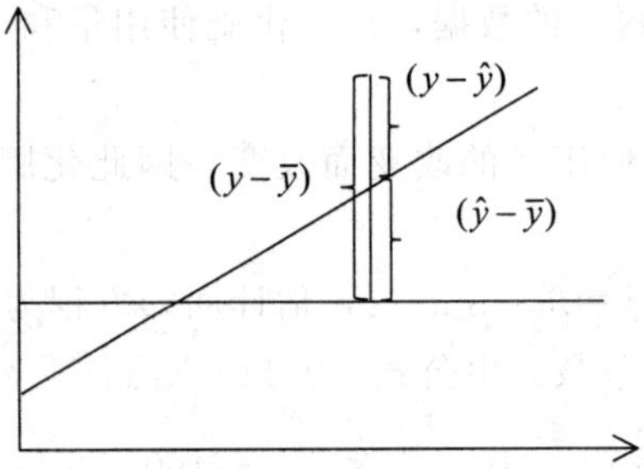

图 9－3　变差分解图

将公式 9.12 两边平方，并对所有观测点求和，有：

$$\sum_{i=1}^{n}(y_i-\bar{y})^2=\sum_{i=1}^{n}(y_i-\hat{y}_i)^2+2\sum_{i=1}^{n}(y_i-\hat{y}_i)(\hat{y}_i-\bar{y})+\sum_{i=1}^{n}(\hat{y}_i-\bar{y})^2 \qquad \text{(公式 9.13)}$$

可以证明 $\sum_{i=1}^{n}(y_i-\hat{y}_i)(\hat{y}_i-\bar{y})=0$，因此有：

$$\sum_{i=1}^{n}(y_i-\bar{y})^2=\sum_{i=1}^{n}(y_i-\hat{y}_i)^2+\sum_{i=1}^{n}(\hat{y}_i-\bar{y})^2 \qquad \text{(公式 9.14)}$$

其中：$\sum_{i=1}^{n}(\hat{y}_i-\bar{y})^2$ 称为回归平方和 SSR（Regression Sum of Squares），是由于自变量 x_i 的变化引起的因变量 y_i 的变化，它是可以由回归直线来解释 y_i 变差部分。$\sum_{i=1}^{n}(y_i-\hat{y}_i)^2$ 称为残差平方和 SSE（Residual Sum of Squares），是各实际观测值与回归值的残差平方和，它是除了 x_i 对 y_i 的线性影响之外的其他因素对 y_i 变差的作用，是不能由回归直线来解释的 y_i 变差部分。

三个平方和的关系为：

总离差平方和＝回归平方和＋残差平方和

$$SST=SSE+SSR \qquad \text{(公式 9.15)}$$

若两边同除以 SST 得：

$$\frac{SSR}{SST}+\frac{SSE}{SST}=1 \qquad \text{(公式 9.16)}$$

从图 9－3 中可以直观地看出，观测点越靠近回归直线拟合程度越好，用数学语言来描述，就是在总的离差平方和中回归平方和所占的比重越大，则回归效果越好，说明回归直线与样本观察值拟合得好；如果残差平方和所占的比重大，则回归直线与样本观察值拟合得不理想。把回归平方和与总离差平方和之比定义为可决系数（Coefficient of determination），又称判定系数，即：

$$r^2=\frac{SSR}{SST}=\frac{\sum(\hat{y}_i-\bar{y})^2}{\sum(y_i-\bar{y})^2}=1-\frac{\sum(y_i-\hat{y}_i)^2}{\sum(y_i-\bar{y})^2} \qquad \text{(公式 9.17)}$$

可决系数是对回归模型拟合程度的综合度量，可决系数越大，回归模型拟合程度越高。r^2 表示全部偏差中有百分之几的偏差可由 x 与 y 的回归关系来解释。可决系数 r^2 具有非负性，取值范围在 0 到 1 之间，r^2 越接近于 1，表明回归平方和占总平方和的比例越大，回归直线与各观测点越接近，用 x 的变化来解释 y 值变差的部分就越多，回归直线的拟合程度就越好；反之，r^2 越接近于零，回归直线的拟合程度就越差。可决系数是样本观测值的函数，是一个统计量。

我们不难发现，在一元线性回归中，相关系数 r 实际上是判定系数的平方根。这一结论不仅可以使我们能由相关系数直接计算判定系数 r^2，也可以使我们进一步理解相关系数的意义。相关系数 r 与回归系数 $\hat{\beta}_1$ 的正负号是相同的，实际上，相关系数 r 也从另一个角度说明了回归直线的拟合优度。$|r|$ 越接近于 1，表明回归直线对观测数据的拟合程度就越高。但用 r 说明回归直线的拟合优度要慎重，因为 r 的值总是大于 r^2 的值（除非 $r=0$ 或 $|r|=1$）。比如，当 $r=0.5$ 时，表面上看似乎有一半的相关了，但，$r^2=0.25$，实际我们只能解释总变差的 25%。$r=0.7$ 才能解释近一半的变差，$r<0.3$ 意味着只有很少一部分变差可由回归直线来解释。

[例 9-6] 根据例 9-3 的数据，计算施用的化肥量对小麦产量回归的判定系数，并解释其意义。

解：利用 Excel 输出的回归分析结果可知，$r^2=0.9692$，$r=0.9845$

也可以根据相关系数求得：$r^2=0.9845^2=96.92\%$。

判定系数的实际意义是，在小麦产量取值的变差中，有 96.92%可以由化肥施用量和小麦产量之间的线性关系来解释，或者说小麦产量的取值变动中，96.92%的变化是由化肥施用量决定的。可见化肥施用量和小麦产量之间具有较强的线性关系。

2. 估计标准误差

判定系数可用于度量回归直线的拟合程度，相关系数也可以起到类似的作用。下面我们换一种角度，通过衡量自变量以外的其他因素对总变差的影响，间接衡量回归直线的拟合优度。即运用残差均方和的平方根说明实际观测值 y_i 与回归估计值 $\hat{y}_i$ 之间的差异程度，用 S_y 来表示，称为估计量的标准差，简称估计标准误。为方便计算，我们可以推导一个计算公式：

$$S_y=\sqrt{\frac{\sum(y_i-\hat{y}_i)^2}{n-2}}=\sqrt{\frac{SSE}{n-2}}=\sqrt{MSE}$$

$$=\sqrt{\frac{\sum y^2-\beta_0\sum y-\beta_1\sum xy}{n-2}} \qquad \text{（公式 9.18）}$$

不同于可决系数的是，S_y 越小，说明回归方程的偏离度越小，即回归方程对各观测点的代表性越好。

[例 9-7] 根据例 9-5 的计算数据，计算化肥施用量对小麦产量回归估计标准误差，并解释其意义。

解：利用 Excel 直接输出的回归分析结果可知，$MSE=309.6621$

$$S_y=\sqrt{\frac{\sum y^2-\beta_0\sum y-\beta_1\sum xy}{n-2}}=\sqrt{\frac{62\,421\,328-201.35\times 9\,561-15.40\times 473\,572}{10-2}}$$

$$=17.5972$$

这就是说，根据化肥施用量来估计小麦产量时，平均估计误差为 17.5972 斤。

（二）一元线性回归模型的显著性检验

对线性回归模型的显著性检验包括两个方面的内容：其一为线性关系检验，即检验自变量和因变量之间是否能用线性模型来表示；其二为回归系数检验，即自变量对于因变量的影响程度是否显著。由于一元线性回归中，自变量只有一个，因此上述的两个检验是等价的。

1. 线性关系检验

线性相关检验简称 F 检验，它用于检验自变量 x 与因变量 y 之间的线性关系是否显著，或者说，它们之间能否用一个线性模型 $y=\beta_0+\beta_1x+\varepsilon$ 来表示。检验统计量的构造是以回归平方和以及残差平方和为基础的。检验统计量 F 的计算公式如下：

$$F=\frac{MSR}{MSE}=\frac{SSR/1}{SSE/(n-2)}\sim F(1,n-2)$$ （公式 9.19）

式中 MSR 是回归平方和除以其相应的自由度（SSR 的自由度是自变量的个数 k，一元线性回归中自由度为 1）后的结果称为回归均方（Mean square）；MSE 是残差平方和除以其自由度（SSE 的自由度为 $n-k-1$，一元线性回归中自由度为 $n-2$）后的结果称为残差均方。

线性回归方程线性相关的显著性检验的步骤如下：

（1）提出假设：H_0：$\beta_i=0$ ；H_1：β_i 不全为 0；

（2）计算 F 检验统计量；

（3）给定显著性水平 α，确定临界值；

（4）若 $F>F_\alpha(1,n-2)$，则拒绝 H_0，说明总体回归系数 $\beta_i\neq0$，即回归方程是显著的。

［例 9-8］ 对例 9-5 建立的回归方程进行线性关系检验，（$\alpha=0.05$）。

解：提出假设：H_0：$\beta_1=0$；H_1：$\beta_1\neq0$

计算 F 检验

$$F=\frac{MSR}{MSE}=\frac{78\,293.6}{309.66}=252.84$$

因为 $F=252.84>F_{0.05}(1,\ 8)=5.32$，所以拒绝原假设，即估计回归方程 y 与 x 存在显著线性关系。

2. 回归系数的显著性检验

回归系数的显著性检验是要检验自变量对因变量的影响是否显著。只有在线性相关关系的基础上才能进行回归系数的检验。在一元线性回归模型 $y=\beta_0+\beta_1x+\varepsilon$ 中，如果回归系数 $\beta_1=0$，表明因变量 y 的取值不依赖于自变量 x，即两个变量之间没有线性关系。如果回归系数 $\beta_1\neq0$，也不能得出两个变量之间存在线性关系的结论，这要看这种关系是否具有统计意义上的显著性。在一元线性回归方程中，只有一个因变量，因此就是检验样本回归系数 $\hat{\beta}_1$ 对总体回归系数 β_1 进行检验。

回归系数的显著性检验的步骤如下：

（1）提出假设：零假设：H_0：$\beta_1=0$　　备择假设：H_1：$\beta_1\neq0$

（2）计算检验统计量：$t=\dfrac{\hat{\beta}_1}{S(\hat{\beta}_1)}$ （公式 9.20）

其中 $S(\hat{\beta}_1)=\hat{\sigma}\dfrac{1}{\sqrt{\sum(x-\bar{x})^2}}$ 是 $\hat{\beta}_1$ 的标准差的估计量，$\hat{\sigma}$ 是整体标准差的估计量，即标准误差。

（3）给定显著性水平 α，确定临界值。

（4）决策。若 $|t|\leqslant t_{\alpha/2}(n-2)$，则不能拒绝零假设。

［例 9-9］在例 9-5 中，已经得出 $\hat{y}=201.35+15.40x$，且 $S(\hat{\beta}_1)=0.9687$。在 0.05 的显著水平下检验回归系数的显著性。

解：H_0：$\beta_1=0$，H_1：$\beta_1\neq0$

$$t=\frac{\hat{\beta}_1}{S(\hat{\beta}_1)}=\frac{14.927}{0.9687}=15.9008$$

因为 $t=15.9008>t_{0.025}(8)=2.75$，所以拒绝原假设。即在 0.05 的显著水平下，施肥量对粮食产量的影响是显著的。

认识拓展

一、回归系数与相关系数的关系

通过前面公式 9.11 和公式 9.2 比较回归系数与相关系数的数学表达式，

$$\hat{\beta}_1=\frac{n\sum_{i=1}^{n}x_iy_i-\sum_{i=1}^{n}x_i\sum_{i=1}^{n}y_i}{n\sum_{i=1}^{n}x_i^2-(\sum_{i=1}^{n}x_i)^2}=\frac{\sum_{i=1}^{n}(x_i-\bar{x})(y_i-\bar{y})}{\sum_{i=1}^{n}(x_i-\bar{x})^2}$$

$$r=\frac{\sum_{i=1}^{n}(x_i-\bar{x})(y_i-\bar{y})}{\sqrt{\sum_{i=1}^{n}(x_i-\bar{x})^2}\sqrt{\sum_{i=1}^{n}(y_i-\bar{y})^2}}$$

可以发现：

（一）相关系数和回归系数的相似之处

1. 二者方向一致，符号相同。二者都是由两变量离均值之差的乘积来决定。

2. 一般来说，相关和回归的假设检验的结果是一致的。回归系数越大表示 x 对 y 影响越大，正回归系数表示 y 随 x 增大而增大，负回归系数表示 y 随 x 增大而减小。同理相关系数越大，说明变量 x 对 y 的影响也越大。

（二）相关系数和回归系数不同之处

1. 回归系数有单位，形式为（因变量单位/自变量单位），相关系数没有单位。相关系数的范围在［－1.1］，而回归系数没有这种限制。

2. 回归系数表示的是因变量单方面随自变量的变化而变化的程度，相关系数则度量的是两个独立且平等的变量之间的关系。通过观察公式可以发现，如果将变量 x 和 y 调换位置，回归系数将发生改变，而相关系数则不会。当然，从理论上来讲，自变量和因变量之间的回归分析调换位置之后就失去了其本身的含义。

（三）相关系数与回归系数之间存在换算关系：相关系数与回归系数的换算关系如公式 9.21、公式 9.22 所示：

$$r=\beta_1\frac{s_x}{s_y}$$　（公式 9.21）

$$\beta_1=r\frac{s_y}{s_x}$$　（公式 9.22）

二、利用一元线性回归方程进行估计与预测

(一) 点估计

利用估计的回归方程，对于 x 的一个特点值 x_0，求出 y 的一个估计值就是点估计。

［**例 9－10**］按照例 9－5 建立的回归模型，经过例 9－6 至例 9－9 的评价与检验，估计回归模型 $\hat{y}=201.35+15.40x$ 可以用来进行点估计。若化肥的施用量为 60 斤，请估计粮食产量为多少？

解：$\hat{y}=201.35+15.40x=201.35+15.40\times 60=1\,125.35$（斤）

即当化肥的施用量为 60 斤，估计平均粮食产量为 1 125.35 斤。

(二) 区间估计

利用估计的回归方程，对于 x 的一个特定值 x_0，求出 y 的一个估计值的区间就是区间估计。根据回归方程和回归估计标准误，可以进一步用来对因变量 y 进行区间估计。

按照误差为正态分布的原理，当样本容量 n 大于 30 时，我们可以作以下的假定：

(1) y 的实际观测值在对应的每个估计值 $\hat{y}$ 周围都是正态分布的；

(2) 所有的正态分布都具有相同的标准差，即所谓的同方差性。

置信区间估计的步骤为：由样本数据 x 求出估计值 $\hat{y}$ 及其标准差 S_y 以后，再利用标准化正态分布曲线下的面积查对表，就可在一定的概率保证下对总体估计值做出置信区间估计。

置信区间的公式为：

$$\hat{y}_0-t_{\frac{\alpha}{2}}s_y\sqrt{\frac{1}{n}+\frac{(x_0-\bar{x})^2}{\sum_{i=1}^{n}(x_i-\bar{x})^2}}\leqslant y\leqslant \hat{y}_0+t_{\frac{\alpha}{2}}s_y\sqrt{\frac{1}{n}+\frac{(x_0-\bar{x})^2}{\sum_{i=1}^{n}(x_i-\bar{x})^2}} \quad \text{（公式 9.23）}$$

以表 9－4 中的资料为例，在 95% 的概率保证下，求施肥量为 60 斤时的平均粮食产量的置信区间。

由例 9－9 计算知，当 $x=60$ 斤时，$\hat{y}=1\,125.35$（斤）；由例 9－7 算得 $S_y=17.5972$（斤），又知当 $f(t)=95\%$ 时，$t_{0.025}(8)=2.75$，由公式 9.23 得：

$$1\,125.35-2.75\times 17.5972\times\sqrt{\frac{1}{10}+\frac{(60-49)^2}{330}}\leqslant y\leqslant 1\,125.35+2.75\times 17.5972\times\sqrt{\frac{1}{10}+\frac{(60-49)^2}{330}}$$

$$1\,092.292\leqslant\hat{y}\leqslant 1\,158.408$$

即在 95% 的概率保证下，施肥量为 60 斤时平均粮食产量的置信区间为 1 092.292～1 158.408斤。

本讲小结

一、本讲重点

1. 回归分析就是对具有相关关系的两个或两个以上变量之间数量变化的一般关系进行测定，确定因变量和自变量之间数量变动关系的数学表达式，以便对因变量进行估计或预测的统计分析方法。由回归分析求出的反映变量之间关系形式的数学表达式，称为回归方程。

2. 回归分析与相关分析既有联系又有区别。联系在于相关分析是回归分析的基础，回归分析是相关分析的延伸，二者变化方向相同。不同在于回归分析两变量之间是依存关系，因果关系，相互之间不存在独立性，但是相关关系两变量之间的关系是相互独立平等的，不存在因果关系。

3. 回归分析的主要内容是根据观测数据建立回归模型。最基础的回归模型是一元线性回归模型 $\hat{y}=\hat{\beta}_0$

$+\hat{\beta}_1 x$，根据最小二乘法，可以求出回归参数 $\hat{\beta}_0$ 和 $\hat{\beta}_1$，参数确定了，回归方程也就确定了。对于建立的回归模型，需进行拟合优度的评价和对方程假设的统计检验。

4. 回归方程可以用于统计估计或预测，即可根据给定的自变量数值估计因变量的数值或置信区间。

二、难点释疑

本讲的难点主要在于：第一，最小二乘法确定回归系数的原理。最小二乘法确定回归系数其本质是确定一条直线，使观测点尽可能多的落在直线上，未落在直线上的点尽可能靠近直线。用数学语言表达即：观察值 y_i 与估计值 $\hat{y}_i$ 之间的离差平方和达到最小，进而运用求偏导的思想确定回归系数。第二，因变量变差及其构成。因变量 y 的取值具有波动性，也称为变差，变差的产生来自变量 x 的取值及其他因素（如 x 对 y 的非线性影响、测量误差等）。我们通过最小二乘法选择一条最佳的直线描述观测值之间的关系，换言之即尽可能多的用自变量和因变量之间的线性关系来解释因变量的变差，这也是我们测度回归方程拟合优度的基础。

本章小结

如图 9－4 所示，相关分析由三部分构成：相关分析基本概念、相关关系的分析方法、相关系数的显著性检验。回归分析包括基本概念、回归模型的构建、回归方程的评价与检验、利用回归方程预测等内容。

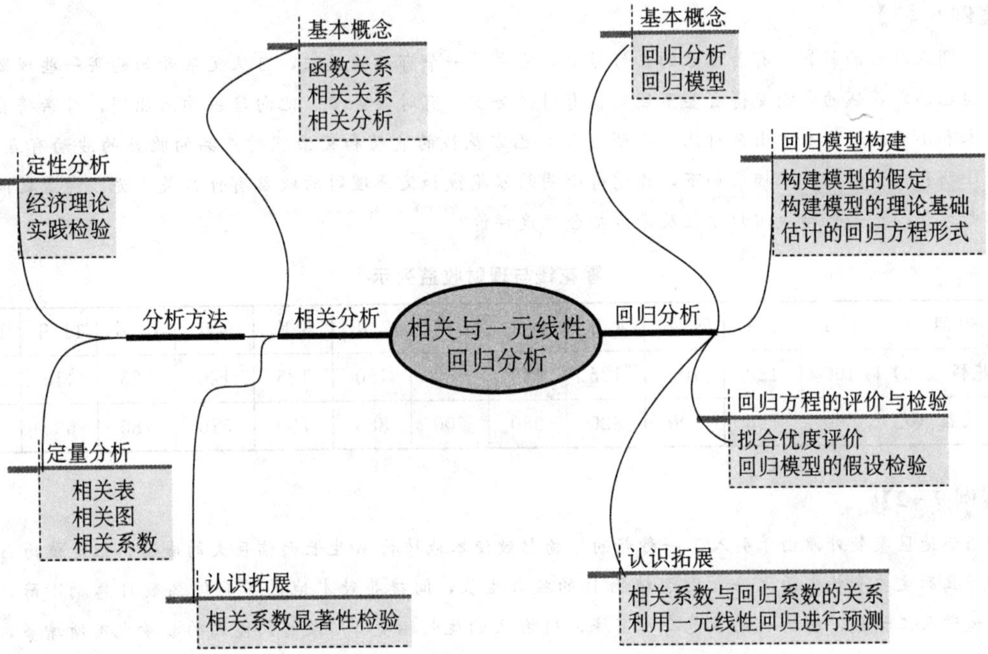

图 9－4　第 9 章 相关与一元线性回归一思维导图

思考题

1. 说明相关关系的含义和分类。
2. 函数关系和相关关系之间有何区别和联系？
3. 相关系数的取值范围为多少以及相关等级？
4. 相关系数的显著性检验的意义是什么？
5. 什么是回归分析？
6. 回归分析与相关分析的联系与区别？
7. 一元线性回归模型有哪些假设？
8. 说明回归系数的计算方法。
9. 回归系数和相关系数的关系是什么？
10. 什么是判定系数？

案例讨论

【案例 9－1】

小明在母亲的教育下有着记账的良好习惯，他发现一个有趣的现象，自从父亲开始购买一些理财产品之后自己的零花钱的金额变得有些不稳定，有时候会少，有时候会多。他向母亲询问原因，母亲将自己的记账本和小明的记账本拿出来对比，小明发现自己零花钱的波动和父亲理财产品的收益的波动有点类似，现将小明和母亲的记账本摘录如下，你觉得小明的零花钱和父亲理财的收益有什么关系呢？两者之间能建立回归方程吗？如何检验回归方程及进行拟合优度评价？

零花钱与理财收益列示

时间	1 月	2 月	3 月	4 月	5 月	6 月	7 月	8 月	9 月	10 月	11 月	12 月
零花钱（元）	100	120	105	125	140	105	150	125	120	125	110	135
理财收益（元）	600	745	500	820	930	700	880	760	570	780	630	860

【案例 9－2】

沿海地区某处外滩由于引入了一种新的植物 B 致使本地植物 A 生长面临巨大的威胁，但是植物 A 是某珍稀候鸟的主要食物来源之一，由于植物 B 的疯狂生长，间接导致本地区冬天候鸟数目急剧下降，近年来，通过人工干预，植物 B 的数量有所下降，植物 A 的生长环境有所改善，候鸟的数量也有所增多，相关部门将数据统计如下，请找出植物 A 的数量与冬天到此处栖息的候鸟之间的关系。

植物 A 的数量与冬天到此处栖息的候鸟数量表

时间	2007	2008	2009	2010	2011	2012	2013	2014	2015	2016
植物 A（亩）	132	121	94	66	31	45	52	67	78	89
候鸟数量（只）	311	245	208	132	60	52	72	102	121	160

延伸阅读

1. Dawn Griffiths 著，李芳译．深入浅出统计学 [M]，电子工业出版社，2012 年 1 月第 1 版，P605 - 642（第 15 章 相关与回归：我的线条如何?）。

2. 戴维 · S · 穆尔，统计学世界 [M]，中信出版社，2003 年，P330 - 347（第 15 章 描述相关关系：回归、预测及因果关系）

第 9 章　应用实验

第 9 章　练习题

第10章　时间序列分析及预测

开篇导读

时间能治愈一切吗？

一女孩失恋后伤心哭泣，家人急忙劝慰，老爸说："他人品不好（n_1）"。老妈说："他收入太低（n_2）"。姐姐说："他长得不酷（n_3）"。哥哥说："他不仗义（n_4）"。女孩仍痛哭不止，于是统计学家出现了："想哭就哭吧，过一段时间就会好的，因为时间可以医治心灵的创伤"。果然，半个月后，女孩有了新的男朋友。看来有时寻找 n 个理由，构造 k 个变量（n_1，…，n_k）解决某一问题，不如一个时间变量（t）的解决能力。

时间序列数据是包含时间因素的一列数据，能够反映时间变动的影响。本章的教学目的是理解时间序列的含义、种类及编制原则，掌握时间序列水平指标和速度指标的内涵及计算方法，并能够对简单的时间序列数据做预测。

学习目标

一、明确时间序列的概念、种类及编制原则。

二、熟练掌握时间序列水平指标和速度指标的内涵及计算分析方法。

三、掌握构成时间序列数据的长期趋势因素、季节变动因素、循环变动因素和不规则变动因素；能够使用简单平均法、移动平均法、指数平滑法、直线趋势模型等方法对时间序列数据做简单的预测。

第20讲　时间序列概述与水平指标分析

问题提出

国家对新疆维吾尔自治区的发展给予了大量的援助，引导和鼓励企业到新疆投资，加大财政投入和金融支持，2010年确定19个省市承担对口支援新疆的任务，直至提出"一带一路"倡议等。面对如此多的利好条件，近年来新疆的经济发生了怎样的变化？人民的收入水平是否随援疆时间的累积而得到大幅的提高？经济水平和收入水平的增长量是多少？从表10－1我们可以看出，新疆2000—2014年GDP和人均GDP数据呈现什么样的变动特征？学习了静态视角描述总体数量特征之后，现在，我们将从动态的视角观测总体的变化特征。为此，本讲提出的问题是：

如何描述现象随时间变化而呈现的规律？

表 10-1　　新疆 2000—2014 年 GDP、人口增长率和人均 GDP 数据

年份	GDP（亿元）	人均 GDP（元/人）	人口增长率（‰）	年份	GDP（亿元）	人均 GDP（元/人）	人口增长率（‰）
2000	1 363.56	7 372.00	7.6	2008	4 183.21	19 797.00	5.1
2001	1 491.60	7 945.00	7.0	2009	4 277.05	19 942.00	4.9
2002	1 612.65	8 457.00	6.5	2010	5 437.47	25 034.00	4.8
2003	1 886.35	9 828.00	6.0	2011	6 610.05	30 087.00	4.8
2004	2 209.09	11 337.00	5.9	2012	7 505.31	33 796.00	5.0
2005	2 604.19	13 108.00	5.9	2013	8 443.84	37 553.00	4.9
2006	3 045.26	14 871.00	5.3	2014	9 273.46	40 648.00	5.2
2007	3 523.16	16 999.00	5.2	—	—	—	—

资料来源：《新疆统计年鉴 2015 年》

概念辨析

一、时间序列

（一）时间序列的概念

时间序列是指将同一统计指标的数值按其发生的先后顺序排列而成的数列。在人类社会发展过程中，人们常常按照时间顺序观测事物如何发展变化。这种观测数据有着特有的属性，即当前的数据通常以某种方式依赖于过去已经观测到的数据。如果数据特征不发生大的变化，那么将来的数据也会以同样的方式依赖于现在和过去已经观测到的数据。观测数据的这种相依性使得利用现在和过去的数据预测未来成为可能。金融、保险、证券等经济领域的统计指标很多都是以年、季、月、日，甚至是小时、分等统计其指标值，随着时间的推移，形成了统计指标的时间序列。例如，图 10-1 是北京市 1949—2015 年总人口数[①]。

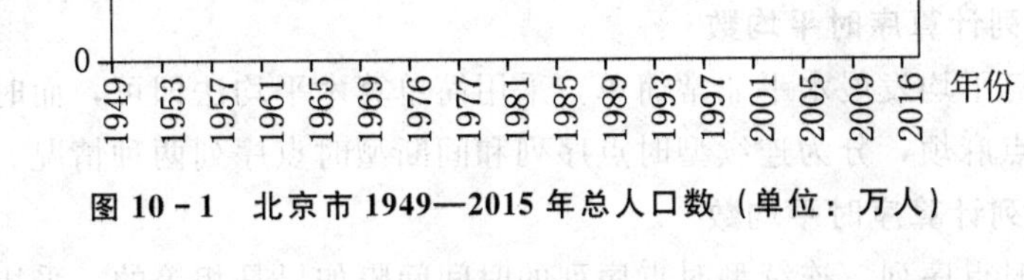

图 10-1　北京市 1949—2015 年总人口数（单位：万人）

（二）时间序列的种类

按照序列中指标表现形式的不同，时间序列可以分为绝对数时间序列、相对数时间序列和平均数时间序列。表 10-1 中的 GDP 随时间排序而形成的数列就是绝对数时间序列，人

① 数据来自各年《北京统计年鉴》。

口增长率随时间排序而形成的数列就是相对数时间序列，人均 GDP 随时间排序而形成的数列就是平均数时间序列。

我们研究的大部分时间序列是绝对数序列。绝对数序列也是形成相对数序列和平均数序列的基础，根据反映的时间状况不同，还可以分为时期序列和时点序列。时期序列中的每一个指标数值反映的是一定时间内现象发展过程的总量，时点序列指的是时间序列中的每一个指标数值反映的是社会经济现象在一定时刻（时点）上的状态，分为连续时点序列和间断时点序列两种，连续时点序列主要是指逐日记录又逐日排列的数列；间断时点序列通常是指间隔一段时间如按照月末、季末、年末等对数据进行登记而得到的时点序列。

（三）编制时间序列的原则

时间序列中的各期指标数值必须具有可比性。可比性指的是各期指标数值所属时间可比、总体范围一致、计算口径可比和经济内容可比，可比性是编制时间序列的基本原则，除此之外，还要注意以下几个方面，一是时间长短应当前后一致，二是总体范围应该前后统一，三是计算方法应该前后一致，四是经济内容应该前后统一。

二、发展水平和平均发展水平指标

（1）发展水平：指时间数列中每一项指标数值，反映社会经济现象在不同时间所达到的规模和发展速度。设时间数列中各期发展水平为 $\{y_t\}$，$t=1$，…，T，则 y_1 是最初水平，y_T 是最末水平。发展水平既可以是绝对水平，也可以是相对水平或者平均水平，比如，2018 年北京市常住总人口是 2 154.2 万人，国家统计局公布的经济数据显示，中国 2018 年国内生产总值为 900 309 亿元，这两个数据都是发展水平。

（2）平均发展水平：又叫序时平均数，是把时间序列中各期指标数值加以平均求得的平均数，它表明现象在较长一段时间内发展变化的一般水平。由于时间序列数据可以分为绝对数序列、相对数序列和平均数序列，而绝对数序列又分为时期序列和时点序列，所以平均发展水平的计算方式分为多种情况。

方法应用

一、由绝对数时间序列计算序时平均数

绝对数序列平均发展水平的计算分为时期和时点两种情况。

1. 由时期数列计算序时平均数

时期序列计算平均发展水平非常简单，采用简单算术平均法即可，而时点序列计算平均发展水平稍微有点麻烦，分为连续型时点序列和间断型时点序列两种情况。

2. 由时点数列计算序时平均数

（1）连续型时点序列。连续型时点序列的时间间隔如果是相等的，采用简单算术平均法计算，公式为：

$$\bar{y}=\frac{\sum_{t=1}^{T} y_t}{n} \qquad \text{（公式 10.1）}$$

连续型时点序列的时间间隔如果不相等，采用加权算术平均法计算，公式为：

$$\bar{y}=\frac{\sum_{t=1}^{T}f_t y_t}{\sum_{t=1}^{T}f_t} \quad \text{（公式 10.2）}$$

其中 f_t 为第 t 与 $t+1$ 时点的间隔长度。

［例 10－1］　某企业 3 月份职工人数统计资料见表 10－2。

表 10－2　某企业 3 月份职工人数

日期	1 日	9 日	16 日
职工人数（人）	2 000	2 200	2 400

请计算该企业该月份平均每天的职工人数。

解：由表 10－2 可知，某企业 3 月份职工人数的统计数据是间隔不相等的连续型时点序列，采用加权算术平均法计算，计算如下：

$$\bar{y}=\frac{\sum_{t=1}^{T}f_t y_t}{\sum_{t=1}^{T}f_t}=\frac{2\ 000\times 8+2\ 200\times 7+2\ 400\times 16}{8+7+16}\approx 2\ 252(\text{人})$$

（2）间断型时点序列。间断时点序列的时间间隔如果是相等的，采用“首末折半法”计算。假设间断型时点序列的本期期末水平等于下期期初水平，相邻两时点间的一般水平用 $(a_t+a_{t+1})/2$ 表示，因此，间断型时点序列平均发展水平的计算就要首先计算各相邻时点间的一般水平 $(a_t+a_{t+1})/2$，$t=1$，…，T，然后对这 $T-1$ 个平均数求算数平均数，经过整理可得如下计算间断型时点序列的计算公式：

$$\bar{y}=\frac{\frac{y_1}{2}+y_2+\cdots+y_{T-1}+\frac{y_T}{2}}{T-1} \quad \text{（公式 10.3）}$$

此种计算方法称为“首尾折半法”。

［例 10－2］　某企业的资料见表 10－3：

表 10－3　某企业工资和人数资料

指标	1 月	2 月	3 月	4 月
工资总额（万元）	180	160	200	190
月初工人数（人）	600	580	620	600

请计算第一季度平均工人数。

解：工人数序列是等间隔的时点序列，采用首尾折半法计算第一季度平均工人数，计算公式如下：

$$\bar{y}=\frac{\frac{600}{2}+580+620+\frac{600}{2}}{3}=600\ (\text{人})$$

间断时点序列的时间间隔如果不完全相等，采用“折半加权法”计算。如果不具有每天的资料，也不是每隔相等时间间隔登记一次的资料，而是记录资料的时间间隔并不都相等，这样得到的时点序列称为间断的间隔不等的时点数列。这种数列平均数的计算采用“折半加权法”，计算公式如下：

$$\bar{y}=\frac{\frac{y_1+y_2}{2}f_1+\frac{y_2+y_3}{2}f_2+\cdots+\frac{y_{T-1}+y_T}{2}f_{T-1}}{\sum_{t=1}^{T-1}f_t}$$

［例 10－3］　某商店某年不同时点的商品库存额资料见表 10－4：

表 10－4　某商店某年在不同时点的商品库存额

日　期	1月1日	3月1日	10月1日	12月31日
商品库存额（万元）	50	60	65	55

计算该商店全年的平均商品库存额。

解： 平均库存额为

$$\bar{y}=\frac{\frac{y_1+y_2}{2}f_1+\frac{y_2+y_3}{2}f_2+\cdots+\frac{y_{T-1}+y_T}{2}f_{T-1}}{\sum_{t=1}^{T-1}f_t}$$

$$=\frac{\frac{50+60}{2}\times 2+\frac{60+65}{2}\times 7+\frac{65+55}{2}\times 3}{2+3+7}=60.625(\text{万元})$$

二、相对数序列和平均数序列平均发展水平的计算

由于不同时间的静态相对指标或者平均指标不具有可加性，同时也不具备连乘关系，所以静态相对指标时间序列平均发展水平的计算需要分别计算分子分母序列的平均发展水平，然后再相比得到。由于相对数、平均数中每项数值都是由两个相联系的绝对数指标（时期指标或时点指标）比较形成，所以最终都归结为计算时期或时点序列的平均发展水平。因此，由相对数和平均数列计算序时平均数，通用公式为：

$$\bar{y}=\frac{\bar{a}}{\bar{b}} \qquad \text{（公式 10.4）}$$

不管相对数、平均数的分子 a 与分母 b 属于总量指标中的哪一种，只要按前面所讲的总量指标序时平均数对应的公式分别计算分子 a 与分母 b 的序时平均数 $\bar{a}$ 和 $\bar{b}$，然后再计算两者的比值，就可以计算出相对数或平均数的序时平均数 $\bar{y}$。

［例 10－4］　利用表 10－5 的数据计算该工厂第一季度平均每月份的合格率。

表 10－5　某工厂第一季度各月的产品产量完成情况

月份	一月份	二月份	三月份
总产量（件）	1 350	1 425	1 505
合格品（件）	1 320	1 401	1 490
合格率（%）	97.78	98.32	99.00

解： 该资料中，各月“合格率”数列是相对数列，其分子数列（a），由各月“合格品”

构成，分母数列（b）由各月“总产量”构成。分子数列和分母数列均为时期数列，计算其平均数都用简单算术平均法，平均每月产品合格率计算如下：

$$\bar{y}=\frac{(1\,320+1\,401+1\,490)\ /3}{(1\,350+1\,425+1\,505)\ /3}=98.39\%$$

［例 10-5］　请利用表 10-3 数据计算第一季度月平均工资。

解：第一季度月平均工资＝第一季度月平均工资总额/第一季度平均工人数。首先计算第一季度月平均工资总额，由于工资总额序列是等间隔的时期序列，用简单算术平均法计算月平均工资总额，其次，计算第一季度平均工人数，其计算方式参见［例 10-2］，因此，第一季度月平均工资的计算公式为：

$$\bar{y}=\frac{\dfrac{180+160+200}{3}}{\dfrac{\dfrac{600}{2}+580+620+\dfrac{600}{2}}{3}}=0.3\text{（万元/人）}$$

三、增长量和平均增长量

增长量指报告期水平与基期水平之差，它说明社会经济现象在一定时期内增长（或减少）的绝对量，其计算公式为：增长量＝报告期水平－基期水平。当报告期水平大于基期水平，即现象水平增长时，表现为正值，反之，现象水平下降时，表现为负值。

由于所选基期的不同，增长量分为逐期增长量和累计增长量。逐期增长量是指时间序列中各期发展水平与前期发展水平之差，说明现象逐期增加或减少的数量，设时间序列各期发展水平为 $\{y_t\}$，$t=1$，…，T，则计算公式为：

$$y_1-y_0,\ y_2-y_1,\ \cdots,\ y_T-y_{T-1} \qquad \text{（公式 10.5）}$$

累计增长量是指时间序列中报告期发展水平与某一固定基期发展水平之差，说明现象在一定时期内总的增加或减少的数量，计算公式为：

$$y_1-y_0,\ y_2-y_0,\ \cdots,\ y_T-y_0 \qquad \text{（公式 10.6）}$$

逐期增长量和累计增长量之间的关系为：累计增长量是相应逐期增长量之和，相邻两项累计增长量之差等于相应的逐期增长量，可以用公式表达这个关系，公式如下：

$$(y_1-y_0)+(y_2-y_1)+\cdots+(y_T-y_{T-1})=y_T-y_0 \qquad \text{（公式 10.7）}$$

$$(y_t-y_0)-(y_{t-1}-y_0)=y_t-y_{t-1}\ (t=1,\ 2,\ \cdots,\ T) \qquad \text{（公式 10.8）}$$

平均增长量又称平均增减量，用来说明某种现象在一定时期内平均每期增长的数量，它是逐期增长量的序时平均数，即将各个逐期增长量相加后，除以逐期增长量的个数，也可用累计增长量降以时间数列项数减 1 来求得，计算公式为：

$$\frac{\sum_{t=1}^{T}(y_t-y_{t-1})}{T}=\frac{y_T-y_0}{T} \qquad \text{（公式 10.9）}$$

［例 10-6］　计算新疆维吾尔自治区 2000—2014 年 GDP 的逐期增长量、累计增长量和平均增长量。

解：逐期增长量和累计增长量的计算结果见表 10-6。在计算累计增长量时，以 2000 年 GDP 为固定的基期。

表 10-6 逐期增长量和累计增长量计算结果 (单位：亿元)

年份	GDP	逐期增长量	累计增长量	年份	GDP	逐期增长量	累计增长量
2000	1 363.56	—	—	2008	4 183.21	660.05	2 819.65
2001	1 491.60	128.04	128.04	2009	4 277.05	93.84	2 913.49
2002	1 612.65	121.05	249.09	2010	5 437.47	1 160.42	4 073.91
2003	1 886.35	273.70	522.79	2011	6 610.05	1 172.58	5 246.49
2004	2 209.09	322.74	845.53	2012	7 505.31	895.26	6 141.75
2005	2 604.19	395.10	1 240.63	2013	8 443.84	938.53	7 080.28
2006	3 045.26	441.07	1 681.70	2014	9 273.46	829.62	7 909.90
2007	3 523.16	477.90	2 159.60	—	—	—	—

平均增长量为：

$$\frac{\sum_{t=1}^{T}(y_t - y_{t-1})}{T} = \frac{128.04 + \cdots + 829.62}{14} = 564.99\text{（亿元）}$$

或者

$$\frac{y_T - y_0}{T} = \frac{9\ 273.46 - 1\ 363.56}{14} = 564.99\text{（亿元）}$$

认识拓展

本讲介绍了发展水平、平均发展水平、增长量、平均增长量的概念及相应计算公式，在计算平均指标时要灵活运用本讲所学公式，比如，在计算相对数序列的平均发展水平时，如果没有分子或者分母数据，但是有相关的相对数，可以利用相对数计算分子或者分母，再计算相应的平均数。根据现实数据计算某经济现象的发展水平、平均发展水平、增长量、平均增长量后，还要进一步挖掘这些指标隐含的信息，我们不仅要看到某现象的水平是多少，还要问为什么是这个水平？如果某个时期水平发生了变化，我们就要找到导致这个变化的原因。总之，不能将目光局限于本讲所学的基本指标，灵活运用这些指标挖掘出数据背后所隐含的经济信息才是最终目的。

本讲小结

一、本讲重点

水平指标。水平指标包括发展水平、平均发展水平、增长量和平均增长量，它们都反映社会经济现象在不同时间上所达到的规模。

二、难点释疑

逐期增长量和累计增长量之间的关系是本讲的难点，首先要理解累计和逐期的含义，然后才能深入的理解累计增长量是相应逐期增长量之和，相邻两项累计增长量之差等于相应的逐期增长量。

第 21 讲　时间序列的速度指标分析

问题提出

从［例 10－6］中发现，随着对口援疆政策的逐步落实，新疆的经济水平得到了很大的提升，这一变化反映到各个年份的数据上。2010 年之前 GDP 的逐期增长量都是正的，说明 GDP 总量每年都在增加，只是每年的增加量大小不同，尤其是 2009 年，逐期增长量仅有 93.84 亿元。2010 年确定 19 个省市承担对口支援新疆的任务，新疆 GDP 的逐期增长量有了极大的提升，由 2009 年的 93.84 亿元，提升到 2010 年的1 160.42亿元。至此，我们已经对新疆经济发展有了一个基本的认识，GDP 的总量每年都在提升，但是总量的提升是快还是慢呢？也就是说新疆 GDP 的发展速度和增长速度是多少？因此，本讲提出的问题是：

如何描述现象发展变化快慢的程度？

概念辨析

发展速度是反映社会经济发展程度的相对指标，它是报告期发展水平与基期发展水平对比计算的动态相对数，说明现象报告期水平比基期水平的相对程度。发展速度（%）＝（报告期发展水平/基期发展水平）×100%。由于基期的不同，发展速度可以分为环比发展速度和定基发展速度。环比发展速度指报告期发展水平与其前一期发展水平之比，说明现象逐期发展的相对速度；定基发展速度是指报告期发展水平与某一固定基期发展水平之比，说明现象从某一固定基期到报告期这一段较长时间之内的总发展速度，也称为总速度。

增长速度是报告期增长量与基期水平的比值，说明报告期水平较基期水平纯增减的相对程度。增长速度（%）＝（某指标的增长量/该指标的基期水平）×100%，计算结果若是正值，则叫增长速度，也叫增长率；若是负值，则叫降低速度，也可叫降低率。

增长速度分为环比增长速度和定基增长速度。环比增长速度是逐期增长量与前一期发展水平之比，它表示社会经济现象前一时期的增长速度；定基增长速度是累计增长量与基期发展水平之比，表明社会经济现象在一定时期内增长的总速度。因此，增长速度＝发展速度－1。

平均增长速度是各时期环比增长速度的平均数，说明现象在一个较长时间内逐期递增或者递减的平均速度，平均增长速度等于平均发展速度减 1。

方法应用

一、发展速度和增长速度的计算

（一）发展速度

设时间序列各期发展水平为 $\{y_t\}$，$t=1$，…，T，则环比发展速度等于：

$$\frac{y_1}{y_0},\ \frac{y_2}{y_1},\ \cdots,\ \frac{y_T}{y_{T-1}} \qquad \text{（公式 10.10）}$$

定基发展速度等于：

$$\frac{y_1}{y_0},\ \frac{y_2}{y_0},\ \cdots,\ \frac{y_T}{y_0} \qquad \text{（公式 10.11）}$$

环比发展速度和定基发展速度的关系为：环比发展速度的连乘积等于相应时期的定基发展速度；相邻时期的定基发展速度之商等于相应时期的环比发展速度。

$$\frac{y_1}{y_0}\times\frac{y_2}{y_1}\times\cdots\times\frac{y_{T-1}}{y_{T-2}}\times\frac{y_T}{y_{T-1}}=\frac{y_T}{y_0} \quad \text{（公式 10.12）}$$

$$\left(\frac{y_t}{y_0}\right)\div\left(\frac{y_{t-1}}{y_0}\right)=\frac{y_t}{y_0}\times\frac{y_0}{y_{t-1}}=\frac{y_t}{y_{t-1}},\ t=1,\ \cdots,\ T \quad \text{（公式 10.13）}$$

相应例题见［例 10-7］。

（二）增长速度

增长速度是反映现象发展变化增长程度快慢的相对指标，是增长量与基期水平对比求得，其计算结果一般用倍数或百分数表示，计算公式为增长速度=（某指标报告期水平－该指标基期水平）/该指标基期水平=某指标报告期水平/该指标基期水平－1

可见，增长速度也可以由发展速度减 1（或 100%）求得。由于发展速度有环比发展速度和定基发展速度之分，相应地，增长速度也有环比增长速度和定基增长速度两种。环比增长速度的计算公式如下：

$$\frac{y_1-y_0}{y_0},\ \frac{y_2-y_1}{y_1},\ \cdots,\ \frac{y_T-y_{T-1}}{y_{T-1}} \quad \text{（公式 10.14）}$$

定基增长速度的计算公式如下：

$$\frac{y_1-y_0}{y_0},\ \frac{y_2-y_0}{y_0},\ \cdots,\ \frac{y_T-y_0}{y_0} \quad \text{（公式 10.15）}$$

相应例题见［例 10-8］。

二、平均发展速度与平均增长速度

平均发展速度是各时期环比发展速度的平均数，说明现象在一个较长时间内逐期发展的平均程度。由于一定时期内现象发展的总速度等于各期环比发展速度的连乘积，所以目前计算平均发展速度通常采用几何平均法，计算公式是：

$$\sqrt[T]{\frac{y_1}{y_0}\times\frac{y_2}{y_1}\times\cdots\times\frac{y_{T-1}}{y_{T-2}}\times\frac{y_T}{y_{T-1}}}=\sqrt[T]{\frac{y_T}{y_0}}=\sqrt[T]{R} \quad \text{（公式 10.16）}$$

平均增长速度是各时期环比增长速度的平均数，说明现象在一个较长时间内逐期递增或者递减的平均速度，平均增长速度等于平均发展速度减 1，计算公式如下：

$$\sqrt[T]{\frac{y_1}{y_0}\times\frac{y_2}{y_1}\times\cdots\times\frac{y_{T-1}}{y_{T-2}}\times\frac{y_T}{y_{T-1}}}-1=\sqrt[T]{\frac{y_T}{y_0}}-1=\sqrt[T]{R}-1 \quad \text{（公式 10.17）}$$

［例 10-7］　计算 2000—2014 年新疆 GDP 的环比发展速度、定基发展速度和平均发展速度。

解：环比发展速度和定基发展速度的计算结果见表 10-7。在计算定基发展速度时，以 2000 年 GDP 为基期。

表 10-7　环比发展速度和定基发展速度计算结果

年份	GDP（亿元）	环比发展速度（%）	定基发展速度（%）	年份	GDP（亿元）	环比发展速度（%）	定基发展速度（%）
2000	1 363.56	—	—	2008	4 183.21	118.73	306.79
2001	1 491.60	109.39	109.39	2009	4 277.05	102.24	313.67
2002	1 612.65	108.12	118.27	2010	5 437.47	127.13	398.77
2003	1 886.35	116.97	138.34	2011	6 610.05	121.56	484.76
2004	2 209.09	117.11	162.01	2012	7 505.31	113.54	550.42
2005	2 604.19	117.89	190.98	2013	8 443.84	112.50	619.25
2006	3 045.26	116.94	223.33	2014	9 273.46	109.83	680.09
2007	3 523.16	115.69	258.38	—	—	—	—

平均发展速度为：

$$\sqrt[T]{\frac{y_T}{y_0}}=\sqrt[T]{\frac{y_1}{y_0}\times\frac{y_2}{y_1}\times\cdots\times\frac{y_{T-1}}{y_{T-2}}\times\frac{y_T}{y_{T-1}}}=\sqrt[14]{6.80}=\sqrt[14]{1.09\times1.08\times\cdots\times1.10}=1.15$$

［例 10-8］　计算 2000—2014 年新疆 GDP 的环比增长速度、定基增长速度和平均增长速度。

解： 环比增长速度和定基增长速度的计算结果见表 10-8，在计算定基增长速度时，以 2000 年 GDP 为基期。

表 10-8　环比增长速度和定基增长速度计算结果

年份	GDP（亿元）	环比增长速度（%）	定基增长速度（%）	年份	GDP（亿元）	环比增长速度（%）	定基增长速度（%）
2000	1 363.56	—	—	2008	4 183.21	18.73	206.79
2001	1 491.60	9.39	9.39	2009	4 277.05	2.24	213.67
2002	1 612.65	8.12	18.27	2010	5 437.47	27.13	298.77
2003	1 886.35	16.97	38.34	2011	6 610.05	21.56	384.76
2004	2 209.09	17.11	62.01	2012	7 505.31	13.54	450.42
2005	2 604.19	17.89	90.98	2013	8 443.84	12.50	519.25
2006	3 045.26	16.94	123.33	2014	9 273.46	9.83	580.09
2007	3 523.16	15.69	158.38	—	—	—	—

由平均增长速度等于平均发展速度减 1，可得平均增长速度为：

$$\sqrt[T]{\frac{y_T}{y_0}}-1=\sqrt[T]{\frac{y_1}{y_0}\times\frac{y_2}{y_1}\times\cdots\times\frac{y_{T-1}}{y_{T-2}}\times\frac{y_T}{y_{T-1}}}-1$$

$$=\sqrt[14]{6.80}-1=\sqrt[14]{1.09\times1.08\times\cdots\times1.10}-1=0.15$$

认识拓展

发展速度和增长速度是人们在日常社会经济工作中经常用来表示某一时期内某动态指标发展变化状况的相对数。本讲只涉及了发展速度和增长速度的计算，而没有考虑什么因素决定了经济的发展速度和增长速度，在实际应用中，这些决定因素至关重要，它们让“冰冷”的统计数据具有了灵魂，进而加深了对经济发展的理解。从社会扩大再生产的总体来看，经济发展速度主要取决于社会再生产过程中生产资料生产部门与消费资料生产部门的比例是否合理，两大部门相交换的产品能否平衡，除此之外，比例协调就可保持持久稳定的增长速度；比例失调则会出现大起大落、速度下降的现象。经济发展的高速度还来自社会经济活动的各方面、各环节所取得的良好经济效果，如物质消耗的降低、活劳动的节约、产品质量的提高以及品种的增多和适销对路等等。这些都取决于生产技术的不断进步和经营管理的科学化。总之，不能单纯的看发展速度和增长速度数据本身，必须将这些数据和经济原理结合在一起，和实际结合在一起，要时刻谨记学统计学就是在深入的学习经济学。

本讲小结

一、本讲重点

速度指标。速度指标包括环比发展速度、定基发展速度、环比增长速度、定基增长速度、平均发展速度、平均增长速度，反映社会经济现象在不同时间上经济发展的速度。

二、难点释疑

时间序列数据分析的方法有很多，不同方法之间的联系是本讲的难点，比如时间序列数据分析的水平指标和速度指标之间的联系，主要是环比发展速度、定基发展速度、环比增长速度、定基增长速度之间的联系，只有理解每个概念的内涵，才能掌握他们之间的联系。

第 22 讲　时间序列的分析和预测

问题提出

消费者价格指数（CPI）是居民消费价格指数（Consumer Price Index）的简称。居民消费价格指数是一个反映居民家庭通常所购买的消费品和服务的价格水平变动情况的宏观经济指标。它是度量一组代表性消费商品及服务项目的价格水平随时间变动的相对数，是用来反映居民家庭购买消费商品及服务的价格水平变动情况。CPI 与人民群众的生活密切相关，是进行价格总水平监测和调控的重要指标。表 10 - 9 是 2000—2015 年新疆 CPI 数据，怎样预测下一年的 CPI 呢？首先需要弄清楚它在 2000—2015 年间的变动规律，找出其变化的模式，如果这个模式在未来年能够延续，那么我们就可以用这个模式预测未来的 CPI。因此，本讲提出的问题是：

如何认识时间序列的影响因素并进行了预测？

表 10 - 9　　2000—2015 年新疆 CPI 数据

年份	CPI	年份	CPI
2000	99.40	2008	108.06
2001	104.00	2009	100.74
2002	99.40	2010	104.33
2003	100.40	2011	105.95
2004	102.70	2012	103.83
2005	100.73	2013	103.95

续表

年份	CPI	年份	CPI
2006	101.31	2014	102.11
2007	105.49	2015	100.70

资料来源：《新疆统计年鉴》

概念辨析

一、长期趋势（T）

它是指使各期发展水平在相当长的时间内沿着某一方向上升或者下降的一种态势或者规律性，在事物的发展过程中起着主要的、决定性作用的因素，这类因素使得事物的发展水平长期沿着一定的方向发展，使事物的变化呈现出某种长期的变化趋势。例如，中国改革开放以来，经济是持续增长的，表现为国内生产总值逐年增长的态势。

二、季节变动（S）

季节变动或称季节波动，是指某些现象由于受自然条件和经济条件的影响，从而造成社会经济现象在一年内随着季节的变化而出现周期性波动。如啤酒的销售量由于季节的影响而呈现出淡季、旺季交替变化的周期性变动；某些农产品加工企业，由于受原材料生长季节的影响，其生产也出现周期性变动等等。

三、循环变动（C）

它是造成社会经济现象以若干年为周期涨落起伏波动。这一波动不同于趋势变动，它不是沿着单一的方向持续运动，而是升降相间、涨落交替的变动。它也不同于季节变动，季节变动有比较固定的规律，且变动周期长度在一年以内，而循环变动则无固定规律，变动周期多在一年以上，且周期长短不一。

四、不规则变动（I）

它是时间序列中去除趋势、季节变动和循环波动后的随机波动，受临时的、偶然性的因素或者不明原因的影响而产生的非周期性的随机波动。引起事物发生不规则变动的因素多是一些偶然因素，由于它们的影响，事物的发展变化不再具有规律性。

五、乘法模型和加法模型

时间序列由四个部分组成，即长期趋势（T）、季节变动（S）、循环变动（C）和不规则变动（I）。按照它们影响方式的不同，可以设定为不同的组合模型，最常用的是乘法模型和加法模型。乘法模型的表现形式为：

$$y_t = T_t \times S_t \times C_t \times I_t \quad \text{（公式 10.18）}$$

加法模型的表现形式为：

$$y_t = T_t + S_t + C_t + I_t \quad \text{（公式 10.19）}$$

一个时间序列可能由一种成分组成，也可能同时含有多种成分，观察时间序列的时序图就能大概判断出一个时间序列包含哪些成分。下面通过一个实际的例子来观察时间序列所包含的的成分。

［例 10－9］　根据图 10－2 判定图形所包含的成分。

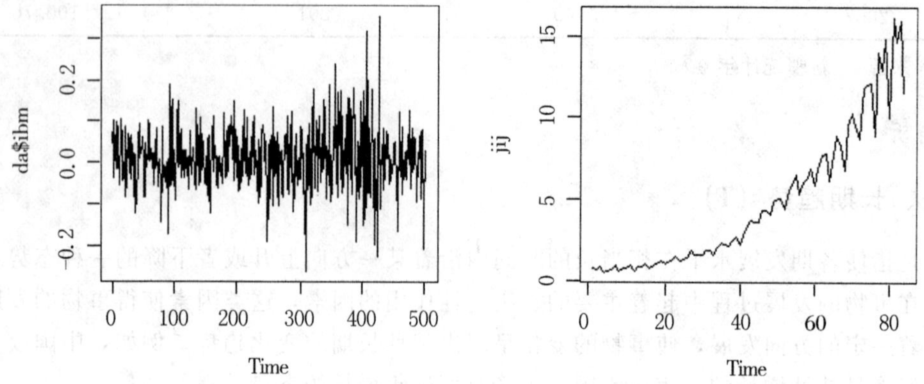

图 10－2　IBM 公司股票连续复合收益和 JNJ 公司销售收入时序图

解： IBM 公司股票连续复合收益没有明显的趋势、季节变动和循环变动，呈现出一定的随机波动。JNJ 公司销售收入呈现出一定的指数变化趋势，同时还有季节变动。

六、预测方法的选择和评估

一个时间序列数据包含的因素越多，预测越困难。最容易预测的是不含趋势和季节变动的时间序列数据，图 10－3 说明了包含不同因素的时间序列数据应该选用的预测方法。

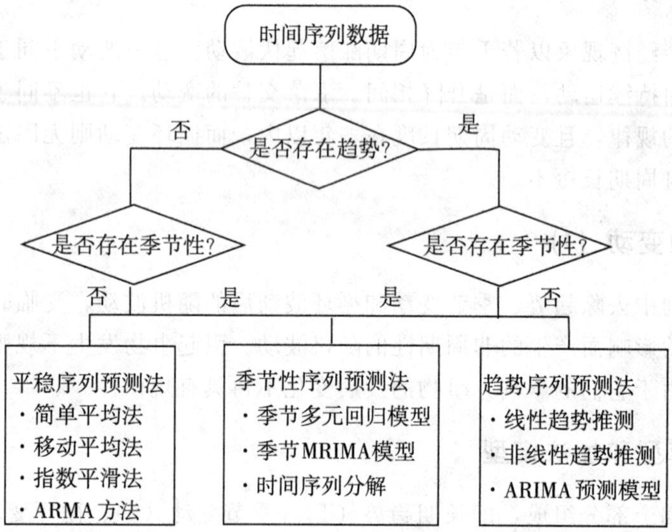

图 10－3　预测方法的选择

由图 10－3 可知，选择什么样的预测方法主要取决于时间序列数据包含什么样的因素，有时预测方法的选择还受限于历史数据的多少和预测的长短，表 10－10[①] 给出了时间序列的

① 本表在贾俊平《统计学》（第五版）表 11－2 的基础上做了拓展。

部分预测方法及其所适合的数据模式、对数据的要求和预测期的长短。

表 10-10　　预测方法的比较

预测方法	适合的数据模式	对数据的要求	预测期
移动平均	平稳序列	数据的个数与移动平均的步长相等	非常短
简单指数平滑	平稳序列	5 个以上	短期
Holt 指数平滑	线性趋势	5 个以上	短期至中期
一元线性回归	线性趋势	10 个以上	短期至中期
指数模型	非线性趋势	10 个以上	短期至中期
多项式函数	非线性趋势	10 个以上	短期至中期
Winter 指数平滑	趋势和季节成分	至少有 4 个周期的季度或者月度数据	短期至中期
含季节哑变量的多元回归	趋势和季节成分	至少有 4 个周期的季度或者月度数据	短期、中期、长期
分解预测	趋势、季节和循环变动	至少有 4 个周期的季度或者月度数据	短期、中期、长期
ARIMA 模型	平稳或可平稳化的序列	至少有 50 个	短期、中期、长期
双线性模型	纯随机非线性	至少有 50 个	短期、中期、长期
马尔科夫转移模型	纯随机非线性	至少有 50 个	短期、中期、长期
非参数方法	纯随机非线性	至少有 50 个	短期、中期、长期

判断预测好坏的标准主要有平均误差、平均绝对误差、均方误差、平均百分比误差和平均绝对百分比误差，本章使用均方误差（MSE）判断预测的质量，均方误差的定义如下：

$$MSE=\frac{\sum_{t=1}^{T}(y_t-\tilde{y})^2}{T} \qquad \text{（公式 10.20）}$$

其中 y_t 为观测值，$\tilde{y}$ 为预测值。

方法应用

一、长期趋势的测度

如果一个时间序列的一阶矩和二阶矩与时间无关，则称其为协方差平稳过程，平稳序列的预测方法有简单平均法、移动平均法、指数平滑法。当时间序列数据中含有线性趋势时，序列是不平稳的，可以使用线性趋势模型进行预测，本章主要介绍一元线性回归模型。

1. 简单平均法

通过现有的 t 期观测值，利用简单平均数预测下一期的数值，计算公式如下：

$$\tilde{y}_{t+1}=\frac{y_1+\cdots+y_t}{t} \qquad \text{（公式 10.21）}$$

预测误差为：

$$e_{t+1}=y_{t+1}-\tilde{y}_{t+1} \qquad \text{（公式 10.22）}$$

简单平均法适合对较为平稳的时间序列进行预测，由于仅用之前多期的算术平均来预测下一期，准确性较低，如果时间序列有趋势或者季节成分，准确性将进一步降低。

［**例 10－10**］　表 10－9 是新疆 2000—2015 年的 CPI 数据，请利用简单平均法预测 2016 年的 CPI。

解：$\tilde{y}_{2016}=\dfrac{y_{2000}+\cdots+y_{2015}}{16}=\dfrac{99.4+\cdots+100.7}{16}=102.7$

2. 移动平均法

移动平均法是选择固定长度的移动间隔，将时间序列逐项推移，依次计算包含一定项数的序时平均数，以此进行预测的方法。移动平均法是用一组最近数据值来预测未来一期或几期数据的一种常用方法。设移动间隔长度为 k（$1<k<t$），则 $t+1$ 期的移动平均预测值为：

$$\tilde{y}_{t+1}=\frac{y_{t-k+1}+y_{t-k+2}+\cdots+y_{t-1}+y_t}{k} \qquad \text{（公式 10.23）}$$

移动平均法在预测下一期数值时只是使用了最近 k 期的数据，每次计算移动平均时移动的间隔都是相同的。移动平均的一个难点是 k 值应该如何确定，通常情况下，我们可以选择不同的 k 值进行预测，然后计算预测的均方误差，选择一个使预测均方误差最小的 k 值。

［**例 10－11**］　利用表 10－9 新疆 2000—2015 年的 CPI 数据，设移动间隔长度为 3，使用移动平均法预测 2016 年新疆的 CPI，并计算相应的预测误差。

解：结果见表 10－11。

表 10－11　　移动平均法预测结果

年份	CPI	预测	误差	年份	CPI	预测	误差
2000	99.40	—	—	2008	108.06	102.51	5.55
2001	104.00	—	—	2009	100.74	104.95	−4.21
2002	99.40	—	—	2010	104.33	104.76	−0.43
2003	100.40	100.93	−0.53	2011	105.95	104.37	1.57
2004	102.70	101.27	1.43	2012	103.83	103.67	0.15
2005	100.73	100.83	−0.10	2013	103.95	104.70	−0.76
2006	101.31	101.28	0.04	2014	102.11	104.57	−2.47
2007	105.49	101.58	3.90	2015	100.70	103.29	−2.59
—	—	—	—	2016	—	102.25	—

3. 指数平滑法

指数平滑法是把 t 期的实际值 y_t 和 t 期的平滑值 $\tilde{y}_t$ 加权平均作为 $t+1$ 期的预测值 $\tilde{y}_{t+1}$，就一次指数平滑而言，其计算公式是：

$$\tilde{y}_{t+1}=\alpha y_t+(1-\alpha)\tilde{y}_t \qquad \text{（公式 10.24）}$$

指数平滑法兼具全期平均和移动平均的优点，充分利用所有数据所蕴含的信息，不舍弃过去的数据，但是给予逐渐减弱的权重，即随着数据的远离，赋予逐渐收敛为零的权数。通过叠代一次指数平滑公式可以清晰的认识到指数平滑的含义，见下式：

$$\tilde{y}_{t+1}=\alpha y_t+(1-\alpha)\tilde{y}_t=\alpha y_t+(1-\alpha)[\alpha y_{t-1}+(1-\alpha)\tilde{y}_{t-1}]$$
$$=\alpha y_t+\alpha(1-\alpha)y_{t-1}+(1-\alpha)^2\tilde{y}_{t-1}$$
$$=\alpha y_t+\alpha(1-\alpha)y_{t-1}+(1-\alpha)^2[\alpha y_{t-2}+(1-\alpha)\tilde{y}_{t-2}]$$
$$=\alpha y_t+\alpha(1-\alpha)y_{t-1}+\alpha(1-\alpha)^2 y_{t-2}+(1-\alpha)^3\tilde{y}_{t-2}$$
$$=\cdots=\alpha y_t+\alpha(1-\alpha)y_{t-1}+\alpha(1-\alpha)^2 y_{t-2}+\cdots+\alpha(1-\alpha)^{t-1}\tilde{y}_1$$
$$=\alpha y_t+\alpha(1-\alpha)y_{t-1}+\alpha(1-\alpha)^2 y_{t-2}+\cdots+\alpha(1-\alpha)^{t-1}y_1 \quad \text{（公式 10.25）}$$

假设第一期的平滑值等于 y_1。由公式 10.25 可知，在预测 $t+1$ 期的数据时，充分考虑 y_1 到 y_t 所含的信息，但是 $t+1$ 期之前信息的作用随着时间的远离按照指数衰减，这就是指数平滑法的由来。

使用指数平滑法预测的一个关键问题是 α 的选择，因为不同的 α 对预测结果会产生不同的影响。由一次指数平滑的计算公式可知，如果 α 等于 1，意味着用当期的实际值来预测下一期，如果 α 等于 0，意味着预测值仅仅是重复上一期的预测结果。α 越接近 1，当期的实际值就越重要，模型对时间序列变化的反应就越及时。α 越接近 0，说明上一期的预测结果越重要，模型对时间序列变化的反应就越慢。一般而言，当时间序列比较平稳时，适宜选择较大的 α，时间序列随机波动较大时，适宜选较小的 α，一般 α 的取值不大于 0.5。

[例 10 - 12]　利用表 10 - 9 中新疆 2000—2015 年的 CPI 数据，利用一次指数平滑预测 2016 年新疆的 CPI（$\alpha=0.3$），并计算相应的预测误差。

解： 结果见表 10 - 12。

表 10 - 12　　**一次指数平滑法预测结果**

年份	CPI	预测	误差	年份	CPI	预测	误差
2000	99.40	—	—	2008	108.06	102.40	5.66
2001	104.00	99.40	4.60	2009	100.74	104.09	−3.36
2002	99.40	100.78	−1.38	2010	104.33	103.09	1.24
2003	100.40	100.37	0.03	2011	105.95	103.46	2.49
2004	102.70	100.38	2.32	2012	103.83	104.21	−0.38
2005	100.73	101.07	−0.34	2013	103.95	104.09	−0.15
2006	101.31	100.97	0.34	2014	102.11	104.05	−1.94
2007	105.49	101.07	4.41	2015	100.70	103.47	−2.77
—	—	—	—	2016	—	102.64	—

4. 直线趋势模型

当序列存在明显的线性趋势时，可以使用线性趋势模型进行预测。线性趋势时间序列按照一个固定的常数增长或者下降，时间序列中含有线性趋势时，可以使用一元线性回归模型进行预测。

用 $\hat{y}_t$ 表示 y_t 的预测值，一元线性回归模型的预测方程为：

$$\hat{y}_t=\alpha_0+\alpha_1 t \quad \text{（公式 10.26）}$$

其中 α_0 是截距项，α_1 是趋势线的斜率，表示时间 t 变动一个单位时，因变量 y_t 的平均变动。截距项和斜率项可以使用最小二乘法（OLS）估计得到，估计结果为：

$$\begin{cases} \hat{\alpha}_1 = \dfrac{\sum_{i=1}^{T}(t_i - \bar{t})(y_i - \bar{y})}{\sum_{i=1}^{T}(t_i - \bar{t})^2} \\ \hat{\alpha}_0 = \bar{y} - \hat{\alpha}_1 \bar{t} \end{cases} \qquad \text{（公式 10.27）}$$

线性趋势预测的误差可以用回归结果中的标准误来衡量。

[例 10－13]　表 10－13 第二列是新疆 2001—2013 年城镇职工医疗保险和城镇居民医疗保险的和，请用一元线性回归方程预测 2013 年新疆城镇职工医疗保险和城镇居民医疗保险的和。

解：根据最小二乘法求得的一元回归方程为：

$\hat{y}_t = -14.72 + 9.74t$

判定系数 $R^2 = 0.929$，表 10－13 给出了预测值和预测误差。如果要预测 2013 年新疆城镇职工医疗保险和城镇居民医疗保险的和，只需让 t 等于 13，带入到回归方程，可得

$\hat{y}_t = -14.72 + 9.74t = -14.72 + 9.74 \times 13 = 111.9$（亿元）

表 10－13　**城镇职工医疗保险和城镇居民医疗保险的和**　单位：亿元

年份	医疗保险	时间 t	预测值	预测误差
2001	5.52	1	－4.97769	10.50
2002	9.69	2	4.76507	4.92
2003	16.57	3	14.50783	2.06
2004	26.00	4	24.25059	1.75
2005	30.87	5	33.99336	－3.12
2006	35.30	6	43.73612	－8.44
2007	41.40	7	53.47888	－12.08
2008	52.30	8	63.22164	－10.92
2009	65.01	9	72.96441	－7.95
2010	80.92	10	82.70717	－1.79
2011	99.17	11	92.44993	6.72
2012	120.54	12	102.1927	18.35
2013	138.98	13	111.94	27.04

二、季节变动因素的测度

与测定长期趋势相比，季节变动分析要求时间序列数据具有短时期、长时距的特点。所谓“短时期”，即要求时间序列中各项数值所涉及的时间长度应小于“年”，通常以“季节”或“月份”为时间单位。各项数值若以“年度”为时间单位，时间序列无法进行季节变动的分析。所谓“长时期”，即要求时间序列一般至少具有连续三年的资料。若以“季节”为时

距，则至少要有连续 12 个季节的资料；若以“月份”为时距，则至少要有连续 36 个月的资料。对时间序列“长时期”的要求是为了消除不同年度相同“季节（或月份）”的数值可能受到的偶然性因素的影响。

分析季节变动的方法一般有：按季（或月）平均法和趋势剔除法，其中按季（按月）平均法不考虑现象的长期趋势，而趋势剔除法考虑了现象的长期趋势。

（一）按季（月）平均法

这种方法不考虑现象的长期趋势。所谓“不考虑长期趋势”是指现象本身向上或向下发展的长期趋势不明显，或者即使存在长期趋势，我们为了把问题大大简化，对长期趋势不予考虑，只考虑现象受季节变动和不规则变动的影响。所以，按季（月）平均法，是分析季节变动常用的最简单的一种方法。

［例 10 - 14］　表 10 - 14 是某地 2015—2017 年汗衫背心的销售情况，请以此数据说明如何使用按季（月）平均法计算季节比率。

表 10 - 14　　汗衫背心销售量季节变动分析表（按季平均法）　　单位：万件

季度＼年份	2015	2016	2017	同季合计	同季平均	季节比率（%）
1	400	560	1 400	2 360	787	21.70
2	3 600	6 800	10 500	20 900	6 967	192.14
3	3 000	6 200	9 600	18 800	6 267	172.84
4	300	450	700	1 450	483	13.32
合计（或平均）	7 300	14 010	22 200	4 351	3 626	400.00

解：用按季平均法分析季节变动，一般要经过以下三个步骤：

第一步，计算各年同季的平均数。如三年三个第一季度的平均数为：

$$\frac{400+560+1\ 400}{3}=787\text{（万件）}$$

三年三个第二季度的平均数为：

$$\frac{3\ 600+6\ 800+10\ 500}{3}=6\ 967\text{（万件）}$$

同理可求三年三个第三、四季度的平均数。计算同季平均数的目的就是为了消除不规则变动的影响。如本例中，三年的三个第一季度销售量是不同的。由于不考虑长期趋势，那么我们认为这种“不同”，是受偶然性因素影响而发生的不规则变动。因此，就用计算的平均数（787 万件）作为第一季度的销售量的一般水平，依次类推。

第二步，计算全期各季节的总平均数，即：

$$\frac{7\ 300+14\ 010+22\ 200}{12}=3\ 626\text{（万件）}$$

第三步，计算各季度的季节比率。季节比率等于同季平均数除以总平均数，如，一季度季节比率等于：

$$\frac{787}{3\ 626}=21.70\%$$

二季度季节比率等于：

$\frac{6\ 967}{3\ 626}=192.14\%$

同理可得其他季节比率，从表10－14末栏计算的各季度季节比率可以看出，第二季度和第三季度季节比率比较高，说明这两个季度是该地区汗衫背心销售的旺季，而第一季度和第四季度季节比率比较低，即这两个季度是该地区汗衫背心销售的淡季。

从计算季节比率的过程可以看出，季节比率之所以能反映现象的季节变动情况，就是用各季度销售量的一般水平除以季度总平均数为对比标准，用高出或低于这个对比标准的程度相对地反映季节变动规律。

（二）趋势剔除法

这种方法是考虑现象不仅受季节变动的影响而且还受长期趋势和不规则变动的影响。因此，需要剔除长期趋势并消除不规则变动的影响从而测定季节变动的规律。从表10－14可以看出，在三年相同的季度里，各季度汗衫背心的销售量都比上年同期有所增加，显然这是向上发展的长期趋势。在按季（月）平均中，不考虑这种趋势仅仅认为是不规则变动，通过计算同季平均数将其消除，这种处理方法未免太简单。下面的例子说明了趋势剔除法测定季节变动的三个步骤。

［例10－15］　用趋势剔除法计算季节比率。

表10－15　　**汗衫背心销售量季节变动分析表（趋势剔除法）**

年、季	序号	销售量（万件）	x^2	xy	趋势值 $\hat{y}$	$y/\hat{y}$（%）	季节比率（%）
（甲）	（1）	（2）	（3）	（4）	（5）	（6）	（7）
2015.1	1	400	1	400	1 426.4	28.04	25.61
2	2	3 600	4	7 200	1 826.3	197.12	201.51
3	3	3 000	9	9 000	2 226.2	134.76	157.92
4	4	300	16	1 200	2 626.1	11.42	11.36
2016.1	5	560	25	2 800	3 026.0	18.51	25.61
2	6	6 800	36	40 800	3 425.9	198.49	201.51
3	7	6 200	49	43 400	3 825.8	162.06	157.92
4	8	450	64	3 600	4 225.7	10.65	11.36
2017.1	9	1 400	81	12 600	4 625.6	30.27	25.61
2	10	10 500	100	105 000	5 025.5	208.93	201.51
3	11	9 600	121	105 600	5 425.4	176.95	157.92
4	12	700	144	8 400	5 825.3	12.02	11.36
合计	78	43 510	650	340 000	—	—	—

解： 第一步，测定长期趋势。测定长期趋势的方法上一节已经介绍，这里用直线趋势模型。

$$b=\frac{n\sum xy-\sum x\sum y}{n\sum x^2-\left(\sum x\right)^2}=\frac{12\times 340\ 000-78\times 43\ 510}{12\times 650-(78)^2}=399.9$$

$$a=\frac{\sum y}{n}-b\frac{\sum x}{n}=\frac{43\ 510}{12}-399.9\times\frac{78}{12}=1\ 026.5$$

则：$\hat{y}=1\ 026.5+399.9x$，把 $x=1$、2、…、12分别代入，即得各季度趋势值，见表

10－15第（5）栏。

第二步，剔除长期趋势。就是用销售量的实际值除以相应的趋势值（剔除长期趋势还可以用减法，此方法这里不再讨论），见表10－15第（6）栏。

第三步，消除不规则变动，计算季节比率。第（6）栏数据是不包含长期趋势、但包含季节变动和不规则变动的数据，把不规则变动消除后，即是反映季节变动规律的季节比率。消除不规则变动的方法是对同季度数据计算平均数。第一季度的季节比率是：

$$\frac{28.04+18.51+30.27}{3}=25.61\%$$

同理可求其他季度的季节比率，计算结果见上表最后一栏。

用趋势剔除法计算的季节比率与按季（月）平均法计算的季节比率结果不完全一致，但反映季节变动的规律性是一致的。由于趋势剔除法考虑了趋势变动的影响，所以计算的结果比按季平均法要精确些。

认识拓展

本讲内容是时间序列的预测，主要有简单平均法、移动平均法、指数平滑法、线性趋势预测法、按季或者月平均和趋势剔除方法。除了本讲所涉及的内容，还有季节性预测方法，包括季节多元回归模型、季节ARMA模型和非线性趋势预测等，这些方法可用于包含季节成分、非线性趋势时间序列数据的预测，如何对这样的数据进行预测还需要我们进一步探讨。

本讲小结

一、本讲重点

1. 移动平均法。移动平均法是选择固定长度的移动间隔，将时间序列逐项推移，依次计算包含一定项数的序时平均数，以此进行预测的方法。在进行预测时，移动间隔的选择是该方法的重点，要掌握利用预测误差选择移动间隔的方法。

2. 指数平滑法。指数平滑法兼具全期平均和移动平均的优点，充分利用所有数据蕴含的信息，随着数据的远离，赋予逐渐收敛为零的权数。使用指数平滑法预测的关键是α的选择，这也是使用该方法时需要重点关注的内容。

3. 直线趋势模型。线性趋势时间序列按照一个固定的常数增长或者下降，时间序列中含有线性趋势时，可以使用直线趋势模型进行预测。

4. 趋势剔除法。如果某一现象不仅受季节变动的影响而且还受长期趋势和不规则变动的影响，可用趋势剔除法。此法需要剔除长期趋势并消除不规则变动的影响，从而测定季节变动的规律。

二、难点释疑

时间序列数据分析的方法有很多，从方法本身和不同方法之间的对比来看，有如下几个难点：第一，移动平均法在将时间序列逐项推移时，需要首先确定移动间隔，移动间隔的不同，将极大的影响预测结果，在实际应用中可以根据数据的多少和预测的均方误差来确定移动间隔，应该选择使预测误差最小的移动间隔。第二，指数平滑法的难点是α的选择，实际应用时，可选择多个α进行比较，选择预测误差最小的α作为最后的α值，还需注意的是，一般α的取值不大于0.5，若α过大，通常说明时间序列数据波动过大或者有某种趋势，不适合使用指数平滑法。第三，有如此多的时间序列数据预测方法，仅本章就涉及了时间序列数据预测的四种方法，哪个方法更合适？这一问题没有准确的答案，这要取决于数据的特征，有些方法适用于较短的数据，有些方法适用于较长的数据，有些方法适用于含季节成分的数据等等，请参考表10－10不同预测方法的比较，并在实际中体会各个方法的优劣。

本章小结

本章主要讲解了时间序列数据分析的基本方法，包括时间序列数据的发展水平、增长量、发展速度等，以及时间序列数据的预测方法，包括简单平均、移动平均、指数平滑、直线趋势模型等，在掌握这些方法的基础上，重点是理解这些方法之间的区别和联系，能够灵活的运用这些方法发现时间序列数据中所蕴含的经济规律。

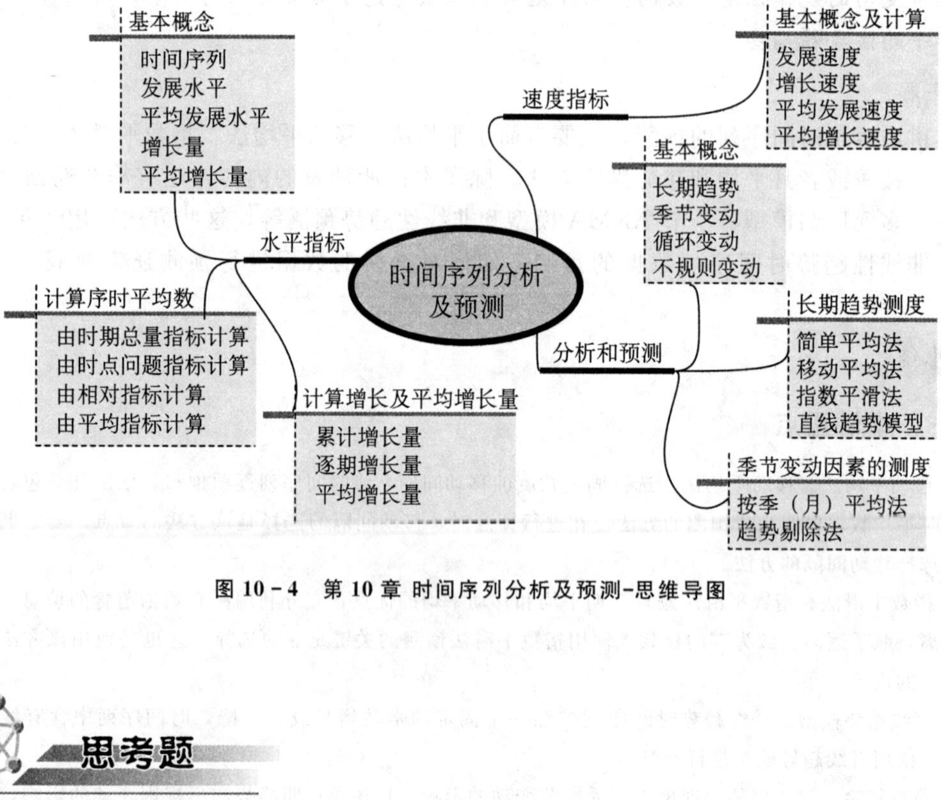

图 10－4　第 10 章 时间序列分析及预测－思维导图

思考题

1. 什么是时间序列？有哪些种类？
2. 序时平均数的计算方法有哪些？
3. 什么是逐期增长量和累计增长量？他们之间的联系是什么？
4. 什么是环比发展速度和累计发展速度？他们之间的联系是什么？
5. 什么是增长速度？增长速度和发展速度之间的关系是什么？
6. 时间序列数据的预测方法有哪些？他们各具有怎样的特点？

案例讨论

【案例 10－1】

预测时间序列数据的方法有很多（参考表 10－10），每种方法各有自己的优点和缺点，也有各自的适用范围，表 10－16 是新疆 2004—2018 年寿险保费收入（单位：亿元），请选用尽可能多的预测方法，并计算相应的均方误差，比较各种方法的预测精度。

表 10－16　　2004—2018 年新疆保费收入　　　　单位：亿元

年份	保费收入	年份	保费收入	年份	保费收入	年份	保费收入
2004	68.13	2008	152.51	2012	235.56	2016	439.90
2005	72.50	2009	156.69	2013	273.49	2017	523.77
2006	85.41	2010	190.92	2014	317.40	2018	577.26
2007	105.62	2011	203.61	2015	367.43	—	—

资料来源：2004—2018 年新疆维吾尔自治区国民经济和社会发展统计公报。

延伸阅读

1. 恩德斯著，杜江等译. 应用计量经济学：时间序列分析［M］，机械工业出版社，2012 年第 1 版。

2. Box，George，and Gwilym Jenkins. Time Series Analysis：Forecasting and Control［M］. San Francisco Calif Holden Day，1976.

第 10 章　应用实验

第 10 章　练习题

第 11 章　统计指数分析

开篇导读

大家来淋“指数雨”

不知您是否留心到，也不知您是否意识到，我们身边实际围绕着许多的指数。

都说中国是世界工厂，那咱就从工业建筑业生产的指数点起吧：中国柯桥纺织指数、棉花展望指数 Cotlook、宝山钢铁指数、塑料价格指数、义乌小商品指数、盛泽丝绸化纤指数、华强北电子市场价格指数、中关村价格指数、72 城市 IT 发展指数、MySpic 指数（钢 材）、生产者价格指数（PPI）、工程造价指数、建筑施工指数、道路施工指数、变压器检修指数、城市用电负荷指数、淡水养殖指数、全国制造业质量竞争力指数……

光是生产出来还不成，还得运输，还得交易，于是又有了商业、交通类的指数：中国非制造业商务活动指数、消费者价格指数（CPI）、淘宝 CPI、全国农产品批发价格指数、中国农产品市场趋势指数、对外贸易指数、中国集装箱运价指数、中国沿海散货运价指数、BDI（波罗的海航交所）、仓储干湿指数、美国运通亚太地区机票价格指数、中国港口综合竞争力指数、民航服务满意度指数、携程中国商旅指数……

关心生存的环境么？请看：污染扩散指数、紫外线指数、酷热指数、气候指数（干躁指数、湿润指数、季风指数）、东亚季风监测指数、人体舒适度指数、体感温度指数……

您喜欢过小日子么？请看：空调开启指数、穿衣指数、洗衣指数、晾晒指数、中暑指数、防晒指数、霉变指数、商场客流量指数、着装厚度指数、增减衣指数……

您在乎自己和家人的身体么？请看：血糖指数、加菲猫指数、体质指数（体脂肪健康指数 BMI）、感冒指数、脑血管病指数、冠心病指数、呼吸道炎症指数、“夜猫子”指数、工作倦怠指数、抗压指数、杜蕾斯全球性福指数……

您热衷于锻炼么？请看：晨练指数、户外体育运动指数、划船指数、钓鱼指数、爬山指数、郊游指数、日出欣赏指数、红叶指数、高速公路行车指数……

……

指数啊，指数，哪里您都勇往直前么？繁荣到了这个份上，无处不在，无时不有，似乎很哲学噢！

——摘自邱东，《“指数化时代”开启与经济统计作为》系列文章，

中国统计，2009（07）第 29 页，（09），第 36 页

何谓指数？指数对我们个人的生活、社会的发展有什么影响？本章将向你介绍统计指数的概念，统计指数的作用，各种统计指数的编制原则及方法，以及利用指数体系进行因素分析等内容。

学习目标

一、明确统计指数、同度量因素、指数体系的概念。

二、掌握各种指数编制原理及方法，掌握用指数体系进行因素分析。

三、了解几种常用统计指数的编制方法及应用。

第 23 讲　统计指数概念与编制

问题提出

统计指数是度量客观现象变量随时间推移而发生变化的一种统计方法。从广义上说，是我们学过的相对指标。具体说，就是我们第 10 章学过的“发展速度”与“增长速度”指标的拓展应用。不信，学完本讲你就会说，统计指数原来如此简单。的确，统计指数不难，它的概念虽然简单，内涵却很丰富，需要我们认真领会。因此，本讲提出的问题是：

如何理解统计指数的内涵与外延？

概念辨析

一、统计指数的概念

统计指数，起源于对物价变动的研究，1675 年，英国经济学家伏亨（Rice Vaughan）在其所著的《铸货币及其货币铸造论》一书中，将 1650 年的谷物、家畜、鱼类、布帛与皮革等商品的价格分别与 1352 年的价格相比较来考察商品价格的变动情况，这是个体价格指数和统计指数的萌芽。

注意：

$$\frac{\text{今天的面包价格}}{\text{昨天的面包价格}}=\text{指数}$$

$$\frac{\text{今天的面包、鸡蛋、食用油价格}}{\text{昨天的面包、鸡蛋、食用油价格}}=\text{指数}$$

而以下 6 个指标：

全国发电装机容量比上年末增长 8.2%；全年粮食产量减产 0.8%；

企业商品零售额中化妆品类增长 8.3%；工业生产者出厂价格下降 1.4%；

全年房地产开发投资比上年增长 6.9%；全年人民币平均汇率比上年贬值 6.2%。

也是指数。那么，指数到底如何定义呢？

统计指数（Index number），简称指数，是考察现象数量对比关系的相对数。指数有广义和狭义之分。广义的指数泛指社会经济现象总体在时间上或空间上的数量变动的相对数。因此，不仅上例中的算式和指标是指数，而且本教材第 4 章中介绍的结构相对指标、比例相对指标、比较相对指标、强度相对指标、计划完成程度相对指标、动态相对指标也都可以称为指数。在现实中，人们总希望能借助一定的统计指标来反映事物发展变化的方向和所达到的程度，以便能对事物的发展变化进行客观的比较、定位和认识。例如，人们往往会关心“现在的物价水平比过去上升了还是降低了？居民收入水平增加了还是减少了？不同区域居民收入的差距扩大了还是缩小了？1 元人民币相当于多少美元（或欧元、日元等）？空气质量变好了还是变差了？社会治安状况改善了还是恶化了？生活质量提高了还是下降了？全面小康建设进程如何？”等问题。要回答这些问题，就必须把事物在时间上、空间上的对比通过某一个尺度来反映，这就是统计指数。

但人们通常所说的指数，是狭义的指数，它不以研究个别事物或简单现象的数量变动为主要任务，而是以研究复杂现象总体某种数量的综合变化作为主要任务。所谓复杂现象总体，就是指那些由于各个部分的不同性质而在研究其数量特征时不能直接进行加总或直接对比的总体。也就是说，狭义上的统计指数是指反映复杂现象总体某一方面数量的综合变化方向和程度的相对数。例如，我们研究商品零售价格水平的变化，并不是只针对一种一款商品，而是针对所有范围内的商品，即商品零售价格指数是反映某一区域（空间）范围内所有商品的价格综合变化方向和程度的指标。例如，国家统计局发布的 2018 年统计公报中提到：全年居民消费价格比上年上涨 2.1%，工业生产者出厂价格上涨 3.5%，工业生产者购进价格上涨 4.1%，固定资产投资价格上涨 5.4%，农产品生产者价格下降 0.9%。这些数据加上 100%就是各相应的价格指数，它们都是各种范围内有关商品或产品价格变动综合的结果，属于狭义的指数。

二、统计指数的特性

统计指数具有相对性、综合性、平均性、动态性等特点，正是这些特点使它成为一个非常适用的统计工具。

（一）相对性

统计对客观现象的认识是建立在数量化的基础之上的，对客观现实的把握，仅知道“总共有多少”不成，还需要在比较中来鉴别事物。在四则运算中，加法、乘法适合用于总量统计，减法、除法则适合用于比较，但与除法相比，减法容易受到量纲的影响，比如计量单位不同的统计量就不能相减，相对数则没有这种局限，所以更适于事物的比较。指数这一工具就是在相对数意义上的使用。

指数是社会经济现象综合数量在不同场合下对比的相对数，它可以度量一个变量或一种现象在不同时间或不同空间的对比变化。例如，2017 年 3 月 23 日，新疆石河子地区的鸡蛋单价为伊犁地区鸡蛋单价格的 110%，2017 年全年全国居民人均可支配收入为上年的 108.7%，比上年增长 8.7%，扣除价格因素，实际增长 6.5%。

（二）综合性

指数的综合性，是把复杂事物简单化，最后得出一个综合性或者说整体性的结论，这也是狭义指数的核心思想。指数的结果是一维的，让人容易判断和决策，就好像什么事或物排成了一排，谁在哪个位置一目了然，就容易分出来先后了。

大数据时代信息大爆炸，面对着无从下手的海量信息，指数的综合性或许可以帮助克服识别上的困难，帮助人们使用有效信息，指数也由此被广泛使用。

（三）平均性

虽说指数是一个相对数，但它也同时具有平均数的性质，因为它的计算往往得采取平均的方式，用得最多的是加权平均。由于各个个体的变动参差不齐，指数所反映的总体变动只能是一种平均意义上的变动，充分考虑不同因素对事物成长的重要程度。这样处理有一个无形的好处，在事物比较的同时，又为人们建立了一个较为客观的评价标准，不仅可用来比较，还可以用来校正，从而满足了为鉴别而比较的深层次目的。

（四）动态性

指数的动态性可以归结为两个方面，一是短期比较的快捷，二是长期比较的丰富。一方面，如今社会变化较快，生活节奏急促，人们希望自己能跟上这种节奏，就要借助于指数。另一方面，也有相当多的人还希望能够理性地判断一个事物的长期趋势，这也要借助于指数。指数最开始就只是动态相对数，到了现代，虽然人们可以把指数的定义扩展到动态对比以外，但总体而言，指数应用还是以时间序列的动态分析为主。一般来说，时间维度上信息链条越长，就越是容易通过数据挖掘得出衍生品以及更有价值的深层次信息，对其进行时间序列的动态分析越容易得出令人信服的结论，也就是所谓长期追踪所产生的历史对比效果，其优势就越明显。

三、统计指数的作用

统计指数是是一个有效的描述工具，在经济社会领域分析中有着广泛的应用，其作用可归纳为以下几个方面：

（一）可以综合反映复杂现象总体某一方面数量的变动方向、变动幅度

指数的计算结果一般都用百分比表示，这个百分比大于或小于 100%，表示上升或下降变动的方向，比 100%大多少或小多少，就是升降变动的幅度。例如，我国 2017 年全年居民消费价格比上年增长 8.4%，说明居民在食品烟酒、衣着、居住、生活用品及服务、交通通信、教育文化娱乐、医疗保健、其他用品及服务等方面的消费价格可能有涨有跌，但综合来看是上涨了 8.4%，表明了消费品这个复杂总体在价格这个数量的总变动方向和程度。

（二）可以对所研究现象总体的某种数量总变动进行因素分析

在现实中，很多现象的某种数量变动都要受多种不同因素的影响。例如，产品的销售额的变动受产品销售量和产品价格这两个基本因素变动的影响。利用产品销售量、价格、销售额指数构成的指数体系，不仅可以反映产品销售额的变动情况，而且还可以分别从产品销售量变动和产品价格变动这两个方面对销售额变动的影响做出分析，包括影响的方向、影响的程度和影响的绝对效果。

（三）可以反映现象数量在长时期内的变动趋势

编制一系列同类现象变动情况的指数形成指数体系，可以反映事物在长时期内的发展变化过程、规律和趋势。这种方法特别适用于对比分析有联系而性质又不同的动态数列之间的变动关系。因为利用指数的变动进行比较，可以解决不同性质数列之间不能对比的问题。例如，把历年的居民消费价格指数加以排列，就可以清楚地表明居民消费品价格的长期变化过程、所呈现的规律和可能的发展趋势。

（四）可以对社会经济现象进行综合评价和测定

随着指数分析方法在实际应用中的不断发展，运用指数还可以对多指标的变动进行综合测评。许多经济现象都需要多指标构成的指标体系进行系统的描述和多角度的分析。为了在数量上对多个指标变动程度和差异程度进行综合的测定和评判，也常常运用指数，如综合国力指数、企业竞争力指数。

四、统计指数的种类

由于研究目的和编制方法不同，要非常准确地概括出统计指数的分类是困难的，以下是几种常用的分类。

（一）统计指数按所反映的对象范围不同，可以分为个体指数与总指数

个体指数是考察总体中单个事物或单个项目某一数量对比关系的相对数，也就是同一种现象报告期数值与基期数值对比而得到的发展速度，即属于广义的指数。个体指数按对比指标的性质不同，可划分为数量指标个体指数和质量指标个体指数。数量指标个体指数是反映某一事物单一物量变动的相对数，如某只股票交易量指数；质量指标个体指数是反映某一事物某个质量指标变动的相对数，如某只股票价格指数。个体指数是计算总指数的基础。

总指数是反映复杂现象数量综合变动的相对数，即狭义的指数。如全部工业产品总产值指数，居民消费价格指数等。总指数与个体指数的区别不仅在于考察范围的不同，还在于考察方法的不同。总指数不能简单地沿用一般相对指标的计算分析方法，也不一定能够具备一般相对指标的某些直观分析性质。

总指数与个体指数的区别不仅在于考察范围的不同，也在于计算方法不同。

总指数按照编制的方法不同（主要由于所掌握的数据资料条件不同），又分为综合指数、平均指数和平均指标指数。

综合指数是应用综合法由两个总量指标对比而形成的指数，按其说明的指标性质不同，可分为数量指标综合指数和质量指标综合指数。数量指标综合指数是说明总体在规模水平上变动的相对数，它能够综合反映数量指标的变动方向和程度。如产品产量综合指数、商品销售量综合指数、能源消耗量综合指数等。质量指标综合指数是说明总体某种质量指标变动的相对数，如商品零售价格综合指数、产品单位成本综合指数、股票价格综合指数等。与数量指标综合指数和质量指标综合指数密切相关的是总值指数，它是指复杂现象总体报告期总值指标与基期总值指标对比的结果，它是一种特殊的指数，它的考察范围显然与总指数一致，但计算方法和分析特性与个体指数相似。如总销售额指数，总成本指数、总产值指数等。总值指数与若干个数量指标指数和质量指标指数构成指数体系。

平均指数是计算总指数的另一种形式，是个体指数（或类指数）的加权平均而形成的指数，包括加权算术平均数指数和加权调和平均数指数。加权算术平均指数，就是个体指数的加权算术平均数，即采用加权算术平均的方法，对个体指数进行加权平均。加权调和平均指数，就是个体指数的加权调和平均数，即采用加权调和平均的方法，对个体指数进行加权平均。

平均指标指数也是总指数的一种形式，它是平均指标两个不同时期的数值对比形成的指数，反映现象平均动态的变动方向和程度。

当然，个体指数与总指数的区分是相对的，这是由个体与总体关系的相对性所决定的。事实上，介于个体指数与总指数之间还有组指数、类指数等。例如在居民消费价格指数中，衣着价格指数就是其中的一个类指数。类指数实际上亦是总指数，其编制方法与总指数相同。

（二）统计指数按对比的场合不同，可以分为静态指数与动态指数

静态指数也称空间指数，是指同类现象的某种数量在相同时间不同空间（地区、部门）进行对比的结果，反映现象在不同空间的发展变化情况或差异程度。如地区人均 GDP 比较指数、地区价格比较指数等。

动态指数也叫时间指数，是指不同时期的同类现象水平对比的结果，反映同类现象的某种数量在不同时间上的变化过程和程度。如商品零售价格指数、股票价格指数、居民消费价格指数、房地产价格指数等都是动态指数。动态指数按照所采用基期是否固定又可分为定基指数和环比指数两种，以某一固定时期作为对比基期的指数就是定基指数，以前一期作为对比基期的指数就是环比指数。

方法应用

如前所述，指数是反映现象数量对比关系的相对数，其编制方法因已知条件而异。

［例 11－1］　某文化用品商店有 3 种商品的销售价格和销售量资料见表 11－1。表中记商品价格为 p，销售量为 q；下标“0”表示基期，下标“1”表示计算期或报告期。

表 11－1　　某文化用品商店 3 种商品的销售价格和销售量资料

商品名称	计量单位	销售量		销售价格（元）		指数（%）	
		基期 q_0	报告期 q_1	基期 p_0	报告期 p_1	q_1/q_0	p_1/p_0
记录本	本	480	600	25	25	125.00	100.00
U 盘	个	500	600	40	36	120.00	90.00
台灯	盏	200	180	50	70	90.00	140.00

为了反映该文化用品商店 3 种商品价格和商品销售量的变动情况，可以依据这些资料编制有关的指数。

一、个体指数的编制

当我们考察的是个别商品的价格和销售量的变动情况，那么问题非常简单：只需将各商品计算期与基期的价格或销售量资料直接对比，即可得到反映个别商品价格或销售量变动程度的个体指数。由表 11－1 中最后两栏可知，在 3 种商品中，台灯的个体价格指数 140%最大，表示其报告期比基期的价格上涨了 40%，U 盘的个体价格指数 90%最小，表示其报告期比基期的价格下跌了 10%；另一方面，记录本的个体销售量指数 125%最大，表示其销售量报告期比基期增长了 25%，而台灯的个体销售量指数 90%却最小，表示其报告期比基期的销售量下降了 10%。个体价格指数属于质量指标指数，个体销售量指数属于数量指标指数。上述这些个体指数就是一般的动态相对指标（发展速度），其计算和分析方法都很简单。

如果我们所要考察的不是个别商品，而是全部商品的价格和销售量的变动情况，问题就没有这么简单了。这时，一般的相对数工具已经难以解决问题，需要制定和运用专门的指数方法。

二、总指数的编制

总指数包括综合指数、平均指数和平均指标指数，下面分别介绍这几种指数的编制方法。

（一）综合指数的编制

我们要考察表 11－1 中全部商品的价格和销售量的变动情况，就需要编制 3 种商品的“价格总指数”和“销售量总指数”，为了编制出这些总指数，就必须慎重考虑怎样适当对各种商品的价格或销售量资料进行综合比较的问题。

首先，我们会遇到三种不同性质商品的价格或销售量不能直接加总的问题。编制“价格总指数”和“销售量总指数”，需要把报告期的价格或销售量加总后再除以基期的价格或销售量。但不同性质的商品价格或销售量并不能直接加总。因为，各种不同商品单价代表着不同的商品价值，将各种商品单价简单相加没有经济意义；而各种商品销售量的计量单位也不一致，同样也不能直接加总，将各种不同计量单位的商品销售量加总在一起，同样没有经济意义。

其次，我们会遇到选择同度量因素的问题。编制综合指数时，为了解决不同性质的商品的价格或销售量不能直接加总的问题，我们必须找一个因素，使不能同度量的不同商品单价或销售量转化为可以同度量的数值。对于单价来说，这个起同度量作用的因素就是各种商品的销售量。因为每种商品的价格与其销售量的乘积即该种商品的销售额，它们却是可以同度量的。从分析的角度看，商品销售额的变化又恰好反映了价格涨跌和销售量增减的影响。因此，在编制多种商品的价格总指数时，就可以通过销售量这个媒介因素将价格转化为同度量的销售额形式；而在编制多种商品的销售量总指数时，则可以通过价格这个媒介因素将销售量转化为同度量的销售额形式。这就解决了不同商品的价格和销售量不能直接加总的问题。

解决了复杂现象的加总问题，并不等于就解决了综合指数编制的全部问题，如果将加总之后的报告期与基期实际商品销售总额拿来对比，这样得到的不过是全部商品的销售额指数，即总值指数。以 I_{pq} 代表销售额指数，则销售额指数的计算公式可用公式表示为：

$$I_{pq}=\frac{\sum p_1q_1}{\sum p_0q_0} \qquad \text{(公式 11.1)}$$

表 11-2　　某文化用品商店 3 种商品销售额计算表

商品名称	计量单位	销售量		销售价格（元）		销售额（元）			
		基期 q_0	报告期 q_1	基期 p_0	报告期 p_1	p_0q_0	p_1q_1	p_0q_1	p_1q_0
记录本	本	480	600	25	25	12 000	15 000	15 000	12 000
U 盘	个	500	600	40	36	20 000	21 600	24 000	18 000
台灯	盏	200	180	50	70	10 000	12 600	9 000	14 000
合计	—	—	—	—	—	42 000	49 200	48 000	44 000

［例 11-2］　根据表 11-2 可以计算出 3 种商品的基期销售总额为 42 000 元，报告期销售总额为 49 200 元，见表 11-2。于是，可得

$$I_{pq}=\frac{\sum p_1q_1}{\sum p_0q_0}=\frac{49\ 200}{42\ 000}=117.14\%$$

$$\sum p_1q_1-\sum p_0q_0=49\ 200-42\ 000=7\ 200\ (\text{元})$$

说明该文化用品商店 3 种商品报告期比基期的销售额增长了 17.14%，即增加了 7 200 元，但销售总额的变动反映的是销售量和销售价格共同变动的结果。

为了测定价格因素的变动程度，必须假设销售量不变，消除销售量因素变动的影响，只反映价格一个因素的变动情况，这样对比的相对数就是价格总指数，也即质量指标总指数。计算公式为：

$$I_p=\frac{\sum p_1q_m}{\sum p_0q_m} \qquad \text{(公式 11.2)}$$

式中：I_p代表价格总指数，q_m是指各种商品某一时期的销售量（m 可以是 0，1 或其他）。分子和分母都是价格与销售量相乘的结果，所以是销售总额。但其中销售量因素 q 是被固定在同一时期的，所以分子、分母两个销售总额对比的结果中消除了销售量因素的影响，反映的只是价格一个因素的综合变动程度。

同理，为了测定销售量因素的变动程度，就必须假定价格不变，消除价格因素变动的影响，只反映销售量一个因素的变动情况。这样对比的相对数就是销售量总指数，也即数量指标总指数。计算公式为：

$$I_q=\frac{\sum q_1p_m}{\sum q_0p_m} \qquad \text{(公式 11.3)}$$

式中：I_q代表销售量总指数，p_m是指各种商品某一时期的价格（m 可以是 0，1 或其他）。分子和分母都是销售总额。但其中价格因素 p 是被固定在同一时期的，所以分子、分母两个销售总额对比的结果中消除了价格因素的影响，反映的只是销售量一个因素的综合变动程度。

公式 11.2 和公式 11.3 两个综合指数都是通过两个综合总量指标对比来计算总指数的，这就是编制综合指数的基本方式："先综合，后对比"。综合指数中指数所要测定其变动的因素称为指数化指标，那个被固定的因素叫做同度量因素，具有媒介和加权的作用。具体说，价格综合指数中，价格就是指数化指标，同度量因素是销售量；反之，销售量综合指数中，销售量是指数化指标，而价格则是同度量因素。

再次，我们会遇到同度量因素固定在哪个时期的问题。

1. 质量指标综合指数同度量因素时期的固定

［**例 11-3**］ 以表 11-2 资料为例，如果要计算价格总指数，其同度量因素应该固定在什么时期？

从理论上来讲，只要同度量因素均采用同一时间的水平，基期和报告期两个时间的综合总量指标对比的结果都可以反映指数化指标的变动程度。但是，同度量因素所属时期不同，计算出的指数不仅在数值上表现出差异，而且指数所表示的经济意义也有所不同。

若以基期销售量为同度量因素，其计算价格总指数的公式：

$$I_p=\frac{\sum p_1q_0}{\sum p_0q_0} \qquad \text{(公式 11.4)}$$

将表 11-2 中的数据代入公式 11.4，可以计算 3 种商品价格总指数为：

$$I_p=\frac{\sum p_1q_0}{\sum p_0q_0}=\frac{44\,000}{42\,000}=104.76\%$$

$$\sum p_1q_0-\sum p_0q_0=44\,000-42\,000=2\,000\text{（元）}$$

以上结果表明，3 种商品价格报告期比基期综合上涨了 4.76%，由于价格上涨，使销售总额增加了 2 000 元。

再以报告期销售量为同度量因素来计算价格总指数，其计算公式为：

$$I_p=\frac{\sum p_1q_1}{\sum p_0q_1}$$ （公式 11.5）

将表 11－2 中的数据代入公式 11.5，可以计算 3 种商品价格总指数为：

$$I_p=\frac{\sum p_1q_1}{\sum p_0q_1}=\frac{49\ 200}{48\ 000}=102.50\%$$

$$\sum p_1q_1-\sum p_0q_1=49\ 200-48\ 000=1\ 200\text{（元）}$$

以上结果表明，3 种商品价格报告期比基期综合上涨了 2.50%，由于价格上涨，使销售总额增加了 1 200 元。

通过以上计算可以看到，同一质量指标指数的同度量因素，由于固定时期不同，其计算出的指数结果也不同。那么，质量指标指数的同度量因素究竟应该固定在什么是时期合适呢？

编制价格总指数的目的是要综合反映多种商品价格的变动情况。用公式 11.4 计算的 3 种商品价格综合指数，是报告期价格按基期销售量计算的假定销售额 $\sum p_1q_0$ 与基期实际销售额 $\sum p_0q_0$ 的对比，由于假定销售额 $\sum p_1q_0$ 没有现实意义，因此，将销售量固定在基期水平，不能反映价格变动对报告期销售总额情况的影响。用公式 11.5 计算 3 种商品价格综合指数，是报告期实际销售额 $\sum p_1q_1$ 与报告期销售量按基期价格的计算假定销售额 $\sum p_0q_1$ 的对比，其测定的是报告期实际销售商品的价格水平的综合变动情况。这样计算的价格总指数符合统计研究目的，具有现实意义。所以，在计算价格总指数时，其同度量因素固定在报告期比较合适。

2. 数量指标综合指数同度量因素时期的固定

［例 11－4］　仍以表 11－2 资料为例，如果要计算销售量总指数，其同度量因素应该固定在基期还是报告期？

以基期价格为同度量因素，其计算销售量总指数的公式为：

$$I_q=\frac{\sum q_1p_0}{\sum q_0p_0}$$ （公式 11.6）

将表 11－2 中的数据代入公式 11.6，可计算 3 种商品销售量总指数为：

$$I_q=\frac{\sum q_1p_0}{\sum q_0p_0}=\frac{48\ 000}{42\ 000}=114.29\%$$

$$\sum q_1p_0-\sum q_0p_0=48\ 000-42\ 000=6\ 000\text{（元）}$$

以上结果表明，3 种商品销售量报告期比基期综合增加了 14.29%，由于销售量提高，使销售总额增加了 6 000 元。

再以报告期价格为同度量因素来计算销售量总指数，其计算公式为：

$$I_q=\frac{\sum q_1p_1}{\sum q_0p_1}$$ （公式 11.7）

将表 11－2 中的数据代入公式 11.7，可计算 3 种商品销售量总指数为：

$$I_q=\frac{\sum q_1 p_1}{\sum q_0 p_1}=\frac{49\ 200}{44\ 000}=111.82\%$$

$$\sum q_1 p_1-\sum q_0 p_1=49\ 200-44\ 000=5\ 200\text{（元）}$$

以上结果表明，3 种商品销售量报告期比基期综合增加了 11.82%，由于销售量提高，使销售总额增加了 5 200 元。

通过以上计算可以看到，同一数量指标指数的同度量因素，由于其固定时期不同，其计算出的指数结果也不同。那么，数量指标指数的同度量因素究竟应该固定在什么是时期合适呢？

编制销售量总指数的目的是要综合反映多种商品销售量的变动情况。用公式 11.6 计算的 3 种商品销售量指数，是假定价格不变，报告期销售总额的计算不受价格变动的影响。因而，对比的结果反映的是销售量的变动情况。可见，由基期价格作为同度量因素计算的销售量总指数，是符合研究目的的。而用公式 11.7 计算的 3 种商品销售量指数，是以报告期价格作为同度量因素计算销售额。报告期价格 p_1 是由基期 p_0 价格变化而来的，用 p_1 作同度量因素，把价格变化的影响代入到指数中，使销售量增加的幅度减少了 2.47%（111.82%－114.29%）。究其原因，是因为 U 盘销售量上升，价格下降，台灯销售量下降，价格上升，两者影响抵消后，使销售量指数变小。从中可以看出，用报告期价格作为同度量因素来计算销售量指数，其数值大小会受到各种商品价格变化的影响。另外，公式 11.7 的分子是按照报告期价格计算的销售额，其中包含了随销售量变化而增减的销售额，又有随价格变化而增减的销售额；而该公式的分母则是由基期销售量按报告期价格计算的假定销售额。两者之差除了包括因销售量变化而引起的销售额变化，还包括由于两个时期价格差额影响而增减的销售额。显然，用公式 11.7 来分析销售量的变动是不理想的。通过以上分析可以得出，编制数量指标综合指数，一般将其同度量因素固定在基期水平上。

综上所述，编制质量指标综合指数，一般将同度量因素固定在报告期的数量指标；而编制数量指标综合指数，一般将同度量因素固定在基期的质量指标。应该注意的是，立足现实经济意义的分析来确定综合指数中的同度量因素所属时期具有普遍的应用意义，但不是固定不变的原则。因而不能机械地加以应用。编制综合指数，往往要注意研究现象总体的不同情况以及分析任务的不同要求，依据情况来具体确定同度量因素所属时期。

（二）平均指数的编制

在实际工作中，有时由于受资料的限制，无法利用综合指数进行计算，这时可以采用总指数的另一种形式——平均指数进行计算分析。

与综合指数恰好相反，编制平均指数的基本方法是“先对比，后平均”。平均指数是以个体指数为基础，对若干个体指数进行加权平均而编制的总指数，也可看成个体指数的加权平均数。它是先计算出各种产品或商品的数量指标或质量指标个体指数，而后对个体指数进行加权平均计算，来测定现象的总变动程度。平均指数也是编制总指数的一种重要形式，有其独立的应用意义。

平均指数与综合指数既有联系又有区别。在特定的权数条件下，平均指数是综合指数的变形形式，即加权算术平均数是数量指标综合指数的变形，而加权调和平均指数是质量指标综合指数的变形。但是，作为一种独立指数形式的平均指数，不仅是作为综合指数的变形而使用，其本身也具有广泛的应用价值。

平均指数和综合指数之间的区别：

（1）解决同度量问题的思路不同。综合指数是通过引进同度量因素，先综合后对比；而平均指数则是通过计算个体指数，然后加权平均，先对比后综合。

（2）两种指数所需要的资料有别。综合指数通常依据总体的全面调查资料，而平均指数则一般使用总体的非全面调查资料。

平均指数的计算形式有两种：加权算术平均指数和加权调和平均指数。

1. 加权算术平均指数

加权算术平均指数是将各种产品或商品的数量指标的个体指数进行算术平均而得出的总指数。若以 k_q 表示各产品或商品数量指标个体指数，即：

$$k_q=\frac{q_1}{q_0}$$

则加权算术平均指数为：

$$\overline{k}_q=\frac{\sum k_q q_0 p_0}{\sum q_0 p_0} \qquad \text{（公式 11.8）}$$

式中 $q_0 p_0$ 表示基期总值指标，以它为权数计算的算术平均指数是比较常用的形式。

［例 11－4］　如果知道表 11－1 中的 3 种商品销售量及基期销售额，见表 11－3 的资料栏所示。求 3 种商品销售量加权算术平均指数。

解：销售量的加权算术平均指数为：

$$\overline{k}_q=\frac{\sum k_q q_0 p_0}{\sum q_0 p_0}=\frac{48\ 000}{42\ 000}=114.29\%$$

$$\sum k_q q_0 p_0-\sum q_0 p_0=48\ 000-42\ 000=6\ 000\ \text{（元）}$$

表 11－3　某文化用品商店 3 种商品销售量指数计算表

商品名称	计量单位	销售量		基期销售额（元）p_0q_0	销售量个体指数 k_q（%）	个体指数和基期总值的乘积（元）$k_qp_0q_0$
		基期 q_0	报告期 q_1			
记录本	本	480	600	12 000	125.00	15 000
U 盘	个	500	600	20 000	120.00	24 920
台灯	盏	200	180	10 000	90.00	9 000
合计	—	—	—	42 000	—	48 000

资料栏　　　　计算栏

计算结果表明，3 种商品销售量报告期比基期综合增加了 14.29%，由于销售量的综合提高，销售总额增加了 6 000 元。

不难看出，该计算结果与前面数量指标指数给出的结果完全相同。事实上，当个体指数与总值权数之间存在一一对应关系时，基期加权的算术平均指数恒等于数量指标指数，即有：

$$\overline{k}_q=\frac{\sum \frac{q_1}{q_0}p_0 q_0}{\sum p_0 q_0}=\frac{\sum q_1 p_0}{\sum q_0 p_0}=I_q$$

在这种情形下，平均指数可以看成是综合指数的一种变形。但在指数编制的实践中，由于通常都要运用指标选样方法和附加权数资料来简化指数编制工作，此时个体指数与权数之间并不存在严格的一一对应关系，上述关系就难以成立了。因此，平均指数仍然是一种相对独立的总指数的编制方法，而不仅仅是综合指数的变形。

为了简化指数的编制工作，实践中还广泛使用一种固定权数的平均指数。其计算公式如下：

$$I=\frac{\sum KW}{\sum W} \qquad \text{（公式 11.9）}$$

式中，K 代表个体指数或类指数，W 表示固定权数且为相对数，即比重权数。

2. 加权调和平均指数

加权调和平均指数是将各种产品或商品的质量指标个体指数进行调和平均而得出的总指数。若以 k_p 表示各种产品或商品质量指标的个体指数，即：

$$k_p=\frac{p_1}{p_0}$$

则加权调和平均指数为：

$$\bar{k}_p=\frac{\sum p_1q_1}{\sum \frac{p_1q_1}{k_p}} \qquad \text{（公式 11.10）}$$

式中 q_1p_1 表示报告期总值指标，以它为权数计算的调和平均指数是比较常用的形式。

［**例 11－5**］　仍以表 11－1 中的资料为例，假如已知 3 种商品的销售量价格及报告期销售额，见表 11－4 的资料栏所示。求 3 种商品销售价格加权调和平均指数。

解： 价格加权调和平均指数

$$\bar{k}_p=\frac{\sum p_1q_1}{\sum \frac{p_1q_1}{k_p}}=\frac{49\ 200}{48\ 000}=102.5\%$$

$$\sum p_1q_1-\sum \frac{p_1q_1}{k_p}=49\ 200-48\ 000=1\ 200 \text{（元）}$$

计算结果表明，3 种商品销售价格报告期比基期综合上涨了 2.50%，由于销售价格的综合上涨，销售总额增长了 1 200 元。

表 11－4　　某文化用品商店 3 种商品销售价格指数计算表

商品名称	计量单位	销售价格		报告期销售额（元）p_1q_1	销售价格个体指数 k_p（%）	报告期总值除以个体指数（元）p_1q_1/k_p
		基期 p_0	报告期 p_1			
记录本	本	25	25	15 000	100.00	15 000
U 盘	个	40	36	21 600	90.00	24 000
台灯	盏	50	70	12 600	140.00	9 000
合计	—	—	—	49 200	—	48 000

资料栏　　　　计算栏

显然，该计算结果与前面质量指标指数给出的结果完全相同。容易证实，当个体指数与总值权数之间存在一一对应关系时，计算期加权的调和平均指数恒等于质量指标指数，即有：

$$\bar{k}_p=\frac{\sum p_1q_1}{\sum \frac{p_0}{p_1}p_1q_1}=\frac{\sum p_1q_1}{\sum p_0q_1}=I_p$$

（三）平均指标指数的编制

1. 平均指标指数的含义

我们知道，平均指标是反映变量分布特征的重要指标，也是衡量现象发展水平的重要依据之一，因此，我们经常要对一些重要现象的平均指标进行动态考察和研究，以便及时了解和掌握其变动方向和程度，这就需要计算平均指标的动态相对数，即平均指标指数。可见，平均指标指数就是平均指标两个不同时期的数值对比形成的相对数。

但需要指出的是，我们计算平均指标指数的目的并不是仅仅为了了解平均指标本身数值的变动程度，更是为了了解平均指标的数值为什么会发生这样或那样的变化。例如，算术平均数是表现平均指标最常见的形式。在分组的情况下，加权算术平均数的大小取决于各组变量值水平和各组权数大小（结构）这两个因素，因而加权算术平均数的变动也要受各组变量值水平变动与各组权数（结构）变动这两个因素的影响。观察两个因素的变动对总平均数变动的影响程度，正是我们研究平均指标指数的重要目的所在。因此，我们不仅要计算反映总平均数变动程度的指数，而且要计算反映两个因素变动程度的指数。

我们把反映总平均数变动程度的指数称为总平均指标指数，也称为可变构成指数。把反映各组变量值水平变动对总平均数变动影响程度的指数称为固定构成指数，把反映各组权数（结构）变动对总平均数变动影响程度的指数称为结构变动影响指数。下面，我们以加权算术平均数为例加以介绍。

2. 平均指标指数的编制

（1）可变构成指数。我们已知，加权算术平均数的计算公式为：

$$\bar{x}=\frac{\sum xf}{\sum f}$$

如果仍然以“1”表示报告期，以“0”表示基期，那么，报告期的加权算术平均数为：

$$\bar{x}_1=\frac{\sum x_1f_1}{\sum f_1},$$

基期的加权算术平均数为：

$$\bar{x}_0=\frac{\sum x_0f_0}{\sum f_0}$$

因而总平均指标指数，即可变构成指数为：

$$I_{\bar{x}}=\frac{\bar{x}_1}{\bar{x}_0}=\frac{\dfrac{\sum x_1f_1}{\sum f_1}}{\dfrac{\sum x_0f_0}{\sum f_0}} \qquad \text{（公式 11.11）}$$

［例 11-6］　某企业按工资水平把职工分为甲、乙、丙三组，报告期与基期各组工资水平与职工人数见表 11-5，要求计算该企业职工平均工资指数。

表 11-5　　某企业报告期与基期各组职工工资水平与人数

职工类别	月工资水平（元）		职工人数（人）		工资总额（元）	
	基期 x_0	报告期 x_1	基期 f_0	报告期 f_1	基期 x_0f_0	报告期 x_1f_1
甲	1 480	1 720	180	180	266 400	309 600
乙	1 000	1 090	190	198	190 000	215 820
丙	700	830	15	18	10 500	14 940
合计	—	—	385	396	466 900	540 360

由表 11-5 容易计算：

报告期平均工资：$\bar{x}_1=\dfrac{\sum x_1f_1}{\sum f_1}=\dfrac{540\ 360}{396}=1\ 364.55$（元/人）

基期平均工资：$\bar{x}_0=\dfrac{\sum x_0f_0}{\sum f_0}=\dfrac{466\ 900}{385}=1\ 212.73$（元/人）

该企业职工平均工资指数为：

$$I_{\bar{x}}=\frac{\bar{x}_1}{\bar{x}_0}=\frac{\dfrac{\sum x_1f_1}{\sum f_1}}{\dfrac{\sum x_0f_0}{\sum f_0}}=\frac{1\ 364.55}{1\ 212.73}=112.52\%$$

$$\frac{\sum x_1f_1}{\sum f_1}-\frac{\sum x_0f_0}{\sum f_0}=1\ 364.55-1\ 212.73=151.82\text{（元/人）}$$

结果表明，该企业职工平均工资报告期比基期平均上升 12.52%，职工总平均工资增加了 151.82 元/人。

（2）固定构成指数。计算固定构成指数，就是假定各组权数 f（或 $W=\dfrac{f}{\sum f}$）固定的情况下，观察各组变量值水平 x 的变动对总平均数的影响，即 x 是指数化因素，f 或 W 是同度量因素。

根据指数计算的一般原则，x 属于质量化指标，f（或 $W=\dfrac{f}{\sum f}$）属于数量化指标，因此固定构成指数属于质量指标指数，一般要把同度量因素的时间固定在报告期。

固定构成指数公式为：

$$I_x=\frac{\dfrac{\sum x_1f_1}{\sum f_1}}{\dfrac{\sum x_0f_1}{\sum f_1}}\qquad\text{（公式 11.12）}$$

[**例 11－7**]　根据例 11－6 有关数据，计算该企业职工平均工资的固定构成指数。

根据表 11－5 可以计算假设的工资总额为 $\sum x_0 f_1 = 477\ 000$ 元，因而该企业职工固定构成指数为：

$$I_x = \frac{\dfrac{\sum x_1 f_1}{\sum f_1}}{\dfrac{\sum x_0 f_1}{\sum f_1}} = \frac{\dfrac{543\ 360}{396}}{\dfrac{477\ 000}{396}} = \frac{1\ 364.55}{1\ 204.55} = 113.28\%$$

$$\frac{\sum x_1 f_1}{\sum f_1} - \frac{\sum x_0 f_1}{\sum f_1} = 1\ 364.55 - 1\ 204.55 = 160\ (元)$$

结果说明，该企业各组职工工资水平的变动使总平均工资报告期比基期提高 13.28%，总平均工资增加了 160 元/人。

（3）结构变动影响指数。计算结构变动影响指数，就是假定从基期到报告期的各组变量值水平 x 保持不变，观察各组权数 f（或 $W=\dfrac{f}{\sum f}$）的变动对总平均数的影响，即 f 或 W 是指数化因素，x 是同度量因素。

同样，根据指数计算的一般原则，结构变动影响指数属于数量指标指数，一般要把同度量因素的时间固定在基期。

结构变动影响指数公式为：

$$I_f = \frac{\dfrac{\sum x_0 f_1}{\sum f_1}}{\dfrac{\sum x_0 f_0}{\sum f_0}} \qquad （公式 11.13）$$

[**例 11－8**]　根据例 11－6 有关数据，计算该企业职工平均工资的结构变动影响指数。

根据例 11－6、例 11－7 的有关数据，容易计算该企业职工平均工资的结构变动影响指数为：

$$I_f = \frac{\dfrac{\sum x_0 f_1}{\sum f_1}}{\dfrac{\sum x_0 f_0}{\sum f_0}} = \frac{\dfrac{477\ 000}{396}}{\dfrac{466\ 900}{385}} = \frac{1\ 204.55}{1\ 212.73} = 99.33\%$$

$$\frac{\sum x_0 f_1}{\sum f_1} - \frac{\sum x_0 f_0}{\sum f_0} = 1\ 204.55 - 1\ 212.73 = -8.18\ (元/人)$$

结果说明，该企业职工人数（结构）的变动使总平均工资下降了 0.67%，总平均工资减少了 8.18 元/人。由表 11－5 可以看出，虽然该企业报告期的职工人数比基期增加了 11 人，但工资水平最高的甲组人数没有变化，而工资水平相对较低的乙组和丙组人数分别增加了 8 人和 3 人，因而导致总平均工资水平向降低的方向变化。

认识拓展

一、几个知名的统计指数

（一）拉氏指数

拉氏指数不是最早出现的加权综合指数，但却是最重要的加权综合指数公式之一。拉氏价格指数的制定者是德国经济学家拉斯佩雷斯（E. Laspeyres），有关方法其后被推广到各种质量指标指数和数量指标指数的计算。该指数公式将同度量因素固定在基期水平上，故又称为“基期加权综合指数”。为便于识别，我们将拉氏指数简记为 L，相应的质量指标指数和数量指标指数的公式分别为：

$$L_p = \frac{\sum p_1 q_0}{\sum p_0 q_0} \qquad \text{（公式 11.14）}$$

$$L_q = \frac{\sum q_1 p_0}{\sum q_0 p_0} \qquad \text{（公式 11.15）}$$

（二）帕氏指数

与拉氏指数一样，帕氏指数也是最重要的加权综合指数公式之一。帕氏价格指数的制定者是另一位德国经济统计学家，当时年仅 23 岁的帕舍（H. Paasche），有关方法其后被推广到各种质量指标指数和数量指标指数的计算。与拉氏指数不同，该指数公式将同度量因素固定在计算期水平上，故又称为“计算期加权综合指数”。为便于识别，将帕氏指数简记为 P，相应的质量指标指数和数量指标指数的公式分别为：

$$P_p = \frac{\sum p_1 q_1}{\sum p_0 q_1} \qquad \text{（公式 11.16）}$$

$$P_q = \frac{\sum q_1 p_1}{\sum q_0 p_1} \qquad \text{（公式 11.17）}$$

（三）马歇尔－埃奇沃斯指数

该指数公式先后由英国著名经济学家马歇尔（A. Marshall）和埃奇沃斯（F. Y. Edgeworth）等人于 1887－1890 年提出。通常称为“马－埃指数”。它是对拉氏指数和帕氏指数的权数（同度量因素）进行平均的结果，公式为：

$$E_p = \frac{\sum P_1 \frac{q_0 + q_1}{2}}{\sum p_0 \frac{q_0 + q_1}{2}} = \frac{\sum p_1 (q_0 + q_1)}{\sum p_0 (q_0 + q_1)} \qquad \text{（公式 11.18）}$$

$$E_q = \frac{\sum q_1 \frac{p_0 + p_1}{2}}{\sum q_0 \frac{p_0 + p_1}{2}} = \frac{\sum q_1 (p_0 + p_1)}{\sum q_0 (p_0 + p_1)} \qquad \text{（公式 11.19）}$$

（四）费雪理想指数

该指数公式由美国经济学家沃尔什（G. M. Walsh）和庇古（A. C. Pigou）等人于 1901－

1902 年先后提出，后经著名经济学家费雪（Irving Fisher）通过大量比较验证其优良性质，遂将它命名为“理想公式（Ideal formula）”。但是，人们现在往往习惯地将这一由费雪命名的“理想指数”称作“费雪指数”。它是对拉氏指数和帕氏指数直接计算几何平均数的结果，公式为：

$$F_p=\sqrt{L_p \cdot P_p}=\sqrt{\frac{\sum p_1 q_0}{\sum p_0 q_0} \cdot \frac{\sum p_1 q_1}{\sum p_0 q_1}} \qquad \text{（公式 11.20）}$$

$$F_q=\sqrt{L_q \cdot P_q}=\sqrt{\frac{\sum q_1 p_0}{\sum q_0 p_0} \cdot \frac{\sum q_1 p_1}{\sum q_0 p_1}} \qquad \text{（公式 11.21）}$$

（五）杨格固定加权综合指数

该种指数的同度量因素按特殊方式选取，一般是与基期和计算期没有直接关系的某种固定水平，公式为：

$$I_p=\frac{\sum p_1 q_c}{\sum p_0 q_c} \qquad \text{（公式 11.22）}$$

$$I_q=\frac{\sum q_1 p_c}{\sum q_0 p_c} \qquad \text{（公式 11.23）}$$

其中，固定权数 q_c 或 p_c 一经选取，可以连续使用若干时期，便于保持指数数列的衔接关系。通常认为，英国经济学家杨格（A. Young）和著名学者罗威（J. Lowe）曾于 1812—1822 年倡导并实践过按固定加权方法编制总指数的思想。因而，上述指数又常常被称作“杨格指数”或“罗威指数”。

杨格指数形式对于编制可比的指数具有重要作用，也有利于观察较长时间内现象的发展变化态势。

完美的指数是不存在的。上述几种综合指数形式各有利弊，在实际中究竟该采用何种形式，要视具体情况与条件而定。事实上，同度量因素问题是编制综合指数的首要问题，也是关于指数编制方法争论最多的问题。

二、统计指数的应用

（一）工业生产指数

用于编制工业生产指数工业生产指数是反映一个国家或地区工业产品产量综合变动程度的一种数量指标指数，是衡量经济增长水平和判断经济形势的重要依据。我国在 1995 年以前，采用综合指数中的杨格指数形式来编制工业生产指数。

用杨格指数形式编制工业生产指数，实际上就是采用不变价格为同度量因素来测定工业产品产量的变动程度。若以 p_n 表示不变价格，则工业生产指数为：

$$I_q=\frac{\sum q_1 p_n}{\sum q_c p_n} \qquad \text{（公式 11.24）}$$

新中国成立后，我国先后采用过 1952、1957、1965、1970、1980 和 1990 年的不变价格。但由于工业产品繁多、更新换代速度加快，不变价与实际价之间的差距越来越大，不变价的工业生产指数逐步暴露出了不能真实反映工业发展速度的缺点，因而 1995 年以后逐步被加权算术平均指数所替代。

(二) 股票价格指数

股票价格指数是反映某一股票市场上多种股票价格变动程度的指数，通常简称为股价指数，其单位一般用“点”表示，即将基期指数作为 100，每上升或下降一个单位（通常就是 1%）称为“1 点”。

虽然股票价格指数的编制方法很多，但常用的是以股票发行量为同度量的综合指数形式，编制公式为：

$$I_p=\frac{\sum p_1 q}{\sum p_0 q} \quad \text{（公式 11.25）}$$

公式中发行量 q 的时期有的固定在基期，有的固定在报告期。例如，美国标准普尔指数包括 500 只股票，采用拉氏综合指数公式（即把发行量固定在基期）；香港恒生指数则包括 33 只股票，采用帕氏综合指数公式（即把发行量固定在报告期）；我国的上证综合指数和深证综合指数都包括全部上市股票，采用帕氏综合指数公式。

(三) 居民消费价格指数

居民消费价格指数是反映一个国家或地区一定时期内居民家庭所购买的生活消费品和服务项目的价格变动趋势与程度的一种指数，在国外也有称为居民消费者价格指数。由于居民消费价格指数不仅可以反映居民消费品与服务价格的变化，还可用于反映一个国家或地区通货膨胀状况、货币购买能力和对居民实际收入的影响，是研究人民生活水平，监测社会经济发展稳定性，进行宏观经济分析和政府制定有关财政、货币、消费、工资、社会保障等政策的重要依据，因此各国都非常重视居民消费价格指数的编制。除了编制总的居民消费价格指数外，还可分别编制城市居民消费价格指数与农村居民消费价格指数。

我国目前的居民消费价格指数，在分类的基础上，从代表规格品的个体指数开始，逐级计算基本分类指数、中类指数、大类指数和总指数。

代表品的个体价格指数为是报告期平均价格与基期平均价格之比，即

$$G_p=\frac{\overline{P}_1}{\overline{P}_0} \quad \text{（公式 11.26）}$$

基本分类价格指数是各代表品个体指数的简单几何平均数，即：

$$\overline{G}_p=\sqrt[n]{G_1\times G_2\times\cdots\times G_n} \quad \text{（公式 11.27）}$$

中类指数、大类指数和总指数，都采用基期加权算术平均的方法编制，权数为基期各层次各种消费支出所占的比重。总指数的编制公式为：

$$I_p=\sum k_p W_0 \quad \text{（公式 11.28）}$$

其中 k_p 为各大类的指数，W_0 为基期各大类消费支出占总支出的比重。

指数编制所需的数据资料采用抽样调查和重点调查相结合的方法取得，即在全国选择不同经济区域和分布合理的地区、以及有代表性的商品作为样本，对其市场价格进行定期调查，以样本推断总体。具体方案为：

(1) 调查地区和调查点。按照经济区域和地区分布合理等原则，选出具有代表性的大、中、小城市和县作为国家的调查地区；目前，国家一级抽选出的调查市、县为 226 个，包括

146 个城市和 80 个县。在此基础上选定经营规模大、商品种类多的商场（包括集市和服务网点）作为调查点。

（2）代表商品和代表规格品。代表商品是选择那些消费量大、价格变动有代表性的商品；代表规格品的确定是根据商品零售资料和近 5 万户城市居民、6.7 万户农村居民的消费支出记账资料，按照有关规定筛选的。筛选原则：①与社会生产和人民生活关系密切；②消费（销售）数量（金额）大；③市场供应稳定；④价格变动趋势有代表性；⑤所选的代表规格品之间差异大。目前，居民消费价格调查按用途划分为 8 大类，251 个基本分类，各地每月调查 600－700 种规格产品价格。8 个大类分别是：食品烟酒、衣着、居住、生活用品及服务、交通和通信、教育文化和娱乐、医疗保健、其他用品和服务。

（3）价格调查方式。采用派员直接到调查点登记调查，同时全国聘请近万名辅助调查员协助登记调查。

（4）权数。根据近 12 万户城乡居民家庭消费支出构成确定。

从 2001 年开始，我国居民消费价格指数将对比的基准固定为 2000 年的平均价格水平，以后每隔 5 年或 10 年调整一次。除了编制环比居民消费价格指数外，还编制定基居民消费价格指数。

我国零售商品价格指数的编制方法与居民消费价格指数类似。

表 11－6 是我国 2018 年全国以及分城市、农村的居民消费价格总指数与大类指数。

表 11－6　　2018 年居民消费价格分类指数

（上年＝100）

项目	全国	其中：	
		城市	农村
居民消费价格	102.1	102.1	102.1
其中：食品烟酒	101.9	102.1	101.1
衣着	101.2	101.1	101.5
居住	102.4	102.1	103.3
生活用品及服务	101.6	101.6	101.6
交通和通信	101.7	101.6	101.8
教育文化和娱乐	102.2	102.3	102.2
医疗保健	104.3	104.6	103.7
其他用品和服务	101.2	101.2	101.2

资料来源：由《中华人民共和国 2018 年国民经济和社会发展统计公报》编制，国家统计局，http://www.stats.gov.cn

本讲小结

一、本讲重点

1. 广义的统计指数就是一切用以表明所研究事物发展变化方向和程度的相对数。狭义的统计指数是指反映复杂现象总体某一方面数量综合变化方向和程度的相对数。统计指数具有相对性、综合性、平均性、动态性等特性。

2. 利用统计指数可以综合反映复杂现象总体某一方面数量的变动方向、变动幅度；可以对所研究现象总体的某种数量总变动进行因素分析；可以反映现象数量在长时期内的变动趋势；可以对社会经济现象进行综合评价和测定。

3. 统计指数按所反映的对象范围不同，可以分为个体指数与总指数。总指数按照编制的方法不同（主要由于所掌握的数据资料条件不同），又分为综合指数和平均指数两种。综合指数按其说明的指标性质不同，可分为数量指标综合指数、质量指标综合指数和总值指数。平均指数包括加权算术平均数指数和加权调和平均数指数。统计指数按对比的内容的不同，可以分为静态指数与动态指数。此外，为了分析的需要，我们有时还编制计算平均指标指数。

4. 综合指数的编制特点是：先综合，后对比。编制综合指数的一般原则是：编制数量指标综合指数选择基期的质量指标作同度量因素；编制质量指标综合指数选择报告期的数量指标作同度量因素。平均指数是计算总指数的另一种形式，是个体指数的加权平均数。平均指数的编制特点是：先对比，后综合。一般采用基期加权算术平均指数来编制数量指标指数，采用报告期加权调和平均指数来编制质量指标指数。

5. 由于对如何固定同度量因素的时间有很多种不同的意见，所以综合指数也有很多种不同的形式或编制方法，其中最主要的有拉氏指数、帕氏指数、费雪指数、马—艾指数和杨格指数这五种形式，尤其是拉氏指数和派氏指数最为常用。

6. 平均指标指数是平均指标的两个不同时期数值对比形成的指数。反映总平均数变动程度的指数称为总平均指标指数，把反映各组变量值水平变动对总平均数变动影响程度的指数称为固定构成指数，把反映各组权数（结构）变动对总平均数变动影响程度的指数称为结构变动影响指数。

二、难点释疑

区分数量指标与质量指标是正确编制指数的基本前提，同时也决定着编制指数时同度量因素的选择及其同度量因素时期的确定问题，因此，要想掌握指数的编制方法，正确区分数量指标与质量指标就显得尤为重要。

第 24 讲　统计指数因素分析

问题提出

大千世界，事物之间的联系是普遍存在的。客观现象的发展变化总是会受到来自内部和外部的各种因素的影响。在统计指数的世界里，我们可以用指数解释影响客观现象变动的原因。因此，本讲提出的问题是：

如何应用统计指数认识复杂现象总体变动的影响因素？

通过指数建立指数体系，利用指数体系分析影响客观现象变动的因素以及各因素对总体的影响方向、影响程度、影响的绝对数量，这就是本讲所要介绍的核心内容。

概念辨析

一、指数体系的概念和作用

（一）统计指数体系的概念

客观现象之间存在着广泛而密切的联系，并彼此制约。一种现象的变动，往往会受到两个或更多因素共同变动的影响，这种变动与影响可以通过数量表现出来。因此，反映现象总体总变动的指数和反映各因素变动的指数之间就具有一定的联系。这种联系常可表现为一定的统计指数体系，个体指数之间存在这种联系，总指数之间也存在这种联系。

例如，我们知道：

商品销售额＝商品销售量×商品价格

产品总成本＝产品生产量×单位成本

等式左边是受多因素影响的现象，等式右边则是它的两个影响因素。静态上的这种数量联系，在动态上同样存在，即商品销售额的变动一定是由商品销售量和商品价格这两个因素的变动引起的，产品总成本的变动一定是由产品生产量和单位成本这两个因素的变动引起的。由于现象的总变动和因素的变动都可以通过前面介绍的统计指数的形式来反映，因此，现象与影响因素之间的动态数量关系也就可以通过统计指数的关系表现出来，如图 11－1 所示。

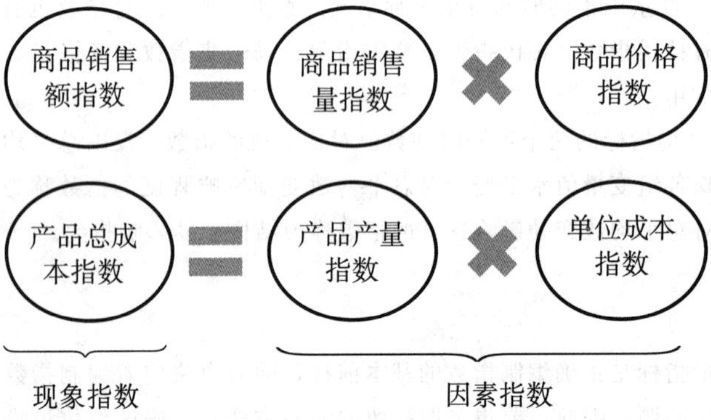

图 11－1 现象指数与因素指数的动态数量关系

所谓统计指数体系是指客观上具有内在本质联系，并且具有一定的数量对等关系的三个或三个以上的指数所构成的有机整体。

（二）统计指数体系的形式

现象与影响因素之间的指数关系，可以用以下两种形式反映：

1. 统计指数体系的相对数形式

统计指数体系的相对数形式表现为对象指数等于各个因素指数的连乘积，如：

$$\frac{\sum p_1 q_1}{\sum p_0 q_0}(I_{pq}) = \frac{\sum p_0 q_1}{\sum p_0 q_0}(I_q) \times \frac{\sum p_1 q_1}{\sum p_0 q_1}(I_p) \quad \text{（公式 11.29）}$$

2. 统计指数体系的绝对数形式

统计指数体系的绝对数形式表现为对象指数的增减额等于各因素指数影响的增减额之和，如：

$$\sum p_1 q_1 - \sum p_0 q_0 = \left(\sum p_0 q_1 - \sum p_0 q_0\right) + \left(\sum p_1 q_1 - \sum p_0 q_1\right) \quad \text{（公式 11.30）}$$

（三）指数体系的作用

研究和利用统计指数体系，是因为指数体系有以下作用：一是利用统计指数体系对复杂现象总体的数量变化，从相对数和绝对数两方面进行因素分析，说明现象总变动中各个影响因素的变动方向和影响程度；二是利用指数体系中各个指数之间的数量关系，由已知的统计指数去推算未知的指数。

二、指数因素分析法

（一）指数因素分析的概念

所谓指数因素分析法，是利用统计指数体系中各个指数之间的数量联系关系，对现象总体总变动的各个影响因素进行分解，从数量方面分析各因素变动对现象总体总变动的影响程度和绝对效果的一种分析方法。

可见，因素分析是针对受多因素影响的复杂现象总体而言的，最基本的因素分析是两因素分析。在因素分析中，必须借助统计指数体系的等式关系，遵循统计指数编制的一般原则，理清各影响因素之间的联系关系（必要时要对各个影响因素按性质进行排序）。

当然，由于统计指数体系具有一定的假定性，因而因素分析的结果也具有一定的假定性，即在所利用的统计指数体系的前提下说明各因素的影响程度和效果。

（二）因素分析法的种类

1. 按分析时所包含的因素多少，可分为两因素分析和多因素分析

两因素分析只对两个因素的变动情况进行分析。如销售价格和销售量对销售额的影响分析。

多因素分析则是指研究对象包含有两个以上因素变动的影响分析。如原材料支出额受产品产量、原材料单耗、原材料单价的影响分析。

2. 按分析的指数种类划分，可分为综合指数因素分析和平均指标指数因素分析

综合指标指数因素分析是指分析的对象是总值指标，其变动往往是由数量因素指标指数和质量因素指标指数共同作用的结果。如总产值受各种产品产量、各种产品出厂价格因素影响的分析；原材料支出额受产品产量、原材料单耗、原材料单价的影响分析。

平均指标指数因素分析是指分析对象是平均指标指数的因素分析。如同一单位不同时期职工平均工资受各类职工工资水平和职工人数构成因素变动影响的分析。

（三）因素分析法的步骤

运用指数体系进行因素分析，需要从相对数及绝对数两个方面进行分析计算。其步骤是：

（1）确定要分析的对象及影响因素。要从研究目的和任务出发，依据有关科学理论的知识，对同一现象可以从多个不同的角度进行影响因素分析。例如，对产品生产总量变动的分析，既可以从劳动角度分析，确定劳动量和劳动生产率两个影响因素；也可以从物的角度分析，确定设备投入量和设备利用率两个影响因素。分析对象的影响因素，可以确定两个，也可以确定多个。如何确定影响因素，关键取决于分析的目的、任务和分析对象的性质。

（2）确定各影响因素之间的相互关系，构造合适的统计指数体系。根据现象之间的逻辑关系，确定分析所采用的对象指数和因素指数，建立合适的指数体系。

（3）选用合适的指数形式计算出反映现象总体总变动和各影响因素变动的指数。

（4）从相对数和绝对数两方面对各影响因素进行综合分析和验证。

（5）对指数体系间的等量关系进行综合说明。

方法应用

一、综合指数因素分析

(一) 因素指数资料齐全条件下，综合指数两因素分析

当拥有基期和报告期的数量指标和质量指标资料，即编制因素指数的资料齐全。在这种情况下，根据编制综合指数的一般原理，分别编制数量指标指数和质量指标指数，建立指数体系，以此分析对象指标变动中各个因素指标的变动关系。

［例 11－9］　某文化用品商店 3 种商品销售量和对应的商品销售价格资料见表 11－7。试对该商店的 3 种商品的总销售额变动情况进行分析。

表 11－7　　某文化用品商店 3 种商品销售量、销售价格资料及销售额计算表

商品名称	计量单位	销售量		销售价格（元）		销售额（元）		
		基期 q_0	报告期 q_1	基期 p_0	报告期 p_1	p_0q_0	p_1q_1	p_0q_1
记录本	本	480	600	25	25	12 000	15 000	15 000
U 盘	个	500	600	40	36	20 000	21 600	24 000
台灯	盏	200	180	50	70	10 000	12 600	9 000
合计	—	—	—	—	—	42 000	49 200	48 000

解：商品销售额指数＝商品销售量指数×商品销售价格指数

（1）销售额的变动。

相对数分析：销售额指数　$I_{pq}=\dfrac{\sum p_1q_1}{\sum p_0q_0}=\dfrac{49\ 200}{42\ 000}=117.14\%$

绝对数分析：$\sum p_1q_1-\sum p_0q_0=49\ 200-42\ 000=7\ 200$（元）

（2）销售量变动影响。

相对数分析：销售量指数　$I_q=\dfrac{\sum q_1p_0}{\sum q_0p_0}=\dfrac{48\ 000}{42\ 000}=114.29\%$

绝对数分析：$\sum q_1p_0-\sum q_0p_0=48\ 000-42\ 000=6\ 000$（元）

（3）销售价格变动影响。

相对数分析：销售价格指数　$I_p=\dfrac{\sum p_1q_1}{\sum p_0q_1}=\dfrac{49\ 200}{48\ 000}=102.50\%$

绝对数分析：$\sum p_1q_1-\sum p_0q_0=49\ 200-48\ 000=1\ 200$（元）

（4）指数体系及验证。

$$\frac{\sum p_1q_1}{\sum p_0q_0}=\frac{\sum p_0q_1}{\sum p_0q_0}\times\frac{\sum p_1q_1}{\sum p_0q_1}$$

117.14％＝114.29％×102.5％

$$\sum p_1q_1-\sum p_0q_0=(\sum p_0q_1-\sum p_0q_0)+(\sum p_1q_1-\sum p_0q_1)$$

7 200（元）＝6 000（元）＋1 200（元）

以上计算分析结果表明：由于该文化用品商店 3 种商品报告期销售量比基期销售量综合增长了 14.29%，使销售额增加了 6 000 元；3 种商品报告期销售价格量比基期销售价格综合上涨了 2.50%，使销售额增加了 1 200 元；以上两个因素的共同影响，使 3 种商品销售额报告期比基期增长了 17.14%，共增加了 7 200 元。

（二）因素指数资料不全条件下，综合指数两因素分析

如果只拥有因素指数的部分资料，如只拥有基期和报告期的数量指标或质量指标资料，以及基期和报告期总值指标的资料，这时，就需要根据编制平均指数的一般原理，分别编制加权算术平均指数和加权调和平均指数，建立指数体系，由此进行因素分析。

[例 11 - 10]　某文化用品商店 3 种商品销售量和对应的商品销售额资料见表 11 - 8。试对该商店的 3 种商品总销售额变动情况进行分析。

表 11 - 8　　某文化用品商店 3 种商品销售量、销售额资料及计算表

商品名称	计量单位	销售量		基期销售额 p_0q_0（元）	报告期销售额 p_1q_1（元）	销售量个体指数 k_q（%）	$k_qp_0q_0$
		基期 q_0	报告期 q_1				
记录本	本	480	600	12 000	15 000	125.00	15 000
U 盘	个	500	600	20 000	21 600	120.00	24 920
台灯	盏	200	180	10 000	12 600	90.00	9 000
合计	—	—	—	42 000	49 200	—	48 000

解：商品销售额指数＝商品销售量指数×商品销售价格指数

（1）销售额的变动。

相对数分析：销售额指数　$I_{pq}=\dfrac{\sum p_1q_1}{\sum p_0q_0}=\dfrac{49\ 200}{42\ 000}=117.14\%$

绝对数分析：$\sum p_1q_1-\sum p_0q_0=49\ 200-42\ 000=7\ 200$（元）

（2）销售量变动影响。

相对数分析：加权算术平均指数　$\bar{k}_p=\dfrac{\sum k_qq_0p_0}{\sum q_0p_0}=\dfrac{48\ 000}{42\ 000}=114.29\%$

绝对数分析：$\sum k_qq_0p_0-\sum q_0p_0=48\ 000-42\ 000=6\ 000$（元）

（3）销售价格变动影响。

相对数分析：加权调和平均指数　$\bar{k}_p=\dfrac{\sum p_1q_1}{\sum \dfrac{p_1q_1}{k_p}}=\dfrac{49\ 200}{48\ 000}=102.5\%$

绝对数分析：$\sum p_1q_1-\sum \dfrac{p_1q_1}{k_p}=49\ 200-48\ 000=1\ 200$（元）

（4）指数体系及验证。

$$\frac{\sum p_1q_1}{\sum p_0q_0}=\frac{\sum k_qp_0q_0}{\sum p_0q_0}\times\frac{\sum p_1q_1}{\sum \frac{p_1q_1}{k_p}}$$　（公式 11.31）

117.14%=114.29%×102.5%

$$\sum p_1 q_1 - \sum p_0 q_0 = (\sum k_q p_0 q_0 - \sum p_0 q_0) + (\sum p_1 q_1 - \sum \frac{p_1 q_1}{k_p}) \quad \text{（公式 11.32）}$$

7 200（元）=6 000（元）+1 200（元）

分析结果表明：由于该文化用品商店 3 种商品报告期销售量比基期销售量综合增长了 14.29%，使销售额增加了 6 000 元；3 种商品报告期销售价格量比基期销售价格综合上涨了 2.50%，使销售额增加了 1 200 元；以上两个因素的共同影响，使 3 种商品销售额报告期比基期增长了 17.14%，共增加了 7 200 元。

二、平均指标指数因素分析

前面讲过，加权算术平均数 $\bar{x} = \frac{\sum xf}{\sum f} = \sum x \frac{f}{\sum f}$，受两个因素的影响：一个是变量值 x；一个是变量值所出现的次数的结构 $\frac{f}{\sum f}$。如果平均数发生动态变化，显然是 x 和 $\frac{f}{\sum f}$ 影响的结果。这里所要研究的问题是如何使用指数体系进行平均指标变动的因素分析。

与综合指标两因素分析的思路类似，按照平均指标指数编制的一般原则，先分别编制固定构成指数和结构变动指数，以及可变构成指数，然后建立指数体系，进行两因素分析。即

$$\frac{\frac{\sum x_1 f_1}{\sum f_1}}{\frac{\sum x_0 f_0}{\sum f_0}} = \frac{\frac{\sum x_1 f_1}{\sum f_1}}{\frac{\sum x_0 f_1}{\sum f_1}} \times \frac{\frac{\sum x_0 f_1}{\sum f_1}}{\frac{\sum x_0 f_0}{\sum f_0}} \quad \text{（公式 11.33）}$$

$$\frac{\sum x_1 f_1}{\sum f_1} - \frac{\sum x_0 f_0}{\sum f_0} = (\frac{\sum x_1 f_1}{\sum f_1} - \frac{\sum x_0 f_1}{\sum f_1}) + (\frac{\sum x_0 f_1}{\sum f_1} - \frac{\sum x_0 f_0}{\sum f_0}) \quad \text{（公式 11.34）}$$

[例 11-11]　某企业职工月资料见表 11-9，试对该企业的职工平均工资变动情况进行分析。

表 11-9　　某企业月工资资料

职工类别	月工资额（元）		职工人数（人）		工资总额（元）		
	基期 x_0	报告期 x_1	基期 f_0	报告期 f_1	$x_0 f_0$	$x_1 f_1$	$x_0 f_1$
工种 A	1 000	1 100	48	40	48 000	44 000	40 000
工种 B	1 100	1 250	50	60	55 000	75 000	66 000
工种 C	1 200	1 400	80	80	96 000	112 000	96 000
合计	—	—	178	180	199 000	231 000	202 000

解：（1）用企业月平均工资指数来说明平均工资变动情况。

相对数分析：$\dfrac{\dfrac{\sum x_1 f_1}{\sum f_1}}{\dfrac{\sum x_0 f_0}{\sum f_0}} = \dfrac{\dfrac{231\ 000}{180}}{\dfrac{199\ 000}{178}} = \dfrac{1\ 283.33}{1\ 117.98} = 114.79\ \%$

绝对数分析：$\dfrac{\sum x_1 f_1}{\sum f_1} - \dfrac{\sum x_0 f_0}{\sum f_0} = 1\ 283.33 - 1\ 117.98 = 165.35$(元／人)

(2) 职工结构变动对企业平均工资的影响。

相对数分析：$\dfrac{\dfrac{\sum x_0 f_1}{\sum f_1}}{\dfrac{\sum x_0 f_0}{\sum f_0}} = \dfrac{\dfrac{202\ 000}{180}}{\dfrac{199\ 000}{178}} = \dfrac{1\ 122.22}{1\ 117.98} = 100.38\ \%$

绝对数分析：$\dfrac{\sum x_0 f_1}{\sum f_1} - \dfrac{\sum x_0 f_0}{\sum f_0} = 1\ 122.22 - 1\ 117.98 = 4.24$(元／人)

(3) 工种工资水平的变动对企业平均工资的影响。

相对数分析：$\dfrac{\dfrac{\sum x_1 f_1}{\sum f_1}}{\dfrac{\sum x_0 f_1}{\sum f_1}} = \dfrac{\dfrac{231\ 000}{180}}{\dfrac{202\ 000}{180}} = \dfrac{1\ 283.33}{1\ 122.22} = 114.36\ \%$

绝对数分析：$\dfrac{\sum x_1 f_1}{\sum f_1} - \dfrac{\sum x_0 f_1}{\sum f_1} = 1\ 283.33 - 1\ 122.22 = 161.11$(元／人)

(4) 指数体系及验证。

$$\frac{\dfrac{\sum x_1 f_1}{\sum f_1}}{\dfrac{\sum x_0 f_0}{\sum f_0}} = \frac{\dfrac{\sum x_1 f_1}{\sum f_1}}{\dfrac{\sum x_0 f_1}{\sum f_1}} \times \frac{\dfrac{\sum x_0 f_1}{\sum f_1}}{\dfrac{\sum x_0 f_0}{\sum f_0}} \qquad 114.79\% = 100.38\% \times 114.36\%$$

$$\frac{\sum x_1 f_1}{\sum f_1} - \frac{\sum x_0 f_0}{\sum f_0} = \left(\frac{\sum x_1 f_1}{\sum f_1} - \frac{\sum x_0 f_1}{\sum f_1}\right) + \left(\frac{\sum x_0 f_1}{\sum f_1} - \frac{\sum x_0 f_0}{\sum f_0}\right)$$

165.35（元）＝4.24（元）＋161.11（元）

分析结果表明，该企业职工月平均工资报告期比基期平均上升了 14.79%，是工人结构变动使企业职工月平均工资平均上升 0.38%及各组工种工资水平提高使企业职工月平均工资平均上升 14.36%两个因素共同作用的结果；结构变动使企业职工月平均工资上升了 4.24 元/人，每组工种工资提高使企业职工月平均工资上升了 161.11 元/人，两个因素共同作用导致企业职工月平均工资增加 165.35 元/人。

认识拓展

一、总量指标多因素分析

总量指标多因素分析，是指一个现象总变动受三个或三个以上因素变动的影响，借助指数体系可以测定其中每一个因素的变动对现象总变动的影响各有多大。

［例 11-12］　某公司经销三种商品的销售资料见表 11-10。试对该公司的销售利润额变动情况进行分析。

表 11-10　　**某企业 3 种产品原材料消耗资料**

商品名称	计量单位	销售量		利润率%		销售价格（千元）		原材料消耗额（千元）			
		q_0	q_1	m_0	m_1	p_0	p_1	$q_0m_0p_0$	$q_1m_1p_1$	$q_1m_0p_0$	$q_1m_0p_1$
甲	千米	400	500	18	18	45	52	3 240	4 680	4 050	4 680
乙	千件	200	160	20	15	34	32	1 360	768	1 088	1 024
丙	吨	100	120	−10	5	27	25	−270	150	−324	−300
合计	—	—			—	—	—	4 330	5 598	4 814	5 404

解： 销售利润总额指数＝销售量指数×销售价格指数×销售利润率指数

（1）销售利润总额变动。

相对数分析：$\text{销售利润总额指数}=\dfrac{\sum q_1m_1p_1}{\sum q_0m_0p_0}=\dfrac{5\ 598}{4\ 330}=129.28\%$

绝对数分析：$\sum q_1m_1p_1-\sum q_0m_0p_0=5\ 598-4\ 330=1\ 268$（千元）

（2）销售量变动影响。

相对数分析：$\text{销售量指数}=\dfrac{\sum q_1m_0p_0}{\sum q_0m_0p_0}=\dfrac{4\ 814}{4\ 330}=111.18\%$

绝对数分析：$\sum q_1m_0p_0-\sum q_0m_0p_0=4\ 814-4\ 330=484$（千元）

（3）销售价格变动影响。

相对数分析：$\text{销售价格指数}=\dfrac{\sum q_1m_0p_1}{\sum q_1m_0p_0}=\dfrac{5\ 404}{4\ 814}=112.26\%$

绝对数分析：$\sum q_1m_0p_1-\sum q_1m_0p_0=5\ 404-4\ 814=590$（千元）

（4）销售利润率变动影响。

相对数分析：$\text{销售利润率指数}=\dfrac{\sum q_1m_1p_1}{\sum q_1m_0p_1}=\dfrac{5\ 598}{5\ 404}=103.59\%$

绝对数分析：$\sum q_1m_1p_1-\sum q_1m_0p_1=5\ 598-5\ 404=194$（千元）

（5）指数体系及验证。

相对数分析：$\frac{\sum q_1 m_1 p_1}{\sum q_0 m_0 p_0}=\frac{\sum q_1 m_0 p_0}{\sum q_0 m_0 p_0}\times\frac{\sum q_1 m_0 p_1}{\sum q_1 m_0 p_0}\times\frac{\sum q_1 m_1 p_1}{\sum q_1 m_0 p_1}$

129.28%=111.18%×112.26%×103.59%

相对数分析：$\sum q_1 m_1 p_1-\sum q_0 m_0 p_0$

$=(\sum q_1 m_0 p_0-\sum q_0 m_0 p_0)+(\sum q_1 m_0 p_1-\sum q_1 m_0 p_0)+(\sum q_1 m_1 p_1-\sum q_1 m_0 p_1)$

1 268（千元）=484（千元）+590（千元）+194（千元）

分析结果表明：由于某公司 3 种商品销售量报告期比基期综合增长了 11.18%，使销售利润总额增加了 484 千元；由于该公司 3 种商品销售价格报告期比基期增长了 12.26%，使销售利润总额增加了 590 千元；由于该公司 3 种商品销售利润率报告期比基期综合增长了 3.59%，使销售利润总额增加了 194 千元，三个因素共同影响，使销售利润总额增加了 29.28%，共增加了 1 268 千元。

利用指数体系对总量指标的变动进行多因素分析，其中分析方法和两因素分析法基本上相同。但由于包括因素较多，分析过程比较复杂，因而有以下几个问题应加以注意：

（1）多因素分析要正确排序。排序要根据现象总体的经济内容，使之符合客观事物的联系或逻辑。各因素顺序的排列一般遵循数量指标因素在前，质量指标因素在后的原则，并且要符合主要指标之间的经济联系。

（2）多因素分析必须遵循连环代替法的原则。在正确排序的基础上，顺次逐项分析。当分析第一个因素的变动影响后，接着分析第二个因素的影响，然后再分析第三个因素的影响，依此类推。

（3）必须逐项确定同度量因素。在多因素分析中，为了分析某一因素的影响，要求将其余因素固定不变。具体方法是，当分析第一个因素的影响时，就把其他所有因素固定在基期；当分析第二个因素的变动影响时，则把已经分析过的因素固定在报告期，没有分析过的因素仍固定在基期，多因素分析；分析最后的影响因素时，将以前所有的因素都固定在报告期。

二、依据指数体系，利用已知指数推算未知指数

[例 11-13]　已知某地区商品价格报告期比基期增长 5%，销售量增长 2%，求该地区商品销售额的增长幅度。

解：已知 I_p=100%+5%=105%，I_q=100%+2%=102，则

$I_{pq}=I_p\times I_q$=105%×102%=107.1%

增长幅度（%）=107.1%−100%=7.1%，计算表明，该地区商品销售额增长了 7.1%。

本讲小结

一、本讲重点

1. 统计指数体系就是由三个或三个以上具有内在本质联系的统计指数所组成的有机整体。利用统计指数体系可以对复杂现象总体的数量变化从相对数和绝对数两方面进行因素分析，说明各个影响因素的变动方向和影响程度；可以利用指数体系中各个指数之间的数量关系，由已知的指数去推算未知的指数。

2. 指数因素分析，就是利用统计指数体系中各个指数之间的数量联系关系，对现象总体总变动的各个影响因素进行分解，分析各因素变动对现象总体总变动的影响程度和绝对效果。最基本的因素分析是两因素分析。

二、难点释疑

指数两因素分析，难点在于指数体系的建立。构建指数体系，须遵循现象要素之间本质的内在关系，依据科学理论进行。指数因素分析须从相对数与绝对数两方面进行分析。

本章小结

如图 11-2 所示，指数的概念及种类，是学习本章必须奠定的基础。按照编制指数的一般原则，编制各种统计指数，是必须掌握的基本技能。进行指数的因素分析，须建立合理的指数体系。

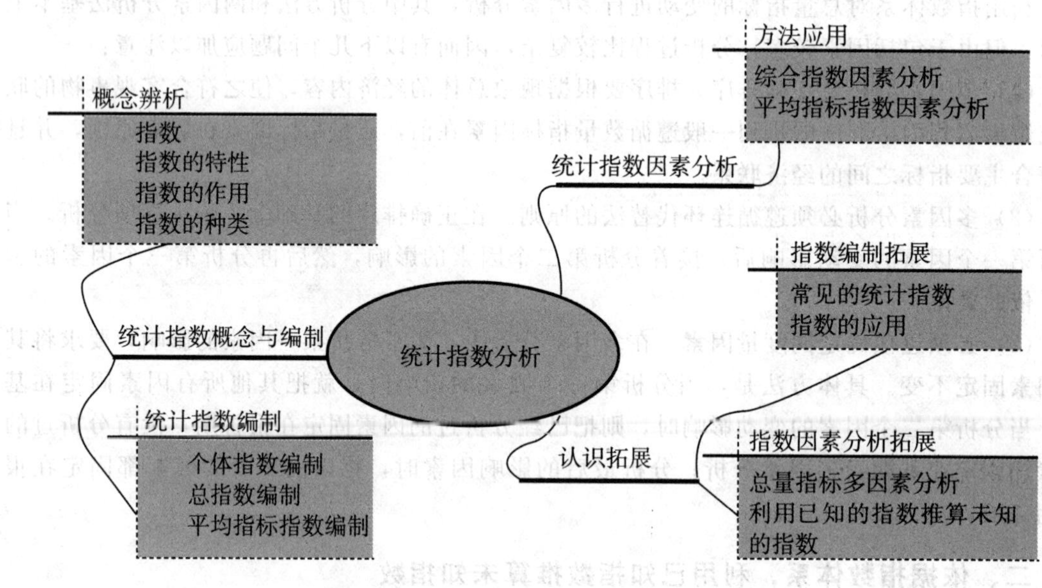

图 11-2 第 11 章 统计指数分析-思维导图

思考题

1. 什么是统计指数？有哪些作用？
2. 什么是数量指标指数和质量指标指数？试举例说明。
3. 综合指数与平均指数有何不同特点？两者之间有什么联系？
4. 什么是同度量因素？它与指数化因素有什么关系？
5. 为什么说同度量因素具有一定的权数作用？它与平均指数中的权数有什么区别？
6. 该如何选择同度量因素？试举例说明。
7. 什么是平均指标指数？一般可以从哪几个方面对其变动进行分解分析？试举例说明。
8. 平均指数与平均指标指数有什么区别？试举例说明。

9. 什么是统计指数体系？它有哪些构建的基本原则？有什么作用？

10. 如何利用统计指数体系进行因素分析？试举例说明。

案例讨论

【案例 11－1】

某商场三种商品报告期、基期的价格与销售量数据见表 11－11：

表 11－11

产品名称	计量单位	销售量		价格（元）	
		基期	报告期	基期	报告期
皮鞋	双	390	420	220	200
茶叶	千克	80	90	250	300
棉布	米	700	600	50	65

要求：(1) 分别计算三种商品的价格和销售量的个体指数；

(2) 编制该商场商品销售价格总指数，并说明其意义；

(3) 编制该商场商品销售量总指数，并说明其意义；

(4) 结合总指数编制过程，再说明综合指数的特点；

(5) 结合总指数编制过程，说明同度量因素是如何起权数作用的；

(6) 观察该商场的商品销售额报告期比基期发生了怎样的变化，试利用统计指数体系对这种变化的原因进行分析。

【案例 11－2】

2018 年我国价格水平的变化及其影响，见表 11－12。

表 11－12　2018 年居民消费价格分类指数　（上年＝100）

项目	全国	其中：	
		城市	农村
居民消费价格	102.1	102.1	102.1
其中：食品烟酒	101.9	102.1	101.1
衣着	101.2	101.1	101.5
居住	102.4	102.1	103.3
生活用品及服务	101.6	101.6	101.6
交通和通信	101.7	101.6	101.8
教育文化和娱乐	102.2	102.3	102.2
医疗保健	104.3	104.6	103.7
其他用品和服务	101.2	101.2	101.2

全年居民消费价格比上年上涨 2.1%。工业生产者出厂价格上涨 3.5%。工业生产者购进价格上涨

4.1%。固定资产投资价格上涨5.4%。农产品生产者价格下降0.9%。

全年社会消费品零售总额380 987亿元，比上年增长9.0%（扣除价格因素实际增长6.9%）。按经营地统计，城镇消费品零售额325 637亿元，增长8.8%；乡村消费品零售额55 350亿元，增长10.1%。按消费类型统计，商品零售额338 271亿元，增长8.9%；餐饮收入额42 716亿元，增长9.5%。

在限额以上单位商品零售额中，粮油、食品类零售额比上年增长10.2%，饮料类增长9.0%，烟酒类增长7.4%，服装、鞋帽、针纺织品类增长8.0%，化妆品类增长9.6%，金银珠宝类增长7.4%，日用品类增长13.7%，家用电器和音像器材类增长8.9%，中西药品类增长9.4%，文化办公用品类增长3.0%，家具类增长10.1%，通讯器材类增长7.1%，建筑及装潢材料类增长8.1%，石油及制品类增长13.3%，汽车类下降2.4%。

全年实物商品网上零售额70 198亿元，比上年增长25.4%，占社会消费品零售总额的比重为18.4%，比上年提高3.4个百分点。

数据来源：《中华人民共和国2018年国民经济和社会发展公报》，国家统计局，http://www.stats.gov.cn/tjsj/zxfb./201702/t20170228_1467424.html

思考与讨论问题：

（1）从上述资料中你能看出我国价格指数体系主要是由哪些指数构成的？

（2）"全国居民消费价格指数"与"商品零售价格指数"包括的范围有什么区别？

（3）为什么我国要分城乡计算居民消费价格指数？

（4）"指数"与"增减率"有何关系？2018年全国居民消费价格指数是多少？

（5）"全国居民消费价格指数"是分几大类计算的（按消费支出类别划分）？2018年价格上升最快的是哪一大类？"全国居民消费价格指数"与各大类消费指数应该存在什么样的数量关系？

（6）在2018年的统计公报中提到："全年（2018年）社会消费品零售总额380 987亿元，比上年增长9.0%，扣除价格因素，实际增长6.9%。"这里的实际增长百分比到底反映的是什么因素的增长？它对研究居民生活水平变化有何意义？这两个实际增长率是如何计算出来的？

（7）能否利用指数体系对2018年社会消费品零售总额的变动情况进行因素分析（与其他年相比），包括相对数和绝对数分析？若能，请计算并做出说明。

延伸阅读

1. 贾俊平、何晓群、金勇进编著. 统计学（第7版），中国人民大学出版社，2018年1月第7版，P318（第14章　指数）。

2. 玛格丽特. 刘易斯（Margaret Lewis）著，谢远涛译. 统计学：在经济中的应用，中国人民大学出版社，2014年5月第1版，P131（第6章　度量价格和数量的变化）。

第11章　练习题

附录 A　正态分布概率表

$P\{|Z| \leqslant Z_{\alpha/2}\} = 1-\alpha$

$Z_{\alpha/2}$	$1-\alpha$	$Z_{\alpha/2}$	$1-\alpha$	$Z_{\alpha/2}$	$1-\alpha$	$Z_{\alpha/2}$	$1-\alpha$
0.00	0.0000	0.31	0.2434	0.62	0.4647	0.93	0.6476
0.01	0.0080	0.32	0.2510	0.63	0.4713	0.94	0.6528
0.02	0.0160	0.33	0.2586	0.64	0.4778	0.95	0.6579
0.03	0.0239	0.34	0.2661	0.65	0.4843	0.96	0.6629
0.04	0.0319	0.35	0.2737	0.66	0.4907	0.97	0.6680
0.05	0.0339	0.36	0.2812	0.67	0.4971	0.98	0.6729
0.06	0.0478	0.37	0.2886	0.68	0.5035	0.99	0.6778
0.07	0.0558	0.38	0.2961	0.69	0.5098	1.00	0.6827
0.08	0.0638	0.39	0.3035	0.70	0.5161	1.01	0.6875
0.09	0.0717	0.40	0.3108	0.71	0.5223	1.02	0.6923
0.10	0.0797	0.41	0.3182	0.72	0.5285	1.03	0.6970
0.11	0.0876	0.42	0.3255	0.73	0.5346	1.04	0.7017
0.12	0.0955	0.43	0.3328	0.74	0.5407	1.05	0.7063
0.13	0.1034	0.44	0.3401	0.75	0.5467	1.06	0.7109
0.14	0.1113	0.45	0.3473	0.76	0.5527	1.07	0.7154
0.15	0.1192	0.46	0.3545	0.77	0.5587	1.08	0.7199
0.16	0.1271	0.47	0.3616	0.78	0.5646	1.09	0.7243
0.17	0.1350	0.48	0.3688	0.79	0.5705	1.10	0.7287
0.18	0.1428	0.49	0.3759	0.80	0.5763	1.11	0.7330
0.19	0.1507	0.50	0.3829	0.81	0.5821	1.12	0.7373
0.20	0.1585	0.51	0.3899	0.82	0.5878	1.13	0.7415
0.21	0.1663	0.52	0.3969	0.83	0.5935	1.14	0.7457
0.22	0.1741	0.53	0.4039	0.84	0.5991	1.15	0.7499
0.23	0.1919	0.54	0.4108	0.85	0.6047	1.16	0.7540
0.24	0.1897	0.55	0.4177	0.86	0.6102	1.17	0.7580
0.25	0.1974	0.56	0.4245	0.87	0.6157	1.18	0.7620
0.26	0.2051	0.57	0.4313	0.88	0.6211	1.19	0.7660
0.27	0.2128	0.58	0.4381	0.89	0.6265	1.20	0.7699
0.28	0.2205	0.59	0.4448	0.90	0.6319	1.21	0.7737
0.29	0.2282	0.60	0.4515	0.91	0.6372	1.22	0.7775

续表

$Z_{\alpha/2}$	$1-\alpha$	$Z_{\alpha/2}$	$1-\alpha$	$Z_{\alpha/2}$	$1-\alpha$	$Z_{\alpha/2}$	$1-\alpha$
0.30	0.2358	0.61	0.4581	0.92	0.6424	1.23	0.7813
1.24	0.7850	1.58	0.8859	1.92	0.9451	2.52	0.9883
1.25	0.7887	1.59	0.8882	1.93	0.9464	2.54	0.9889
1.26	0.7923	1.60	0.8904	1.94	0.9476	2.56	0.9895
1.27	0.7959	1.61	0.8926	1.95	0.9488	2.58	0.9901
1.28	0.7995	1.62	0.8948	1.96	0.9500	2.60	0.9907
1.29	0.8030	1.63	0.8969	1.97	0.9512	2.62	0.9912
1.30	0.8064	1.64	0.8990	1.98	0.9523	2.64	0.9917
1.31	0.8098	1.65	0.9011	1.99	0.9534	2.66	0.9922
1.32	0.8132	1.66	0.9031	2.00	0.9545	2.68	0.9926
1.33	0.8165	1.67	0.9051	2.02	0.9566	2.70	0.9931
1.34	0.8198	1.68	0.9070	2.04	0.9587	2.72	0.9935
1.35	0.8230	1.69	0.9090	2.06	0.9606	2.74	0.9939
1.36	0.8262	1.70	0.9109	2.08	0.9625	2.76	0.9942
1.37	0.8293	1.71	0.9127	2.10	0.9643	2.78	0.9946
1.38	0.8324	1.72	0.9146	2.12	0.9660	2.80	0.9949
1.39	0.8355	1.73	0.9164	2.14	0.9676	2.82	0.9952
1.40	0.8385	1.74	0.9181	2.16	0.9692	2.84	0.9955
1.41	0.8415	1.75	0.9199	2.18	0.9707	2.86	0.9958
1.42	0.8444	1.76	0.9216	2.20	0.9722	2.88	0.9960
1.43	0.8473	1.77	0.9233	2.22	0.9736	2.90	0.9962
1.44	0.8501	1.78	0.9249	2.24	0.9749	2.92	0.9965
1.45	0.8529	1.79	0.9265	2.26	0.9762	2.94	0.9967
1.46	0.8557	1.80	0.9281	2.28	0.9774	2.96	0.9969
1.47	0.8584	1.81	0.9297	2.30	0.9786	2.98	0.9971
1.48	0.8611	1.82	0.9312	2.32	0.9797	3.00	0.9973
1.49	0.8638	1.83	0.9328	2.34	0.9807	3.20	0.9986
1.50	0.8664	1.84	0.9342	2.36	0.9817	3.40	0.9993
1.51	0.8690	1.85	0.9357	2.38	0.9827	3.60	0.999 68
1.52	0.8715	1.86	0.9371	2.40	0.9836	3.80	0.999 86
1.53	0.8740	1.87	0.9385	2.42	0.9845	4.00	0.999 94
1.54	0.8764	1.88	0.9399	2.44	0.9853	4.50	0.999 993
1.55	0.8789	1.89	0.9412	2.46	0.9861	5.00	0.999 999
1.56	0.8812	1.90	0.9426	2.48	0.9869		
1.57	0.8836	1.91	0.9439	2.50	0.9876		

附录B t分布临界值表

单侧：$P\{t > t_{\alpha}\} = \alpha$；双侧：$P\{|t| > t_{\alpha/2}\} = \alpha$

单侧 双侧	α=0.10 α=0.20	0.05 0.10	0.025 0.05	0.01 0.02	0.005 0.01	0.001 0.002	0.0005 0.001
自由度=1	3.078	6.314	12.706	31.821	63.657	318.309	636.619
2	1.886	2.920	4.303	6.965	9.925	22.327	31.599
3	1.638	2.353	3.182	4.541	5.841	10.215	12.924
4	1.533	2.132	2.776	3.747	4.604	7.173	8.610
5	1.476	2.015	2.571	3.365	4.032	5.893	6.869
6	1.440	1.943	2.447	3.143	3.707	5.208	5.959
7	1.415	1.895	2.365	2.998	3.499	4.785	5.408
8	1.397	1.860	2.306	2.896	3.355	4.501	5.041
9	1.383	1.833	2.262	2.821	3.250	4.297	4.781
10	1.372	1.812	2.228	2.764	3.169	4.144	4.587
11	1.363	1.796	2.201	2.718	3.106	4.025	4.437
12	1.356	1.782	2.179	2.681	3.055	3.930	4.318
13	1.350	1.771	2.160	2.650	3.012	3.852	4.221
14	1.345	1.761	2.145	2.624	2.977	3.787	4.140
15	1.341	1.753	2.131	2.602	2.947	3.733	4.073
16	1.337	1.746	2.120	2.583	2.921	3.686	4.015
17	1.333	1.740	2.110	2.567	2.898	3.646	3.965
18	1.330	1.734	2.101	2.552	2.878	3.610	3.922
19	1.328	1.729	2.093	2.539	2.861	3.579	3.883
20	1.325	1.725	2.086	2.528	2.845	3.552	3.850
21	1.323	1.721	2.080	2.518	2.831	3.527	3.819
22	1.321	1.717	2.074	2.508	2.819	3.505	3.792
23	1.319	1.714	2.069	2.500	2.807	3.485	3.768
24	1.318	1.711	2.064	2.492	2.797	3.467	3.745
25	1.316	1.708	2.060	2.485	2.787	3.450	3.725
26	1.315	1.706	2.056	2.479	2.779	3.435	3.707
27	1.314	1.703	2.052	2.473	2.771	3.421	3.690
28	1.313	1.701	2.048	2.467	2.763	3.408	3.674
29	1.311	1.699	2.045	2.462	2.756	3.396	3.659
30	1.310	1.697	2.042	2.457	2.750	3.385	3.646
31	1.309	1.696	2.040	2.453	2.744	3.375	3.633

续表

单侧 双侧	α＝0.10 α＝0.20	0.05 0.10	0.025 0.05	0.01 0.02	0.005 0.01	0.001 0.002	0.0005 0.001
32	1.309	1.694	2.037	2.449	2.738	3.365	3.622
33	1.308	1.692	2.035	2.445	2.733	3.356	3.611
34	1.307	1.691	2.032	2.441	2.728	3.348	3.601
35	1.306	1.690	2.030	2.438	2.724	3.340	3.591
36	1.306	1.688	2.028	2.434	2.719	3.333	3.582
37	1.305	1.687	2.026	2.431	2.715	3.326	3.574
38	1.304	1.686	2.024	2.429	2.712	3.319	3.566
39	1.304	1.685	2.023	2.426	2.708	3.313	3.558
40	1.303	1.684	2.021	2.423	2.704	3.307	3.551
41	1.303	1.683	2.020	2.421	2.701	3.301	3.544
42	1.302	1.682	2.018	2.418	2.698	3.296	3.538
43	1.302	1.681	2.017	2.416	2.695	3.291	3.532
44	1.301	1.680	2.015	2.414	2.692	3.286	3.526
45	1.301	1.679	2.014	2.412	2.690	3.281	3.520
46	1.300	1.679	2.013	2.410	2.687	3.277	3.515
47	1.300	1.678	2.012	2.408	2.685	3.273	3.510
48	1.299	1.677	2.011	2.407	2.682	3.269	3.505
49	1.299	1.677	2.010	2.405	2.680	3.265	3.500
50	1.299	1.676	2.009	2.403	2.678	3.261	3.496
51	1.298	1.675	2.008	2.402	2.676	3.258	3.492
52	1.298	1.675	2.007	2.400	2.674	3.255	3.488
53	1.298	1.674	2.006	2.399	2.672	3.251	3.484
54	1.297	1.674	2.005	2.397	2.670	3.248	3.480
55	1.297	1.673	2.004	2.396	2.668	3.245	3.476
56	1.297	1.673	2.003	2.395	2.667	3.242	3.473
57	1.297	1.672	2.002	2.394	2.665	3.239	3.470
58	1.296	1.672	2.002	2.392	2.663	3.237	3.466
59	1.296	1.671	2.001	2.391	2.662	3.234	3.463
60	1.296	1.671	2.000	2.390	2.660	3.232	3.460
61	1.296	1.670	2.000	2.389	2.659	3.229	3.457
62	1.295	1.670	1.999	2.388	2.657	3.227	3.454
63	1.295	1.669	1.998	2.387	2.656	3.225	3.452
64	1.295	1.669	1.998	2.386	2.655	3.223	3.449
65	1.295	1.669	1.997	2.385	2.654	3.220	3.447
66	1.295	1.668	1.997	2.384	2.652	3.218	3.444
67	1.294	1.668	1.996	2.383	2.651	3.216	3.442
68	1.294	1.668	1.995	2.382	2.650	3.214	3.439

续表

单侧 双侧	α=0.10 α=0.20	0.05 0.10	0.025 0.05	0.01 0.02	0.005 0.01	0.001 0.002	0.0005 0.001
69	1.294	1.667	1.995	2.382	2.649	3.213	3.437
70	1.294	1.667	1.994	2.381	2.648	3.211	3.435
71	1.294	1.667	1.994	2.380	2.647	3.209	3.433
72	1.293	1.666	1.993	2.379	2.646	3.207	3.431
73	1.293	1.666	1.993	2.379	2.645	3.206	3.429
74	1.293	1.666	1.993	2.378	2.644	3.204	3.427
75	1.293	1.665	1.992	2.377	2.643	3.202	3.425
76	1.293	1.665	1.992	2.376	2.642	3.201	3.423
77	1.293	1.665	1.991	2.376	2.641	3.199	3.421
78	1.292	1.665	1.991	2.375	2.640	3.198	3.420
79	1.292	1.664	1.990	2.374	2.640	3.197	3.418
80	1.292	1.664	1.990	2.374	2.639	3.195	3.416
81	1.292	1.664	1.990	2.373	2.638	3.194	3.415
82	1.292	1.664	1.989	2.373	2.637	3.193	3.413
83	1.292	1.663	1.989	2.372	2.636	3.191	3.412
84	1.292	1.663	1.989	2.372	2.636	3.190	3.410
85	1.292	1.663	1.988	2.371	2.635	3.189	3.409
86	1.291	1.663	1.988	2.370	2.634	3.188	3.407
87	1.291	1.663	1.988	2.370	2.634	3.187	3.406
88	1.291	1.662	1.987	2.369	2.633	3.185	3.405
89	1.291	1.662	1.987	2.369	2.632	3.184	3.403
90	1.291	1.662	1.987	2.368	2.632	3.183	3.402
91	1.291	1.662	1.986	2.368	2.631	3.182	3.401
92	1.291	1.662	1.986	2.368	2.630	3.181	3.399
93	1.291	1.661	1.986	2.367	2.630	3.180	3.398
94	1.291	1.661	1.986	2.367	2.629	3.179	3.397
95	1.291	1.661	1.985	2.366	2.629	3.178	3.396
96	1.290	1.661	1.985	2.366	2.628	3.177	3.395
97	1.290	1.661	1.985	2.365	2.627	3.176	3.394
98	1.290	1.661	1.984	2.365	2.627	3.175	3.393
99	1.290	1.660	1.984	2.365	2.626	3.175	3.392
100	1.290	1.660	1.984	2.364	2.626	3.174	3.390
120	1.289	1.658	1.980	2.358	2.617	3.160	3.373
∞	1.282	1.645	1.960	2.326	2.576	3.090	3.291

附录C χ^2 分布临界值表

$P\{\chi^2 > \chi^2_\alpha\} = \alpha$

自由度 \ α	0.995	0.990	0.975	0.950	0.900	0.100	0.050	0.025	0.010	0.005
1	0.000	0.000	0.001	0.004	0.016	2.706	3.841	5.024	6.635	7.879
2	0.010	0.020	0.051	0.103	0.211	4.605	5.991	7.378	9.210	10.597
3	0.072	0.115	0.216	0.352	0.584	6.251	7.815	9.348	11.345	12.838
4	0.207	0.297	0.484	0.711	1.064	7.779	9.488	11.143	13.277	14.860
5	0.412	0.554	0.831	1.145	1.610	9.236	11.070	12.833	15.086	16.750
6	0.676	0.872	1.237	1.635	2.204	10.645	12.592	14.449	16.812	18.548
7	0.989	1.239	1.690	2.167	2.833	12.017	14.067	16.013	18.475	20.278
8	1.344	1.646	2.180	2.733	3.490	13.362	15.507	17.535	20.090	21.955
9	1.735	2.088	2.700	3.325	4.168	14.684	16.919	19.023	21.666	23.589
10	2.156	2.558	3.247	3.940	4.865	15.987	18.307	20.483	23.209	25.188
11	2.603	3.053	3.816	4.575	5.578	17.275	19.675	21.920	24.725	26.757
12	3.074	3.571	4.404	5.226	6.304	18.549	21.026	23.337	26.217	28.300
13	3.565	4.107	5.009	5.892	7.042	19.812	22.362	24.736	27.688	29.819
14	4.075	4.660	5.629	6.571	7.790	21.064	23.685	26.119	29.141	31.319
15	4.601	5.229	6.262	7.261	8.547	22.307	24.996	27.488	30.578	32.801
16	5.142	5.812	6.908	7.962	9.312	23.542	26.296	28.845	32.000	34.267
17	5.697	6.408	7.564	8.672	10.085	24.769	27.587	30.191	33.409	35.718
18	6.265	7.015	8.231	9.390	10.865	25.989	28.869	31.526	34.805	37.156
19	6.844	7.633	8.907	10.117	11.651	27.204	30.144	32.852	36.191	38.582
20	7.434	8.260	9.591	10.851	12.443	28.412	31.410	34.170	37.566	39.997
21	8.034	8.897	10.283	11.591	13.240	29.615	32.671	35.479	38.932	41.401
22	8.643	9.542	10.982	12.338	14.041	30.813	33.924	36.781	40.289	42.796
23	9.260	10.196	11.689	13.091	14.848	32.007	35.172	38.076	41.638	44.181
24	9.886	10.856	12.401	13.848	15.659	33.196	36.415	39.364	42.980	45.559
25	10.520	11.524	13.120	14.611	16.473	34.382	37.652	40.646	44.314	46.928
26	11.160	12.198	13.844	15.379	17.292	35.563	38.885	41.923	45.642	48.290
27	11.808	12.879	14.573	16.151	18.114	36.741	40.113	43.195	46.963	49.645
28	12.461	13.565	15.308	16.928	18.939	37.916	41.337	44.461	48.278	50.993
29	13.121	14.256	16.047	17.708	19.768	39.087	42.557	45.722	49.588	52.336
30	13.787	14.953	16.791	18.493	20.599	40.256	43.773	46.979	50.892	53.672
40	20.707	22.164	24.433	26.509	29.051	51.805	55.758	59.342	63.691	66.766
50	27.991	29.707	32.357	34.764	37.689	63.167	67.505	71.420	76.154	79.490
100	67.328	70.065	74.222	77.929	82.358	118.498	124.342	129.561	135.807	140.169
200	152.241	156.432	162.72	168.279	174.835	226.021	233.994	241.058	249.445	255.264

附录D F分布临界值表

$P\{F>F_{\alpha}(V_1, V_2)\}=\alpha\ (\alpha=0.05)$

V_2 \ V_1	1	2	3	4	5	6	7	8	9	10
1	161.45	199.50	215.71	224.58	230.16	233.99	236.77	238.88	240.54	241.88
2	18.51	19.00	19.16	19.25	19.30	19.33	19.35	19.37	19.38	19.40
3	10.13	9.55	9.28	9.12	9.01	8.94	8.89	8.85	8.81	8.79
4	7.71	6.94	6.59	6.39	6.26	6.16	6.09	6.04	6.00	5.96
5	6.61	5.79	5.41	5.19	5.05	4.95	4.88	4.82	4.77	4.74
6	5.99	5.14	4.76	4.53	4.39	4.28	4.21	4.15	4.10	4.06
7	5.59	4.74	4.35	4.12	3.97	3.87	3.79	3.73	3.68	3.64
8	5.32	4.46	4.07	3.84	3.69	3.58	3.50	3.44	3.39	3.35
9	5.12	4.26	3.86	3.63	3.48	3.37	3.29	3.23	3.18	3.14
10	4.96	4.10	3.71	3.48	3.33	3.22	3.14	3.07	3.02	2.98
11	4.84	3.98	3.59	3.36	3.20	3.09	3.01	2.95	2.90	2.85
12	4.75	3.89	3.49	3.26	3.11	3.00	2.91	2.85	2.80	2.75
13	4.67	3.81	3.41	3.18	3.03	2.92	2.83	2.77	2.71	2.67
14	4.60	3.74	3.34	3.11	2.96	2.85	2.76	2.70	2.65	2.60
15	4.54	3.68	3.29	3.06	2.90	2.79	2.71	2.64	2.59	2.54
16	4.49	3.63	3.24	3.01	2.85	2.74	2.66	2.59	2.54	2.49
17	4.45	3.59	3.20	2.96	2.81	2.70	2.61	2.55	2.49	2.45
18	4.41	3.55	3.16	2.93	2.77	2.66	2.58	2.51	2.46	2.41
19	4.38	3.52	3.13	2.90	2.74	2.63	2.54	2.48	2.42	2.38
20	4.35	3.49	3.10	2.87	2.71	2.60	2.51	2.45	2.39	2.35
21	4.32	3.47	3.07	2.84	2.68	2.57	2.49	2.42	2.37	2.32
22	4.30	3.44	3.05	2.82	2.66	2.55	2.46	2.40	2.34	2.30
23	4.28	3.42	3.03	2.80	2.64	2.53	2.44	2.37	2.32	2.27
24	4.26	3.40	3.01	2.78	2.62	2.51	2.42	2.36	2.30	2.25
25	4.24	3.39	2.99	2.76	2.60	2.49	2.40	2.34	2.28	2.24
26	4.23	3.37	2.98	2.74	2.59	2.47	2.39	2.32	2.27	2.22
27	4.21	3.35	2.96	2.73	2.57	2.46	2.37	2.31	2.25	2.20
28	4.20	3.34	2.95	2.71	2.56	2.45	2.36	2.29	2.24	2.19
29	4.18	3.33	2.93	2.70	2.55	2.43	2.35	2.28	2.22	2.18
30	4.17	3.32	2.92	2.69	2.53	2.42	2.33	2.27	2.21	2.16
40	4.08	3.23	2.84	2.61	2.45	2.34	2.25	2.18	2.12	2.08
50	4.03	3.18	2.79	2.56	2.40	2.29	2.20	2.13	2.07	2.03
100	3.94	3.04	2.70	2.46	2.31	2.19	2.10	2.03	1.97	1.93
200	3.89	3.04	2.65	2.42	2.26	2.14	2.06	1.98	1.93	1.88

续表

V_2 \ V_1	12	15	18	20	25	28	30	40	50	100
1	243.91	245.95	247.32	248.01	249.26	249.80	250.10	251.14	251.77	253.04
2	19.41	19.43	19.44	19.45	19.46	19.46	19.46	19.47	19.48	19.49
3	8.74	8.70	8.67	8.66	8.63	8.62	8.62	8.59	8.58	8.55
4	5.91	5.86	5.82	5.80	5.77	5.75	5.75	5.72	5.70	5.66
5	4.68	4.62	4.58	4.56	4.52	4.50	4.50	4.46	4.44	4.41
6	4.00	3.94	3.90	3.87	3.83	3.82	3.81	3.77	3.75	3.71
7	3.57	3.51	3.47	3.44	3.40	3.39	3.38	3.34	3.32	3.27
8	3.28	3.22	3.17	3.15	3.11	3.09	3.08	3.04	3.02	2.97
9	3.07	3.01	2.96	2.94	2.89	2.87	2.86	2.83	2.80	2.76
10	2.91	2.85	2.80	2.77	2.73	2.71	2.70	2.66	2.64	2.59
11	2.79	2.72	2.67	2.65	2.60	2.58	2.57	2.53	2.51	2.46
12	2.69	2.62	2.57	2.54	2.50	2.48	2.47	2.43	2.40	2.35
13	2.60	2.53	2.48	2.46	2.41	2.39	2.38	2.34	2.31	2.26
14	2.53	2.46	2.41	2.39	2.34	2.32	2.31	2.27	2.24	2.19
15	2.48	2.40	2.35	2.33	2.28	2.26	2.25	2.20	2.18	2.12
16	2.42	2.35	2.30	2.28	2.23	2.21	2.19	2.15	2.12	2.07
17	2.38	2.31	2.26	2.23	2.18	2.16	2.15	2.10	2.08	2.02
18	2.34	2.27	2.22	2.19	2.14	2.12	2.11	2.06	2.04	1.98
19	2.31	2.23	2.18	2.16	2.11	2.08	2.07	2.03	2.00	1.94
20	2.28	2.20	2.15	2.12	2.07	2.05	2.04	1.99	1.97	1.91
21	2.25	2.18	2.12	2.10	2.05	2.02	2.01	1.96	1.94	1.88
22	2.23	2.15	2.10	2.07	2.02	2.00	1.98	1.94	1.91	1.85
23	2.20	2.13	2.08	2.05	2.00	1.97	1.96	1.91	1.88	1.82
24	2.18	2.11	2.05	2.03	1.97	1.95	1.94	1.89	1.86	1.80
25	2.16	2.09	2.04	2.01	1.96	1.93	1.92	1.87	1.84	1.78
26	2.15	2.07	2.02	1.99	1.94	1.91	1.90	1.85	1.82	1.76
27	2.13	2.06	2.00	1.97	1.92	1.90	1.88	1.84	1.81	1.74
28	2.12	2.04	1.99	1.96	1.91	1.88	1.87	1.82	1.79	1.73
29	2.10	2.03	1.97	1.94	1.89	1.87	1.85	1.81	1.77	1.71
30	2.09	2.01	1.96	1.93	1.88	1.85	1.84	1.79	1.76	1.70
40	2.00	1.92	1.87	1.84	1.78	1.76	1.74	1.69	1.66	1.59
50	1.95	1.87	1.81	1.78	1.73	1.70	1.69	1.63	1.60	1.52
100	1.85	1.77	1.71	1.68	1.62	1.59	1.57	1.52	1.48	1.39
200	1.80	1.72	1.66	1.62	1.56	1.53	1.52	1.46	1.41	1.32